SV

Cees Nooteboom
Der Umweg nach Santiago

Mit Fotos
von Simone Sassen

Aus dem Niederländischen
von Helga van Beuningen

Suhrkamp

Titel der Originalausgabe:
De omweg naar Santiago

Siebte Auflage 1996

Druck: MZ-Verlagsdruckerei GmbH, Memmingen
Printed in Germany

Cees Nooteboom
Der Umweg nach Santiago

Mit Fotos
von Simone Sassen

Aus dem Niederländischen
von Helga van Beuningen

Suhrkamp

Titel der Originalausgabe:
De omweg naar Santiago

Siebte Auflage 1996

Druck: MZ-Verlagsdruckerei GmbH, Memmingen
Printed in Germany

Für Simone

DURCH ARAGONIEN NACH SORIA

Beweisen läßt es sich nicht, und trotzdem glaube ich daran: An manchen Orten der Erde erhält auf geheimnisvolle Weise die eigene Ankunft oder Abreise durch die Empfindungen all jener eine besondere Intensität, die hier früher einmal angekommen beziehungsweise wieder abgereist sind. Wer eine Seele hat, die leicht genug ist, spürt einen sanften Widerstand in der Luft rund um den Amsterdamer Schreierstoren, der mit dem Ausmaß an Kummer der Abschiednehmenden zusammenhängt, die im 17. Jahrhundert für Jahre nach Niederländisch-Indien aufbrachen und möglicherweise nie zurückkehren würden – eine Art von Kummer, die wir nicht mehr kennen. Unsere Reisen dauern nicht mehr Jahre, wir wissen genau, wohin wir fahren, und unsere Chance auf Rückkehr ist um so vieles größer. Am Hauptportal der Kathedrale von Santiago de Compostela steht eine Marmorsäule mit tiefen Fingereindrücken, eine emotionale, expressionistische *Klaue*, die Millionen Hände, unter anderem auch meine, geschaffen haben. Doch es ist bereits eine leichte Verdrehung, wenn ich sage »unter anderem meine«, denn ich habe meine Hand nie mit solch großer Gefühlsregung am Ende eines Fußmarsches, der über ein Jahr dauerte, an diese Säule gelegt. Ich war kein Mensch des Mittelalters, ich glaubte nicht, und ich war mit dem Auto gekommen. Wenn man sich meine Hand wegdenkt, wenn ich nie dort gewesen bin, ist diese Klaue trotzdem noch immer da, von den Fingern all jener Toten aus dem harten Marmor ausgeschliffen. Und doch war ich, indem ich meine Hand in dieses Hand*negativ* legte, auf geheimnisvolle Weise an einem kollektiven Kunstwerk beteiligt. Ein Gedanke wird sichtbar in Materie: Das ist immer wundersam. Die Kraft einer Idee trieb Fürsten, Bauern und Mönche dazu, ihre Hand genau an der Stelle an die Säule zu legen, jede einzelne Hand nahm dabei eine verschwindend kleine Menge des harten Marmors mit, wodurch, eben weil dieser Marmor *nicht* mehr da war, eine Hand sichtbar wurde.

Dies alles geht mir durch den Kopf, während ich langsam, an diesem sehr frühen Julimorgen, mit dem Schiff auf Barcelona zufahre. Dort werde ich ein Auto mieten und quer durch ganz Spanien oder auch mit einem Schlenker zum dritten Mal in meinem Leben nach Santiago de Compostela fahren. Keine Pilgerfahrt zu dem Apostel wie bei den anderen, eher eine Reise in ein schemenhaft gewordenes Ich, die Fortsetzung einer früheren Reise. Auf der Suche wonach? Eines der wenigen konstanten Dinge in meinem Leben ist meine Liebe, einen schwächeren Ausdruck dafür gibt es nicht, zu Spanien. Frauen und Freunde sind aus meinem Leben verschwunden, doch ein Land läuft einem nicht so leicht weg. Als ich 1953 als Zwanzigjähriger zum ersten Mal nach Italien kam, glaubte ich, alles gefunden zu haben, wonach ich, unbewußt, gesucht hatte. Der mediterrane Glanz traf mich wie ein Blitz, das ganze Leben war ein geniales, öffentliches Theater zwischen den achtlos hingestreuten Dekorationsstükken einer vieltausendjährigen großen Kultur. Farben, Speisen, Märkte, Kleidung, Gesten, Sprache, alles schien raffinierter, bunter, lebhafter als in dem flachen nördlichen Delta, aus dem ich komme, und zog mich in seinen Bann. Spanien war danach eine Enttäuschung. Unter derselben mediterranen Sonne schien die Sprache hart, die Landschaft dürr, das Leben derb. Es schien nicht zu fließen, war nicht angenehm, war auf eine widerspenstige Weise alt und unnahbar, mußte erobert werden. Heute habe ich eine ganz andere Einstellung dazu. Italien ist noch immer ein Traum, aber ich habe das Gefühl – es ist kaum möglich, über diese Dinge zu sprechen, ohne in eine fast mystische Sprache zu verfallen –, daß der Charakter Spaniens und die spanische Landschaft dem entsprechen, »was mich ausmacht«, bewußten und unbewußten Dingen in meinem Wesen, dem, der ich bin. Spanien ist brutal, anarchistisch, egozentrisch, grausam, Spanien ist bereit, sich für Unsinn in den Ruin zu stürzen, es ist chaotisch, es träumt, es ist irrational. Es hat die Welt erobert und wußte nichts damit anzufangen, es steckt in seiner mittelalterlichen arabischen, jüdischen und christlichen Vergangenheit fest und liegt mit seinen eigensinnigen Städten, eingebettet in diese endlosen, leeren Landschaften, da wie ein Kontinent, der an

Die Kathedrale
von Santiago de Compostela

Europa hängt und Europa nicht ist. Wer nur die Pflichtrundfahrt gemacht hat, kennt Spanien nicht. Wer nicht versucht hat, sich in der labyrinthischen Vielschichtigkeit seiner Geschichte zu verlieren, weiß nicht, welches Land er bereist. Es ist eine Liebe fürs ganze Leben, das Staunen hört nie auf.

Von der Reling des Schiffes aus sehe ich es über der Insel dunkel werden, auf der ich den Sommer verbracht habe. Die hereinbrechende Nacht legt sich über die Hügel, alles verdüstert sich, eine nach der anderen gehen die hohen Neonlampen an und bescheinen den Kai mit der toten weißen Glut, die zur mediterranen Nacht gehört wie der Mond. Ankunft und Abschied, schon jahrelang ziehe ich zwischen dem spanischen Festland und den Inseln hin und her. Die weißen Schiffe sind etwas größer geworden, doch das Ritual ist das gleiche geblieben. Der Kai voller weißer Matrosen, Abschiednehmender und Verlobter, das Deck voll abreisender Urlauber, Soldaten, Kinder, Großmütter. Die Gangway ist bereits an Bord gehievt, die Schiffssirene wird noch einmal einen langen Abschiedsschrei über den Hafen ertönen lassen, und die Stadt wird ihn als Echo zurückwerfen, den gleichen Schrei, nur schwächer. Zwischen Oben und Unten noch eine letzte Verbindung – Toilettenpapierrollen. Unten das Ende. Oben an der Reling die Rolle selbst, die langsam, während das Schiff sich vom Kai entfernt, abgerollt werden wird, bis auch die allerletzte Verbindung zu den Zurückbleibenden, die so lange es geht neben dem Schiff herlaufen, abreißt und die dünnen, durchsichtigen Papiergirlanden im schwarzen Wasser ertrinken.

Manche rufen noch etwas, Rufe wehen zurück, doch schon ist nicht mehr auszumachen, wer was ruft und was diese Botschaft bedeutet. Wir fahren aus dem langen, schmalen Hafen hinaus, vorbei am Leuchtturm, an der letzten Boje – und dann wird die Insel zum düsteren Schemen in dem Schemen, der die Nacht selber ist. Jetzt ist es unwiderruflich, wir gehören zum Schiff. Auf dem Achterdeck Gitarrenklänge und Händeklatschen, es wird gesungen, getrunken, die Deckpassagiere in ihren Holzliegestühlen bereiten sich auf eine lange Nacht vor, die Glocke zum Essen ertönt. Im altertümlichen Speisesaal eilen Kellner in weißen Fräcken unter dem ernsten Porträt des spanischen Königs hin und her. Im Gesellschaftsraum strahlt der Fernseher halb unsichtbare, schattenhafte Bilder von der wirklichen Welt aus, aber fast niemand schaut hin. Man schiebt den Schlaf noch hinaus, schlendert auf den Decks umher, trinkt, bis die Bars schließen. Dann verstummt auch der letzte rebellische Gesang, und nichts ist mehr zu hören außer den Wellen, die an die Schiffswand klatschen. Der einsame Passagier sucht seine Kabine auf und legt sich auf das kleine eiserne Bett. Nachts wacht er ein paarmal auf und schaut durch das Bullauge hinaus. Die weite Fläche des Wassers bewegt sich in einem langsamen, glänzenden Tanz, es wirkt geheimnisvoll und ein wenig gefährlich, so still und mächtig, wie sie da liegt mit nichts als dieser trägen, ziehenden Bewegung, unter der sich so viel verbirgt. Der weiße Chip, der Mond, taucht auf und taucht unter in den satinglänzenden Wellen, wollüstig und angsteinflößend zugleich. Der Passagier ist ein Stadtbewohner und weiß nicht, was er mit diesem großen, stillen Element anfangen soll, aus dem seine Welt jetzt auf einmal besteht. Er zieht den dürftigen kleinen Vorhang vor das runde Fenster und knipst eine Kinderlampe neben dem Bett an. Ein Schrank, ein Stuhl, ein Tisch. Eine Wasserkaraffe in einer Nickelhalterung an der eisernen Wand, darübergestülpt ein Glas. Ein Handtuch der Compañía Mediterránea, das er morgen ebenso wie das Glas mit der Flagge der Reederei mitnehmen wird. Er besitzt schon viele solcher Handtücher und Gläser, denn er hat bereits viele solcher Reisen gemacht.

Langsam überläßt er sich dem Wiegen des Schiffs, ein großer Muttertanz, und er weiß, wie es weitergehen wird. Im Laufe der Nacht wird er endlich einschlafen, dann wird das erste Licht durch den nutzlosen Vorhang fallen, er wird an Deck gehen zwischen den anderen Passagieren mit den unausgeschlafenen Gesichtern und die Stadt langsam näherrücken sehen – schöner, als sie ist, durch das erste Sonnenlicht, das dem Horror der Gastanks und des Smogs eine Wendung ins Helle, Goldene, Impressionistische geben wird, so daß es für einen Augenblick aussehen wird, als wiege sich da ein diesiges, goldenes Paradies und nicht der unbarmherzige Prellbock der industriellen Millionenstadt.

Ganz still gleitet das Schiff jetzt zwischen den steinernen Armen in den Hafen. Es ist klein geworden unter den hohen Kränen. Die schwelgende Bewegung des Wassers hat aufgehört, es gehört nicht mehr zum Meer, und auch an Bord ist die Gemeinsamkeit beendet, die Passagiere gehören nicht mehr zusammen. Jeder ist in Gedanken bei seinem eigenen Ziel, bereits in Erwartung des nächsten. In den Kabinen ziehen die Stewards die Betten ab und zählen die verschwundenen Handtücher. Auf dem Kai ist es schon warm.

Die Zeit schmelzen zu lassen kommt mir typisch spanisch vor, und nirgends ist die Zeit so schön geschmolzen wie auf der sich auflösenden, zu einem schneckenartigen Klumpen gewordenen Uhr von Dalí. Während ich auf mein Auto warte, lese ich im *Mundo Diario* den Brief des kranken Malers an das Volk, in dem er erklärt, wie krank er *nicht* ist. Die Unterschrift unter dem maschinegeschriebenen Brief (Kopf: Teatro Museo Dalí) ist zittrig, aber das Bild ist noch immer erkennbar – die Buchstaben des magischen Namens, die in der Zeichnung eines donquijotesken Reiters aufgehen, die Lanze beherzt vorgestreckt, hinein in das leere Briefpapier. Während ich auf diese Unterschrift schaue, denke ich, wie *spanisch* das Phänomen Dalí ist, wie mühelos das Bild, das er von sich selbst geschaffen hat, neben der Pfannkuchen backenden Teresa von Ávila, den aufgehängten Nonnen des Bürgerkriegs, der Garrotte und dem langsam im Gefängnis seines eigenen Palasts dahinfaulenden Philipp II. Eingang in das nationale Panoptikum finden wird. Mit geschlossenen Augen sehe ich den Maler, die beiden scharf gezwirbelten Antennen seines Schnurrbarts in den Raum gerichtet, um schwache, geheimnisvolle Botschaften aufzufangen, die für alle anderen Schnurrbärte nicht zu verstehen sind. »Verlautbarung des Ehepaars Don Salvador und Doña Gala Dalí« steht in majestätischer Einfachheit über dem Brief, der weiter keinen Anfang hat. »Es konveniert uns, jedermann zur Kenntnis zu bringen ...« – »Hofft der unterzeichnende Künstler...« – und weitere solcher prachtvollen Wendungen verleihen dem Schreiben das Gepräge eines ärztlichen Bulletins, wie es an Palasttoren herausgegeben wird, wenn jeder weiß, daß der König im Sterben liegt. Bitterer Ernst oder makabrer Humor, schwer zu entscheiden, aber jedenfalls läßt

»der unterzeichnende Künstler« das Volk wissen, er habe bereits wieder die ersten Pinselstriche getan. Wenn das Bild fertig ist, bekommt seine Frau es, und die gibt es an das Museum weiter. Im Innern der Zeitung ist die Unterschrift noch einmal zu sehen, stark vergrößert. Die Redaktion hat sie Professor Lester vorgelegt. Wer das ist, wird nicht erläutert, aber wenn jemand keinen spanischen Nachnamen hat und nicht einmal einen Vornamen, dann will das hierzulande sagen, daß man der betreffenden Person nicht zu trauen braucht. Dem Professor zufolge muß Dalí zwischen dem vierten und dem neunzehnten November schwer aufpassen, denn dann steigen der Planet Pluto und der Stern Lilith – der schwarze Mond – gemeinsam auf und stehen in Quadratur zum Krebs, und dann ist die Hölle los über Cadaqués, wo der Maler wohnt. Er kann dem Unheil durch eine Reise nach Griechenland entrinnen, wo es dann für Stiere weniger gefährlich ist.

Meine Fahrt geht nach Soria, nach Altkastilien, Castilla la Vieja. Von Barcelona führt eine leere Autobahn nach Zaragoza. Ich sehe die Stadt in der Ferne daliegen wie eine Vision, in der Hitze flimmernd. Jetzt beginnt das wahre Spanien, die Meseta, das Tafelgebirge, die Hochebene von Kastilien, leer, trocken, so groß wie ein Meer. Hier kann sich nicht viel verändert haben seit dem dreizehnten Jahrhundert, als die großen Schafzüchter sich zusammenschlossen, um den Durchzug ihrer Herden von den vertrockneten Prärien der Estremadura zu den grünen Hängen der nördlichen Gebirgsketten zu sichern. *Soria pura, cabeza de Extremadura* steht im Wappen von Soria. Dies war die Nahtstelle, an der die Königreiche von Kastilien und Aragonien an den islamischen Süden grenzten. Überall in diesem Gebiet, das der Duero wie eine Wasserverteidigungslinie durchzieht, stehen die Ruinen mächtiger Festungen, die mit ihren plumpen Formen die Landschaft beherrschen. Berlanga, Gormaz, Peñaranda, Peñafiel, in der Farbe der trockenen Erde liegen sie dort noch immer breit und drohend auf den niedrigen Hügeln, die die Landschaft wellenartig durchziehen. Ausgeschlachtete leere Hülsen, mächtige Knochengerüste ausgestorbener Tiere, so herrschen sie über das kahle Land und die niedrigen unscheinbaren Dörfer, in denen Kirchen und Klöster die Erinnerung an einstige Größe bewahren. Mit der gemeißelten Kalligraphie ihres Baustils beschwören sie die Erinnerung an verschwundene arabische Herrscher herauf. Hier ist die Zeit wirklich geschmolzen und danach für immer erstarrt. Der Reisende sieht die weißen Flecken auf der Landkarte immer größer werden, hierüber gibt es nichts zu berichten, er fühlt sich verloren in einem jahrhundertetiefen Abgrund, drohend umstellt von Ruinen. Der heiße Wind rollt mit ihm über die Ebene, und er wird nur wenigen Menschen begegnen. Soria ist die verlassenste Provinz Spaniens, die Leute ziehen von hier fort, hier ist nichts zu verdienen.

Ich fliehe vor der Hitze ins Kloster von Veruela. Es ist, als werfe man die Tür der Ebene hinter sich zu und trete in eine andere, kühlere Welt ein. Eichen und Zypressen, leises Wassergluckern, Blättergeraschel, Schatten. Es ist niemand zu sehen, keine Autos anderer Gäste, nichts. In Italien kommt es einem oft vor, als wären alle Schätze übereinandergehäuft, das Auge wird trunken vom Schauen, das große Füllhorn wird ausgeschüttet, geht nie zur Neige. In Spanien, zumal in diesen Regionen, muß man selbst etwas tun. Entfernungen müssen zurückgelegt werden, das Land muß erobert werden. Der spanische Charakter hat etwas Mönchisches, selbst ihre großen Könige haben etwas Einsiedlerisches an sich: Philipp und Karl ließen sich Klöster erbauen und lebten zeitweilig mit dem Rücken zur Welt, die sie regieren sollten. Wer viel durch Spanien gereist ist, ist daran gewöhnt und hofft darauf: mitten im Nichts eine Enklave, eine Oase, ein von Mauern umschlossener, festungsartiger, nach innen gekehrter *Ort*, an dem die Stille und die Abwesenheit anderer den Seelen schwer zusetzen. Hier ist es nicht anders. Ich bin unter allen Feldern des Wappens von Ferdinand von Aragonien und den einfacheren, mit einer Mitra gekrönten Wappen des Erzbischofs von Zaragoza und des Klosterabts entlanggegangen, stehe auf dem Innenhof und habe geklingelt, aber es rührt sich nichts. Ich gehe zu den Wappen und starre auf sie, doch sie bedeuten nichts mehr. Ich sehe etwas, bin aber blind für das, was ich sehe. Einst müssen Menschen dies »gelesen« haben wie ich ein Verkehrsschild. Ich weiß, daß diese Felder seine Abstam-

Festung in Alt-Kastilien

mungslinie anzeigen, daß sie von Paarungen in entlegenen spanischen Burgen berichten, die Ritter und adlige Fräulein hervorbrachten, die alle, nach langer Reise auf den Flüssen ihres Blutes, gemeinsam in diesem Ferdinand zusammenflossen. So ähnlich, Symbole der Macht und der Herkunft, die verzweifelt versuchen, mir eine Geschichte in einer Sprache zu erzählen, die ich nicht mehr verstehen kann. Über dem Wappen hängt, von zwei winzigen Engeln gehalten, ohne daß dieser Verstoß gegen die Schwerkraft sie allzuviel Mühe zu kosten scheint, ein Hut mit zwanzig Quasten. Kardinal oder Erzbischof? Ich weiß es nicht mehr. Ich stehe da und schaue und höre dasselbe, was die ersten Bewohner im zwölften Jahrhundert gehört haben. Ich bin – an soviel mehr Lärm gewöhnt, als sie je gehört haben – geneigt, dieses Fehlen von Geräuschen *Nichts* zu nennen, aber als ich länger lausche, unterscheide ich Nuancen des Nichts, all diese fast nicht existierenden Geräusche, das ferne Summen der Insekten, den trägen Flügelschlag eines Taubenpaars, den Wind in den Pappeln – die zusammen die Stille ausmachen.

Ich klingle noch einmal und höre Schritte ohne Eile. Leder auf Stein. Ein Mönch öffnet. Er reißt eine Eintrittskarte aus einem Buch, das noch voll ist, und deutet mit vager Handbewegung ins Kloster: Dann sieh dich mal um. Er geht nicht mit, er sagt nichts, auf gut Glück wandere ich umher. An der spätromanischen Fassade der Klosterkirche hängen, als reine Zier, ein paar dünne Säulchen ohne Sockel. Sie berühren nichts, sie stützen nichts und zeigen frei nach unten, auf den halbrunden Bogen, durch den ich jetzt eintrete.

Die Kühle des Gartens im Vergleich zur Hitze der Landschaft, die Kühle der Kirche im Vergleich zur Kühle des Gartens: Jetzt ist es schon fast Kälte, in der ich mich bewege. Die Außenmauern einer Kirche stellen sich der Außenluft, der *normalen* Luft, in den Weg. Plötzlich steht da eine willkürliche Steinform, die die noch eindringende Luft qualitativ verändert. Es ist nicht mehr die Luft wie man sie zwischen Pappeln und Klee, Luft, die vom Wind hin und her gefächelt wird, es ist Kirchenluft daraus geworden, ebenso unsichtbar wie die draußen, aber doch anders. Kirchenförmige Luft, die den Raum zwischen den massiven Säulen füllt und totenstill, wie etwas, das da ist und nicht da ist, bis zu den Kreuzrippen im rohen, aus großen Quadern gefügten Gewölbe reicht. Die Kirche ist leer, die riesigen Säulen ragen ohne Sockel gerade aus dem gepflasterten Boden auf, die Sonne wirft aus ihrer derzeitigen Position eine seltsame, statische Lichtpfütze durch das Rundfenster irgendwo rechts in der Kirche, ein wenig gespenstisch. Ich höre meine eigenen Schritte. Dieser Raum verformt nicht nur die Luft, sondern auch das Geräusch meiner Schritte – es werden die Schritte eines Menschen, der in einer Kirche umhergeht. Selbst wenn man von diesen Erfahrungen das abzieht, was man selbst *nicht* glaubt, bleibt immer noch das Unwägbare, das andere Menschen in diesem Raum glauben und vor allem geglaubt haben.

Vorstellungen von architektonischem Purismus, die sich doch als so stark erweisen, wenn jemand ein Bürogebäude neben ein Grachtenhaus setzen will, versagen in dieser Art von Räumen. Von außen ist dieses Gebäude romanisch, die Kreuzgewölbe sind gotisch, die Grablege Don Lupo Marcos ist ein Meisterwerk der Renaissance, die Tür zur Sakristei extrem exaltiertes Barock, aber das Auge revoltiert nicht. All diese närrischen Barockengel, die an den groben, ungleichen Steinen aus dem dreizehnten Jahrhundert wie wildwuchernder Efeu ausfächern, bilden den Durchgang zu einem Kapitelsaal im reinsten Zisterzienserstil: niedrig, hell und still. Weil niemand sonst da ist, probiere ich meine Stimme schnell mal aus, um zu hören, wie die Stimmen der Mönche klingen müssen – die kleine gregorianische Tonfolge, die ich von mir zu geben wage, schwirrt tremolierend zwischen den Wänden herum und kehrt dann über die Abtgräber im Boden unversehrt wieder zu mir zurück. In einer der Mauern befindet sich das Grab des Herrn von Agón, Don Lope Jimenes, aus dem dreizehnten Jahrhundert. Er liegt *in* der Wand, an der Wand, nicht auf dem Rücken, sondern auf der Seite, ohne daß diese merkwürdige Position etwas am Faltenwurf seines Gewandes veränderte. Das junge, fast feminine Gesicht ruht auf einem Kissen aus Stein, die Linke auf dem Herzen, die Rechte packt den Griff seines großen Schwertes. Zwei greifähnliche Tiere, von denen eines einen kleinen Menschenkopf zwischen den Raubvogelklauen hält, heben die Köpfe, die Schnäbel weit geöffnet, um einen Laut von sich zu geben. Man sieht den Laut, hört ihn nicht, aber weil man ihn sieht, hört man ihn doch. Dieser Effekt stellt sich durch die Öffnung ihrer Schnäbel ein, wegen der Form der Höhlung *sieht* man den Laut, den sie hervorbringen, ein hohes, schreckliches Heulen. Irgend jemand muß einmal sehr traurig gewesen sein, als dieser Ritter starb. Er ist nicht weniger tot, als wir eines Tages sein werden, doch die Trauer um ihn waltet bereits siebenhundert Jahre am selben Ort, mit derselben in Stein gehauenen Intensität.

Ich versuche mir vorzustellen, wie es ist, wenn der kleine Raum dieses Kapitelsaals von Mönchen bevölkert ist, aber das Wesen des *claustrum* (lateinisch für: abgeschlossener Raum) besteht ja gerade darin, daß man *nicht* zugegen sein darf: Ich darf hier nur zu Zeiten herumgehen, zu denen sie sich woanders aufhalten. Überall sind Schilder zu sehen mit »*claustrum*«, zur Bezeichnung der Bereiche, die sie nicht verlassen dürfen und ich nicht betreten darf. Um dabei zu sein, müßte ich das Gelübde ablegen, für immer hier zu bleiben, und das geht vielleicht doch etwas weit.

Es gibt ein Gemälde von Fouquet aus dem fünfzehnten Jahrhundert, das den heiligen Bernhard von Clairvaux, den Mitbegründer des Zisterzienserordens, in genau so einem Kapitelsaal predigend zeigt, in dem ich jetzt stehe. Helles Licht fällt durch die romanischen Fenster in den strengen Raum, Bernhard steht vor einem einfachen Pult, die Mönche sitzen entlang der Wand auf Steinbänken aufgereiht. Das Erstaunliche ist nicht, daß diese Gebäude bis jetzt stehen, sondern daß eine Lebensweise, die im zwölften Jahrhundert ihre mehr oder weniger endgültige Form erhielt, noch heute intakt ist. Und die Anfänge liegen sogar viel weiter zurück. Bereits vor Christus gab es im Nahen Osten Menschen, die von der Welt abgesondert lebten, Eremiten, Einsiedler, Anachoreten. Das blieb so während der ersten Jahrhunderte des Christentums. Es ist eine Fähigkeit der Seele, eine Möglichkeit für Menschen, sich von der »Welt« abzusondern, die es auch in anderen Kulturen und zu anderen Zeiten gab und noch gibt.

Im Westen geht die Klostertradition auf den heiligen Antonius zurück, der zwischen dem dritten und vierten Jahrhundert Klostergemeinschaften in der ägyptischen Wüste vorstand, und auf die christlichen Platoniker in Alexandrien. An diesem Punkt der Geschichte (ich stehe noch immer in meinem kühlen spanischen Kapitelsaal) ist es erforderlich, die Augen für einen Moment zu schließen und die heutigen christlichen Parteien zu vergessen: Zu der Zeit, von der ich hier spreche, sind die Christen eine feurige, verfolgte Sekte, eine Minderheit. Es ist die Zeit des (oft gesuchten) Märtyrertums, der leidenschaftlichen Bekehrungen, eine Zeit, nach der moderne Christen sich gelegentlich zurücksehnen, weil damals alles viel klarer und einfacher war oder schien. Erst im vierten Jahrhundert wird das Christentum zur »offiziellen« Religion. Menschen der verschiedensten Rassen strömen herbei, es wird nicht nur Mode, sondern auch zweckmäßig, Christ zu sein, Verfall und Laxheit setzen ein, und als Reaktion darauf bilden sich kleine, glühende Gemeinschaften, in denen der inzwischen schon nicht mehr ganz neue Glaube so rein wie möglich gelebt werden konnte. Johannes Cassianus, geboren in der Nähe des Schwarzen Meers, aufgezogen in Syrien und Palästina, ins Kloster eingetreten in Ägypten – all dies ist undenkbar, wenn man sich nicht die damals noch bestehende Struktur des Römischen Reichs vor Augen hält –, gründet eine der ersten Klostergemeinschaften in der Provence, genau in dem Augenblick, als die germanischen Stämme von Norden her ins Römische Reich einfallen. Was er in Syrien und Ägypten gelernt hat, übermittelt er jetzt dem Westen – seine Schriften über das kontemplative Leben werden im Mittelalter in jedem Kloster gelesen, Ideen, die in der strengen Verlassenheit der Wüste entstanden waren, fanden ihren Weg in andere, fruchtbarere Gegenden, und von diesem Wüstenartigen hat sich bis heute etwas erhalten – vielleicht nirgendwo heftiger als in Spanien, das nun einmal nie richtig zu Europa gehört hat.

Basilius, Hieronymus, Augustinus von Hippo – sie alle haben ihren Platz in der Geschichte des Klosterwesens, doch der Mann, der im Prinzip für alle nachfolgenden Jahrhunderte die Regeln festlegte, war Benedikt von Nursia. Das Feuer, das in diesem Leben loderte, ist für einen Menschen des zwanzigsten Jahrhunderts kaum mehr vorstellbar, aber die Geschichte spricht für sich selbst. Benedikt (um 480-547) zog als junger Mann in die Bergregion der Abruzzen, wo er in der Nähe der Ruinen von Neros Palast eine Höhle fand, in der er jahrelang lebte, ohne daß irgend jemand, ausgenommen ein Mönch aus einem benachbarten Kloster namens Robertus, der ihm heimlich eine Mönchskutte und Essen gab, davon wußte. Nachdem das Geheimnis später doch herausgekommen war, baten die Mönche des Klosters ihn, ihr Abt zu werden, aber seine Lebensregeln erwiesen sich für sie als zu streng, und sie versuchten, ihn zu vergiften. Er ging wieder in seine Höhle zurück, doch von allen Seiten kamen Schüler zu ihm, und er gründete zwölf Klostergemeinschaften zu je zwölf Mönchen. Seine eigene Abtei war die von Monte Cassino, die heute noch existiert. Benedikt lehnte das extreme, fanatische Asketentum ab, wie es im Nahen Osten praktiziert wurde, er hielt nichts davon, seine Mönche über die Grenze des Möglichen zu treiben. Was übrigblieb, war streng genug: eine Gemeinschaft, in der man nach seinem Eintritt für alle Zeiten blieb, dem Abt absoluten Gehorsam schuldete, sehr früh schlafen ging und sehr früh aufstand und zu allen möglichen Zeiten sowohl bei Tag als auch bei Nacht aufgerufen wurde, sich am Opus divinum, dem »göttlichen Werk«, dem Zelebrieren der Messe und dem Singen der Stundengebete zu beteiligen. Der Rest des Tages wurde mit Arbeiten und Lesen verbracht. Fasten und Enthaltsamkeit waren ein wesentlicher Bestandteil des Klosterlebens: Die späteren Trappisten aßen (essen) nie Fleisch oder Fisch. Gesprochen wurde genausowenig, nur wenn es unbedingt nötig war, oder während der Liturgie, der Predigt oder im Kapitel. Für den täglichen Umgang gab es eine rudimentäre Gebärdensprache. Einen »richtigen« Orden gründete Benedikt nicht, das ist eine spätere Erfindung. Zu seiner Zeit waren die Klöster völlig autonome Gemeinschaften, über die der Abt regierte wie ein absoluter Monarch. Bei wichtigen Entscheidungen zog er zwar die älteren Mönche zu Rate, aber sein Wort war am Schluß Gesetz, und dagegen gab es keine Berufung. Außer in Irland, wo sich aus der keltischen Stammestradition unter Columban ein eigenes Klosterwesen entwickelte, wurden Benedikts Vorstellungen bestimmend für das europäische Klosterleben.

Ein richtiger Orden – und auch das nur als eine lose Föderation autonomer Abteien – werden die Benediktiner erst im Jahr 910 mit der Gründung von Cluny, der Abtei, die in den darauffolgenden Jahrhunderten einen solch gewaltigen politischen und kulturellen Einfluß haben sollte. Mitte des zwölften Jahrhunderts gab es in Europa – bis nach Polen und Schottland hinein – über dreihundert Klöster, die direkt oder indirekt von Cluny beeinflußt waren, und sie alle unterstanden dem Abt von Cluny. Der liturgische Teil des Tages gewann an Bedeutung, das Singen der Chorgebete nahm immer mehr Zeit in Anspruch, die einfache Handarbeit verschwand, die religiöse Verfeinerung, sowohl im Gesang als auch in der Bauweise und der Ausschmückung, nahm zu.

Die Reaktion darauf kam von Bernhard von Clairvaux. Mit etwa dreißig anderen jungen Männern war er in das notleidende Benediktinerkloster Cîteaux eingetreten, von dem sich der Name Zisterzienser herleitet. Was er wollte, war die Rückkehr zur Urregel des Benedikt von Nursia. Der liturgische Teil wurde beschnitten, alle übertriebene Ornamentik abgelehnt, und unter seinem Einfluß entwickelte sich der Zisterzienserstil, roh, robust, einfach, nobel. Wer das Benediktinerkloster im niederländischen Oosterhout und das Trappistenkloster Achelse Kluis bei Valkenswaard besucht, kann den Unterschied deutlich feststellen. Trappisten sind eine spätere, strengere Variante der Zisterzienser, ihr Leben ist bäuerlicher und rauher. Die Benediktiner sind ein aristokratischerer Orden, intellektueller, verfeinerter. Selbst meine ungeübten Ohren hörten den einen Benediktiner, der bei den Trappisten zu Gast war, sofort heraus: Seine Stimme wirkte ein wenig prononcierter, schallender als die der anderen. Er benutzte seine Hände nicht auf dem Feld oder in der Bierbrauerei, sondern um Mitren zu besticken.

Am seltsamsten bei alledem finde ich das Wirken der Zeit: daß die Geschichte, die ich hier in hundert Zeilen erzählt habe, noch immer gültig ist – daß all diese Veränderungen und Varianten, die hier so leichthin aufgezählt werden, in Wirklichkeit Hunderte von Jahren in Anspruch nahmen – und daß die Essenz dieselbe geblieben ist, so daß jetzt wie damals und einst aus der

Ferne wieder dieses Geräusch von Leder auf Stein näherkommt, der Gästepater, der mir mitteilt, meine Zeit sei um. Er trägt noch immer das gleiche Gewand, das seine Ordensbrüder vor fast tausend Jahren schon trugen, eine weiße Kutte und darüber ein schwarzes Skapulier. Es gibt die Zeitmaschine wirklich: In einer Kapsel bin ich, gegen Tod und Unheil geschützt, in die Tiefen des für immer entschwundenen Mittelalters hinabgelassen worden. Wo ich jetzt bin, leben sie weiter, wie in Reinkultur existiert diese Lebensform auch in unserem, dem inzwischen zwanzigsten Jahrhundert. Gleich werde ich da wieder ankommen, ein Fremder, der in einem Auto durch das Land Aragonien fährt.

1981

EINE REISE DURCH NAMEN UND ZEITEN

Die Tür des Klosters Veruela ist hinter mir zugefallen. Ich höre es hohl durch die alte Stille hallen, ich bin wieder in der Welt der Wahlmöglichkeiten und Entscheidungen.

Wohin soll ich fahren? Das weiß ich bereits, ich fahre nach Soria, aber wie soll ich dorthin fahren, welchen Weg soll ich nehmen? Am Ende der dunklen Auffahrt rollt die Hitze der Mittagssonne wie ein Ball über die Landschaft. Ich habe zwei Karten, von Michelin und von Hallwag. Sie beschreiben dasselbe Land und dieselben Straßen, und doch scheint es, als stimme das Hallwagsche Spanien mehr mit der Leere und Stille rundum überein. Die Haut des Landes sieht auf der Hallwag-Karte viel verwitterter aus als auf der Michelin-Karte, die leichten Riffel im Flachland sind mit feinabgestuften Grau-, hellen und noch helleren Grautönen angegeben. Die Michelin-Karte kennt nur eintöniges Weiß und eintöniges Grün, das Rot der großen Straßen ist aggressiver, und so fühlt es sich in Wirklichkeit nicht an, dafür sind sie in dieser Provinz zu verlassen. Auf der Hallwag-Karte sind dieselben Straßen gelb, das macht sie kümmerlicher, verworfener, so wie sie sich auch fühlen. Und, noch schöner: Was auf der Michelin-Karte gelb ist, ist auf der Hallwag-Karte weiß. Für mich haben weiße Straßen etwas Verlockendes, als ob ich erst dann wirklich von allem weg bin, als ob das Land eigentlich nur mit großer Mühe kartiert worden ist.

Niemand hat diese Orte mit den seltsamen Namen je besucht. Wenn ich dort ankomme, stehen die Bewohner mit Brot und Wein an der Dorfgrenze. Während ich auf die Karte starre, lasse ich die spanischen Namen auf der Zunge zergehen... La Almunia de Doña Godina, Alhama de Aragón, Sistema Ibérico, Laguna Negra de Urbión, wie eine Kette aus Wortjuwelen schlingen sich diese Dörfer, Pässe, Ebenen, Flüsse um den kurzen harten Klang Soria, jeder Name ist irgendwann einmal von irgend jemandem erdacht worden und ist nun ein Ding, das Menschen sich achtlos reichen: Ich fahre heute abend nach Soria, ich komme aus Soria. Es läßt sich nicht messen, was sich alles in Namen ballt, wieviel Tausende oder Millionen von Malen dieses eine Wort, das jetzt nur noch einen Ort bezeichnet, ausgesprochen und aufgeschrieben wurde, in welchen Formen es in Flurbüchern schlummert, auf Briefköpfen, Generalstabskarten herumlungert, in Briefen und Tagebüchern, Schriftstücken und Rechnungen auftaucht, den Mündern von Kindern, Nonnen, Mördern entfleucht: »Ich fahre heute abend nach Soria, ich komme aus Soria.« Es hat Macht, so ein Wort: Es wird sich später, unvorstellbar viel später von unvorstellbaren Mündern aussprechen lassen, die es heute noch nicht gibt. Und denk daran, nie bist du irgendwo nicht in einem Namen, nicht in einer Gegend mit einem Namen, nicht auf einem Berg mit einem Namen, in einem Ort mit einem Namen – stets hältst du dich in irgendeinem Wort auf, das sich andere – nie gesehen, längst vergessen – ausgedacht, irgendwann zum erstenmal aufgeschrieben haben. Wir befinden uns immer in Wörtern.

Und nicht nur in Wörtern, auch in der Geschichte. Der gegenwärtigen wie der von einst. Als ich in Tarazona halte, sehe ich in einer Kneipe die *Vanguardia* von vor zwei Tagen. In ihrem unablässigen Eifer, die spanische Demokratie zu vernichten, haben GRAPO oder ETA wieder einen General ermordet. Er ist das achtzigste Terroropfer in diesem Jahr. Dahinter steht der Gedanke, daß die Armee provoziert und getriezt werden müsse, bis sie die Macht ergreift, und dann könne der Krieg richtig beginnen. Auf der Titelseite sind fünf Fotos zu sehen. Das erste zeigt den ermordeten General – Brigadegeneral Don Enrique Briz Armengol, noch lebendig und von der Kamera in dem Augenblick geschluckt, als er eine neue Funktion erhält. Er steht dazu auf einem kleinen Podest mit spitz zulaufenden Pfählen, zwischen denen in Kniehöhe drei Ketten hängen. Die Farbe seiner Schärpe ist auf dem Foto nicht zu erkennen, aber ich weiß aus Erfahrung, daß sie violett ist. Sein Gruß wird durch die Tatsache betont, daß er weiße Handschuhe trägt, und eigentlich sieht er aus wie ein Schauspieler, der einen General spielt. Ein weißes, leicht maskenhaftes Gesicht, schwarze Löcher einer Sonnenbrille, wenig Ritterorden, aber geputzte Schuhe, und absolut kein Grund, ihn totzuschießen. Auf dem leeren Hof, auf dem er, wie es scheint, eine für uns unsichtbare Parade abnimmt, ist noch ein Mann zu sehen, der im selben Augenblick salutiert und, da durch die Entfernung sein Gesicht nicht gut zu erkennen ist, aussieht wie der perfekte Doppelgänger. Die beiden Soldaten, die das Auto fuhren, in dem er ermordet wurde, haben keine weißen Handschuhe, keine Ritterorden, eher fröhliche, noch unbeschriebene spanische Jungengesichter. Neben ihren Köpfen sind kleine Kreuze, man hat sie offenbar aus einem Gruppenfoto herausvergrößert, auf dem es etwas zu lachen gab. Auf dem nächsten Foto sind nur ihre Barette zu sehen. Sie liegen zwischen den Glassplittern auf dem schwarzen, unangenehm glänzenden Kunststoff der Vordersitze. Die Türen des Autos sind geöffnet, bleiernes Tageslicht fällt herein. Dieses Foto schmeckt noch am meisten nach Tod. Auf dem letzten Bild kondoliert der Präsident der *Generalitat* – der mehr oder weniger unabhängigen katalanischen Regierung – der Witwe. Sie ist ziemlich dick und trägt ein Kleid mit changierendem Vasarélymuster. Der Präsident hält ihre große, kräftige Hand in der seinen und sagt etwas. Auf dem Foto ist noch eine Frau, aber ihr Gesicht kann ich nicht lesen – Trauer, Wut, Rachsucht, Schock: die Gesichter, die in Geschichtsbüchern immer unsichtbar sind. Die vierte Person ist der Kommandeur des Ermordeten, Generalleutnant Pascual Galmes. Er hat ein altes Indianergesicht, die Jacke ausgezogen und schaut düster drein. Es gibt nicht den geringsten Grund, weshalb er nicht der nächste sein sollte.

Armes Spanien, kann man da sagen und ein düsteres Referat über ein Land halten, das mit sich selbst nie einig werden kann, da es nie eine Einheit geworden ist. »Wir hätten Franco behalten sollen«, sagen die Rechten, »da gab's diese Schweinerei nicht.«

»Wir werden nur als Arbeitskräfte für das reiche Spanien benutzt«, sagen die Andalusier, »wir sind Gastarbeiter im eigenen Land.«

»Wir haben unsere ganzen Dörfer und Landschaften und Strände vom Tourismus verpesten lassen«, sagen die Bewohner der Costa del Sol, »und wo geht das Geld hin?«

»Wir in Katalonien verdienen das Geld für ganz Spanien – allein ginge es uns viel besser«, sagen die Katalanen (und die Basken). Und das sind noch längst nicht alle Risse und Gräben. Wer die Geschichte Spaniens kennt, weiß, daß es immer so war, außer wenn eine große nationale Bewegung, ein großes Abenteuer wie die Reconquista – die Rückeroberung Südspaniens von den Mauren – oder die Zeit des Golds und der Entdeckungsreisen ganz »Spanien« erfaßt hatte. Doch nach einem solchen Begeisterungstaumel zerfällt das Land wieder in all seine Eigenheiten und Eigensinnigkeiten. Kelten, Iberer, Goten, Juden, Mauren, Römer, alle haben ihr Blut in den großen Tiegel gegossen, und das Merkwürdigste ist vielleicht sogar, daß es hin und wieder gelang, all diese nationalistischen Regionen mit ihren so gänzlich verschiedenen Klimata, Landschaften, Charakteren und Interessen von jenem einen Punkt in der dürren zentralen Hochebene aus zu regieren: Madrid. Trocken und arm, zehn Prozent des Bodens schieres Gestein, fünfunddreißig Prozent kaum nutzbar, fünfundvierzig Prozent halbwegs fruchtbar, zehn Prozent reich – vom restlichen Europa durch die Berliner Mauer der Pyrenäen getrennt, isoliert, fern und durch die endlose Hochfläche in der Mitte in sich selbst gespalten. Verbindungen schwierig, Charaktere unterschiedlich, die Liebe zum Eigenen, Nahen, der Stadt, der Region, der eigenen Sprache immer größer als die Idee der Gemeinsamkeit. So ist es heute, so war es früher. Einer der Faktoren, die trotz aller Verschiedenartigkeit zur Einheit beigetragen haben, war die Heirat Ferdinands und Isabellas im Jahr 1469. Dazu hätte Verdi natürlich eine Oper komponieren müssen, oder jemand hätte es für die breiteste Breitwand verfilmen müssen, denn die Landschaften, in denen sich diese leidenschaftliche und zugleich eigennützige Geschichte abspielte, sehen noch genauso aus wie damals. Isabella war achtzehn Jahre alt und wurde von ihrem Bruder Heinrich IV. von Kastilien bedroht. Sie war die Erbin des kastilischen Throns, aber ihre große Rivalin war die – möglicherweise uneheliche – Tochter ihres Bruders, Juana la Beltraneja. Isabella war jung, wußte aber genau, was sie wollte – und sie hatte sich auf die Heirat mit Ferdinand, König von Aragonien und Sizilien, versteift. Verglichen mit Kastilien waren dies kleine, arme Gebiete, doch die Vereinigung der beiden Kronen wäre ein erster Schritt zur Einheit Spaniens. Der Erzbischof von Toledo – das waren noch Zeiten – stand auf ihrer Seite und holte sie mit einer kleinen Reiterschar aus ihrem Haus in Madrigal ab und brachte sie nach Valladolid. Für Ferdinand war es noch schwieriger. Er brach mit ein paar Vertrauten in Zaragoza auf und reiste, als Kaufmann verkleidet, durch eben die Gegend, durch die ich jetzt fahre. In El Burgo de Osma – heute ein ausgestorbener Fleck, in dem eine viel zu große Kathedrale voller Kunstschätze ohnmächtig die Erinnerung an frühere Größe bewahrt – wurde er fast ermordet, aber er schaffte es, vier Tage vor dem vereinbarten Zeitpunkt, an dem sie heiraten wollten, in Valladolid einzutreffen. Die beiden hatten sich noch nie gesehen. Wo ist Verdis Arie und das Duett, das dann unabänderlich darauf hätte folgen müssen? Wo ist die Kamera, die in dem Augenblick, in dem die Achtzehnjährige halb verborgen hinter der Balustrade oben an der Treppe steht, langsam zu dem Kaufmann aus Aragonien hinüberschwenkt? Die beiden waren so arm, daß sie sich überall Geld leihen mußten. Weil sie, wie sich das bei Königshäusern gehört, doch etwas zu nah miteinander verwandt waren, gab es eine päpstliche Dispensbulle, die sich später als unecht erwies, eine saubere Fälschung, fabriziert von Ferdinand selbst, seinem Vater, dem König von Aragonien, und dem Erzbischof von Toledo. Wie der Entschluß zu heiraten eigentlich zustande kam, ist nicht klar – mancherlei Gruppen und Interessen, auch außerhalb Spaniens, waren dabei im Spiel. Der Sohn des französischen Königs bemühte sich ebenfalls um Isabella, was eine französisch-kastilische Allianz bedeutet hätte, der noch nähere und nicht mehr ganz junge König von Portugal hegte die gleichen Absichten, aber auf der anderen Seite gab es eine starke aragonesische Fraktion am kastilischen Hof (prachtvoll für die Chorszenen), und angesehene jüdische Familien in beiden Ländern waren für Ferdinand, weil sie hofften, er, der durch seine Mutter jüdisches Blut hatte, werde ihre Position stärken. Intrigen, Bestechungen, Eifersucht, Berechnung, alles spielte mit, aber Isabella wußte noch immer, was sie wollte, und Ferdinand wurde letzten Endes schlichtweg dazu engagiert, den Interessen Kastiliens zu dienen. Er mußte in Kastilien leben und sollte den zweiten, nicht den ersten Platz einnehmen. Im Dschungel der spanischen Politik – schon lange zuvor hatten sich in Katalonien, Valencia und Aragonien verschiedene demokratische Institutionen entwickelt, die, wie die *Justicia*, die *Cortes*, die *Diputació* und die *Generalitat* (schon damals!), die Macht der Krone scharf im Auge behielten – war die Wahl Ferdinands eine gute. In Aragonien hatten die Könige konstitutionelle Verpflichtungen, es gab eine recht gute Zusammenarbeit zwischen dem Bürgertum und der Krone. In Kastilien dagegen war das politische Chaos komplett – der Machtkampf spielte sich dort zwischen Krone und Adel ab, dessen Angehörige teilweise so reich waren (wie auch heute noch), daß sie, wie die berühmte Leonor de Albuquerque (*la rica hembra*, die reiche Frau) von Aragonien nach Portugal durch ganz Kastilien reisen konnte, ohne einmal den Fuß auf fremden Grund und Boden zu setzen. Fragmente, Konflikte, Namen, und das alles wirkt im heutigen Spanien weiter – dieselben Institutionen, wie die *Generalitat* von Cataluña, gibt es noch immer, verschiedene Gebiete beanspruchen ihre *autonomía*, der Adel im Süden besitzt noch immer provinzgroße Ländereien. In Spanien braucht die Geschichte sich nicht zu wiederholen, sie kann einfach dieselbe bleiben. Schon lange vor dem unsrigen gab es einen Herzog von Alba*, und den gibt es noch heute.

Manchmal besteht meine Erinnerung aus Ansichtskarten. Wenn mich jemand eines Tages – in zehn Jahren oder in einem anderen Land oder nachts im Traum – fragen sollte: »Tarazona, was war das?«, dann sähe ich eine Vision von hitzegetränktem Ocker vor mir, von sandfarbenem, sonnengeplagtem Backstein. Durst, leere Straßen, Fensterläden, hinter denen Menschen schlafen, das vergebliche Abklappern verschiedener Bars nach Mineralwasser, Karren mit Mauleseln. Erst die beiden aufbewahrten Ansichtskarten bringen die Erinnerung an jene merkwürdige Kathedrale zurück, deren Turm die Stadt minarettartig

* Während des Achtzigjährigen Krieges (1568-1648) mit großer Macht ausgestatteter spanischer Statthalter in den Niederlanden.

überragt. Mudejarstil nennt man das, arabische Elemente in christlichen Bauten, geometrische Figuren, die sich in den verschiedensten Varianten überlagern. Auch wieder nichts für Puristen: Komische korinthische Säulen auf idiotisch hohen Sockeln als gemeine Fangfrage für ein Kunstgeschichteexamen an ein romanisches Portal geklebt. Ich will hineingehen, aber selbst Gott schläft in Spanien mittags nach dem Essen, also döse ich noch eine Weile im kühlen Vorhof vor mich hin, Auge in Auge mit den allegorischen Gestalten, die mich nicht sehen.

Graue, braune, purpurne Landschaften, der große Malkasten der Elementarfarben. Gegen Abend erreiche ich Soria. Ich habe ein Zimmer in dem Parador gefunden, der, an die Hügel geschmiegt, auf das Tal des Duero blickt, der später, weiter nach Westen zu, Douro heißen wird. Das matte Tageslicht ist bläulich, und bereits halb verwischt klebt die Landschaft noch an den Scheiben, eine Riesenmotte auf der Suche nach Licht. In diesem Parador war ich ein Jahr zuvor, als der Jahrestag der ersten Menschen auf dem Mond gefeiert wurde, der auch schon wieder zehn Jahre zurückliegt. Auch damals war ich in Spanien, in irgendeiner Kneipe, in der Fischer beim Kartenspiel saßen. Ich war der einzige, der schaute. Diesmal schaute jeder – es war schließlich nicht echt – mit der gleichen Aufmerksamkeit auf die Nescafé-Werbung wie auf Armstrong, der auf dem lunaren Staubfeld sein Ballett aufführte. Unvergeßliche Bilder, aber nun spielte Barockmusik dazu, als hätte man hinter diesen beiden weißen Tänzern mit ihren unirdischen Bewegungen ein Orchester des Herzogs von Weimar plaziert. Die Raumfahrer tanzten, sie waren durchsichtig, ihre Stimmen durch den Raum verändert, sie spiegelten sich im glänzenden Visier des anderen, gehörten dort nicht hin und liefen trotzdem mit ihren übergroßen Eisbärfüßen auf den Körnern, Pusteln und Krankheiten des Monds herum, der in diesem Augenblick aufhörte, eine Göttin zu sein. Ach, könnte ich nur ein einziges Mal die Erde als Vollmond sehen, während ich auf einer Terrasse am leeren Meer der Stille sitze, ein Glas mit plutonischem Champagner vor mir auf meinem Platintischchen, und von einer unmöglichen Reise nach Spanien träume.

Wer sehen will, wie eine spanische Stadt vor zwanzig Jahren

ausschaute, muß nach Soria fahren. Tourismus und Wohlstand haben hier noch nicht zugeschlagen, es gab keinen Grund, Fassaden einzureißen, um durch unsinnige Hochbauten den Maßstab der Stadt zu verzerren, um Holz durch Aluminium zu ersetzen, Türen durch Glasscheiben, in denen einem die eigene Gestalt wie auf einem zu dunkel geratenen Foto entgegengrinst. Marmortischchen mit verschnörkelten gußeisernen Beinen, zum hundertsten Mal silbergrau gestrichen, Lampenlicht, vom Tabakrauch bräunlich gebeizt, anstatt des seelenzersetzenden Neonlichts, kleine Läden, in denen man im Dunkel watet, Ladenbesitzer ohne Rechenmaschine, Holzregale mit geheimnisvollen Eßwaren, Gassen voller Überraschungen, düstere Bars, in denen schwarzgekleidete Männer mit schwarzen Hüten schweigend irgend etwas Dunkles trinken. Die Provinz ist arm, die Hauptstadt ist arm, und Armut glänzt nicht, Armut ist still, Armut wirft das Alte nicht weg für den dünnen Firnis prunkenden Mists, der wie ein verunglücktes Facelifting so vieles, was alt und authentisch war, zum Verschwinden gebracht hat.

Es ist ein Uhr, die heißeste Zeit. Die gesamte Bevölkerung sitzt im Schatten der großen Bäume im Park. In dessen Mitte steht eine jahrhundertalte Ulme, um die man einen gußeisernen Musikpavillon gebaut hat. Männer lesen den *Heraldo de Aragón* oder die *Voz de Soria*, ich schlendere entlang den gestutzten Zypressen, alle sitzen unter den Ulmen und Linden wie vor hundert Jahren, keiner hat sich bewegt. Ich höre meine Schritte auf dem Kies, das unnachahmliche Geräusch einer spanischen Menschenmenge, das Gemurmel alter Leute und Verliebter, die Celli der Erwachsenen, die höher gestimmten Instrumente der Kinder, das Plätschern des Brunnens, das in heißen, trockenen Ländern immer etwas anderes bedeutet als in den grauen Ländern, in denen das Wasser von selbst vom Himmel fällt. Um fünf Uhr, als der Nachmittag seiner selbst überdrüssig geworden ist, öffnen die kleinen und großen Geschäfte wieder. *Ultramarinos* – was wir früher Kolonialwaren nannten, *congrio seco*, Seeaal, der erst getrocknet und dann zu einer Art riesigem Teppichklopfer auseinandergeklappt wird und so als bräunliches Eßlabyrinth in der Türöffnung hängt, Würste, so schwarz wie Steinkohle, Essen aus einer anderen Zeit, Essen für andere Menschen. Bei La Delicia, der Konditorei der Witwe von Epifanio Lis, liegen die gefärbten Schaumpyramiden meiner Urgroßmutter, in der Bar »Zur Sonne« trinkt der eine Herr einen schwarzen Kaffee mit vier Eiswürfeln und der andere Herr einen dreifachen Kognak. Draußen sind es noch immer vierzig Grad.

In einer dieser Buchhandlungen, in denen die Verkäufer blasse Gesichter haben und in denen man außerdem auch Hefte, Bleistifte und Kassenbücher kaufen kann, stoße ich auf ein Exemplar für meine Raritätensammlung, das einen Platz zwischen dem hektographierten Eskimokochbuch, den Volkserzählungen aus Kansas und einer auf Packpapier gedruckten Abhandlung über das inzwischen verstorbene Parteiensystem Boliviens erhalten wird. Es heißt zu Recht *Biografía curiosa de Soria*, und der Herausgeber, Miguel Moreno, muß an der gleichen Krankheit leiden wie ich, denn er hat nichts unerwähnt gelassen. Nichts ist für einen Spanier so wichtig wie die eigene Stadt, die eigene Gegend. Wer je etwas von Spanien begreifen will, muß das Buch von Gerald Brenan, *Die Geschichte Spaniens. Über die sozialen und politischen Hintergründe des Spanischen Bürgerkrieges* lesen, in dem die Bedeutung dieser Heimatgefühle so deutlich beschrieben wird: »Spanien ist das Land der *patria chica*. Jedes Dorf, jede Stadt ist der Mittelpunkt intensiven sozialen und politischen Lebens. Wie in klassischen Zeiten gilt die Loyalität eines Spaniers zuallererst seinem Geburtsort, seiner Familie oder der sozialen Gruppe, der er angehört. Erst danach kommt das Land und die Regierung.«

Die Biographie des Bemerkenswerten von Soria ist auf diesem grauen Armeleutepapier gedruckt, das den darauf abgebildeten Fotos eine geheimnisvolle Unsichtbarkeit verleiht. Auf Seite 268 ist das schönste zu finden: die Mumie des Erzbischofs Don Rodrigo Ximénez de Rada aus dem vierzehnten Jahrhundert, nachdem sie zum erstenmal in siebenhundert Jahren neu eingekleidet worden war. Das Foto zeigt achtzehn verschiedene Grauschattierungen, der vertrocknete Totenkopf trägt eine halb auseinandergeborstene Mitra und schlummert in einem Durcheinander kirchlicher Textilien selig vor sich hin. Der alte Franco und der neue König, grau, Lokalgrößen, grau, Schönheitsköniginnen für den Tag der Provinz, alles überzogen mit Grau, das – entgegen der Intention der Abbildung, nämlich etwas zu zeigen – alles verdunkelt. Reime, Herkunft von Ortsnamen, der – ausgestorbene oder noch existierende – Lokaladel, Seiten voller Ritter und Marquis, alles steht drin. 1453 wurde Don Alvaro de Luna, Großmeister des Militärordens von Santiago und Premierminister König Johanns II. von Kastilien, der Titel eines Grafen de San Esteban de Gormaz verliehen. Der Titel existiert noch immer – Spanier werfen nicht so schnell etwas weg, weder Leichen noch Titel – und wird jetzt von Señora Doña María del Rosario Cayetana Fitz-James Stuart y Silva, Falcó y Gurtubay, Herzogin von Alva de Tormesa, geführt. Aber auch der größte Pilz und der größte Kohlkopf sind für die Ewigkeit festgehalten, alle Entfernungen gemessen, die Wappen nachgezeichnet, die Urkunden kopiert, die Etymologien von Höhen und Tiefen aufgeschrieben. Es gibt in Soria – dies ist ausschließlich für Liebhaber notiert – einen Cuesta, und zwar *den* Cuesta. Ferner sieben Berge (*montes*), vier *pinillas*, drei *cubos*, fünf *peñas*, drei *pozos*, vier *cuevas* – Gipfel, Brunnen, Hänge, Höhlen und andere topographische Eigentümlichkeiten in diesem Grundbuch der Ewigkeit.

Genie de lieu sagen die Franzosen, wenn ein Ort etwas ganz Eigenes und Besonderes atmet. Die Ritter des heiligen Johannes vom Spital zu Jerusalem gibt es nicht mehr, aber Reste des Klosters, das sie im Jahr 1100 in Soria erbauten, stehen noch, die Skizze, die Idee dessen, was einst der Kreuzgang um den Klostergarten war. Es ist früh am Morgen, Tau liegt über dem Fluß, der hier noch schmal ist und schnell und dunkel an den mit Schilf und hohem Grün bewachsenen Ufern entlangfließt. Die Bogen, die den Kreuzgang bilden, sind ineinander verschlungen und scheinen wie eine Arabeskenfolge in der Luft zu hängen. Es ist wirklich ein Garten, Rosen wuchern an den Mauern der kleinen Kirche, Gladiolen und mannshohe Margeriten wiegen sich unter den Pappeln, doch das Geviert zwischen den vier leeren Bogenreihen ist leer gelassen. Das macht es sehr rätselhaft: Es ist an allen Seiten offen, Wind und Luft und Stimmen wehen durch die Öffnungen hindurch, es steht ganz für sich, im Freien, und doch

Kloster in Soria (12. Jahrhundert)

bin ich *drinnen*, in einem maurischen Garten. Die *Form* der Fragmente schreibt vor, wie das Ganze einst ausgesehen hat, noch immer umgibt mich das verschwundene Kloster. Ich betrete die kleine Kirche. Hier liegen ein paar Grabsteine mit hebräischen Buchstaben, der Bogen über der Apsis ist arabisch, zwei seltsame, baldachinartige Gebilde, das eine mit rundem, das andere mit spitzem Dach, stehen neben beziehungsweise vor der Stelle, wo sich früher der Hauptaltar befunden haben muß – die Darstellungen auf den Kapitellen über den Doppelsäulen, die die Baldachine tragen, sind christlich, und so verschmelzen in dem kleinen, totenstillen Raum diese drei Welten zu einer Symbiose, die es so nirgends mehr gibt.

Weshalb sind manche Orte berühmt und andere nicht? Weshalb spricht jeder von Autun und Poitiers, und weshalb hört man nie etwas von Soria, obwohl dort eines der schönsten und ergreifendsten romanischen Portale der gesamten mittelalterlichen Christenheit zu sehen ist? Jeder wirkliche Liebhaber romanischer Kunst muß die Fassade von Santo Domingo und den Kreuzgang von San Pedro gesehen haben. Es sind, zusammen mit San Juan de Rabanera und San Gil, jedes für sich Schatzkammern voll der wunderbarsten Details. Florale Kapitelle – die Kopfstücke von Säulen mit Pflanzenmotiven, die auf ganz raffinierte Weise so unregelmäßig gestaltet sind, daß es aussieht, als bewegte sich der Stein, arabische Einflüsse, die krumme Tour (durch die Darstellung der Laster), Nacktheit zu zeigen, geflügelte Löwen mit Vogelköpfen, die mich an Persepolis erinnerten, all die Geschichten und Ermahnungen und Verzierungen, die vor tausend Jahren von Meisterhand in Stein gehauen wurden und sich hier im trockenen, harten Klima Sorias erhalten haben, all dies ist eine Pilgerfahrt wert. Man wünscht sich oft, es gäbe ein ganz großes Vergrößerungsglas, das man nach oben richten kann, ein Kapitellglas analog zum Opernglas. Die Darstellungen sind häufig Miniaturen aus Stein, und wenn man auch *lesen* will, was da (in Bildern) geschrieben steht, müßte man ein Handbuch biblischer und christlicher Ikonologie oder Symbolik bei sich haben. Nicht daß es wirklich notwendig wäre, aber ich ärgere mich richtiggehend, wenn ich nicht genau verstehe, was die Darstellung mir erzählen will. Was damals Gemeingut war, ist heute Spezialistenwissen.

Was, frage ich mich, ist daran eigentlich so reizvoll? Ich stehe vor der Fassade von Santo Domingo. Nicht berühmt, folglich keine Touristen, ein stiller Winkel in einer Stadt. Ist es die Schlichtheit, falls es Schlichtheit ist? Die Frömmigkeit? Die durch nichts ins Wanken zu bringende Totalität des Weltbilds? Die Vorstellung, daß es von Menschen und für Menschen geschaffen wurde, für die es keine »Kunst« war, sondern Wirklichkeit? Daß in Stein eine Geschichte erzählt wurde, die alle bereits kannten, die aber alle immer wieder sehen wollten – genauso wie die Griechen (und die Japaner) sich ihre Tragödien ansahen und noch immer ansehen?

Ich weiß es nicht. Ich weiß nur, daß von dieser niedrigen, fast plumpen Fassade, an der das Tympanon von der Größe her gesehen eigentlich nur einen kleinen Teil ausmacht, eine große Kraft und Rührung ausgehen. Die Vorstellung, daß dies einmal neu war. Neu! Eben fertiggestellt, herausgehauen aus diesen fast goldfarbenen, harten Steinblöcken! Wie stolz die Erschaffer waren, wie man aus der ganzen Provinz herbeiströmte, um es zu betrachten!

Die Figuren im Tympanon sind so klein, daß man sich dicht davorstellen muß, um sie richtig zu sehen. Und selbst dann muß man den Kopf weit nach hinten in den Nacken legen, denn die vier Bögen, in denen sie dicht beisammengedrängt sind, befinden sich über einem, nicht vor einem. Diese vier konzentrischen Comics in den Bögen, jedes aus einer Fülle von Bildnissen bestehend, besitzen, hat man sie endlich richtig im Visier, nicht dieses Starre, Hieratische, das wir der Einfachheit halber als primitiv bezeichnen. Sie sind vielmehr üppig und zugleich trollhaft, mit ihren großen, heiligen Zwergenköpfen über reich gefältelten Gewändern. Und alles geschieht wieder, wie es im Großen Buch berichtet wird und in tausend Darstellungen bewahrt und zweifellos mit tausend anderen Darstellungen verschwunden ist: Das Haupt Johannes' des Täufers wird abgeschlagen, Gott erschafft den Adam, die Jungfrau Maria erhält Besuch vom Engel, die Anbetung der Heiligen Drei Könige, dieselben Geschichten wie immer, nur dieses Mal nicht mit echten Menschen, nicht in Farbe, nicht in Silber, nicht von Rembrandt, nicht von Manzú oder Rouault, sondern von verschwundenen, namenlosen Händen aus dem harten Stein einer dürren spanischen Provinz gehauen, wo sie in aller Ruhe das Ende der Welt erwarten.

1981

EINE WELT VON TOD UND GESCHICHTE

Zaragoza. Zusammen mit zwei Nonnen und einer alten Dame bin ich der einzige Besucher im Museum für Schöne Künste, das auch eine Archäologie-Abteilung besitzt. Die Nonnen überholen mich mit einer Geschwindigkeit von einem Jahrhundert pro Minute, und dann bin ich wirklich allein in der spanischen Vorgeschichte. Pfeilspitzen aus Stein, Töpfe aus Ton, geöffnete Gräber, in denen ein überraschter Vorfahr auf der Seite liegt, ein Skelett ohne Namen, jemand, der einst diesem oder jenem Stamm angehörte und dreitausend Jahre später in seiner Ruhe von jemandem gestört wurde, nach dem nie gegraben werden wird, da wir alles fein säuberlich etikettiert hinterlassen werden.

Was mir an der Geschichte *vor* der Geschichte gefällt, ist, daß ihr das *Akute* fehlt. Namen, echte Daten, Schlachten, Verwicklungen, alles ist unsichtbar geworden, und eigentlich kommt es einem so vor, als hätte die Vertreibung aus dem Paradies erst danach stattgefunden, als wäre ein ländliches, friedliches Leben geführt worden, mit Jagen, Töpfern, Fischen, ein ausgedehntes Dasein in einer großen, alles umfassenden Stille. Namenlose Menschen meiner eigenen Spezies lebten ein nicht aufgezeichnetes, nicht wahrgenommenes Leben auf Erden, die nach ihnen Kommenden mußten erst graben, um ihre Spuren zu finden.

Schalen aus Ton. Sie stehen so still in den Vitrinen, erst noch ohne jegliche Verzierung, dann hat eine menschliche Hand doch mit einem Zweig einen Kratzer hineingeritzt, den Kratzer wiederholt, ein kleines Muster, eine Struktur, geometrische Linien, Kunst. Konnten sie das alle, oder gab es nur einen in der Siedlung? Keine Ahnung hatten sie davon, daß sie vor Christus lebten, sie saßen da, machten ein Feuer, tranken oder aßen aus dieser Schale. Man sieht diese Schalen in allen Kulturen. War dies eine Form, die sich von selbst aufdrängte, eine natürliche Ergänzung zum menschlichen Mund? Wir können zum Mond fliegen, aber die Form von Schalen hat sich nicht grundlegend verändert. Ich habe, denke ich, solche Schalen in Afrika gesehen, aber da waren sie keine 3000 Jahre alt. Mit aller Kraft will ich ihnen ihr Alter ansehen, und das gelingt mir auch, weil ich *weiß*, daß es wahr ist. 3000 Jahre wütender, turbulenter Ereignisse haben diese Tonschale unberührt gelassen, sie ist unversehrt, gebrauchsfertig. Ich könnte sie aus der Vitrine stehlen und mit nach Hause nehmen, nicht, um sie für viel Geld zu verkaufen, sondern um hinter verschlossener Tür daraus zu trinken, um damit die Kontinuität meiner Gattung zu beweisen, und auch ein wenig, um über den unbekannten Töpfer nachzudenken.

Paleolítico Inferior, Paleolítico Superior. Mit jedem Schritt bewege ich Jahrhunderte, mit aufreizender Mühelosigkeit vollziehe ich den Übergang von Stein zu Bronze, von Bronze zu Eisen, blicke auf die ersten verzierten Grabsteine der, wie es im Spanischen so schön heißt, *reyezuelos*, kleinen Könige – und ich sehe sie vor mir, so groß wie Kinder, Kobolde mit Kronen auf dem Kopf. Später entnehme ich meinem Wörterbuch, daß *reyezuelo* auch Zaunkönig heißt, und das erscheint mir durchaus passend, Könige, die hinter den hohen Zäunen der Vorzeit verschwunden sind. Aber immer ist es anders, als ich denke. Die Vitrinen sind hell und übersichtlich eingerichtet mit Klassifikationen und Fundstätten, über all diesen Gegenständen schwebt die Geduld und damit die Liebe der Finder, die Suchende waren, bevor sie fanden, was sie suchten. Archäologen, Menschen, die verzweifelt am Hahn der entferntesten Vergangenheit drehen, um zu sehen, ob etwas herauskommt. Nur die Gegenstände sind da, die Welt, die um sie herum existiert hat, scheint unwirklich, weit weg, und gleichzeitig liegen 3000 Jahre nun auch wieder nicht so sehr weit zurück. Es ist unausbleiblich – in 3000 Jahren werden wir nicht mehr wiederzuerkennen sein.

Die ersten Münzen. Hannibal, Hasdrubal, Hamilkar. Langsam hört es sich vertraut an. Gymnasium, Unterricht in Alter Geschichte. Meine eigene Erinnerung ist damit bereits verwoben. Aber dieses Andere, das Fiktive, die Phantasie, ist doch stärker. Wer hat diese Geldstücke in der Hand gehabt? Geld sieht merkwürdig unverwüstlich aus, solange es aus Metall besteht. Ist es durch tausend Hände gegangen oder nur durch hundert? Was wurde damit bezahlt? Sold, Huren, Wein? Grabrechte,

Togen, Waffen, Pferde, Brot? Aber Geld berührt einen nie, vielleicht, weil es auch in materiellem Sinn zum Spekulieren verführt. Nein, dieses andere, das gleichzeitig entsteht, diese merkwürdigen Striche, die sich kreuzenden, geraden, eckigen, seltsamen Linien, *Schrift*, nagelartig, spitz, in Zeichen abstrahierte Sprache, der lange, unaufhaltsame Weg jener in Stein geritzten Signale bis zu den Buchstaben auf den Tasten meiner Schreibmaschine, das verschlägt mir den Atem. Der beschriebene Stein steht hinter Plexiglas und beraubt mich so des Vergnügens, meine Finger langsam darüber wandern zu lassen, als könnten sie diese von Menschenhand gemachten Kerben aus eigener Kraft entziffern.

Ich bleibe Stunden in diesen stillen Sälen und sehe, wie die Geschichte sich auftürmt, bekannter wird und sich gleichzeitig entfernt. Ein Jahrhundert läßt sich nicht in einen Saal zwängen, und doch tut man es hier. Anhand von Grabsteinen, Geldstükken, Didrachmen aus Neapel und Syrakus, Tetradrachmen aus Athen, Mosaiken, Tonscherben wird mir der bekannte Weg vorgegaukelt, das Klischee der Vergangenheit, wie ich sie gelernt habe. Doch das Erhellte wird durch das verdunkelt, was weggelassen wurde – Düfte, Stimmen, Lebende. Es sind, buchstäblich, nur Überbleibsel, die eine Abwesenheit sichtbar machen. Durch all diese materielle Evidenz hat es für einen Moment den Anschein, als könne man die Vergangenheit besitzen, haben, doch das Heute bekommt von der Vergangenheit nur das, was es selbst auswählt, und dann ist es wieder das Heute, um das es gerade geht, weil jede Zeit die Geschichte anders interpretiert. Auch uns wird es einst in diese merkwürdige Abstraktion verschlagen, die Vorstellungen, die wir von uns selbst hatten, werden von den Launen einer späteren Zeit verzerrt werden. Wie einer, der einen Film rasend schnell zurücklaufen läßt – wobei *alles* unsichtbar wird –, gehe ich jetzt in umgekehrter Richtung wieder hinaus und falle so aus der Vorgeschichte auf die Straße, um Jahrtausende gealtert.

Vor fast fünfhundert Jahren besuchte ein anderer Niederländer Zaragoza, Papst Hadrian VI., der letzte Nicht-Italiener vor Wojtyla. Adrianus von Utrecht, wie er hier genannt wird, war Bischof im spanischen Tortosa und wurde beim Tod Leos X. am

2. Januar 1522 zum Papst gewählt. Damals hatte man noch Zeit. In Barcelona lagen Schiffe bereit, den neuen Papst nach Rom zu bringen, doch er wollte erst noch nach Zaragoza, um die Reliquien des heiligen Lambert zu verehren. Am 29. März brach er auf und blieb bis zum 11. Juni in Zaragoza. Er logierte in der Aljafería, dem ehemaligen Maurenpalast, den die Katholischen Könige neu eingerichtet hatten, nachdem die Mauren über den Fluß gejagt worden waren. Auf einem weißen Maulesel ritt er durch die Stadt, mit Erzbischof Don Juan von Aragón und einer Schar aragonesischer Grafen und Ritter. Aus den Chroniken wissen wir sogar, was er trug, eine »*bonete de terciopelo carmesí con armiños y un capelo de la misma tela con cordones de oro y seda roja*«, eine karmesinrote Samtkalotte mit Hermelinbesatz und einen Kardinalshut aus demselben Stoff mit goldenen und rotseidenen Schnüren. Aber damals hatte man nicht nur genug Zeit, sondern auch Menschenkraft. Der Maulesel wurde an der Puerta del Portillo angebunden, und ein unterdessen angefertigter Sessel, der mit rotem Samt ausgeschlagen war und auf der Rückenlehne das päpstliche Wappen trug, wurde von 24 sich abwechselnden aragonesischen Rittern zur Kathedrale getragen. Am 9. April besuchte der Papst die Krypta der »unzählbaren Märtyrer«. In diesem Augenblick ging eine der zwölf Lampen des *azofar* entzwei, das Öl floß über die päpstlichen Gewänder, »was von allen Anwesenden als schlechtes Vorzeichen gedeutet wurde«. Nicht zu Unrecht, denn er sollte nur sehr kurze Zeit Papst sein und wurde von den Römern bitter gehaßt. Nachdem er die Messe gelesen hatte, »öffnete der Papst das Grab des heiligen Lambert, nahm das Haupt des Märtyrers aus dem Sarg und hob es über seinen eigenen Kopf«. Der Heilige war zu diesem Zeitpunkt bereits 816 Jahre tot, doch sein Kopf begann zu bluten und befleckte den Papst abermals, der bereits das Öl der Lampe abbekommen hatte. Mönche fingen das Blut auf und haben es, da Spanien nun einmal Spanien ist, bis heute bewahrt.

Südlich des Ebro ist die Landschaft anders. Keine Hügel mehr wie geweihte Tiere, sondern ein kahlgeschlagener Planet, gelblich, steinig, unbarmherzig. Auf manchen Feldern hat Korn ge-

Die Kathedrale von Tortosa

standen, das jetzt gemäht ist. Strohballen wie kubistische Männer markieren den Horizont, ein mechanisches Heer. Dann hebt sich die Welt allmählich, ich lasse das Tal hinter mir und fahre nach Süden, nach Teruel. Es ist leer auf der Straße, die Spanier essen. Eine Zeitlang fahre ich am Río Huerva entlang. Rechts von mir flimmert ein hohes Gebirge in der heißen Mittagssonne. Dann verläßt auch der Fluß die Straße. Cariñena, Daroca, Burbágena, Monreal del Campo. Einst war dies das Kampfgebiet zwischen Christen und Mauren und, in einem viel späteren Krieg, zwischen den Truppen Francos und denen der Republik. Herbes Land, das sich zuweilen unvermittelt zu einem majestätischen Panorama weitet und dann wieder in gequälte Pässe gezwängt wird.

Ich komme in Teruel zur toten Stunde an. Es ist viel kleiner, als ich geglaubt hatte, die kleinste Provinzhauptstadt Spaniens. Hier werden die extremsten Temperaturen gemessen. Die Winter dauern lang, die Sommer sind gnadenlos. Im Winter 1936/37 sank die Temperatur hier auf – 18° ab. Die Stadt wurde abwechselnd von Republikanern und Nationalisten besetzt. In *Blood of Spain* von Ronald Fraser wird die ganze Geschichte anhand von Augenzeugenberichten und persönlichen Erinnerungen aus beiden Lagern erzählt. Folterungen, Hinrichtungen, Massaker, Verrat, sinnlose Zerstörung, Desertionen, die hoffnungslose, feindselige Zerrissenheit der Linken, die erbitterten Gegensätze zwischen Kommunisten und Anarchisten, die wichtiger wurden als das Gewinnen des Krieges. Spanien, das sind nicht nur soviel Regionen und soviel Sprachen, das sind auch soviel politische Sekten, und zu bestimmten Zeiten in ihrer Geschichte sind Spanier bereit, sich gegenseitig aus allen möglichen Gründen auszurotten und demzufolge auch für alles mögliche zu sterben. Unter dem bisweilen so glatten äußeren Schein der neuen Demokratie brennt die Wunde dieses Bürgerkriegs noch immer, jeder Tag und jeder Ort sind Erinnerungen für den, der dafür ein Auge hat.

Blood of Spain ist über sechshundert Seiten stark. Wenn ich durch Spanien reise, habe ich es bei mir. Das Ortsnamenregister am Ende ist ellenlang, ich brauche es nur aufzuschlagen, um zu sehen, was für Greuel in diesem scheinbar so friedlichen Ort passiert sind, in dem ich mich im Augenblick befinde. Es ist ein Buch über *Jedermann*: Geschichten von den kleinen Leuten, den Vergessenen, den Soldaten und Zivilisten auf der richtigen und der falschen Seite, Leben, mit denen Geschichte geschrieben wird.

Aber sieht Geschichte, während sie *passiert*, auch wie Geschichte aus? Ist es nicht so, daß die kleinen Namen stets unterschlagen werden? Es geht doch um die Ideen, die Interessen und die *großen* Namen, die späteren Straßennamen, die Namen aus Registern und Enzyklopädien? Denn so viele Bücher mit ›*oral history*‹ auch erscheinen, in der Regel ist es noch immer so, daß die Opfer als *Individuen* hinter den großen Ereignissen verschwinden. Man sieht ihre austauschbaren Namen auf Gedenksteinen, auf die fast niemand mehr achtet, sie sind nicht nur körperlich, sondern auch mit ihrem Namen verschwunden.

Nicht so in *Blood of Spain*. Da ist die Geschichte der Lehrer, der Bäcker, der Faschisten, der Kommunisten, der Beamten, der Anarchisten, der Frauen, der Kinder. Es muß eine unvorstellbare Arbeit gewesen sein, alle diese Menschen aufzuspüren, alle diese Zeugenberichte über Hinrichtungen, Demütigungen, Hungermärsche aufzuschreiben, doch das Resultat ist, daß man in die Scheiße und das Blut dieses Krieges gedrückt wird. Aller Glanz ist ihm abhanden gekommen, man blickt in einen schmutzigen, blutigen Abgrund menschlicher Schlechtigkeit.

Eine Szene an der Front in Teruel liefert ein Brechtsches Bild der Verwirrung, wenngleich Brecht aus politischen Gründen auf diesen Vorfall wahrscheinlich lieber verzichtet hätte. »Es schneite stark. Als sie ankamen, blieb García Vicancos mit den Männern in den offenen Lastwagen, während Saturnino Carod (ein Führer der CNT, der anarcho-syndikalistischen Gewerkschaft, Anm. d. Verf.) ins Haus ging, um Bericht zu erstatten. Um einen Ofen geschart fand er eine Gruppe Männer, die ihm Kaffee gaben.« Sie begannen zu reden. »Es dauerte nicht lang, bis das ewige Thema der Einheit zwischen der Kommunistischen Partei und uns Anarchisten wieder zur Sprache kam.« Carod sagte, das sei eine Sache, die von den Führern der beiden Organisationen besprochen werden müsse. Als diszipliniertes Mitglied der CNT werde er jedem Befehl des Nationalkomitees gehorchen. Aber einer der anwesenden Männer ließ nicht locker, sagte, Carod könne als bekannter Militanter Druck auf seine Führer ausüben, damit sie zustimmten.

»In ihrem Bemühen, mich zu überzeugen, sagten sie, die Zukunft Spaniens liege in der Einheit der Kommunisten mit den Anarchisten, der Krieg werde von diesen beiden Organisationen gewonnen werden. Sie schlugen vor, daß die kommunistische Partei die politische Organisation der anarchistischen Gewerkschaft bilden solle und daß die CNT die Gewerkschaft auch der Kommunisten sein solle ...«

Carod antwortete wieder, dies sei nicht der Augenblick, über solche Dinge zu sprechen. Seine Männer frören draußen, er brauche im Moment lediglich Einsatzbefehle und vor allem die Waffen, die weisungsgemäß für seine Brigade bestimmt seien. Wut stieg in seiner Stimme auf, als einer der Männer die Hand in die Tasche steckte und eine Mitgliedskarte der Kommunistischen Partei herauszog. »›Nimm das, oder nicht eine einzige Waffe, die du hier siehst, geht an die 25. Division.‹ Ich schaute: In einem Verschlag weiter hinten lagen genug Waffen, um meine Leute neu auszurüsten. Es waren Maxim-Maschinengewehre, die wir noch nie bekommen hatten. ›Ich hole die Leute von den Wagen, und wir laden die Waffen ein‹, sagte ich. ›Nur wenn du diese Mitgliedskarte nimmst.‹ Ich nehme an, daß sie bereits auf meinen Namen ausgestellt war, denn ich glaube nicht, daß sie erwarteten, ich würde mich hinsetzen und sie in diesem Augenblick selbst ausfüllen. Ich sagte ihnen, was ich von ihnen hielt.

Da kam einer von ihnen auf mich zu, legte mir den Arm um die Schulter und sagte: ›Ruhig, Carod, reg dich nicht auf. Die Genossen haben das nicht richtig angepackt, es ist nicht korrekt. Ihr Spanier seid alle gleich. Reg dich nicht auf, es wird sich alles klären.‹ Ich erkannte den Mann: Ercoli. Erst später hörte ich seinen richtigen Namen: Togliatti, Führer der italienischen KP...

Immer noch wütend, stürmte Carod hinaus. Er befahl seinen Leuten, zu einem anderen Hauptquartier an derselben Front zu fahren. Von dort aus telefonierte er mit dem General, der die

Truppen an der Levante (Spaniens Ostküste, Anm. d. Verf.) befehligte. Dieser klang wütend und befahl der Brigade zu bleiben, wo sie war. Aber das löste das Waffenproblem nicht. Der Oberstleutnant, der das Kommando über das Armeekorps hatte, versicherte ihm, in der Nähe sei ein Depot mit mehr als genug Waffen, um die ganze Division neu auszurüsten. Er hatte noch nicht zu Ende geredet, als eine Meldung von der Front kam. Mit der Faust auf den Tisch schlagend schrie der Oberstleutnant: ›Das ganze Depot ist gerade vom Feind erobert worden.‹«

Schließlich, und nicht zuletzt aufgrund dieses sektiererischen – und zu Kriegszeiten verhängnisvollen – Gezänks siegten die Franco-Truppen in Teruel und benutzten die Stadt als Sprungbrett, um zum Mittelmeer vorzustoßen. Die Truppen der Republikaner waren in zwei Teile getrennt.

Ihr Spanier seid alle gleich ... Ein bis ins Absurde getriebener Glaube an das eigene Recht, der zusätzlich von einer Gleichgültigkeit gegenüber dem Tod geschürt wird, die einem wie ein Teil des islamischen Erbes vorkommt. »Es lebe der Tod!« war der Schlachtruf der spanischen Legion in diesem Bürgerkrieg, und das scheint es noch am ehesten zu sein, ein fatalistischer Wille, zu etwas vorzudringen, was dann als Moment der Wahrheit bezeichnet wird. *Die Geschichte Spaniens* von Gerald Brenan beginnt mit zwei Zitaten, die diesen absurden Zug im spanischen Charakter treffend aufzeigen. Das erste stammt von Práxedes Mateo Sagasta, einem Liberalen aus dem vorigen Jahrhundert: »Ich weiß nicht, wohin wir gehen, aber ich weiß eines – wohin es auch immer sein wird, wir werden uns verirren.« Das zweite Zitat stammt von Sebastiano Foscarini, dem venezianischen Botschafter am spanischen Hof von 1682-1686, und drückt, etwas blumiger, die gleiche Verblüffung aus wie die Bemerkung seines Landsmanns Togliatti ein paar Jahrhunderte später: »Und endlich würde ich sagen, daß, obwohl die Spanier genügend geistige Fähigkeiten, Fleiß und Mittel haben, ihr Königreich wiederherzustellen, sie es nicht wiederherstellen werden; und obwohl sie durchaus in der Lage wären, den Staat zu retten, werden sie ihn nicht retten – *weil sie es nicht wollen.*«

Was soll man mit so einem Land? Es hassen oder lieben, und

ich glaube, daß es an einem ebenso absurden und chaotischen Zug in meinem eigenen Charakter liegt, daß ich mich für Letzteres entschieden habe, und daher stehe ich zur verkehrten Zeit des Tages und in der falschen Jahreszeit hier und fluche, weil die Tür der Kathedrale noch für etliche Stunden geschlossen bleiben wird. Spanische Zeiten sind gut für Spanier, aber ein Fluch für den Reisenden. Wenn man geglaubt hat, zwischen Zaragoza und Albarracín schnell noch Teruel einen Besuch abstatten zu können, so wird man eines Besseren belehrt: Alles, was es zu besichtigen gibt, wird zwischen zwölf und vier oder zwischen eins und fünf gnadenlos zugeschlossen, das einzige, was man in dieser Zeit tun kann, ist, in der Hitze umherzuschlendern oder ein viel zu schweres spanisches Mittagessen zu sich zu nehmen, woraufhin einem der Sinn nur noch danach steht, wie alle anderen ein Bett aufzusuchen und zu warten, bis die schlimmste Hitze vorbei ist und Kirchen und Museen wieder geöffnet sind. Aber für Durchgangsreisende gibt es keine Betten, also streife ich aufs Geratewohl unter den düsteren Arkaden umher, wo alte Männer sitzen und vor sich hindösen, sehe auf einer hohen Säule einen lächerlich kleinen Stier und lese, daß »der Stier und der Stern Teruels Symbole seit 1171 sind, seit Alfonso II. el Casto (der Keusche, der Reine, der Ehrbare) die Stadt den Mauren entriß«, starre in die Casa Juderías hinein, einen Laden voll mit Gewehren und Eisenwaren. Stille, Patios mit Palmen, Kühle und Geranien, Läden mit Schinken oder surrealistischem Gebäck, alte Frauen in Schwarz, eine Uhr, die am Nachmittag ruckt, Spanien, Provinz. Der Rest der Welt ist weit weg.

Dann doch besser ins Restaurant. Niedrig, dunkel, Schweinshaxen, schwarze, mit Reis gefüllte Blutwürste, Speckstücke, Kaninchen, dunkler, dicker Wein aus tönernen Krügen, große Brote aus einem anderen Jahrhundert. An einem Nebentisch sitzt eine vielköpfige spanische Familie, eine kleine Armee. Die Kinder haben alle eine Brille auf der Nase und schauen ehrfurchtsvoll zum mächtigen Vater am Kopfende auf. Was soll nur aus der lateinischen Welt werden, wenn der Vater-Mann nach nördlichem Beispiel demontiert wird? Etwas weiter ein klassisches Schauspiel, zwei spanische Herren beim Lunch. Der eine ist der reinste Aznavour mit Wimpern, auf denen ein Kind sitzen kann, der andere eher ein westgotischer Typ (hier erhalten sich alle Rassen und Stämme über die Jahrhunderte hinweg), aufrecht, streng und schweigend. Sie sitzen da, umgeben von den Dingen des spanischen Alltags, dem gigantischen Weinkrug, der Lammkeule, den schwarzen Zigaretten, mit denen sie das Fleisch räuchern, und später dem schwarzen, mitleidslosen Kaffee und den großen Schwenkern mit dickflüssigem Anis, groß genug für einen kapitalen Goldfisch. Der eine spricht und gestikuliert, der andere hört zu, die Kinder rufen »Papá«, mit dieser hohen, deutlichen Betonung auf der letzten Silbe, die ihn vom Papst unterscheiden soll, und ich sehe uns alle dasitzen in der endlosen Weite des spanischen Kontinents.

Es hängt von der eigenen Stimmung ab, welche Farbe Teruel hat – entweder Gold oder die Farbe getrockneten Schlamms. Die – noch immer geschlossene – Kathedrale und die Wachtürme sind aus Ziegeln erbaut, dünne, rechteckige Tafeln gebrannter Erde aus dieser Gegend, eigentlich eine Tarnfarbe. Es kommt einem vor, als wäre die Landschaft auf einmal in ein Gebäude ausgeborsten oder als setzte sie sich in einem Gebäude fort. Die Sonne verleiht den geometrischen arabischen Motiven im Mudejarstil Relief. Wenn man lange genug hinschaut, beginnt sich die Oberfläche des Turms zu bewegen. Beschreiben läßt es sich kaum, es ist reine Verzierungssucht ohne menschliche Figuren, ein Teppich aus Steinen und Kacheln, bei denen man sich nicht vorstellen kann, daß sie hart sind. Blinde, ineinander verschlungene Fassadenbögen, kleine Säulen mit stilisierten Blumen, Sterne, Streben, vorkragende Simse, grün und weiß glasierte Kacheln, eine komplett verschwundene islamische Kultur hat hier ihre Seele zurückgelassen.

Das Auge schweift hin und her zwischen den ockerfarbenen Höhen außerhalb der Stadt und der helleren Erdfarbe der Gebäude, Erde ist es, dieselbe Erde, die sich, befindet man sich erst wieder außerhalb der Mauern der kleinen Stadt, ohne Unterbrechung über Hunderte von Kilometern fortsetzen wird.

Nachdem Alfons die Stadt von den Mauren erobert hatte, konnten diese hier bis zum fünfzehnten Jahrhundert ungehindert weiter wohnen und ihren Mudejarstil zum schönsten ganz Spaniens entwickeln. Das hat dazu geführt, daß man noch immer das Gefühl hat, man bewege sich in einer arabischen Stadt, doch Teruel ist anders als Granada oder Córdoba, anders als die Aljafería in Zaragoza. Es ist eine Mischform aus romanischem und gotischem Baustil mit jener anderen Tradition, und sie hat sich in diesem so zerbrechlich wirkenden Backstein erhalten – denn bei allem, was Spanien auch zerstören mag, seine Vergangenheit hütet es mit einer Eifersucht, die man so nirgendwo sonst findet. Sammelwut, und das gilt nicht nur für päpstliche Bullen und Stadtrechte, Kastellmauern und Klostergänge, sondern auch für das vertrocknete Grand guignol heiliger Knie, Köpfe und Hände, die in goldenen Schaukästen ausgestellt sind.

Manche kommen hierher, weil sie den Film von Malraux über den Bürgerkrieg gesehen haben, andere, um sich diese lehmfarbenen Gebäude mit ihren arabisierenden Formen anzuschauen, aber die meisten Spanier locken die Liebenden von Teruel. Irgendwann im sechzehnten Jahrhundert entdeckte jemand die Leichen zweier junger Leute in ein und demselben Grab. Es waren die sterblichen Überreste von Isabel de Segura und Diego de Marcilla, beide geboren Ende des zwölften Jahrhunderts. Fragen Sie nicht, woher man im sechzehnten Jahrhundert wußte, daß es Leichen aus dem dreizehnten Jahrhundert waren, denn Legenden lassen keine Fragen zu, Legenden sind *wahr*. Diego stammte aus einer adligeren Familie als Isabel, aber Isabels Familie war reicher. Sie verliebten sich ineinander und wollten heiraten. Kommt nicht in Frage, sagte Isabels Vater, und Diego zog in den Krieg, um Ehre und Reichtum zu erwerben. Frühling war es im Jahr 1212, als er von dannen zog, und fünf Jahre gingen ins Land, bis er zurückkehrte, doch der Tag seiner Rückkehr war der Tag, an dem Isabel auf väterliches Geheiß dem Mann angetraut wurde, den sie haßte, denn sie liebte Diego noch immer. Diego fiel vor Wut und Gram vor ihren Augen tot um, und Isabel starb am folgenden Tag, als er begraben wurde. So ist das Leben, hart und ungerecht. Die Liebe ist spontan, der Vater herzlos, die Verliebten sind jung und schön, die Rückkehr erfolgt just an dem verhängnisvollen Tag und nicht in der Woche davor, und das

Detail aus der Alhambra von Granada

Unglück ist ein Unglück bis in den Tod. In Legenden verpacken wir den Widerwillen gegen unsere eigene Relativität.

Die Worte dieser Geschichte drangen in alle Ecken und Winkel Spaniens, sie wurden nachgeflüstert und nacherzählt in Tausenden von Hütten und Häusern, Tirso de Molina schrieb ein Theaterstück darüber, und ich besitze ein Buch von Jaime Caruana Gómez de Barreda, der 700 Jahre nach dem Ereignis anhand zahlloser Dokumente und Argumente beweist, daß die Geschichte wahr ist, und wer's nicht glaubt, ist dumm oder schlecht oder beides.

Die Liebenden liegen in der Grabkapelle neben der Kirche San Pedro. Wenn sie geschlossen ist, soll man am Haus Nummer 6 klingeln. Ich klingle, aber höre nichts. Die Tür der Kapelle ist und bleibt geschlossen. Ich klingle noch einmal und noch einmal. Nach einer Weile kommt eine mißtrauische Frau, die brummelnd die Tür öffnet und mir eine Eintrittskarte verkauft. Da liegen sie nun, zwei Alabasterfiguren auf Katafalken mit ihren Familienwappen. Seine Linke ruht in ihrer Rechten über dem Zwischenraum zwischen den beiden Monumenten. Sie stammen aus unserem eigenen Jahrhundert und besitzen die schaurige Echtheit von Kitsch. Die Kissen wie in Wirklichkeit leicht eingedrückt, die Gesichter in vornehmem Schlaf, ihre von ihm nun nie mehr erblickten Brüste hoch, sein Mund sinnlich, bereit, sich zu öffnen und die Zunge freizugeben, die über die Lippen leckt. Ich will mich gerade umdrehen und gehen, als die Frau mit gebieterischer Gebärde unter die beiden Körper deutet, auf die geöffneten Katafalke. Ich gehe in die Hocke und schaue hinein, und siehe da, da liegen sie, zwei schwärzliche Mumien, jede in ihrem eigenen geöffneten Sarg. Aus Isabels kahlem schwarzen Schädel kringeln sich noch drei fusselige Haare, das graue Leder ihres Brustkorbs weist noch eine leichte Wölbung auf, Diegos Kiefer sind zu einem totenstillen Lachen aufgerissen, sein fehlender Mund ist weit geöffnet, das gespannte Leder zeigt die Konturen der Knochen, mit denen sie sich einst gestreichelt haben. Jetzt sind die geilen Figuren in all ihrer Ruhe da oben mit einemmal echte Menschen geworden, die in alabasterner Stille über der Strafe liegen, die sie nicht verdient haben, und noch taumelig von ihrem Anblick und dem schweren Wein dieses Mittags fahre ich aus der Stadt, hinein in die nicht nachlassende Hitze der gestutzten, wiegenden, wogenden, schwingenden Landschaft zwischen Aragonien und Kastilien. Irgendwo hinter einer Linie radierter Pappeln steht ein Kirchturm mit einem Nest, in das sich mit verkrampften, gebrochenen Bewegungen ein großer Storch niederläßt, eine kleine Schlange im Schnabel. Das Bild scheint sich mit den Bildern reimen zu wollen, die ich gerade gesehen habe, aber wie – das weiß ich auch nicht.

1981

Während ich durch eine von Geistern bevölkerte Landschaft fahre, höre ich im Autoradio: »*Guernica* von Picasso ist wieder in Spanien!« Es folgt eine dramatische Beschreibung des Ereignisses: die geheime Landung auf dem Madrider Flughafen, die Eskorte schwerbewaffneter Guardia civil, die Sonderbewachung des Gemäldes, das ein Volk an eines seiner eigenen Kriegsverbrechen erinnern soll, auch wenn es von deutschen Flugzeugen ausgeführt wurde.

Ironie der Geschichte, schon einmal hatte ich ein ähnlich flagrantes Erlebnis, und zwar, als ich in Berlin ein Bild von George Grosz mit einem schweineähnlichen Offizier sah, der von zwei ebensolchen Männern mit Karabinern bewacht wurde.

Grosz hätte gelacht, und Picasso tut es jetzt wahrscheinlich auch: Eine Eskorte der Guardia civil, um seine Anklage gegen das System heimzugeleiten, dessen Instrument unter anderem eben diese Guardia civil war – das ist unübertroffen.

Aber vielleicht denken Spanier nicht so. In einer der letzten Ausgaben von *El País* stehen verschiedene Artikel über Eugenio d'Ors, Romancier, Philosoph, Journalist und wer weiß, was noch alles. Ein großer Schriftsteller, vergleichbar mit Unamuno und Ortega y Gasset, der sich in den Jahren nach 1936 unmißverständlich an die Seite des neuen Regimes stellte. Diese Tatsache wird in den Artikeln zwar kurz berührt, jedoch ohne Groll, eher im Ton von: »So war es nun mal, aber darüber brauchen wir jetzt nicht mehr zu sprechen.« Seltsam, und in den Niederlanden undenkbar. Aber wir hatten auch nie *gute*, der Rechten zugehörige Schriftsteller, oder vielleicht können Spanier Qualität und Versagen auseinanderhalten, wenn ein Schriftsteller es selbst nicht kann.

Wie unendlich geduldig ist doch Land (Erde, Boden, *tierra*). Es erträgt das Treiben der Menschen, kein Berg wird deshalb versetzt. Die Menschen bebauen, bewässern, beweiden, bauen Burgen und Dörfer, legen Straßen an, aber die *Masse* des Landes bleibt die gleiche, sie bleibt geduldig liegen, läßt Bäume und

Korn wachsen, läßt auf sich fischen, jagen und Kriege führen, läßt sich Königreich, Provinz, Grafschaft, Bistum, Kalifat, Freistaat nennen, läßt sich durch diese willkürlichen, so gut wie nie natürlichen, von Menschen erdachten und damit nicht sichtbar existierenden Dinge aufteilen, die Grenzen sind, heißt immer anders und bleibt sie selbst. Die Straße, auf der ich gerade fahre, war einst eine grobe Spur, auf der maurische und christliche Heere entlangzogen, die leere Luft hat die Stimmen und Gerüche von Rittern und Fußvolk in sich aufgenommen, Speck und Kohl, Flüche und Gebete, vergessene Lieder. Auf meiner Karte hat die Straße keine Nummer, ist aber eingezeichnet. Kurz hinter Teruel biegt sie links in die hügelige Ebene nach Castilla la Nueva ab, Richtung Albarracín.

Spanien nennen die Landkarte und ich diese Erde, doch vor tausend Jahren war das anders. Wo ich jetzt fahre, lag damals die Taifa As-Sahla, mit Albarracín als Hauptstadt. *Taifa*: kleines Fürstentum. Das mächtige Kalifat von Córdoba, das sich einst bis in den Norden »Spaniens« erstreckte, war zerfallen, und für einen, der die moderne Karte dieses Landes im Kopf hat, sah die alte von 1050 überaus merkwürdig aus. Links oben lag das christliche Königreich León (heute eine Provinz mit einer kleinen Hauptstadt). Dieses Königreich begann bei Porto und Zamora auf der einen Seite, umschloß das heutige Galicien und Asturien und grenzte auf der anderen Seite an das Königreich Navarra, das mit seinem südlichsten Zipfel bis zum Tajo reichte. Nach Osten hin wurde Navarra immer dünner. Zaragoza war maurisch, die Grenze der christlichen Welt lag dicht unterhalb von Barcelona. Perpignan und andere südliche Orte des Roussillon (heute Frankreich) gehörten zur Grafschaft Ampurien. Zwanzig Jahre später sah diese Karte völlig anders aus, und dreißig Jahre danach wieder. Geschichte als Bildergeschichte.

Ich sehe es vor mir: Diese schwarzen Grenzen auf der historischen Karte *bedeuteten* mehr als nur Striche: da standen Wächter. Wie diese Reiche auch alle heißen mochten, sie benötigten eine politische Organisation. Wer glaubt, die Politik sei heutzutage verwickelt, sollte sich zum Trost einen Abstecher in die Geschichte erlauben. Politik war zu jeder Zeit verwickelt und fast immer bedrohlich, nur, es gab nicht so viel davon oder, besser gesagt, es gab überall (China, Indien, Japan) gleich viel davon, aber man wußte nicht viel voneinander. Die Medien von heute sind die Boten von damals, nur sind es Boten, die von viel zu weit kommen. Die ganze Welt ist unser Balkan geworden, fremde Konflikte gehen uns etwas an, da sie, so sagt man uns, auch uns bedrohen, jedes entfernte, aber auf dem Bildschirm gezeigte Geschehen, überall, täglich. Im Vergleich dazu scheint die spanische Geschichte des elften Jahrhunderts von monolithischer Einfachheit zu sein. Die Verschmutzung in Japan hatte nichts damit zu tun, das Seehundsterben ließ die Einwohner von Zaragoza kalt, ebenso wie die illegale Einwanderung von Mexikanern nach Kalifornien, eine neue Militärjunta von Opiumschmugglern in einem südamerikanischen Bergstaat, die Wahlen in Niedersachsen, die Demonstration von Hausbesetzern in Oslo, die Hinrichtung von Premierminister Trudeau in der heiligen Stadt Ghom, die Krönung eines Polen zum Ayatollah der anglikanischen Kirche in Amerika. Mit weniger Informationen wäre die Welt auf essentiellere Weise verwickelt. Aber ich befinde mich im Augenblick in der essentiellen Verwirrung von 1031, nicht in der meiner eigenen Zeit.

Essentielle Verwirrung setzt bereits ein, wenn *zwei* Dinge verwirrt sind: die streitenden Parteien. Im elften Jahrhundert waren dies die Muslime und die Christen. Der größte Teil Spaniens wurde von den Taifakönigreichen beherrscht. Jedes davon gehörte zu einer Partei, einem Stamm, einer Familie – spanisch-arabisch, slawisch, berberisch. Nachdem all diese Fraktionen nicht mehr von Córdoba zusammengehalten wurden, operierten sie unabhängig, es waren *Länder*: Zaragoza, Toledo, Badajoz, Sevilla, Granada, Almería, Denia. Toledo umfaßte die gesamte Mitte Spaniens, die meisten anderen waren kleiner. Die Taifas waren reich, aber militärisch schwach. Ihre weit »roheren« christlichen und westgotischen Nachbarn im Norden nutzten das aus. Sie »beschützten« die muslimischen Staaten im Süden im Tausch gegen Gold. Dadurch entwickelte sich der Norden Spaniens zusammen mit Flandern und dem Norden Italiens zum reichsten Gebiet Europas. Zum erstenmal hat das christliche

Spanien nun auch die Zeit und die Muße, sich mit dem übrigen Europa zu beschäftigen, und das hat zur Folge, daß der Pilgerweg nach Santiago de Compostela sicherer und damit immer wichtiger wird.

Jetzt sind wir tausend Jahre weiter, und ich bin schon eine Weile von Barcelona nach Santiago unterwegs. Man mag es Pilgerfahrt oder Meditation nennen, jedenfalls komme ich, aufgrund der Abstecher, Umwege und des Reflektierens, nur langsam voran, sind es doch zwei Reisen, die ich mache, eine in meinem Auto und eine durch die Vergangenheit, die durch Festungen, Kastelle, Klöster aufgerührt wird, ebenso wie durch die Dokumente und Geschichten, auf die ich dort stoße.

Am Ende des elften Jahrhunderts wurde Kastilien das wichtigste christliche Königreich. Alfons VI. (1065-1109) ruft zu den ersten »inneren« Kreuzzügen auf. Seine Untertanen sind Christen, doch ein großer Teil hängt dem westgotischen Ritus an, bis Rom ihn verbietet, wodurch Spanien seine Verbindung zum Alten Testament verliert, da ein großer Teil der westgotischen Messe aus Bibellesungen bestand. Derselbe König öffnet die Tore »seines« Spaniens weit für die Mönche von Cluny, die die großen Klöster in Sahagún und San Juan de la Peña entlang dem Jakobsweg nach Santiago gründen. Noch immer ist das Gesicht des romanischen Spaniens durch Bauten jener Zeit geprägt. In der Umgebung dieser Klöster siedeln sich Bürger an, Franzosen und Italiener kommen nach Spanien. Französische Kaufleute ließen sich entlang dem Pilgerweg nieder, Brücken und Straßen wurden gebaut und verbessert, der Norden Spaniens verband sich immer enger mit seinen christlichen Nachbarn.

Im muslimischen Süden entwickelten sich die Dinge ganz anders. Al Andalus hatte einen wesentlich höheren Lebensstandard und eine weitaus höhere Kultur als die muslimische Bevölkerung Nordafrikas und Arabiens. Den bösen Fanatismus der Gadhafis und Khomeinis gab es auch damals schon – der Islam war stets eine fanatische, puristische Religion, aber in Spanien hatte seine Geradlinigkeit an Schärfe verloren. Die Muslime von Al Andalus zeigten sich den Juden und Christen gegenüber tolerant, die Frauen waren freier, Kunst und Literatur, vor allem die Poesie, blühten, und die Wirtschaft florierte, so daß die Taifas in der Lage waren, dem christlichen Norden gewaltige Summen an Gold zu zahlen. Die Rivalität der einzelnen Fürsten untereinander war groß, Dichter – wo ist diese Zeit geblieben? – standen in solch hohem Ansehen, daß um sie gekämpft wurde; Architektur, Goldschmiedekunst, Musik, Astronomie, Philosophie verliehen den arabischen Höfen großes Prestige und im islamischen Ausland den Ruf von Dekadenz. All dies trug im Verein mit der politischen Schwäche dazu bei, daß die Taifa von Toledo das erste Ziel christlicher Expansion wurde.

Innerhalb der Stadt gab es natürlich ebenfalls zwei Fraktionen, eine für Alfons und eine gegen ihn, und dieser tat, was Großmächte immer tun: Er ließ sich von der mozarabischen, das heißt der unter den Muslimen lebenden christlichen Gemeinschaft in Toledo »zu Hilfe« rufen. 1085 zog er in die Stadt ein, aber auf elegante Weise. Selbstverwaltung für die moslemische und für die christliche Gemeinschaft, eine Übergangszeit, während der die westgotischen Christen ihrem eigenen Ritus treu bleiben durften. Er nannte sich, oh Vorbild, Kaiser beider Religionen. Die übrigen moslemischen Herrscher in Spanien witterten Unheil, aber ob sie es damals schon Dominoeffekt nannten, weiß ich nicht. Sie standen jetzt vor der Wahl – sich entweder Alfons zu unterwerfen oder die militärisch mächtigen, »calvinistischen« nordafrikanischen Muslimbrüder zu Hilfe zu rufen, eine puritanische, khomeiniartige Berberdynastie, die Almoraviden. Die damaligen Ayatollahs, Mullahs, Theologen, geistlichen Führer oder wie man sie auch nennen will, die unter der »dekadenten, weltlichen« Herrschaft der Taifa-Fürsten viel an Einfluß verloren hatten, waren sehr dafür, den Almoravidenführer Jusuf zu Hilfe zu rufen. Das geschah auch, doch Jusuf hatte keine Eile. Er verachtete die in seinen Augen kompromittierten, halbheidnischen Taifa-Fürsten und wußte, daß sie wiederum ihn für einen ungebildeten Barbaren hielten. Aber er kam. Im Jahr 1086 fing er einen Blitzkrieg an und zwang Alfons, die Belagerung von Zaragoza (man sehe auf die Karte, wie weit im Norden das liegt!) zu beenden. In der Schlacht von Badajoz startete die Kavallerie der Almoraviden eine Blitzaktion, die Alfons' Truppen zum Rückzug zwang und den König beinahe das Leben kostete.

Auf Worten lagert sich, wie auf Bildern, die Zeit ab und verdunkelt sie. Wenn wir »Krieg« sagen oder lesen, können wir das nicht mehr von Panzern, Fernmeldesystemen, Schützengräben, Bombern trennen. Niemand glaubt im Ernst, daß Alfons und Jusuf sich ihrer bedienten, doch eine Feldschlacht kann sich ebenfalls keiner richtig vorstellen. So gesehen kann man sagen, daß die Vergangenheit nicht mehr existiert. Es gibt Bilder von ihr, aber nicht in *unserer* Bildersprache. Sie sind zu Kunst geworden, oder lieb und teuer, aber fast nie ein Abbild des Grauens, des Chaos, des Gestanks und des Todes einer solchen Schlacht ohne Rotes Kreuz. Italo Calvino hat einen ironischen Versuch unternommen, eine Schlacht Karls des Großen zu beschreiben: die Ritter wie lebende, hilflose Panzer, hineingehoben in ihre Rüstungen, ihre metallummantelten und dadurch schlecht zu wendenden Pferde, die umständliche Methode, sich gegenseitig mit langen Lanzen aus dem Sattel zu stoßen, und die anschließende Ohnmacht eines solcherart umgefallenen menschlichen Panzers, hilflos wie ein auf dem Rücken liegender Käfer, schließlich das verlassene Schlachtfeld mit den Plünderern, die an den Rittern »Rüstungsabbau« betrieben und die ihrer Panzer beraubten Leichen den allzeit wartenden Geiern überließen. Scharmützel bei Dämmerlicht und Morgengrauen, aber keine Scheinwerfer und Suchlichter. Keine Walkie-talkies, und folglich riesige Banner und Fahnen. Alle diese für uns nicht mehr »les«baren Wappenschilde *bezeichneten* damals die Ritter, und zwar im Wortsinn: Durch diese Zeichen wußte jeder, wer da, in seiner Rüstung verborgen, ritt, angriff, um Hilfe rief oder starb.

Langsame Truppenbewegungen, keine Kriegsberichterstatter, langsame Nachrichten. Wie lange dauerte es, bis der Papst und der König von Frankreich von dieser Niederlage erfuhren und wußten, daß sie vielleicht wieder eine Schachfigur verschieben mußten? Alfons war als erster am Zug: Er rief El Cid (*sayyid, as-sid, sidi* = arabisch für Herr) zu Hilfe, den größten *condottiere* aller Zeiten, der für Geld seine Dienste den Christen *und* den

Arabern anbot. Jusuf hatte mehr Zeit, er zog sich nach Afrika zurück und ließ Alfons einen grandiosen Fehler machen: Vom Papst aufgehetzt, setzte er den Taifa-Fürsten immer aggressiver zu, die damit zwischen Hammer und Amboß gerieten: Sie hatten die Wahl, entweder von der christlichen Welt unterworfen zu werden oder ihre literaturliebende, verfeinerte Kultur einer wesentlich primitiveren Sorte Moslems auszuliefern. Letzteres geschah, womit der tolerante Glanz von Al Andalus verlorenging. Der spanische Islam, mit Dichtern wie Ar Rusafi und Philosophen wie Averroës, der das Erbe des Aristoteles vor dem Christentum eines Thomas von Aquin bewahrt hatte, ein Islam, der sich gegenüber Christen wie Juden tolerant gezeigt und damit in Toledo ein unvergängliches Modell geschaffen hatte, erlosch und geriet in die Hände der Almoraviden und später, als auch diese vom Niedergang der von ihnen usurpierten Kultur erfaßt worden waren, in die der Almohaden, eines noch weit fanatischeren, strenggläubigen Stammes aus dem Atlas. Damit erhielt der Islam das Gesicht, das wir heute noch kennen, das wenig anregende Bild einer intoleranten Religion, die, gestützt auf den Reichtum unseres Jahrhunderts, eine unterschätzte Gefahr für den Rest der Welt darstellt.

Ich fahre steil hinauf zur Festung Albarracín. Keine Wächter, kein Fußvolk mit brennendem Pech auf den Zinnen der Burganlage, nur zwei Nonnen in einem 2 CV mit weißen teigigen Gesichtern vom Nie-in-der-Sonne-Sitzen, bestäubt mit dem Mehl Gottes. Die alten Häuser drängen sich unten dicht an die Burg, schutzsuchend, sie stecken wie eine Handvoll lockerer Zähne im gewaltigen steinernen Gebiß der Felsen. Mit dem Auto kommt man hier nirgends weiter, ich habe meins dort, wo einst das Zugangstor gewesen sein muß, abgestellt und wandere durch die engen Straßen. Stille, Geranien auf den Fensterbänken, eine Uhr, und hoch über mir die uneinnehmbaren Mauern, die jetzt eine Leere umschließen, durch die der Wind pfeift. Die kahle Landschaft liegt tief unter mir. Ich trinke ein Glas schwarzen Wein in einem dunklen Keller. In der Kirche ist es kühl, in dem kleinen Museumsraum daneben sitzt ein kleiner Priester mit einer traurigen Brille auf der Nase und liest die progressive Tageszeitung.

Über einem Stuhl hängt eine graue Strickjacke, es kann kalt werden in Albarracín. Wir sehen uns an, haben nichts zu sagen. Ich gehe an den Schätzen entlang, ein Kelch, ein Buch, verschossene und ausgebesserte Brüsseler Wandteppiche, und sehe an den Schultern des gebeugt dasitzenden Lesenden, daß hier wenig Leute herkommen. Ich kaufe das Büchlein mit den Federzeichnungen der Kathedrale (einst war dies ein mächtiger Ort), des Kastells und der hohen kastilischen Häuser, die über dem Abgrund hängen, und merke, wie er meine Pesetas in das Holzkästchen fallen hört. Es wird hier sein wie überall: Einst waren diese hochliegenden Dörfer durch ihre Lage geschützt, jetzt sind sie dadurch abgeschnitten. Ein kühner Gedanke: Würde man Spanien vorübergehend mit Riesenkraft über die Pyrenäen ziehen und auf Frankreich legen, so würde vieles von dem, was jetzt für fast jeden verborgen ist, zur großen europäischen Schatzkammer gehören. Der Fluch Spaniens (andere sagen, sein Segen) ist diese endlose Küste, die alles an sich saugt, weil die Sonne über ihr steht. Wenn Albarracín an der Côte d'Azur läge, würde es vor Touristen ersticken wie St.-Paul-de-Vence, also muß ich eigentlich froh sein, daß es nicht so ist, aber andererseits kann ich es nicht ertragen, daß es eine Tagesreise von Barcelona entfernt eine völlig unbekannte Welt gibt, an der jedes Jahr Millionen von Sonnenanbetern vorbeirasen, sofern sie sie nicht überfliegen.

Schon mal was gehört von Sigüenza, San Baudelio, El Burgo de Osma, Albarracín, Santa María de la Huerta? Dort riecht es nicht nach Sonnenöl, sondern nach wildem Rosmarin, das Essen ist einfach und der Wein billig, es ist ein Revier für den Individualreisenden, und hie und da begegnet man ihnen auch, älteren Ehepaaren mit dicken Reiseführern oder einem ausgestorbenen jüngeren Menschenschlag mit Skizzenblock. Alle Welt lamentiert, daß Ruhe und Stille heutzutage nirgends mehr zu finden seien. Nun, dort gibt es noch genug, Tonnen Leere, Jahre Ruhe, Hektoliter Stille, und eine so gut erhaltene Vergangenheit, als würden die Bewohner von einer Internationalen Kommission dafür bezahlt, damit sie alles so lassen, wie es vor tausend Jahren war. Wer hier reist, muß den Begriff Ereigniszeit aufgeben, es darf nicht mehr wichtig sein, wie weit er an diesem Tag kommt, er muß mit dem Dorfgasthof vorlieb nehmen können und sich von anderen Vorstellungen zeitlicher Dauer gefangennehmen lassen. Klima, Halsstarrigkeit, die Gnade des Schicksals und Abgelegenheit im wörtlichen Sinn haben in manchen Gegenden Spaniens vieles erhalten, mit der Folge, daß man eine Weile in der Illusion leben kann, die Welt sei doch nicht so chaotisch, wild und flüchtig, wie Zeitung und Bildnachrichten einem weismachen wollen, es gebe Konstanten, die, mögen sie sich auch aus Einzelleben zusammensetzen, über das zufällige Schicksal hinausgehen. Dieses Land ist alt, hat viele Kriege und Katastrophen erlebt, große Bewegungen, Grausamkeit, bittere Gegensätze, letzteres noch in diesem Jahrhundert. In all diesen Dramen sind Menschen zugrunde gegangen, die glaubten, mit ihnen ginge alles zugrunde, und doch findet der Reisende heute Landschaften, Monumente, Einstellungen, die unverändert geblieben sind. Es sind immer *Zeitgenossen*, die die Veränderungen übertreiben, und in dieser Übertreibung werden sie (wiederum) durch die Medien bestärkt, die, um weiterexistieren zu können, die Veränderung verkaufen müssen, da das Konstante keinerlei Reiz hat. Dafür gibt es schließlich *andere* Medien: Museen, Bücher, Kathedralen.

Aus der Luft sieht die Burg von Sigüenza sehr menschlich aus: ein kühles Parallelogramm im ungeordneten Kurvenreichtum der Natur. Wenn man damals hätte fliegen können, dann wäre diese Burg so verwundbar geworden, daß man sie erst gar nicht hätte bauen müssen. Der spanische Staat hat jetzt einen Parador daraus gemacht, ich schlafe zwischen Zinnen und Schießscharten, leere Rüstungen stehen dort, wo die Gänge aus rohem Stein um die Ecke biegen, und in einem unendlich großen Saal scheint das matte blaue Licht des Fernsehers. Was ich sehe, ist eine Folge der Serie »Die Geschichte des Stierkampfs«. Bilder eines Kampfs aus Mexiko, 1916. Flimmernde Schwarzweißbilder, kleine Männer, die sich zu schnell bewegen, ein idiotisch trippelnder Stier, kein Ton, frivol über die Landschaft eilende Wolken, wie soll ich das ernst nehmen? Ich muß konzentriert diese Geschwindigkeit in ein langsameres Tempo zurückübersetzen, um nicht

Die Kathedrale von Sigüenza

ständig loszulachen. Und doch war der Kampf für den Stierkämpfer wirklich gefährlich, er wurde *wirklich* verletzt, und dieser schwarze Saft, der etwas zu schnell aus seiner aufgeputzten Kleidung herausspritzt, war echtes Blut. Bei Filmbildern vergangener Kriege passiert das gleiche. All die komischen Männchen, die mit den hölzernen Bewegungen überdrehter Püppchen aus schlammigen Schützengräben klettern, ein Stück weit gebeugt vorstolpern und dann plötzlich einen Luftsprung machen und umfallen, tot. Die Idiotie der Bildbeschleunigung nimmt ihrem Tod die Wirklichkeit, und uns wird wahrscheinlich das gleiche passieren – wenn die Geschwindigkeit stimmt, wird wohl etwas an der Farbe oder dem Geruch verkehrt sein. Das Drama muß, wenn es wirklich passiert ist, stillstehen, es muß im Stillstand gezeigt werden, sonst steht es nicht *fest*. In Bildern Dargestelltes darf sich bewegen, doch was sich bewegt hat, muß als Stillstand gezeigt werden. Eine unhaltbare These, und nur aus dem Grund aufgestellt, um zu sagen, daß die Belagerung einer Stadt in der romanischen Bibel von San Isidoro in León mich in ihrem primitiven Stillstand mehr berührt als die Schlacht von Verdun in alten Filmen, weil diese mich nun einmal unausweichlich an Charlie Chaplin und Buster Keaton erinnern. Dreizehn grellbunte, statisch gemalte Menschen müssen die ganze Belagerung darstellen. Wer tot ist, liegt am Boden, eine Hand ragt noch aus dem emblematischen Rot der Flammen heraus, die Schwerter sind gezückt, ein Schild wird über die Zinnen gehoben. Tod, Krieg und Zerstörung kann ich jetzt selbst einsetzen.

Früh am Morgen stoße ich das Fenster in meinem Zimmer auf, aber es ist kein Fenster, sondern ein Guckloch. In dem kleinen Viereck sehe ich die verlassene Welt, kein Feind weit und breit. Ich höre die Glocken der Kathedrale, selbst die reinste Festung, die ich in der Nacht als dunklen Schlagschatten habe dastehen sehen. Erste Überraschung: Als ich durch das Südportal eintrete, muß ich gleich eine Treppe *hinunter*. Das Gebäude liegt halb in den Boden eingebettet und ist folglich viel höher, als man von außen denken würde. Ruhe und Raum, Säulen wie gigantische versteinerte Bäume. Mit einer kleinen Gruppe Spanier folge ich dem Führer, einem blassen, düsteren Mann, der gut zu erzählen versteht. Was mir auffällt, ist die Aufmerksamkeit der anderen. Meiner Einschätzung nach sind sie, was man früher Handwerker nannte, sie fahren mit den Händen über das Holz, streicheln den Stein, stellen Fragen zu Stilepochen, bewundern fachliches Können und meinen, das polychrome hölzerne Altarbild von Covarrubias müsse dringend abgestaubt werden – recht haben sie. Bei der berühmten Skulptur des Doncel werden sie wie ich still.

Der Doncel war ein Schildknappe von Isabel la Católica, der 1486, während der Belagerung Granadas, fiel. Die Königin ließ diese Skulptur von ihm anfertigen, und da sitzt er, Don Martín Vázquez de Arce, und liest, unbekümmert um seinen eigenen Tod, ruhig und für die Welt verloren in einem steinernen Buch. Die Figur ist realistisch und geheimnisvoll. Sie liegt, halb aufgerichtet, auf den rechten Ellenbogen gestützt, das gepanzerte linke Knie etwas hochgezogen, mit leicht schräg nach unten gerutschtem Dolch, eine kniende Figur als Wächter zu ihren Füßen. Im selben Raum liegen seine Eltern auf dem Rücken nebeneinander, die Hände auf der Brust gefaltet, die Füße an wachende Hunde gestützt. In der Wand, auf der Seite liegend, der Großvater. Mittelalterliches Rittertum, vertrautes Beisammensein der Familie, alle sprechen jetzt leiser, man hat das Gefühl zu stören. Hinter dem Führer schreiten wir den Zisterziensergrundriß aus dem elften Jahrhundert ab, vorbei an romanischen Fenstern unter in diesem so robusten Bau zarten, hohen gotischen Bögen. Mittelalterliche Gräber, plватereske Mauerteile, ziseliert, als wären sie wirklich in Silber getrieben anstatt in harten, widerstrebenden Stein gemeißelt – und all diese verschiedenen Stile werden durch die weihevolle Ruhe des Gebäudes zusammengehalten, eine der schönsten Kirchen, die ich kenne.

Plötzlich beginnen, mit großem Getöse, Glocken zu läuten. Der Führer, der auch der Küster ist, unterbricht den Rundgang. Ein paar Gläubige treten ein, Kommata auf einer leeren Seite, und ich setze mich zwischen sie. Kanoniker kommen angesegelt, lange schwarze Röcke, rote Umhänge um die Schultern. Dies hier, so drückt ihre Haltung aus, gehört *ihnen*. Einige wirken abwesend, andere lassen einen eitlen Blick über die leeren Bänke schweifen wie Opernstars, die der Ansicht sind, es sei nicht genug Publikum da. In ihrem schallenden Gesang steckt routinebedingter Verschleiß. Eine scharfe spanische Stimme spricht die Worte des Gottes von Israel. Ich verstehe Bruchstücke von Anweisungen zum Schlachten, Opfern und Essen, die geketteten Vorschriften der Orthodoxie, diesen Teil des Tieres schon, diesen Teil nicht, und das sollt ihr tun, und so spreche Ich, der Herr, von Ewigkeit zu Ewigkeit. Bewahrte Worte, vor Jahrtausenden in einer Wüste erdacht. Ich spüre den Schauder und Widerwillen meiner Internatszeit, stehe auf und gehe ohne Führer in die Sakristei. Während die gregorianischen Klänge wie von weit her aus einer Höhle hallen, stehe ich wie angenagelt da: Hunderte aus dem Stein gehauene Köpfe blicken von dem Tonnengewölbe auf mich herab, eine Orgie von Gesichtern, ernst, lachend, von Rosen umgeben, Köpfe von Gelehrten, Kirchenvätern, Heiligen, bärtige Köpfe, frontale, ausweichende, blinde, nachdenkliche, schlafende, singende, sprechende. Ich fühle mich jetzt wirklich fremd, allein in dieser Sakristei, in die ich nicht gehöre. Von außen Glockengebimmel und uralter Gesang, über mir ein Volk von Köpfen. Mit meinem eigenen, von der verkrampften Haltung schwindlig gewordenen Kopf schaue ich in die Augen von Kriegern, Edelleuten, Priestern, bis das gregorianische Rufen dort in der Ferne langsam wie Lachen klingt und gleichzeitig aus diesen Köpfen zu kommen scheint, ein wahnsinniges, verlangsamtes Gelächter, das mir, als ich schon lange wieder durch die kahlgeschorenen Felder fahre, immer noch in den Ohren klingt.

1982

NOCH IMMER NICHT IN SANTIAGO

Meine Reise ist ein Umweg aus lauter zusammengesetzten Umwegen geworden, und sogar von diesen lasse ich mich noch fortlocken. Es ist möglich, daß ich dieses Jahr gar nicht mehr bis Santiago komme. Der mittelalterliche Pilger hatte es, obgleich nur in dieser Hinsicht, leichter. Wenn er von Norden kam, überquerte er am Col du Pourtalet oder bei Roncevalles die Pyrenäen. Die Karte der Pilgerwege jener Zeit gleicht einem Flußdelta, von allen Seiten fließen die Wege zusammen, bis sie schließlich bei Puente la Reina den einen Großen Weg bilden, den Camino de Santiago, der vom Norden Spaniens durch die trockene Hochebene und die kahlen Berge Kastiliens über den Paß Cebrero zum so herbeigesehnten Ziel führte. Reminiszenzen in Sprache und Stein gibt es noch immer, Kirchen, Gasthöfe und Ortsnamen halten wie eine kostbare Schnur den Gedanken an eine für uns unvorstellbare, passionierte Frömmigkeit wach, die die gesamte Christenheit jahrhundertelang in jenen fernen, windumtosten Winkel Galiciens trieb. Erst wenn man sich ein wenig damit befaßt, wird einem das volle Ausmaß dieses brennenden Eifers klar. Die Menschen ließen schlichtweg alles stehen und liegen, um in dunklen, gefährlichen Zeiten zu Fuß durch halb Europa zu ziehen. Den Spuren einer Legende folgend wurden die Pilger selbst zur Legende. Das einzige, womit sich das annähernd vergleichen läßt, scheint mir die von allen Moslems so gewünschte Pilgerfahrt nach Mekka zu sein, doch dabei kommen Schiffe, Flugzeuge und Busse zum Einsatz, auch da gilt, daß, wer länger lebt, weniger Zeit hat.

Will man das Wesen der Wallfahrt nach Santiago begreifen, muß man den Menschen des Mittelalters aus dem so bequemen romantischen Bild lösen, das wir von ihm haben (sofern wir überhaupt eines haben). Die Gesellschaft, in der er lebte, war eine geistige Einheit, Reliquien von Heiligen und Märtyrern machten einen für uns nicht mehr nachzuvollziehenden, wesentlichen Teil davon aus. Diese heiligen Relikte verehrend und su-

Hinweisschild am Pilgerweg
nach Santiago

chend, zog er von Land zu Land, von Kirche zu Kirche, eine betende, beseelte Menschenmenge in ständiger Bewegung. Im Jargon unseres Jahrhunderts bezeichnen wir so etwas als soziales, politisches oder religiöses Phänomen. Politisch, weil diese Bewegung den nichtmoslemischen Teil Spaniens dem christlichen Europa näherbrachte und den Auftakt zu jenem anderen Bindeglied der europäischen Christenheit, den Kreuzzügen, bildete; sozial wegen der internationalen Kontakte und auch wegen dem, was die Pilger auf ihrem Weg bewirkten und im Bereich des Handels wie der Kunst mitbrachten; religiös, weil durch diese Bewegung – das buchstäbliche *Bewegen* und den kollektiven Gedanken, der dahinterstand – die Teilnehmer faktisch eine metaphysische Idee über ihr materielles Dasein stellten. Der Historiker Labande definiert den mittelalterlichen Pilger als »einen Christen, der sich zu einem bestimmten Augenblick entschlossen hatte, sich an einen bestimmten Ort zu begeben, und die gesamte Organisation seines Lebens dieser einmal beschlossenen Reise unterwarf«. Nicht wenig.

Und ich? Ich bin noch lange nicht am Ziel, nach dem Besuch von Kirchen und Kastellen in Katalonien und Aragonien bin ich jetzt in Kastilien gelandet und fahre von Sigüenza nach El Burgo de Osma. Aus der roten Straße wurde eine gelbe, aus der gelben eine weiße, und jetzt stehe ich auf einer dieser nicht numerierten weißen in einer nur vom Wind bewegten Stille und sehe, wie eine rostfarbene Sandspur auch von dieser Straße abzweigt. Wo führt sie hin? Der letzte Ort, durch den ich kam, hieß Barcones. Vor sanft geschwungenen Hügeln stehen Häuser mit Wänden von nicht mehr als einem Meter Höhe. Lehm, Schilfdächer, Schweine im Matsch, niemand zu sehen außer einem kleinen Jungen, der »hijo de puta, Hurensohn«, in mein Auto schreit und dann wegrennt. Und jetzt? Ich folge der Spur ein Stück weit. Der Boden wird härter, eiserne Linien durchziehen ihn, irgendwann einmal hat man hier vielleicht gebaut, aber jetzt sind nur scharfkantige, harte Pflanzen mit Stacheln zu sehen, graublau, niedrig, gemein. Wer hat etwas davon? Eiserne Nadeln, Haken, Folterinstrumente, wozu gibt es diese Pflanzen? Die Spur, die nirgendwo hinführt, sackt ein, ist mit Löchern durchsetzt, ich habe Angst steckenzubleiben und lasse mein Auto stehen. Jetzt ist auch das Geräusch des Motors verschwunden. Die Stille, die ich nur sehen konnte, ist nun auch zu hören. Es ist eine merkwürdige Stille, wie ich sie von nirgendwoher kenne. Keine Laute von Tieren, nicht einmal ein Vogelflug, nur der Wind, der die heiße Luft über die Ebene schleppt und dabei an die Messer dieser vertrockneten Pflanzen rührt. Aber auch dieses Geräusch ist Stille. In der Ferne senkt sich die Erde ein wenig, dort verschwindet die Spur. Ich will sehen, wohin sie führt, und wie ein Mensch in Not gehe ich mit mir allein in die Ferne. Dort bietet sich mir der nächste Ausblick, doch es ist der gleiche, den ich bereits gesehen habe. Ich bin stur, oder verrückt, ich gehe weiter. Irgend etwas muß kommen. Plötzlich wird das Gelände abschüssiger. Die Spur biegt um eine Ecke, ich erkenne Ziegenkot. Dann sehe ich sie, zwei Hütten, aus Soden gebaut. Davor stehen, aus einem großen Holzklotz gehauen, zwei Tröge. Ich rufe, aber es kommt keine Antwort. Eine Wolke großer schwarzer Fliegen steigt vom abgefressenen Kadaver eines Kaninchens auf. Sie macht ein gräßliches, sirrendes Geräusch, als fahre jemand *einmal* mit dem Bogen über ein bösartiges Cello. Dann senkt sich die Wolke wieder, die Fliegen setzen ihr Werk fort, es ist ihr Auftrag. Langsam gehe ich auf die Hütten zu. Ich denke noch immer, daß jemand dasein wird, aber als ich hineingehe, ist niemand da. Auch keine Tiere. Über einem Balken hängt eine blutige Schafshaut, frisch abgezogen. Spuren eines Feuers. Es ist dunkel zwischen den Erdwänden. Niedrig, ich muß mich bücken. Es muß der Unterschlupf für eine Herde samt Hirten sein. In dem hartgetretenen Schlammboden Tausende geglätteter, glänzender Hufspuren. Hastig, als könnte ich doch noch ertappt werden, gehe ich hinaus. Das Schilfdach wird von ein paar Stämmen gestützt. Es kann aus jeder Zeit stammen, fünfhundert, tausend, noch mehr Jahre alt. Die Pflanzen beißen sich mit ihren gezähnten Haken an meinen Knöcheln fest, als ich zu der idiotischen Form meines Autos zurückgehe.

Man kann von diesen Landschaften nicht in einem fort sagen, sie seien leer, auch wenn es so ist. Vielleicht fällt es mir stärker auf, weil ich aus einem Land komme, das an Übervölkerung krankt, aber es hört nie auf, mich zu treffen. Das wäre schlecht

Eine Strecke des Pilgerwegs nach Santiago –
Puente la Reina

ausgedrückt, wenn es nicht genau das wäre, was ich ausdrücken will: Er *trifft* mich, wie ein Schlag oder ein Schuß. Nicht den ganzen Tag über, aber immer wieder. PENG, und schon empfindet man es erneut, dieses Fehlen von Menschen angefertigter Gegenstände, das Nichtvorhandensein von Bewegung. Es ist, als könne diese Weite sich nur durch etwas ausdrücken, das die gleiche Maßlosigkeit kennt, Zeit. Damit gerät man in die Nähe von »Und ewig singen die Wälder«, aber so ist es nun einmal, diese Landschaften vermitteln einem ein Gefühl der Ewigkeit, sich in ihnen aufzuhalten bedeutet, schon lange existiert zu haben, für immer so weiterfahren zu müssen.

Vom Kloster San Baudelio de Berlanga ist nichts mehr übrig als eine kleine mozarabische Kirche in der Nähe von Berlanga de Duero. Ich bin früher bereits dort gewesen und erinnere mich noch, daß der Aufseher damals glaubte, mich schon einmal gesehen zu haben. Jetzt sagt er es wieder, aber jetzt stimmt es auch. Es ist derselbe Mann, gegerbt, verwittert, einsam. Das Kloster liegt fernab aller Routen, das Dorf, in dem er wohnt, zehn Kilometer entfernt. Vom Hügel aus blicken wir gemeinsam auf die Landschaft. »Dort irgendwo«, sagt er, aber es ist nichts zu sehen. Hier ungefähr hatten die Einsiedler ihre Hütten, doch auch davon ist nichts mehr übriggeblieben. Er kommt morgens und geht abends und wartet den ganzen Tag auf Besucher. Es ist sehr still hier, er muß ein Auto schon von weitem hören. In der kleinen Kirche ist es weiß und kühl. Eine Säule mit ausfächernden Rippen wie eine versteinerte Palme stützt das Gewölbe. Spuren von Wandmalereien, Schemen von Tieren, Menschengesichter mit ovalen, weit geöffneten Augen, in deren Mitte die Pupille kreisrund sitzt und mich mit byzantinischem Blick anschaut. »Früher war hier viel mehr«, sagt er. »Eines Tages, vor sechzig Jahren, tauchte ein Amerikaner auf. Er wollte die Kirche sehen. Vielleicht hatte er davon gehört, von den Wandbildern. Er wollte sie kaufen, und die Bauern haben sie ihm verkauft.« Ich schaue in das kleine Buch, das er da liegen hat. New York, Boston, Indianapolis. Schwarzweißreproduktionen vom *Einzug in Jerusalem*, vom *Letzten Abendmahl*. Irgendwann von Unbekannten hier in dieser verlassenen Ebene auf die

Wände ihres Klosters gemalt, jetzt aus dem Zusammenhang ihrer Zeit, ihrer Bedeutung, ihrer Umgebung gerissen und in amerikanischen Museen aufgehängt. Als Gegenstände, als Kunst. Es hat etwas Trauriges, Verwaistes. Was danach noch an bedeutenden Stücken übrig war, hängt im Prado. »Sonst wäre es doch nur gestohlen worden«, sagt er, »wir können es nicht Tag und Nacht bewachen.«

Es ist ein Refrain, den ich auf dieser Reise noch oft zu hören bekommen werde. Überall in Provinz- oder Diözesanmuseen hängen bzw. stehen Bilder, Figuren, Altaraufsätze, Altarbilder aus kleinen verlassenen Kirchen. Wie wird etwas, das doch in gewisser Weise ein Gebrauchsgegenstand war, zu einem Kunstobjekt? Gebrauchsgegenstand: ein Bild, das den Menschen etwas über ihren Glauben erklären soll. Diese Wandbilder erzählten den Menschen, die in diese Kirche kamen und nicht lesen konnten, eine Geschichte, die Figuren waren da, um verehrt und angefleht zu werden. Jetzt stehen sie in Sälen, inmitten ganzer Reihen ähnlicher Figuren. Die Geschichte auf den Wandbildern sagt den meisten Besuchern nichts mehr, nun zählt allein die Form. Nur der Kunststudent kennt noch die Symbole der vier Evangelisten, weiß noch von den Ältesten vom Jüngsten Gericht, kennt noch die Attribute der Märtyrer. Religion wird Kunst, Bedeutung wird Form, Geschichten werden Figuren, die nur noch sich selbst bedeuten.

Ich gehe noch eine Weile in der kleinen Kirche herum, versuche, mir in dem leeren Raum die Gestalten von Einsiedlern vorzustellen. Dann trete ich wieder durch die hufeisenförmige arabische Tür ins Freie und fahre langsam den Hügel hinunter. Im Rückspiegel sehe ich, wie der alte Mann mir nachschaut. Später werde ich einmal im Prado oder in Indianapolis stehen und bei dem, was ich dort sehe, zurückdenken an diese weißen Wände und die Vision eines niedrigen, verwitterten Gebäudes auf einem gegerbten Hügel haben und eines alten Mannes, der einem Auto nachschaut, bis es aus seinem Blickfeld verschwunden ist.

Ich habe Couperus' Stimme nie gehört. Er war tot, lange bevor ich Ohren hatte, und ich weiß nicht, ob der Phonograph den

Klang dieser Stimme je aufgenommen hat. Wie es heißt, war es ein hoher, affektierter Klang. Aber ich kenne seine zahllosen Reiseerzählungen und meine zu wissen, wie es sich bei ihm anhören würde: »Leser, du hast mich auf einer langen Reise begleitet. Wir haben Schätze gesehen, Kirchen und Kathedralen, Landschaften und Museen ... lange könnte ich dir von all dem erzählen, was mich berührte... doch es würde zu lang werden... zuviel habe ich gesehen...« Es ist nicht mehr modern, seinen Leser anzureden, aber *einmal* würde ich mir diese hohe Stimme gern ausleihen, um so etwas sagen zu können. Noch zehn Geschichten könnte ich von dem erzählen, was ich auf dem Weg nach Santiago de Compostela gesehen habe. Staub läge auf der Jahreszahl dieser Reise, bevor ich mit meiner Geschichte am Ende wäre, die Nachrichten des Tages wären vergilbt, aus dem Sommer wäre Winter geworden und aus diesem wieder Sommer, und immer noch wäre ich nicht fertig damit, die unbekannte Schatzkammer Spaniens ist unerschöpflich.

Meine Reise führt weiter über El Burgo de Osma. Dort gibt es eine Kathedrale und ein Museum. Ein böser Pfaffe führt mich unwirsch herum, leiert seine Litanei herunter, gönnt mir keine Zeit. In einer Vitrine liegt eines der schönsten Bücher der Welt. Aufgeschlagen ist eine Seite mit der *mappa mundi*, der Weltkarte. Gern würde ich diese Seite umschlagen, das Buch lesen, aber die Vitrine ist verschlossen. Ich blicke auf die Karte. So sah die Welt also im Jahr 1086 aus. Ein verzierter Kreis auf einer Pergamentseite, dann ein welliger Wasserstreifen, in dem Fische schwimmen, dann hellere, ebenfalls gewellte plumpe Formen, auch sie von Wasserbahnen durchschnitten, beschrieben mit westgotischen Lettern, vollgezeichnet mit Köpfen, Türmchen, einem merkwürdig durchkreuzten rotumrandeten Viereck, einem roten Ball, Sägezahnzacken, die Berge darstellen mögen. Der Reiseführer, den ich in der Kirche gekauft habe, wird pedantisch und weist meine unbedarften Augen auf die Komplikationen des elften Jahrhunderts hin: Dieser Codex Beato ist *karolingisch* in Kolorit und Ausschmückung, *arabisch* durch das Gelb und Elfenbein und die geometrischen Motive, *lombardisch* durch die ineinander verschlungenen Arabesken und die Tiermotive, *irisch* durch die spiralförmigen Tressen, *islamisch* durch das Vorherrschen der Farben Rot und Schwarz, während in der mozarabischen Stilisierung orientalische Einflüsse erkennbar werden. Darf ich jetzt nicht wenigstens eine Seite weiterblättern? Nein. Ich lasse die anderen Dinge sein, was sie sind, und sinniere noch ein wenig über dieser Karte. Seltsam, daß eine Karte, die in keiner Weise die (geographische, physische) Wirklichkeit der Welt wiedergab, so viel über die geistige Wirklichkeit jener Zeit aussagen kann. Ich meine damit: Die Kontinente lagen schon damals dort, wo sie auch nach heutigem Wissen liegen. Der Mann, der diese Karte anfertigte, wußte von mindestens drei Erdteilen nicht einmal, daß es sie überhaupt gab. Wir wissen heute zumindest, wie weit die gegenseitige Beeinflussung in jener Zeit ging, daß die Welt bereits eine Welt war, daß man miteinander sprach, die Kunst anderer sah, daß Künstler und Handwerker reisten und sich gegenseitig beeinflußten.

In der Gegend, durch die ich jetzt fahre, klingen die Ortsnamen wie ein Gedicht. Hontoria del Pinar, Huerta del Rey, Palacios de la Sierra, Cuevas de San Clemente, Salas de los Infantes, Castrillo de la Reina ... Paläste des Gebirges, Garten des Königs, Höhlen des heiligen Clemens, Säle der Königskinder, Lager der Königin. Zum hundertsten Mal verändert sich die Landschaft, die Straße folgt sich schlängelnd einem unsichtbaren kleinen Fluß, die Felsen sind grau, versteinerte Altmännerschädel, die aus bizarren grünen Bäumen ragen, italienische Romantik. Ich halte beim Kloster Santo Domingo de Silos. Irgendwann einmal, in einem Buch über romanische Baukunst, habe ich ein Foto des Klosterhofs gesehen. Etwas an diesem umschlossenen Garten, der völligen Regelmäßigkeit, diesem heiligen Viereck, fiel mir auf. Eine Unstimmigkeit. Die kleinen Säulen, die die romanischen Bögen mit ihren feingemeißelten Kapitellen stützen, folgten einander in Einzel- oder Doppelreihen wie in einem geweihten Hain, doch irgendwo wurde an dieser Ordnung gerüttelt, die Welt hatte einen Knacks bekommen, irgend etwas stimmte nicht. Es dauerte vielleicht eine Sekunde, bis ich sah, woran es lag, aber daß ich diese eine Sekunde lang zögern mußte, hatte sechshundert Jahre zuvor jemand geplant. Drei der Säulen waren (sind) durchgebogen, vertikal umeinander geschlungen, sie fallen, halten sich aber gegenseitig gerade noch im Gleichgewicht, und eigentlich führen sie ein Tänzchen auf. Aber damit ist die ganze erhabene Regelmäßigkeit des Gebäudes ins Wanken geraten, es hat fast etwas von einem Kommentar, einer Unterminierung. Ich fand es unglaublich faszinierend, wie jemand mit einem solch simplen Mittel die Welt ins Wanken bringen konnte.

Mit einem Gefühl der Erwartung fahre ich jetzt in Richtung Silos. Das alles hatte ich schließlich nur auf einem Foto gesehen. Wie würde es in Wirklichkeit sein? In demselben Buch befanden sich Zeichnungen und Beschreibungen von Kapitellen und Reliefs, es gab sehr viel mehr in Silos zu sehen als nur drei geknickte Säulen. Ich komme gerade rechtzeitig für die Führung. Ein ernster Student beschreibt Kapitell für Kapitell, persische Vogelmotive, arabische Flechtformen, ich sehe es und finde es wunderschön, aber die ganze Zeit halte ich Ausschau nach meinen Säulen. Inmitten des unglaublichen Reichtums dieser Kapitelle kommt das fast frivolem Unsinn gleich, doch das schreibe ich eben dem Spanischen in mir zu, es muß da ein absurdes Element geben, etwas, das widerspricht. Und dann sehe ich sie und merke, wie ich denke: Es stimmt also wirklich. Man kann ein Gebäude sich selbst widersprechen lassen, an seiner Erhabenheit eine Korrektur anbringen, das Gleichgewicht ins Wanken bringen, das Perfekte suspekt machen. Für einen Augenblick gerät so das gesamte Universum aus dem Takt, und das Ergebnis ist: Erleichterung. Ähnlich geht es mir bei einem Bild irgendwo an der Decke. Ein Wolf tötet einen Esel, zwei Wölfe begraben das tote Tier, und auf dem nächsten Bild liest der Mörderwolf die Messe am Grabe des Esels. Dieser primitive Wolf, auf den Hinterbeinen, die große weiße Hostie in den Pfoten, das Maul zum Verzehr weit geöffnet, vor einem Altar stehend, es hat etwas von Spott und Sakrileg. Wie *spanisch* diese Verspottung ist, weiß ich nicht – eine ähnliche Darstellung soll es im Straßburger Münster geben –, doch was ich am selben Abend achtzig Kilometer weiter, in Santo Domingo de la Calzada, zuerst höre und dann sehe, kann ich mir außerhalb Spaniens nicht vorstellen.

Santo Domingo de Silos

Ich habe einen leichten Bogen nach Osten geschlagen, um so wieder auf den Pilgerweg zu gelangen. In Santo Domingo steht ein ehemaliges Hospiz für die Wallfahrer, das zu einem Hotel umgebaut worden ist. Es ist schon halb dunkel, als ich die Stadt erreiche. Hier zogen sie entlang, zerlumpt oder nicht zerlumpt, die Jakobsmuschel als Emblem auf dem weiten Umhang, den Stock in der Hand. Ob Hin- oder Rückweg – wenn sie hier waren, hatten sie noch einen monatelangen Marsch vor sich. Ich denke an ihre Lieder, ihre Schritte, ihre Stimmen, ihre unübersetzbare Frömmigkeit. Im großen Saal des Gasthofs steht eine leere Rüstung, und als niemand schaut, lüfte ich das Visier kurz, um zu sehen, ob *wirklich* niemand darin steckt, aber das kommt daher, weil ich gerade ein Buch von Italo Calvino über einen nicht existierenden Ritter (*Der Ritter, den es nicht gab*) gelesen habe, der ausschließlich aus dem Willen zu existieren besteht und damit seine leere Rüstung belebt. Die Rüstung kämpft mit auf dem Schlachtfeld, speist an der Tafel Karls des Großen, wird von Frauen begehrt, und erst als der Wille desjenigen, den es nicht gibt, erschlafft, wird die Rüstung, verlassen wie ein Gegenstand, in einem Wald gefunden. Geheimnisvoll, diese Geschichte, und genauso geheimnisvoll, jetzt in diese Metallpuppe hineinzuschauen. Sogar die Hände sind aus Stahl, ich kann die Finger vorsichtig bewegen, aber nein, da steckt keiner drin. An der rohen Steinwand hängen Schwerter, ich fahre mit dem Finger über die stumpf gewordene Schneide.

Draußen läuten die Glocken der Kathedrale. Es ist ein anderer Klang als der, den wir Läuten nennen, aber es ist auch kein Schlagen, eher eine Mischung aus beidem, als wollten diese Glocken noch etwas anderes kundtun als nur die Zeit. Der eine Ton ist hoch und drängend, er ruft, der andere gibt, dumpf und gemessen, zwischen diesem drängenden Rufen den Ort an, an dem die Zeit sich gerade befindet. Ich lausche und überquere den Vorplatz. Es ist jetzt früh dunkel. Die Klänge kommen aus einem freistehenden Turm, der Mond jagt durch die Flocken geschorener Wolle, die am nächtlichen Gewölbe hängen, die Kirche ist eine plumpe und düstere Masse. Ich gehe hinein und sehe einen anderen, komplizierteren Himmel in den Gewölben, hohe, in

Detail eines Wandreliefs
in der Kathedrale Santo Domingo de Silos

wunderlichen Mustern ausfächernde und wieder zu sich selbst zurückkehrende Steinfiguren, die mehr schmücken als stützen. In einer Ecke der Kirche ist ein Restaurator am Werk. Im hellsten Lichtschein, umgeben von Dutzenden kleiner Töpfe, sitzt er auf einem aufgebockten Tisch. Kleine Quadrate leuchten bereits in seinem Bild auf, der Rest ist ein dunkles Feld halb verschwundener Figuren, ich kann nicht erkennen, was es darstellt, aber es ist merkwürdig, aus diesem Sumpf verschwundener Bilder plötzlich ein Auge, eine Hand, eine grüne Mütze auftauchen zu sehen.

Alte Frauen schieben sich an mir vorbei, am Läuten höre ich, daß eine Messe beginnt, Gebete einer Männerstimme, beantwortet von der einen alten Mädchenstimme all jener Frauen. Auch ohne hinzusehen, kann ich der Handlung folgen. Ich überlege, wie oft ich das alles gehört und gesehen habe in dem halben Jahrhundert, das es mich schon gibt, und da ertönt mit einemmal, wie eine Warnung, hoch und schrill das übermütige Krähen eines Hahns, einmal, zweimal, dreimal. Der Restaurator blickt nicht auf, der Priester leert seinen Kelch, die alten Frauen raunen die geheimnisvollen Worte. Bin ich denn der einzige, der dies hört? Wieder tönt dieser uralte Schrei männlichen Triumphs durch die hohen Gewölbe. Ich gehe zu der Stelle, von der das Geräusch kommt, und tatsächlich, über mir, an einer der Innenmauern der Kirche, steht auf einem Kaminsims, gekrönt von einem Halbbogen mit Rosetten und gotischen Pfeileraufsätzen, ein vergoldeter und verzierter Käfig, und in dem sanften gelblichen Licht hinter dem Gitter sehe ich sie, die heilige Henne und den heiligen Hahn, zwei Riesenexemplare im schönsten Hühnerstall der Welt. Die Geschichte dazu höre ich später. Vor Hunderten von Jahren kamen drei Pilger, Vater, Mutter und Sohn, aus Deutschland hierher. Sie aßen in einer Herberge, und eine der Mägde verliebte sich in den Sohn, der ihre Liebe jedoch nicht erwiderte. Sie zeigte ihn beim Profos an, nicht wegen unerwiderter Liebe, sondern wegen Diebstahls. Der junge Mann wurde festgenommen und zum Tode verurteilt. Als die Eltern dies hörten, gingen sie zum Haus des Profos, der gerade ein Huhn verspeiste. Sie flehten ihn an, das Leben ihres Sohnes zu schonen, da er unschuldig sei. Der Profos wischte sich den Mund und sprach:

In der Kathedrale Santo Domingo de la Calzada

»Erstens hängt er schon, und zweitens ist er ebenso unschuldig, wie dieses Huhn hier auf meinem Teller lebendig ist.« Woraufhin sich das fette, nackte, gebratene Huhn durch ein Wunder im Nu in weißes Gefieder hüllte und gackernd vom Teller stieg. Die ganze Stadt eilte daraufhin zur Galgenstätte, und tatsächlich, der Gehenkte lebte noch, und seit dieser Zeit wohnen immer ein Hahn und eine Henne in der Kathedrale von Santo Domingo de la Calzada, und es gibt sogar Leute, die glauben, daß es noch immer dieselbe Henne ist, und das ist natürlich auch so.

Landschaften, Kirchen, Kirchen, Landschaften. Und überall dieses Wort: Camino. Camino de Santiago, Redecilla del Camino, die Verkehrsschilder zählen die Kilometer, die Zahl hinter Santiago wird immer kleiner, immer öfter sehe ich die Jakobsmuschel an Wasserpumpen und Sitzbänken, ich komme näher und bleibe weit weg.

Von einem in meiner Erinnerung inzwischen verblaßten Besuch der Kathedrale von Burgos fällt mir nun, da ich sie wieder betrete, plötzlich jenes anfängliche Gefühl des Widerstrebens ein. Man steht in diesem aufgetürmten Raum und sieht nichts, eine dunkle, mit Gold ausgekleidete Höhle, Bewegungen von Menschen rundum, scharfes Geflüster, keine Höhe, auch wenn alles hoch genug ist. Zunächst gehe ich ziellos hin und her, weiß nicht, wo ich anfangen soll (als *müßte* ich anfangen), und wimmle die aufdringlichen Führer ab.

Aus dem Dunkel treten jetzt mehr Gegenstände hervor, Figuren, ab und an knipst ein Führer für eine Gruppe das Licht über einem goldenen Altar an, ich gehe dorthin, es geht wieder aus, der ganze Raum bleibt eine unordentliche, dunkle Abschußrampe, für einen Aufbruch eingerichtet, der schon seit Jahrhunderten verschoben wird.

Draußen stehen die beiden ziselierten Riesenraketen wartend da, Stein für Stein »wie ein Ring gesetzt«, schrieb Gautier, und das trifft zu. Erst als der letzte, oberste Stein gesetzt war, zeigten sie endgültig die Richtung der geplanten Raumfahrt an. Doch sie fliegen nie los, so betriebsam es drinnen auch ist. Es mag etwa fünf sein, hier und da läutet es, aus Nischen und geheimen Türen treten alte, alte Chorherren hervor, schlurfen durch ihr düsteres

Reich wie lahme Fledermäuse, einer bleibt bei der kleinen Treppe stehen, bis ein anderer ihm hinaufhilft, und sie verschwinden im verzierten Chor und verstecken sich im Gestühl, ich kann es hinter dem Gitter gerade noch erkennen, Gemurmel, Geraschel großer Blätter.

Ein neuer Führer faßt mich an. Dieser ist nun wirklich wachsbleich, seine Marmorhand deutet irgendwohin, ich gebe meinen Widerstand auf und folge ihm. Es ist Peter Sellers in seiner ersten Reinkarnation. Hundert Ticks und Affektiertheiten, er schlurft, hüstelt, wedelt mit der Hand auf dem Rücken, schlägt die Augen gen Himmel und raunt mich mit seinem dicken, in spanisches Öl getauchten Französisch voll. Durch Türen hindurch, Gänge entlang, Altäre, Schatzkammern, diese Kirche hat einfach kein Ende. Ich schaue begehrlich, aber er ist unerbittlich, schleppend dreht er sich um und geht weiter. Von feingemeißeltem Stein sagt er, er sei »wie Spitze«, und tatsächlich, er ist wie alte Spitze, wie ein Kind gehe ich hinter ihm her durch diese Orgie spanischer Dekoriersucht, der Fanatismus gestohlenen Golds. Die verschwenderische Fülle läßt einen erschauern, allein schon durch die schweigende, abgewandte Art und Weise, wie das verschnörkelte, geformte, gedrechselte, ziselierte Gold der Inkas im düsteren Dunkel zugegen ist: Er knipst ein Licht an, und es beginnt zu glühen, er löscht es, und es bleibt da, unsichtbar und mächtig, es gehört zu den Stimmfetzen in der Ferne und, schlimmer noch, zu der Landschaft, die rings um die Stadt liegt, trocken und kahl, sand- und, Gott weiß ab welcher Höhe, *auch* goldfarben, Land, auf dem nichts gedeiht und das diese üppige, nicht eßbare Ernte hervorgebracht hat.

Draußen kaufe ich aus einem Gefühl der Ohnmacht heraus zwei lange Leporellos von Ansichtskarten, um endlich etwas *sehen* zu können, aber die Dimension fehlt, dann doch lieber die halbe Sichtbarkeit. Ich gehe zurück zu dem Grab der beiden *condestables*, Marmor wie weicher weißer Ton, glänzend, damit beschäftigt, diese beiden pausbäckigen Edelleute zu bewahren, den Firlefanz in ihren Kleidern zu bewahren, den treuen Hund zu ihren Füßen mit all seinen Locken zu bewahren, alle Perlen in ihren Kronen zu bewahren, nachts erheben sie sich und wagen ein Tänzchen und rennen die goldenen Königstreppen hinauf und hinunter oder besuchen all die anderen in Gold und Stein kostümierten Toten, stöbern in El Cids Koffer herum, essen ein Stückchen Goldbrokat, fliegen wie große, weiße Reiher durch das ewige Dämmerlicht und schlafen wieder ein, gefangen in ihren eigenen marmornen Falten beim Schlag der ersten Stunde.

Als ich hinter wieder einem anderen Führer herlaufe, komme ich in einen Saal ohne Fenster, wo ein Gemälde von Memling hängt, *Maria mit dem Kind*. Es ist das röteste Bild, das ich kenne, sie trägt ein Gewand wie ewiges Feuer. Doch dahinter und daneben jene andere, hier noch seltenere Farbe, das Grün der flämischen Landschaft, und ich merke, daß es ein Anflug von Heimweh ist, mit dem ich dieses satte, wogende, grüne Land (ein Feld mit krausen Bäumen, in der Ferne meergrüne Hügel, ein Jäger? mit herumtollenden Hunden auf der grünen Wiese, ein hellblauer See mit Schwänen, ein Bauernhof mit offenem Gatter, ein Obstbaum, ein Weg, ein Hang, zwei hohe Bäume) der Trockenheit des Goldes gegenüberstelle, Gold, das die Verlockung des kolonialen Spaniens war, das damit seinerseits Gott betören wollte – und das Spanien nur Unglück brachte, weil die Spanier den Boden, von dem sie leben mußten, seinetwegen vernachlässigten. Ich weiß jetzt auch, was ich nicht suche, und gehe hinaus, wo es hell ist. Ich bin noch immer nicht in Santiago.

1982

EINE KÖNIGIN LACHT NICHT

Als ich nach ein paar Stunden aus dem Prado trete, sind die beängstigenden Scharen nicht da, die sich an anderen Tagen wie eine menschliche Schlange um das strenge Gebäude winden. Es war Montag, ich hatte die Ausstellung fast allein sehen dürfen in der unwirklichen Stille eines leeren Museums. Das läßt einen nicht unberührt. Große Kunst gibt Rätsel auf, und man muß sehen, wie man damit zurechtkommt. Es war Frühling, Madrid ohne die verheerende Hitze der späteren Monate, licht, luftig, eine Stadt auf einer Hochebene. Ich hatte Gemälde gesehen, die ich schon jahrelang kannte, und andere, die ich noch nie gesehen hatte, neunundsiebzig insgesamt, Stilleben, Genredarstellungen und Porträts, die ein Königsleben begleitet hatten, mythologische und religiöse Szenen, Reiter, Zwerge, Trinker, Narren, und immer wieder Augen und Mund des Habsburgerkönigs Philipp IV. Vor allem aber hatte ich natürlich Velázquez gesehen und fragte mich, wer dieser Höfling war, der so weit in das Netz der Macht eingedrungen war, daß er die Personen, die die Hauptrollen darin spielten, aus nächster Umgebung malen konnte. Er hatte sich selbst zu einem Rätsel gemacht, so wie auch Rembrandt und Vermeer Rätsel sind, einmal mit diesem hintergründigsten aller Gemälde, *Las Meninas*, aber auch mit der sich über beider Erwachsenenleben erstreckenden Serie von Königsporträts.

Mehr als dreißig Jahre liegen zwischen dem ersten und letzten, das geteilte Leben – Velázquez lebte am Hof, der König kam oft in sein Atelier und nahm den Maler auch mit auf Reisen – muß ein Element des Selbstporträts in diese Königsbildnisse gebracht haben, das vielleicht nur für sie beide erkennbar war. Der Höfling, der in immer byzantinischere Höhen an einem Hof erhoben wurde, an dem der König nicht in Gesellschaft seiner eigenen Frau speisen konnte und auch bei der Taufe seiner eigenen Kinder nicht zugegen sein durfte, der König, der heimlich Briefe an eine aragonesische Nonne über seine unbezähmbare Lust, seine Seitensprünge, seine Ausschweifungen und Gottes Strafe dafür, die Niederlage bei Rocroi und den Aufstand in Portugal, schreibt, der Niedergang der Habsburger und der unaufhaltsame Aufstieg des Hidalgo-Malers, das alles ist in diesem letzten Porträt, eigentlich sind es zwei, zu lesen. Irgendwann zwischen 1655 und 1660 müssen die beiden Bilder entstanden sein. Der Maler wird 1660 sterben, der um fünf Jahre jüngere König wird ihn nur um wenige Jahre überleben.

Zwei Gemälde, ein König, ein in die Jahre gekommener desillusionierter Mann, einer, der die ererbte Masse seines Reiches auseinanderdriften sah und sie nicht mehr in den Griff bekommen konnte, ein schwacher Mann, in Habsburger Zweifeln befangen, der seine Schwäche kannte und das Regieren falschen Ratgebern wie dem *conde-duque* Olivares überließ. Wenn man sich diesen nördlichen Kopf anschaut, kann man sich nicht vorstellen, daß der Mund je Spanisch gesprochen hat, aber das ist akademisch, denn in Gemälden wird nicht gesprochen, und dieser König, der der Legende nach in seinem Leben nur dreimal gelächelt hat, ist auf seinen Porträts in Stille erstarrt. Er brauchte auch nichts zu sagen, er hatte Augen und er hatte einen Maler. Die strenge Moral hatte den üppigen Spitzenkragen abgeschafft, an seine Stelle war die *golilla* getreten, ein gestärkter weißer Kragen, der fast die Form eines Tellers hat und, wenn man nur lange genug hinschaut, den Kopf vom Körper zu trennen scheint, so daß das königliche Haupt wie auf einer Schale liegt. Da spielt es auch keine Rolle mehr, daß der König auf dem Londoner Bildnis (National Gallery) die Insignien des Goldenen Vlieses trägt oder daß der Stoff des Wamses beim Prado-Porträt schlichter ist – es ist das Gesicht, das alle Aufmerksamkeit auf sich zieht, und es ist nicht das Gesicht aus den verzweifelten Briefen, sondern das eines Königs, so, wie es für die anderen auszusehen hat. Fischaugen hat man diese Augen genannt, dann aber die Augen einer unvorstellbar uralten Spezies, die wohl in großer Tiefe schwimmt und noch nie von einem Menschen gesehen wurde. Es wehrt ab, dieses Gesicht, es verbirgt sich, gibt sich aber, und das ist das Geheimnisvolle daran, gleichzeitig dem Maler preis, und so spaltet es sich, entblößt sich in seiner Abwehr, schafft eine unüberbrückbare Distanz und ist doch ganz nah, so weit weg wie ein

König und so nah wie ein Freund, der sich von einem Freund malen läßt.

Was der Freund gesehen haben muß, war das Ende einer Linie. In Spanien sollte nur noch ein Habsburger folgen, Karl der Behexte. Von seinen acht Urgroßeltern waren sieben Nachfahren von Johanna der Wahnsinnigen, der Mutter Karls V. Diese Habsburger vererbten einander nicht nur diese wahnwitzigen Kiefer (Karl V. konnte seinen Mund gar nicht richtig schließen), sondern auch sonst noch allerlei Mißliches aus dem inzestuösen Suppentopf, so daß der letzte von ihnen körperlich verfiel, gleichzeitig mit seinem Reich. Unentschlossenheit, verhängnisvolle Zauderei, Verschwendungssucht, Mißwirtschaft, religiöse Verblendung, krampfhafter Imperialismus – in sechs aufeinanderfolgenden Generationen durften alle Leiden und Laster mehr oder weniger stark mitköcheln, nebst Gicht, Epilepsie, Sprachstörungen, überdrehten sexuellen Trieben, extremer Nervosität, religiöser Melancholie.

1647 heiratet Philipp IV. seine Nichte Maria Anna von Österreich. Die Braut ist dreizehn. Von sechsundfünfzig ihrer Vorfahren sind achtundvierzig auch Vorfahren dieses Onkels, der ihr Mann wird, und dessen Sohn sie hätte heiraten sollen, wäre der nicht vorzeitig verstorben. Um den französischen Bourbonen Schach zu bieten, mußte ein spanischer Habsburger her. Der Menstruationszyklus der Kindkönigin wurde zu einem Faktor im europäischen Kräfteverhältnis, und an dem Hof, an dem Gerüchte mit ihrer politischen Ladung ein Eigenleben führten, malte der Maler Marionetten und ihre Drahtzieher. Als er die Königin 1653 auf der Leinwand festhält, ist sie neunzehn und nicht glücklich. Es gibt keine Konvention, die besagt, daß Könige und Königinnen auf Bildern lachen müssen, aber wenn es so etwas wie das Gegenteil eines Lachens gibt, dann steckt es in der Haut rund um den kleinen roten, mit einem mutwilligen weißen Strich zum Glänzen gebrachten Mund. Der Maler ist ein Meister dieser Technik, er zwingt einen immer wieder zu vergessen, daß es ein Trick ist, eine minimale Bewegung und eine minimale Farbmenge. Bei Philipps Porträt, dem späten, sind es einsam leuchtende Tupfer, die anzeigen, wo die blonde hochstehende

Tolle sich wellt: Da kippt das Haar nach hinten, man weiß genau, wie dünn es war, wie es sich anfühlte. Im Grunde hat man das Haar dann schon angefaßt, auch wenn der Mann bereits seit Jahrhunderten tot ist, genauso wie man um den Mund seiner Frau spüren konnte, wie die Haut sich mißbilligend spannt, geschürt von der angehaltenen Luft darunter, der permanenten kalten Wut. Die Illusion wird nicht von dem Hyperrealismus des Feinmalers erzeugt, durch Ab-Bildung, sondern durch Einbildung, Illusion, nonchalante Täuschung, die die Realität verstärkt, *sprezzatura*, die Geste des Höflings, der perfekte Winkel seiner Verbeugung, der winzige und nicht wiederholbare Augenblick des Malers, durch den ein kalter Mund für alle Zeiten glänzt. Ist diese Wut meine Interpretation? Ich glaube nicht, ich kann sie sehen, weil der Maler sie sah. Fürstenkinder waren *Pfänder*, an ihren sterblichen Körpern hingen Gebietserweiterungen, Bündnisse, Landstriche, die noch kaum ausgereiften Körper mußten Thronfolger produzieren, Dynastien festigen: Zuchtvieh im Dienste der Staatsraison. All das liegt in diesem Mund. Die Nachricht, daß man nicht seinen jungen Vetter heiraten wird, der gestorben ist, sondern dessen Vater, der noch lebt und zwar der eigene Onkel ist, jedoch eine fremde Sprache spricht. An seinem Hof, der dann der eigene ist, gehören Irre, Narren und Zwerge zur täglichen Entourage, doch man darf nicht über sie lachen, denn eine Königin lacht nicht. Und dann muß man noch diesen großen Königsleib auf sich dulden, denn ein Erbfolger muß her, sonst verschieben sich die Kontinente.

So wie die japanischen Kaiser die Nacht vor ihrer Inthronisation an einem einsamen Ort verbringen müssen und sich mit der Sonnengöttin vereinigen, so fand die erste Begegnung der spanischen Habsburger mit ihren Gemahlinnen in irgendeinem Weiler statt, ohne den geringsten Komfort und ohne Speis und Trank. Bei Philipp und Maria Anna war es Navalcarnero, ein verlassenes Dorf mitten in der steinigen, einsamen Ebene. Sie durfte von seiner Gegenwart nichts wissen, so daß er sie heimlich beobachten konnte. Schließlich hatte auch er sie noch nie gesehen. Die Ehe wurde eine Katastrophe, doch an diesem Abend gefiel sie ihm. Wir werden nie wissen, wie sie aussah, wenn sie

Velázquez, Las Meninas

lachte, aber vielleicht tat sie es dieses eine Mal, denn eine kleine Komödie wurde gegeben. War der Maler zugegen? Auch das wissen wir nicht. Sein König hatte ihn seit 1623 immer wieder im Rang erhöht, vom *pintor de cámara*, Hofmaler, zum *ujier de cámara*, Kammerjunker, dann zum *alguacil de casa y corte*, Haushofmeister, und *ayuda de guardarropa*, ein Titel, der übersetzt so albern klingt, daß ich ihn lieber so stehenlasse. In den darauffolgenden Jahren sollte er noch viel höher steigen, aber all diese Bizarrerie war gesellschaftliche Wirklichkeit, es waren reale Ämter, die wahrscheinlich erklären, weshalb Velázquez kein größeres Œuvre hinterlassen hat. Jedenfalls konnte er bei so viel physischer Nähe sein künftiges Modell gut studieren, und umgekehrt neigt auch sie nicht mehr dazu, ihr Innerstes vor diesem täglich Anwesenden zu verbergen, und so steht sie da, ein Körper in einer Konstruktion.

Mitunter hat man gewisse Bilder zu oft gesehen, dann teilt sich ihre Eigenart nicht mehr mit. *Guardainfante* heißt das Kleidungsstück, in dem die Königin abgebildet ist, nach den weit überstehenden Kissen oder Turnüren, die sich in Taillenhöhe befinden und zu den Seiten hin ausladen. Es scheint, als käme sie dahergesegelt, es fällt schwer, sich einen Körper darunter vorzustellen, den einer hochgewachsenen, langbeinigen, nördlichen Frau. Der Rock ist durch die *guardainfantes* und durch das Reifengestell, das das Ganze halten soll, so weit geworden, daß es zu einer gräßlichen Verzerrung und Leugnung des Körpers darunter kommt, sie ist unten breiter als insgesamt hoch, und das macht sie zu einer Art Kleidfrau, einer Kleidmeerjungfrau, deren Unterleib aus einer Halbkugel aus schwarzem Samt besteht, überreichlich mit Silber besetzt, das sich hart anfühlen muß. Kein Zweifel, von unten ist diese Frau ein Ding, sie kann ihre kleine glänzende, weißrosa, eigentlich nur *angedeutete* Hand mit dem übergroßen Taschentuch (die gleiche Hand, die später, als sie bereits Witwe und als Nonne gekleidet ist, von anderen Malern so nackt wie eine Hühnerklaue dargestellt werden wird) darauf legen, als gehörte diese samtene, sich nach vorn bauschende Fläche nicht wirklich zu ihr. Etwas Ähnliches geschieht mit ihrem Kopf, ein halber, breiter Nimbus, der keine Tiefe zu haben scheint, ein unten gerade abgeschnittener Haarschirm umrahmt ihr Gesicht, wieder ein Ding, das sich um ihre Körperlichkeit schließt, sie einkapselt und zugleich betont. Das Resultat ist Majestät, und *weil* die nun dargestellt und festgehalten ist, darf auch die Psyche derjenigen, die diese Majestät tragen muß, zum Ausdruck kommen. Auf der gesamten bemalten Fläche hat die königliche Person/der Maler noch keine fünf Prozent sichtbaren Körper – Hände, Hals, Gesicht –, um die Idee der Kleidfrau auszudrücken, und es ist dieser Teil, den sie gemeinsam malen, auch wenn es natürlich sein Geschick war, sie dazu zu bringen.

Von manchen Bildern kann man sich nur sehr schwer lösen, weil das Vis-à-Vis so zwingend wird. Als der Maler fort ist, bin ich allein mit der Frau (nun, da sich in dem Raum, in dem ich stehe, kein anderer Besucher aufhält, bin ich allein mit diesem Bild). Durch das Augenblickhafte, das sich auf der Leinwand abspielt, wird die Illusion erzeugt, sie wäre echt. Sie atmet, sie könnte sich bewegen, trotz der völligen Ruhe, in der sie da steht. Das verleiht dem Augenblick eine erotische Konnotation, der ich mich nicht entziehen kann, selbst wenn sie tot ist und ich noch nicht geboren und damit unsichtbar bin. Nun, da die gesellschaftliche Unerreichbarkeit weggefallen ist, ist an ihre Stelle die physische getreten, die in die Domäne der Melancholie fällt. Aber gerade, als ich mich dem sentimental hingeben will, geschieht etwas Seltsames. Ein Fernsehteam, das hier filmen will und dafür den ruhigen Montagnachmittag benutzt, taucht den Raum, in dem sie und ich uns befinden, in eine Flut von Licht, das es zu ihrer Zeit noch nicht gab. Zauberei! Bevor ich weggeschickt werde (dieses Tête-à-Tête kehrt nie mehr wieder), sehe ich für einen Moment das volle Ausmaß der Täuschung, die *manchas distantes*, ferne Flecken, von denen Quevedo sprach und die für so viele Kunsthistoriker die Vorboten des Impressionismus sind, so als hätte der Hofmarschall und Königsfreund im niedergehenden, dürren Spanien des siebzehnten Jahrhunderts wie ein Rattenfänger die Manets und Cézannes in das Reich der Farbe und des Augenblicks gelockt, was vielleicht zutrifft. Beim plötzlichen Aufblitzen von Licht des zwanzigsten Jahrhunderts verliert sie nichts von der Pose, die ihre Position ausmacht. Das verschwenderische Rot beginnt heftiger zu glühen, das schon, doch gleichzeitig verstärkt sich das kalte Feuer in ihren Augen, nein, die Intensivierung ist allgemein, erstreckt sich auf ihr ganzes Wesen. Das Rot ihrer Wangen, diese merkwürdig aufgesetzten runden Flecke, wiederholt sich in den roten Schleifen des Haarschirms, aber dann sehe ich auch, daß es nur Pinselstriche sind, daß das seidene Funkeln in diesem Rot aus Tupfern besteht, daß ich getäuscht wurde, obwohl ich es wußte, und doch wieder getäuscht werde, und daß diese Unmittelbarkeit, diese Bereitwilligkeit, die Hand von der Stuhllehne zu nehmen (auf die nur eine Person königlichen Rangs sie legen durfte, wie auch nur Hofdiener eines bestimmten hohen Ranges die Hände der Königskinder berühren durften), ausschließlich aus Farbe besteht. Ausschließlich? Natürlich nicht. Es ist der Gedanke des Malers, der in Materie, Farbe ausgedrückt ist. Jeder weiß das, und dennoch. Unter dem Eindruck des grellen Lichts und aufgrund meiner ungebührlichen Nähe zerfällt die Frau in tausend Stücke, erst als ich rückwärts gehe, fließt sie wieder zusammen zu der Vorstellung des Malers. Nun ist sie wieder ideell geworden, und die ganze Geschichte von Schein und Sein kann von vorn beginnen. Ein Jahrhundert später sollte Anton Raphael Mengs über Velázquez sagen: »Er malte die Wirklichkeit nicht wie sie ist, sondern wie sie zu sein scheint.«

Wahrheit, Wirklichkeit, Lüge, Schein, die Sache selbst oder ihr Name, es sind Irrlichter, die die verwirrenden Tangos zwischen diesen Begriffen in den Ballsaal der Postmoderne oder der Metafiktion verbannen wollen, um sie dann los zu sein, wie eine Hornisse, auf die man einschlägt, weil man Angst vor ihr hat oder weil sie einen belästigt. Aber diese Hornisse war immer schon da, seit Platons Kritik am absichtlichen Schein in der Bildhauerei bis zum scholastischen Eiertanz um Realismus und Nominalismus und weiter bis zu Berkeley und dem abgekarteten Spiel, das Borges mit alledem spielt. Diese Hornisse schwirrt aber auch unsichtbar über der Spiegelfechterei eines van Eyck (*Die Hochzeit des Arnolfini*) und Velázquez herum (*Las Meninas*), der damit wiederum Foucault verwirrt, aber das kommt erst später. In dem Bildnis Königin Maria Annas ist es zunächst nur die Täuschung der Methode oder die Methode der Täuschung, die mich beschäftigt, noch nicht die metaphysische List, mit der der Maler uns bei *Las Meninas* in einem Spiegel über den Abgrund hält.

Gombrich zufolge (*Kunst und Illusion*) soll Rembrandt gesagt haben: »Stecke deine Nase nicht zu tief in meine Bilder, sonst vergiftest du dich mit dem Geruch der Farbe.« Was er meinte, ist, daß dies in seinem Fall (wie auch bei Velázquez) buchstäblich Licht auf den ganzen Schwindel werfen würde: aufhellende Bahnen, Striche, *touches*, die die Illusion von Licht und Bewegung und dadurch von Wirklichkeitstreue erzeugen sollen. Platon hielt nichts von solchen Methoden: So wurde nicht die Sache selbst geschaffen, sondern eine Fälschung. Deshalb war er auch gegen Bildhauer, die die Proportionen ihrer Plastiken so verformten, daß sie in einem Tempel oder aus großer Entfernung betrachtet *natürlich* aussehen sollten, echt. Velázquez ging noch einen Schritt weiter. Er täuschte die Täuschung und arbeitete mit solch langen Pinseln, daß die Distanz bereits eingebaut war. Das ist der stroboskopische Effekt des sich drehenden Spinnrads in *Las Hilanderas* (es dreht sich wirklich), das sind auch die mohnfarbenen Flecken in dem Fächer rings um das Königinnenhaupt, die wilde Jagd weißer und roter Tupfer in dem Tierschwanz, der ihre manierierte Frisur zu einer Krone erhebt.

Wie machte er das? Schnell, sagen die Zeitgenossen. Aber wie reimt sich das mit seiner Trägheit, seinem Phlegma, von dem sie ebenfalls berichten? Als der Maler zu lang in Italien bleibt und der König ihn vermißt, schreibt dieser an den Herzog del Infantado, Velázquez solle zurückkommen, und zwar sofort, denn, so steht es in seiner eigenen Hand geschrieben, »*ya conocéis su flema*«, Ihr kennt sein Phlegma. Und dennoch malte er *alla prima*, machte keine Skizzen (es gibt kaum eine Zeichnung von ihm), und seine frühesten Bilder sind bereits verblüffend perfekt, als brauchte er nichts zu lernen. Schnelligkeit, Trägheit und die Einheit der Gegensätze, Ortega y Gasset wußte dieses Problem zu erklären: Es gibt Menschen, die angesichts existentieller Eile nur eine Haltung haben, die absoluter Ruhe, und so einer war

Velázquez: »Er wußte auf exemplarische Weise, wie man nicht existieren durfte« (»*yo veo en Velázquez uno de los hombres que más ejemplarmente han sabido (...) no existir*«). Das formalistische Hofleben war genauestens reglementiert, der Maler war mit zahlreichen zeitraubenden Aufgaben betraut, die nichts mit seiner Kunst zu tun hatten, und nur einer, der die Zeit für sich selbst abgeschafft hatte, konnte über die Zeit verfügen, in der man Dinge hervorbringt, die die Zeit ein für allemal überlisten oder leugnen.

1599 geboren, war er zwölf, als er in seiner Heimatstadt Sevilla zu Francisco Pacheco in die Lehre kam. Das Atelier war ein geistvoller, hochkultivierter Begegnungsort, wo er auch dem *conde-duque* Olivares vorgestellt wird, der ihn später an den Hof holen soll. 1618 beendet er seine Ausbildung, heiratet im Jahr darauf die Tochter seines Lehrers (sie wird eine Woche nach dem Maler sterben). 1623 malt er den König zum ersten Mal, von nun an wird der Hof seine Welt. Für Spanien war es eine Zeit des Niedergangs, der Armut, erdrückender Steuerlasten, zum Scheitern verurteilter Kriege, für den Hof eine Zeit exzessiver Feste, Fraktionen, Intrigen. Was Velázquez von alledem hielt, wissen wir nicht. Während eines Feldzugs in Aragonien malt er innerhalb weniger Tage zwei Porträts, das des Königs in Kriegsuniform und das dessen Zwergs, Don Diego de Acedo, »*El Primo*«. Der eine war in seinem Königsein gefangen, der andere in seinem zu kleinen Körper. Natürlich malt der Maler die äußere Rangordnung, aber etwas anderes leuchtet durch sie hindurch, das Wesen, die Seele, das, was einem bewußt macht, daß Velázquez jedem der beiden Männer ihren eigenen Wert zuerkannte, weil er ihre Wahrheit kannte.

Und nun noch *Las Meninas*. Ich werde dieses Gemälde wohl nie mehr so allein sehen dürfen, aber das half nicht, es ist und bleibt eine Falle, und ich bin nicht der einzige, der da hineingefallen ist. Foucault ringt damit in *Die Ordnung der Dinge*, Luca Giordano sagte: »Dies ist die Theologie der Malerei«, und Théophile Gautier rief: »Aber wo ist das Bild?« Die Frage ist verständlich, denn was ich sehe, ist ein Maler, der gerade ein Bild malt, das ich nicht sehen kann. Was ich sehen kann, ist das Bild, auf dem dieser Maler ein Bild malt, das ich nicht sehen kann, wobei er mich anschaut, den er nicht sehen kann. Ich will natürlich gern einräumen, daß er nicht mich anschaut (weil er mich nun einmal nicht sehen kann), aber als er das Bild malte, muß er gewußt haben, daß jeder Nooteboom, Foucault oder Gautier, der davorstünde, immer denken würde, der Maler sähe ihn an. Er tritt einen Schritt von dem Gemälde zurück, das er gerade malt (und das wir nie sehen werden, es sei denn, es wäre das Gemälde, das wir sehen), er hat seinen langen, feinen Pinsel in eine helle Farbe getaucht (keine Farbe, die ich an diesem Tag trage), er schaut noch kurz (auf wen?) und wird gleich weitermalen. Ich weiß das, weil er sich selbst auf dem Bild abgebildet hat, das ich sehe. Aber ist er auch auf dem Bild, das ich nicht sehe? Maler malen ihr Selbstporträt mit Hilfe eines Spiegels. Steht an der Stelle, an der ich jetzt (das heißt eine Minute oder drei Jahrhunderte später) stehe, ein Spiegel, in dem er sich malt? Aber er malt doch nicht das Bild, das ich sehe? Auf dem Bild, das ich sehe, malt er doch ein *anderes* Bild? Aber wer ist darauf zu sehen? Wen sehen außer dem Maler die drei, vielleicht fünf, mit den beiden im Spiegel insgesamt sieben anderen dann an? Nicht mich, obwohl sie doch zu mir schauen. Den König und die Königin, die sich aus der Ferne gespiegelt sehen? Aber wenn der Maler auf dem Bild, das ich nicht sehen kann, den König und die Königin malt, wie kann er sie dann hinter sich in dem Spiegel auf dem Bild gemalt haben, das ich sehen kann?

Drei, vielleicht fünf. Das Gesicht des Mannes, der hinter der wasserköpfigen Zwergin steht, liegt im Halbdunkel, so daß ich nicht genau weiß, wohin er schaut. Das gilt auch für den Mann in der hell erleuchteten Türöffnung, der der Wächter zur geöffneten Außenwelt zu sein scheint (und so zumindest die Möglichkeit eines Auswegs aus dem Labyrinth suggeriert). Aber die strahlende kleine Prinzessin, die Sonne, um die die beiden planetarischen Hofdamen (*meninas*) kreisen, sieht mich (der ich nicht da bin) an oder ihre Eltern (die dem Spiegel zufolge da sind). Was Velázquez hier am Ende seines Lebens malt, ist der Seufzer eines Kindes, ein Flaum, der sich mühelos wegpusten läßt. Und auch wenn er es nicht wußte, er wußte es doch. Mit fünfzehn wird sie

Kaiserin von Österreich, mit zweiundzwanzig ist sie tot. Aber jetzt (!) schaut sie noch, genauso wie der Maler schaut, wie der mächtige Wasserkopf schaut, und als ich mich umdrehe und weggehe und wieder zurückkehre, schauen sie immer noch, und in ihrem Blick ist etwas, das mich an etwas erinnert, und als ich lange genug nachdenke, weiß ich auch, was es ist.

Einmal, in Bangkok, wollte ein Freund mir etwas zeigen, was ich »noch nie gesehen hätte«. So war es. In einer Halle hinter einem Tor befand sich ein großes Schaufenster, das ist noch das beste Wort, in dem etwa dreißig Frauen saßen. Sie trugen Nummern, strickten, schwatzten oder starrten vor sich hin. Manchmal sahen sie einen an, aber es war etwas Unangenehmes an diesem blinden Blick, als schauten sie mitten durch einen hindurch oder sähen einen überhaupt nicht, obwohl sie einen weiterhin anblickten und man selbst auch zurückblickte. Auf meiner Seite der Glasscheibe standen Männer, die eine Nummer aussuchten und dann hineingingen. Dann sah man eine Frau aufstehen, wahrscheinlich wurde eine Nummer aufgerufen, doch das war nicht zu hören. Das war das Geheimnis, wir konnten nichts hören, sie konnten nichts sehen. Die Schaufensterscheibe war auf der anderen Seite verspiegelt. Sie sahen sich selbst, nicht uns.

»Du darfst nicht vergessen, daß dieses Bild eine Konstruktion ist«, sagt Rudy Fuchs, den ich zufällig auf dem Flughafen in Barcelona treffe. »Du darfst dich auf dieses Bild gar nicht erst einlassen«, sagt Jeroen Henneman, den ich ein paar Tage später in Amsterdam sehe. Aber wenn es nun ein Spiegel wäre, in den sie schauen, nicht nur der Maler, sondern auch sie, Zwerg, Prinzessin, Höfling, *menina*? Und der Hund folglich nicht, denn Hunde schauen nicht in den Spiegel. Und der König und die Königin, wie können die sich in dem Spiegel im Bild spiegeln, wenn sie nicht davorstehen? Aber sie können doch neben dem Spiegel stehen, der alles reflektiert, inklusive ihres Spiegelbilds? Ich habe versucht, das Ganze von oben zu zeichnen, als Grundriß, mit Linien für Blickrichtungen und Spiegelungen, aber natürlich bin ich daran gescheitert. Dieses Rätsel wurde konstruiert, um mich auszuschließen und damit hineinzulocken. Eine Konstruktion,

Tor des Alcañiz

in der Tat. Und man sollte sich gar nicht erst darauf einlassen. Aber noch, wenn man durch das Bild hinausgegangen ist – José Nieto Velázquez, kein Verwandter, *jefe de la tapicería de la reina*, hat beflissen den Vorhang vor der hell erleuchteten Türöffnung aufgehalten –, spürt man die zähen Fäden eines unsichtbaren Spinnennetzes um sich, das ein Mann vor dreihundert Jahren für einen gesponnen hat.

Ich verlasse Madrid und fahre über Sigüenza nach Alcañiz in Aragonien. Tafelberge, Wüstenei, ab und an ein paar blühende Mandelbäume. Der Boden hat die Farben Zurbaráns, nicht Velázquez', die Farbe von Erde, Dürre, Kutten. 1644 ist der König hier mit seinem Gefolge unterwegs. Im Jahr zuvor ist sein Heer bei Rocroi mit 20000 Mann vernichtend geschlagen worden. Seither zerbröckelt sein Weltreich, dies war die Wende. An der Grenze zu Katalonien machen sie halt in Fraga, in einem baufälligen Haus malt der Maler den König und seinen Zwerg. In dem Landstrich, durch den sie gezogen sind, war der König nicht mehr willkommen, aber hier steht er drei Tage lang Modell. Jeden Tag wird frisches Schilf gebracht, als Unterlage, damit die Kälte des Steinfußbodens nicht hochkriecht. Rot, Silber, Schwarz, mit allem Putz und Pomp, eine aussterbende Gattung. König, Maler, Zwerg, in ihrer Hofkleidung müssen sie sich in diesem kargen Land wie ein Traum vorgekommen sein.

1990

EIN RAUNEN VON GOLD UND BRAUN UND BLEIGRAU

Zu den Malern, die man liebt, entwickelt sich mit der Zeit eine richtige Beziehung, bei der man zum Schluß nicht mehr weiß, wann und warum sie begann. Mit Zurbarán geht mir das schon seit Jahren so, wie ich alten Reisenotizen, Aufzeichnungen aus dem Skulpturenmuseum in Valladolid, aus dem Prado, aus dem berühmten Kloster Guadalupe, aus Sevilla entnehme. In Valladolid hängt nur ein Zurbarán, doch der ist dann gleich der allermerkwürdigste. Wenn ich in meinen Notizen, sofern ich sie noch entziffern kann, nachschaue, fällt eines immer wieder besonders ins Auge: der Stoff. In Zeiten, in denen die Menschen viel Stoff an sich trugen, haben alle viel Stoff gemalt, freilich keiner so wie Zurbarán. Bei ihm ist Tuch kein Attribut mehr, sondern etwas Eigenständiges. Nimm Kopf und Hände des Märtyrers Serapion weg, und es bleibt ein aufrechtstehendes Tuchmonument, eine Konstruktion, die sich, gleichgültig, an welchem Punkt man mit der *Arbeit* des Betrachtens beginnt, als gleichrangiger Gegenpart erweist und sich mit ihren Rätseln dem Betrachter entzieht. Doch darüber gleich mehr.

Vielleicht war ich dafür prädestiniert, Zurbaráns Werk zu lieben, vielleicht liebe ich es auch aus den falschen Gründen, wenngleich so etwas wahrscheinlich nicht möglich ist. Der eine Grund ist Spanien. Als 1837 die Spanische Galerie Louis-Philippes in Paris eröffnet wurde, sprach Circourt vom »iberischen Leichenhaus«. Er meinte damit das Spanien der Inquisition, den Fanatismus, das vom Tod Fasziniertsein, das von Europa isolierte Gegenteil der Aufklärung. Die Ironie bestand natürlich darin, daß es der Aufklärung zu verdanken war, daß er diese Gemälde sehen konnte. Die regierenden Liberalen Spaniens hatten die Klöster geschlossen und deren Besitz konfisziert. Die Folge war ein unvorstellbarer Ausverkauf von Kunst.

Der andere Grund sind die Mönche. Zurbarán hat mehr davon gemalt als irgend jemand sonst, weiße, graue, braune, schwarze. Einige Arten sind inzwischen ausgestorben, andere sind so, wie sie auf diesen Bildern zu sehen sind, noch immer im Kurs. Das trifft in der Geschichte der Malerei sonst fast nur noch auf Nackte zu. Malerei als ökologisches Prinzip. Ich selbst bin von Mönchen erzogen worden (Franziskanern, Augustinern) und besuche auf meinen Reisen immer noch hin und wieder eine Abtei (Trappisten, Benediktiner, Karthäuser). Es gibt sie also noch, selbst wenn sie fast unsichtbar geworden sind und man sie kaum in freier Wildbahn antrifft. Aber wenn man sie sieht, sind sie wie auf den Bildern Zurbaráns gekleidet. Daraus lassen sich keine großen Schlüsse ziehen, aber leugnen läßt es sich auch nicht. Kutten, Habite, Kapuzen, Skapuliere sind gewöhnlich aus schwerem Stoff gefertigt – in Klöstern ist es oft kalt. Während ich dies schreibe, fühle ich das Rauhe, Faserige des Stoffs, ich habe diese Berührung seit meiner Klosterzeit nicht vergessen. Ich fühle es auch, wenn ich ein Gemälde von Zurbarán sehe. Synästhesie.

Was wären denn die falschen Gründe, Zurbaráns Bilder zu lieben? Das muß dann mit einer Einstellung zu Spanien zusammenhängen, die noch irgendwo in mir schlummert, weil Spanien ein Land derartig verwirrender Gegensätze ist. Es ist pathetisch, in den Tod verliebt, bereit, sich von Europa abzuwenden, ein Land, das seit dem Zerfall der Habsburger Träume einsam hinter den Pyrenäen vor sich hin fault, bigott und absolutistisch zugleich. Das neunzehnte Jahrhundert schwelgt in diesem Bild:

> Moines de Zurbarán, blancs Chartreux
> qui, dans l'ombre
> glissent silencieux sur les dalles des morts,
> murmurant des Paters en des Avés sans nombre...

schreibt Théophile Gautier, und dieses obskurantistische Pasticcio bleibt hängen und findet für den, der will, Bestätigung genug in den Bildern, die *dieses* Jahrhundert liefert, Menschen, die auf Knien zu Heiligtümern rutschen, Stierkämpfe, die auf eine imaginäre Vorzeit verweisen, Prozessionen angsteinflößender Vermummter und vor allem – und hier kommt der Tod nun wirklich ins Spiel – die Greuel eines bis zum Letzten ausgefochtenen Bürgerkriegs.

Zurbarán, Der heilige Serapion

Wer aber nur das sehen will, vergißt, daß dieser Krieg gerade um der Modernität willen ausgetragen und von denen gewonnen wurde, die die Verlierer zu sein schienen. Es hatte den Anschein, als werde Franco ewig regieren, doch unter ihm wurde das andere Spanien vorbereitet, und nun ist es da, als hätte jemand die Pyrenäen beiseite geschoben, als hätte das Land erst jetzt den Zusammenbruch unter Philipp II. überwunden, den Verlust von Kolonien und Einfluß verarbeitet und könnte jetzt mit der ganzen Energie dessen mitmachen, der lange geschlafen hat. In Spanien nennt man diesen Augenblick *transición*, Übergang, und man muß das Land aus der Franco-Zeit kennen, um zu spüren, mit welchem Überschwang die Veränderung – nicht zuletzt in der Kunstwelt – sich vollzieht. Man könnte sagen, daß das Land den Übergang *feiert*, mit großen Ausstellungen betont es seine neue Präsenz, seine Sonderstellung zwischen Europa und Lateinamerika, seine gefühlsbetonte historische Beziehung zu den Ländern Nordafrikas.

Warum aber Zurbarán? Warum diese sonderbare Obsession mit Märtyrern, Mönchen, Gekreuzigten, Heiligen? Wer interessiert sich noch für dieses alte Spanien, das jetzt so rasend schnell von uns wegzudriften, das Dantes Welt näher zu liegen scheint als unserer? Die Antwort muß einfach lauten, weil es nichts zur Sache tut. Zurbarán war aufgrund seiner persönlichen Situation und der Zeit, in der er lebte, dazu verurteilt, Mönche zu malen. Mönche waren seine Brot- und Auftraggeber, schrieben ihm, und zwar äußerst minuziös, die Themen vor.

Ich erinnere mich an ein Gespräch, das ich einmal in Florenz mit einem niederländischen Maler führte, der sagte, ihm werde »speiübel« von all diesen Kreuzigungen, Verkündigungen, der ewig wiederkehrenden Anbetung der Heiligen Drei Könige oder von Jesus am Geißelpfahl. Er sprach aus dem Luxus eines Künstlers heraus, der sich seine Themen selbst aussucht, Auftragsarbeit verachtet, und wäre wahrscheinlich lieber gestorben, als sein Leben lang Mönche malen zu müssen. Dabei malte Zurbarán gar keine Mönche. Er malte Kutten. Er malte Stoff. Hokusai malte jeden Tag einen Löwen in der Hoffnung, irgendwann einmal den vollkommenen Löwen zu Papier zu bringen. Ich weiß, daß ich hier verschiedenen Aspekten von Zurbaráns Kunst unrecht tue, aber ich kann es nicht lassen. Stoff, *matter.* Womit Zurbarán sich auseinandersetzte, Bild für Bild, war Materie, die Plastizität (Falten) von Materie, die Primärfarben.

Alles zusammengenommen, muß er endlose Meter Weiß und Schwarz gemalt haben, mitunter mehrere Quadratmeter pro Bild. Alle Rätsel, die dabei in bezug auf Licht und Schatten auftauchen, alle sich aus dem Stoff-Fall ergebenden Veränderungen des Lichteinfalls hat er gemalt, und wenn ich nun frech die bestellten Bilder, die der Künstler Zurbarán zu liefern hatte, von dem trenne, was er wirklich tat, so bleibt dies übrig: ein *ensayo*, ein Essay über das Verhältnis von Licht, Farbe und Stoff, wie es dies bis Cézanne nicht mehr geben sollte. Nochmals, ich tue hier einer Reihe glänzender und für seine Verhältnisse sogar sehr farbiger Bilder unrecht, und ich bin mir bewußt, daß ich im Grunde sage, daß das Thema keine Rolle spielte, daß es ihm um etwas anderes ging, das weit jenseits von Psychologie oder Handlung lag, eine Studie, die solch intensive Formen annahm, daß man von Mystik sprechen kann. Und dann ergibt sich das Paradox, daß nicht das Bild, selbst wenn es eine mystische Erfahrung darstellt, den Eindruck des Mystischen erweckt, sondern daß diese Wirkung von zwei mal zwei Meter Weiß oder Schwarz, von denen das anekdotische Auge einfach abgleitet (nur ein Stück Kutte in der rechten unteren Ecke), ausgeht.

Auf Reproduktionen, so gut sie auch sein mögen, ist davon nichts zu erkennen. Dazu muß man sich die Bilder selbst ansehen, und das habe ich getan. Ich habe sie an den Orten aufgesucht, in die sie gereist waren oder in denen sie leben (Guadalupe, Sevilla). Bilder leben auch, wenngleich manchmal im Exil. Meine beiden letzten Begegnungen fanden in New York und Paris statt. Dieselbe Ausstellung und doch nicht dieselbe. Bilder, die in New York fehlten (*La Santa Faz, Das Schweißtuch der Veronika*, aus Valladolid), sind in Paris, Bilder, die man in Paris schmerzlich vermißt (*Bodegón*, das schaurige Stilleben aus dem Museum in Barcelona), hingen in New York.

Vielleicht ist dies der richtige Augenblick, um eine Ungereimtheit zu bekennen. Nachdem ich die Ausstellung in New York gesehen hatte, wollte ich den Katalog kaufen, aber es gab nur noch die gebundene Ausgabe, die mehrere Kilo wiegt. Ich mußte weiterreisen und wollte mich nicht damit belasten, vor allem auch, weil ich wußte, daß ich die Ausstellung noch einmal in Paris sehen würde. Das tat ich auch, doch da war der Katalog schon am zweiten Tag ausverkauft. Auch das fand ich nicht so schlimm – im Laufe der Jahre habe ich eine recht beachtliche Zurbaránbibliothek zusammengetragen. Aber dann bekam ich in Amsterdam sowohl den amerikanischen als auch den französischen Katalog zu Gesicht. Glaubt man dem amerikanischen, so habe ich unrecht: Das *Schweißtuch* war da, und nicht nur einmal, sondern zweimal. Das eine aus Valladolid, das andere aus dem Stockholmer Museum. Und doch möchte ich schwören, daß das Valladolider Bild in New York nicht zu sehen war und das Stockholmer (viel gröber und wesentlich uninteressanter) weder in Paris noch in New York. Der Pariser Katalog zeigt auch das berühmte Stilleben aus dem Katalanischen Museum (Museo de Arte de Cataluña), während ich sicher bin, daß es nicht in Paris hing. Sind diese Dinge wichtig? Insofern, als sie den Fetischwert des »echten Gemäldes« deutlich machen. Man kennt die Bilder, man hat sie in ihrer natürlichen Umgebung (dort, wo sie immer sind) gesehen, man will sie wiedersehen.

Wenige Tage vor der Eröffnung in Paris sah ich mehrere riesige spanische Lastwagen unter Polizeischutz über die Champs-Élysées fahren, und ich weiß, daß die Zurbaráns darin waren. Vielleicht eine gelinde Form von Schwärmerei, aber so ist es nun mal. Bilder, die man in einem entlegenen spanischen Kloster gesehen hat und dann in New York wiedersieht und danach noch einmal in Paris, werden zu Personen. Sie können reisen, genau wie man selbst, es werden Begegnungen, und die hat man mit Personen, nicht mit Dingen.

Wer aber war der Maler, der hinter seinen Bildern verschwunden ist? In seinem Essay *De Poolse ruiter* schreibt Vestdijk, nachdem er verschiedene Hypothesen über Rembrandt angeführt hat: »Wir werden nie wissen, was Rembrandt dachte, fühlte, bezweckte. Seinem Seelenleben stehen wir ebenso fremd gegenüber wie dem der Erschaffer von Negerplastiken, in die der moderne Bewunderer so viel an kosmischen Schrecken und barbarischer Dämonie hineinlegt, woran kein Neger auch nur im Traum gedacht haben kann. Möglicherweise ist dies der höchste Beweis für ein Kunstwerk: daß es mehr ist, als der Künstler je ahnte, und daß es von jedem Jahrhundert und jedem Betrachter anders, unter immer wieder neuen und überraschenden Aspekten gesehen wird.« Er fügt noch hinzu, das sei eine »Platitüde«, aber ich bin geneigt, ihn da wörtlicher zu nehmen, als er es gemeint hat: Große Kunst »walzt« den Künstler »platt«, seine Motive zählen nicht mehr, er verschwindet in seinen Bildern. Der Maler wird sein Bild und damit auch jeder, der es betrachtet, und dann auch noch das, was der Betrachter dabei denkt. Vielleicht hätte Zurbarán meine Gedanken über seine monochromen Exerzitien für Unsinn gehalten, und doch war er der Motor, der diese Gedanken antreibt.

Wenn so etwas schon für Rembrandt gilt, der immerhin eine Reihe von Selbstbildnissen hinterlassen hat, so daß man wenigstens seine verschwundene Person sehen kann, um wieviel mehr muß das dann auf Francisco de Zurbarán zutreffen, der eine Biographie voller Lücken und Unklarheiten und kein Selbstbildnis hinterlassen hat, über das Einigkeit bestünde. Natürlich gibt es Spekulationen, doch die betreffen zwei sich überhaupt nicht ähnelnde Männer in zwei verschiedenen Gemälden.

In einem merkwürdigen, 1929 erschienenen Buch (Andrés Manuel Calzada, *Estampas de Zurbarán*) ist eines dieser angeblichen Selbstporträts abgebildet, ein Mann mit seltsam verzerrtem Gesicht über einem gestärkten Kragen (Museum Braunschweig). Er deutet auf ein Medaillon, seine Haare sind kurz und schlecht geschnitten, der Bart hat eine eigenartige geometrische Form mit einem spitzen Dreieck, das bis zur Unterlippe hinaufreicht. Experten haben gesagt, daß dieser verkniffene, unweltlich wirkende Mann nicht Zurbarán ist, und wie könnte ich ihnen widersprechen, auch wenn ich dieses geballte Gesicht durchaus mit der unirdischen Stille in vielen seiner Bilder in Zusammenhang bringen kann.

Allerdings: Zwei Männer, die sich nicht ähneln, heben sich

gegenseitig auf und hinterlassen gar kein Gesicht mehr. Der »andere« Zurbarán war auf der großen Herbstausstellung im Petit Palais (*Von Greco bis Picasso*, 1987) zu sehen. Hier soll er sich als der heilige Lukas am Fuße des Kreuzes gemalt haben. Das Alter ist das gleiche, aber damit hört es auch schon auf. Dieser Mann ist kahlköpfig, sein Gesicht scharf, sein Mund in einer weichen Demut verzogen, zu der der Mund seines anderen Ich sich nie verziehen lassen könnte. Als Gemälde ist das zweite Bild unendlich schöner, der tote oder sterbende Mann am Kreuz und der Lebende mit seiner Palette darunter leuchten in dieser Art von Finsternis auf, die dem Tenebrismus seinen Namen gegeben hat, das Holz des Kreuzes ist nur eine Nuance vor dem so nächtlichen Hintergrund, nichts ist da außer den beiden Männern, dem Schwarz des Todes und der Nacht, eine monochrome Fläche, die einen, tritt man nahe heran, in sich hineinsaugt. Dann sieht man auch, genau wie beim Weiß, die geheimnisvolle Machart dieser Primärfarben, erst *in sich* ertragen sie Nuancen, und wenn man sich ungebührlich nahe davorgestellt hat, sieht man, was sich in diesem Schwarz oder diesem Weiß alles abspielt, Verwerfungen, Haarrisse, Markierungen, ein Raunen von Braun und Gold und Bleigrau, das sofort wieder verstummt, wenn man einen Schritt zurücktritt, weil ein Wächter auf einen zukommt oder man den Blicken anderer Besucher ansieht, daß sie glauben, man sei der Dorfnarr.

Zurbarán. Der Name ist baskisch, was manche Kritiker dazu veranlaßt, seine Düsterkeit mit einem keltischen Hintergrund zu erklären. Viele seiner Gemälde besitzen eine Glut, die, so gebändigt sie auch sein mag, ekstatisch wirkt. Da hat er sich von der Meditation des Weiß und des Schwarz gelöst, da dient diese Studie ihm dazu, einen Brand auflodern zu lassen, stets innerhalb fester linearer Grenzen, die sich erst sehr spät in seinem Leben zum *sfumato*, zum Verschwommenen, hin auflösen. Diese Linearität ergibt eine extreme, klassische Klarheit, in der die Farbe auflodert, wie zum Beispiel beim Umhang des Engels in der *Verkündigung* aus dem Grenobler Museum. *Manera, materia*, Manier und Stoff, hier drückt der Stoff die Manier aus, das Gewand des göttlichen Boten brennt, der ockerfarbene Umhang des Engels ist von dem Gelb, das man im Rot einer Flamme sieht. Maria hat über ihr rosa Kleid einen blauen Umhang geworfen, dessen dunkle Töne, wie so oft bei Zurbarán, allmählich in Schwarz übergehen.

Auch das »Gemalte« der zarten Landschaft, die im Hintergrund sichtbar ist und entfernt an die flämischen Primitiven erinnert, erweckt den Eindruck, es handele sich hier um eine Aufführung, um Theater. Das Frauengesicht hat sich in sich selbst zurückgezogen, die Frau ist nicht von dieser Welt, diese Augen sind im wahrsten Sinne des Wortes niedergeschlagen. In solchen Augenblicken muß man der Sprache dankbar sein, daß sie bestimmte Wörter bewahrt hat: Diese Augen sind nicht geschlossen, nicht halb geöffnet. Sie sind *niedergeschlagen* und deuten damit eine Abwesenheit an, sie braucht den Engel nicht mehr zu sehen, sie selbst ist zur Botschaft geworden.

Niemand ist verpflichtet, dem Gedankengang der Zeit zu folgen, in der dieses Gemälde entstand und der der Mann, der es malte, angehörte, weil er damals lebte. Niemand *braucht* das zu tun, dieses Bild kann man auch einfach als Bild betrachten, und selbst dann bleibt noch genug.

Zurbarán lebte im Süden Spaniens, zur Zeit der Gegenreformation. In diesem begrifflichen Kontext existiert die Frau, die er malt, schon seit Ewigkeiten in Gottes Gedanken. In den Klöstern, in die er kommt, wird es mit einem Vers aus den Sprüchen Salomos (8; 23) in der Epistel folgendermaßen ausgedrückt, die an dem Tag verlesen wird, an dem ihre unbefleckte Empfängnis gefeiert wird: »Ab aeterno ordinata sum, et ex antiquis, antequam terra fieret – ich bin eingesetzt von Ewigkeit her, im Anfang, ehe die Erde war. Als die Meere noch nicht waren, ward ich geboren.« Mit der Wirklichkeit hat das natürlich nichts zu tun, wohl aber mit *einer* Wirklichkeit, der des Malers. Es ist undenkbar, daß dies nicht zu sehen sein sollte, und folglich ist es zu sehen, auch für denjenigen, der es nicht weiß oder glaubt. Wirklich-unwirklich: die Domäne der Kunst. Himmel und Erde werden in diesem Gemälde dogmatisch verbunden, sichtbare Zauberei, denn auch wenn die Lehre verflogen ist, bleibt die Zauberkunst sichtbar.

Ich kenne die Gegend, in der Zurbarán geboren wurde, in der er lebte und wirkte. Er stammt aus Fuente de Cantos, und wenn ich das schon mit »Quelle der Lieder« hätte übersetzen wollen, muß ich das laut Geanine Baticle (*Zurbarán, Aperçu de sa vie et de son œuvre*, Katalog Grand Palais) in das um soviel spanischere »Quelle der Steine« ändern. Steine gibt es genug in dieser sengenden flachen Gegend zwischen Mérida, Badajoz, Sevilla. Die Römer haben dort ihre Monumente hinterlassen, die Landschaft ist streng, klassisch, karg, die Orte Flecke von Weiß, das in den Augen schmerzt. Man sieht die Menschen schon von weitem daherkommen, scharf abgegrenzt in diesem Licht, das Menschen als Figuren definiert, die Dimensionen der Landschaft geben jedem Gang etwas Feierliches. All dies ist in seine Augen gedrungen – die Umgebung als erster Lehrmeister.

In dieser kontemplativen, asketischen Landschaft ist Sevilla die große Oase, da fließt der Guadalquivir, da leuchten die Farben. Zurbarán sieht die Farben, ohne ihr Fehlen und die majestätische Monotonie seiner Heimat je zu vergessen. Mit Ausnahme weniger Jahre in der Nähe des Madrider Hofes spielt sich sein Leben dort ab. Sevilla ist mächtig, der Hafen für die Kolonien, erst in seinem späteren Leben setzt als Folge der Kriege, die Philipp IV. mit Frankreich führt und die der Seefahrt schaden, der Niedergang ein.

Mit Zurbaráns Leben ist es wie mit seinen nicht existierenden Selbstporträts, die Bücher widersprechen einander, korrigieren sich gegenseitig, manchmal ist seine Schemenhaftigkeit wirklich geheimnisvoll, noch immer werden neue Dokumente gefunden. Der Tod ist ein beständiger Begleiter in seinem Leben, zwei seiner Frauen sterben, von den vielen Kindern aus seiner letzten Ehe mit einer viel jüngeren Frau lebt, als er selbst stirbt, nicht eines mehr, der Sohn aus der ersten Ehe, der schöne, verträumte *bodegones*, Stilleben mit Früchten, Kannen, Schalen malte, starb noch vor seinem Vater an der Pest. Er war ein Zeitgenosse Velázquez', mit dem er befreundet war, der ihn bei Hofe freilich weit übertrumpfte, und auch von Alonso Cano, der über die Malergilde versuchte, ihn einer erniedrigenden Aufnahmeprüfung zu unterziehen, als er bereits einige seiner schönsten Werke geschaffen hatte. Murillo ist jünger und hat mit seiner italianisierenden Leichtigkeit mehr Erfolg. Einigen Büchern zufolge ist Zurbarán neidisch auf den jüngeren Maler, doch ein vor kurzem entdeckter Brief widerlegt das, und Neid ist auch eine zu niedrige Regung für den Mann, der diese Bilder malte.

Und zu ihnen kehre ich jetzt zurück. Sie haben etwas gemein mit ihrem Meister, ihr Schicksal ist von einer Wechselhaftigkeit, die sich nicht ganz deuten läßt, manchmal fehlen Stücke, wie bei dem rätselhaften Stilleben mit den Quitten, das im vorigen Jahr im Petit Palais zu sehen war. Es hängt für gewöhnlich im Museo de Arte de Cataluña, doch seine Herkunft ist nicht bekannt. Kenner halten es für einen Teil eines größeren Gemäldes, doch das ist den vier Früchten gleich, sie liegen da wie die Aufgabe eines Zenmeisters, als zu lösendes Rätsel, *Dinge*, sehr stark und in sich ruhend. Andere Bilder sind verschwunden, ohne eine Spur zu hinterlassen, wieder andere, die zu einer Gruppe gehörten, sind als Gruppe gesprengt und in alle Welt verstreut. Jetzt sind sie zum erstenmal wieder beisammen, bald, am Ende der Ausstellung, müssen sie, für immer oder für ein paar Jahrhunderte, wieder Abschied voneinander nehmen. Dann kehrt der Engel mit dem orangefarben lodernden Gewand (früher einmal im Karthäuserkloster de Nuestra Señora de la Defensión in Jerez de la Frontera) wieder nach Grenoble zurück, und die anderen beiden, die ihn flankierten, nach New York und Cádiz.

Während ich dies schreibe, liegt eine Karte mit *La Santa Faz* (*Schweißtuch der Veronika, Verdadera efigi*, Wahrheitsgetreue Abbildung) vor mir. Die Abbildung dieser Abbildung ist in allen meinen Büchern über Zurbarán, aber die Karte ist mir die liebste, weil ich sie in Valladolid, in dem Museum gekauft habe, in dem ich das Gemälde zum erstenmal sah. *La Santa Faz*, das heilige Gesicht, gemalt von Francisco de Zurbarán, der sich *pintor de ymaginaría* nannte, in diesem alten Spanisch, das das Y noch als I benutzte, la Pythagorica littera, der pythagoräische Buchstabe, der in zwei Richtungen weist (Andrés Manuel Calzada, *Estampas de Zurbarán*). Maler der Phantasie.

Kann man wohl sagen. Der Legende zufolge drückte Jesus auf dem Weg nach Golgatha mit dem Instrument auf dem Rücken, das zum Symbol des Christentums werden sollte, sein Gesicht in das Schweißtuch der Veronika. Das »echte« Tuch, das in Mailand aufbewahrt wird, zeigt das grauenvolle Bild eines leidenden Männergesichts *en face*. Die *ymaginaría* Zurbaráns malt es anders, als Dreiviertelprofil, das linke Ohr nach vorn, aber damit hört es dann eigentlich auch schon auf. Dieses Gesicht ist nicht zu sehen, es ist nicht da. Man sieht keine Augen, und nur, wenn man wirklich will, ist da ein Mund, schließlich muß an dieser Stelle ein Mund sein. Doch die Stelle ist leer, das Gesicht fehlt, ein tuchfarbener Fleck in dem orangefarbenen, rostigen, rötlichen Nimbus von Haar und Bart.

»Zelt, Kapelle, Kreuz«, sagte eine deutsche Stimme, als ich davor stand, und wenn man so will, ist all dies da, das Zelt als Kapelle, die Form als Kreuz. Er hat dieses Bild spät gemalt, 1658, in diesem Schweißtuch steckt seine ganze Stofflichkeit, die Meisterschaft all jener Quadratmeter weißen Habits, die er sein Leben lang gemalt hat. »Fleisch malte er aus dem Kopf, aber diese Kutten hängte er auf eine Puppe (*maniquí*)«, sagte ein Zeitgenosse, und man stellt sich vor, wie er dieses Bild gemalt hat (warum sehe ich jetzt doch den Mann vom Braunschweiger Porträt?). Er nimmt das Tuch, breitet es aus, befühlt das Gewebe. Er war ein tastfreudiger Maler, man *sieht* förmlich, wie sich der Stoff beim Berühren anfühlen würde.

Jetzt hält er es hoch, schaut, wie die Falten fallen, packt es an zwei Stellen etwa ein Achtel vom oberen Rand entfernt, zieht im gleichen Abstand von der Mitte etwas Stoff über seinen Handballen. Ein unsichtbarer anderer wickelt nun einen Bindfaden darum. In dem weißen Lappen schimmert das Gesicht, das kein Gesicht ist, und als das Tuch aufgehängt ist, muß auch noch die obere Kante in der Mitte mit einem kaum sichtbaren Fädchen an der dunkelroten Glut der Rückwand befestigt werden, da sonst der Stoff in die Stirn fallen würde. Das Tuch legt sich in die Falten, die die Schwerkraft für einen Stoff dieser Dicke und Beschaffenheit vorschreibt, die Falten, in die Veronika es gelegt hatte, sind noch schwach zu erkennen, nichts ist zufällig im Fall dieses Tuches, es ist nicht zu beweisen und doch ist es so.

Jetzt schreibt der Maler seinen Namen auf ein zerknittertes

Stück Papier und nagelt es an die Wand. Das Papier ist eingerissen, es ist der gleiche Riß (wenngleich an einer anderen Stelle) wie bei einem Stück Papier neben der Figur des Märtyrers Serapion, als wolle er mit diesen winzigen Rissen auf eine Unvollkommenheit hinweisen. Man sieht, dieser Heilige wurde gemartert, die willenlose Linke ist die eines Toten, nur weil seine Hände oben angebunden sind, wird der Staketenzaun seines Gewands gehalten, der Tote ist die Puppe.

Was der Maler verbirgt, ist der ausgeweidete Bauch, die verschwundenen, auf eine Winde gewickelten Gedärme, die ich einmal auf einem seiner anderen Bilder sah. Geht man jetzt noch einmal ganz dicht an dieses Gewand heran, so schwindelt es einen. Es ist ein alberner Trick, und doch: Decke einen großen Teil dieses Gemäldes ab und schau, was übrigbleibt. Nimmt man nur Kopf und Hände weg, so bleibt, wie ich vorhin bereits sagte, ein Monument, geht man noch tiefer, bis unter die Taille, so bleibt, das Wort drückt es schon aus, eine Abstraktion, in der sich das Auge verlieren kann. Nun werden die haarfeinen Querlinien sichtbar, kleine Pickel, Risse, Ansätze von Rot, von Grau und noch dunkleren Farben, dort, wo man, wenn man wieder zurücktritt, den Abgrund dessen erkennt, was sich, wenn die Darstellung wieder sie selbst ist, als Falte entpuppt. Eine Lupe hätte ich jetzt gerne dabei.

Das andere Bild von Serapion sah ich ebenfalls in Paris, 1981, und ich hätte glauben mögen, daß es nicht vom selben Maler stammt. Die damalige Ausstellung war ein Versuch, die verstreute Sammlung Louis-Philippes zu rekonstruieren. Auf diesem Bild beziehungsweise seiner Reproduktion war erkennbar, wie Machart zu Machwerk verkommt. Wie so viele andere Maler hatte auch Zurbarán eine Malfabrik. Er lieferte Engel, Cäsare zu Pferd, Unbefleckte Empfängnisse zu Dutzenden in die Kolonien. Es gibt Lieferscheine nach Lima und Buenos Aires, und auch damals wurden die argentinischen Schulden nicht beglichen, elf Jahre nach dem Versand der Rechnung hatte er sein Geld immer noch nicht. Wie groß sein eigener Anteil an dieser Massenproduktion war, läßt sich nicht immer feststellen, jedenfalls sah der »andere« Serapion unappetitlich aus, pathetisch in der Haltung, den ausgeweideten Bauch vorgeschoben, Gedärme auf einer Rolle.

Aber der ist jetzt nicht hier, andere Märtyrer haben seinen Platz eingenommen, Frauen, und der Unterschied könnte nicht größer sein. Ihr Martyrium wird nicht bildlich dargestellt, nur sinnbildlich, der Tod, den sie gestorben sind, ist auf rätselhafte Weise verschwunden, es sind Damen in großer Toilette auf dem Weg ins Theater, Frauen, die irgendwo hingehen, in Bewegung sind, dem Betrachter stets schräg zugewandt, *mujeres que andan*. Lediglich das Sinnbild ihres Todes tragen sie noch bei sich, und plötzlich bekommt, was grauenvoll wirken sollte, einen kulinarischen Touch, die Augen der heiligen Lucia liegen auf dem Zinnteller wie glotzende Spiegeleier, die Brüste der heiligen Agathe sind in zwei vollendete Puddingformen gegossen. Von Leid ist nichts mehr zu spüren, diese Frauen scheinen eher zu sinnieren. Ihre Körper sind in bauschigen, wallenden Gewändern von unglaublichem Luxus verborgen. Hier haben wir nicht die Eremitenaskese des Kamelhaars, sondern die wollüstige Sinnlichkeit von Samt, Seide, Satin. Diese Kleidung hat eine leidenschaftliche, gebändigte Sensualität an sich, die andere, flamboyante und doch gesittete Seite der spanischen Seele, die mit diesem Gegensatz lebt, nirgendwo besser zu erkennen als da, wo Wollust, Extravaganz (*lujuria*, Luxus) den Tod berühren.

So etwas geschieht bei der Beisetzung der heiligen Katharina. Schwert und todbringendes Rad mit den gebogenen Messern neben dem offenen Sarkophag, in den die Engel sie heben. Aber was für Engel! Ich erinnere mich, daß mir in einem Wiener Palastgarten erstmals bewußt wurde, welch eigenartiges Wesen eine Sphinx ist, einfach indem ich mich fragte, wo genau das Frauenfleisch in das eines Löwen übergeht, wie die Adlerschwingen nun eigentlich im Frauenfleisch verankert sind. Plötzlich sah ich sie mit dem Blick eines Pathologen und Anatomen und war verblüfft, daß mir solche Gedanken noch nie gekommen waren.

So ähnlich geht es mir hier. Plötzlich sehe ich diese drei bildschönen männlichen Engel als *mögliche* Wesen, sehe, wie behutsam sie mit der Leiche in ihrer seidenen Draperie umgehen müssen, um sich mit ihren gewaltigen aufgerichteten Flügeln nicht im Wege zu sein, stelle mir vor, daß sie dabei mit den Flügeln schlagen, höre dieses Geräusch, will wissen, was für Federn das sind, will selbst Flügel haben, und schon ist es geschehen.

Einen Augenblick lang hatte ich Flügel, auf einer Ausstellung von Francisco de Zurbarán, in Paris, 1988.

1988

Standbild von Cervantes in Madrid

AUF DEN SPUREN VON DON QUIJOTE EINE REISE AUF LA MANCHAS WEGEN

Miguel de Cervantes sitzt an seinem Tisch und schreibt zum erstenmal den Namen seines Helden. Manche Menschen, die es nie gegeben hat, haben sich so in der Geschichte eingenistet, daß sich niemand mehr vorstellen kann, es habe sie nie gegeben. Ein solcher Mensch ist Don Quijote de la Mancha. Der Dichter ist schon an die Fünfzig, als er sich diesen Helden und dessen Namen ausdenkt, und auch sein Held ist so alt. »Es streifte das Alter unsres Junkers an die fünfzig Jahre; er war von kräftiger Körperbeschaffenheit, hager am Leibe, dürr im Gesichte; ein eifriger Frühaufsteher und Freund der Jagd.« Möglicherweise war sich der Dichter hinsichtlich des Namens, den er seinem Helden geben wollte, anfangs nicht ganz sicher, und etwas von diesem Zweifel klingt durch, wenn er sagt: »Man behauptete, er habe den Zunamen Quijada oder Quesada geführt – denn hierin waltet einige Verschiedenheit in den Autoren, die über diesen Kasus schreiben.« So wird der Leser in dieses schemenhafte Gebiet zwischen Wirklichkeit und Phantasie geführt, das ihn, wenn er ein guter Leser ist, immer weiter einspinnen wird. Es gab natürlich keine Autoren und folglich auch keine »Verschiedenheit in den Autoren«, Cervantes wußte es vielleicht einfach selbst noch nicht. Er spielt kurz mit Quexana, doch schließlich überläßt er die Namenswahl seiner nicht existierenden Hauptfigur selbst: »Und zuletzt verfiel er darauf, sich Don Quijote zu nennen.« Das einzige, was gleich von Anfang an feststand, war, woher er kam, auch wenn der Dichter dieses Geheimnis, das vielleicht nur er allein kannte, nicht preisgeben mochte: »An einem Orte der Mancha, an dessen Namen ich mich nicht erinnern will.« Den Ort kennen wir also nicht, wohl aber die Gegend. Und hier haben wir gleich eine dieser phantastischen Doppeldeutigkeiten, die den Reisenden in La Mancha auf Schritt und Tritt beschäftigen werden. Die Gegend ist echt, der Held nicht. Der Autor, der

Cervantes hieß, war auch echt, doch in dem glücklichen Augenblick, als er seinen nicht existierenden Helden in La Mancha beheimatet sein ließ, gab er dieser eigenartigen Region Spaniens einen Mehrwert, der den Städten, Dörfern und Landschaften von La Mancha wohl auf immer bleiben wird.

Und so kommt es, daß der Reisende vierhundert Jahre später in eben der Gegend, in der Miguel de Cervantes seinen Don Quijote umherstreifen ließ, die größte Mühe hat, Schein und Sein auseinanderzuhalten.

Der Autor ist schemenhafter geworden als sein Held. Jedermann weiß, wie Don Quijote aussah, auch wenn es ihn nie gegeben hat, aber von seinem geistigen Vater existiert bis heute kein verläßliches Bild. Cervantes hat sich einmal beschrieben, gezeichnet wurde er aber zeit seines Lebens nicht. Deshalb ähnelt sich bei seinen Standbildern nur die Kleidung. Er hatte es seinen künftigen Porträtisten auch nicht gerade leicht gemacht: »Den Ihr hier seht, mit Adlergesicht, kastanienbraunem Haar, glatter und freier Stirn, lustigen Augen und gebogener, doch gut proportionierter Nase, Silbervollbart, der vor keinen zwanzig Jahren noch golden war; der Schnurrbart groß, der Mund klein, die Zähne nicht klein, nicht groß – er besitzt davon nur sechs, diese in schlechtem Zustand und noch schlechter plaziert, so daß die einen mit den andern nichts zu tun haben –, die Statur zwischen zwei Extremen, weder groß noch klein, die Hautfarbe lebhaft, eher hell als dunkel, ein wenig gebeugt die Schultern und nicht sehr leicht zu Fuß. Das ist, sage ich, das Aussehen des Autors von *La Galatea* und des *Don Quijote*.«

Die Schwierigkeit bei Cervantes lag darin, daß er im Gegensatz zu seinem Don tatsächlich gelebt hat und daß offensichtlich keiner es wagte, seine Phantasie an ihm auszulassen. Don Quijote und Sancho Pansa haben seit Daumier und Gustave Doré ein Äußeres, das für alle Zeiten geprägt ist: Wer die Augen schließt, sieht sie vor sich. Diesen Wettstreit zwischen Phantasie und Wirklichkeit hat die Phantasie eins zu null für sich entschieden. Der Dichter ist das Phantasieprodukt, seine Figuren sind echt; wenn man die zahllosen Standbilder sieht, die man dem Ritter und seinem Knappen in all den noch immer existierenden Orten errichtet hat, an denen sie ihre fiktiven Abenteuer bestanden haben, zweifelt man keine Sekunde daran.

Ich begann meine Reise nach La Mancha in Madrid. In einem Buch von 1871, *Castilian Days* von John Hay, hatte ich gelesen, daß ich dort das Haus finden könne, in dem Cervantes gelebt hat, und dieses Haus wollte ich sehen. Es steht, natürlich, in der Calle de Cervantes, derselben Straße, in der auch Lope de Vega wohnte, wenngleich die Straße damals anders hieß. Jetzt liegen dort zwei alte schmale Straßen dicht nebeneinander, benannt nach diesen beiden Großen der spanischen Literatur, die, wie das in literarischen Kreisen vorkommt, viel aneinander auszusetzen hatten. Lope de Vega war der Erfolgsautor seiner Zeit, der Mann der zweitausend Theaterstücke und »einundzwanzig Millionen Verse«, während Cervantes ein abenteuerliches Leben führte, in Seeschlachten mitkämpfte, verwundet wurde, von berberischen Seeräubern gefangengenommen wurde und mit seinem Bruder fünf Jahre lang als Sklave in Nordafrika lebte, bis er von einem Mönch freigekauft wurde. Auch danach ging es ihm nicht gut. Er hatte einen untergeordneten Posten in Sevilla, wurde wegen Schulden ins Gefängnis geworfen, versuchte vergeblich, eine Anstellung in den Kolonien zu bekommen, hoffte, von seinem Gönner, dem Grafen von Lemos, dem der *Don Quijote* gewidmet ist, auf seine alten Tage noch an den Hof von Neapel mitgenommen zu werden, aber nichts von alledem klappte. Sogar der große Erfolg seines *Don Quijote* machte ihn nicht reich, und es dauerte neun Jahre, bevor er endlich den zweiten Teil schrieb, der ein Jahr vor seinem Tod erschien. Sein letzter Brief an seinen Gönner zeigt, daß er sich bis zum Schluß treu blieb: »Gesetzt schon den Fuß im Bügel, mit der Angst des Todes, großer Herr, schreib ich Dir diesen Brief. Gestern gaben sie mir die Letzte Ölung und heute schreibe ich dieses. Die Zeit ist knapp, die Angst steigt, die Hoffnung schrumpft. Trotz allem lebe ich mit dem Wunsch zu leben mein Leben weiter und möchte ihm einen Wall setzen, bis ich Eurer Exzellenz die Füße küssen könnte.« Vier Tage später stirbt er und wird tags darauf im Kloster der Schwestern der Heiligen Dreifaltigkeit begraben, in der Straße, die heute nach Lope de Vega benannt ist.

Es ist ein früher Montagmorgen, als ich durch diese beiden Straßen mit den Dichternamen schlendere. Es regnet in diesem Maimonat in Madrid. Ich suche die Gedenktafeln, von denen mein Buch von 1871 sprach, aber weil in diesem Buch keine Hausnummern angegeben waren, tue ich mich schwer. Schließlich finde ich das Haus von Cervantes. Es hat die Nummer 20. Während mein Freund, der Fotograf Eddy Posthuma de Boer, im Regen die Tafel zu fotografieren versucht, stelle ich mich in einem Torbogen unter, wo eine alte Frau in Schwarz Sägespäne ausstreut. Ihr Kramladen hat eine ganz schmale Tür und ein kleines Fenster, hinter dem ein paar Knöpfe, Stoffstücke und Borten liegen. Sie ist offensichtlich nicht davon angetan, daß ich dort stehe. Uralt ist sie, sie gehört eher zum Madrid von Cervantes als zum Madrid des Wirtschaftsbooms.

Gegenüber dem Haus des Dichters befindet sich jetzt ein *lavomatique*, aber das ist so ungefähr das einzig Moderne in der ganzen Straße. Ein Stück weiter sehe ich ein *despacho de carbones*, ein finsteres Loch, in dem Holzkohle verkauft wird, und eine *churrería*, eine kleine Bäckerei mit gefliesten Wänden, wo noch *churros*, eine Art gedrehter Krapfen, im Holzofen gebacken werden. Ich schaue zu dem alten Mann in dem Holzkohleladen, schwarz wie ein Bergarbeiter, und auf die eisenbeschlagenen Räder seines Handkarrens. Ohne es zu hören, weiß ich, wie diese Räder auf den groben Pflastersteinen klingen. In der Nachbarstraße finde ich das Kloster, in dem Cervantes bestattet ist. Der Gedenktafel an der Fassade zufolge war es ein Trinitarier-Kloster, und der Dichter ist dort auf eigenen Wunsch beerdigt, weil es ein Trinitarier war, der ihn von der Sklaverei errettet hatte.

Ich rüttle an der Tür und gerate in einen düsteren Raum mit einer zweiten, halb offenen Tür. Jetzt stehe ich vor etwas, was eindeutig eine Kirchentür ist, aber die ist verschlossen. Dann höre ich eine andere Tür sich leise öffnen und sehe zwei Nonnenköpfe, die mich anschauen. »Liegt Cervantes hier begraben?« frage ich, und die Antwort ist sehr spanisch: »Ja, aber er liegt hier nicht.« Ich sage, daß ich trotzdem gern einen Blick in die Kirche werfen würde, aber das geht nicht. Die Messe ist vorbei, und dann wird die Kirche verschlossen.

»Gibt es denn überhaupt ein Grab?«

»Nein, eigentlich gibt es auch kein Grab.«

Dieser Autor hat seine Spuren gründlich verwischt, aber so leicht entzieht man sich der Nachwelt nicht. In der Nähe des Parlaments, der *Cortes*, gibt es in einem dreieckigen kleinen Park ein Standbild. Der Boden ist vom andauernden Regen aufgeweicht, und das mag der Grund dafür sein, weshalb die Figur dort etwas albern herumsteht, ein Dichter-Soldat, der sich in die falsche Zeit verirrt hat, das scharfe Profil wie das einer besonderen Vogelart über dem steinernen Mühlsteinkragen. Auf den Reliefs zu seinen Füßen Szenen aus seinem Roman, der Ritter und der Knappe, die ich in den darauffolgenden Tagen noch in so vielen Gestalten sehen werde, und eine Empire-Frauengestalt, die mit einer Lilie durch die Luft fliegt und wahrscheinlich seine Muse darstellen soll. Ein bißchen dumm stehen wir da im Regen herum, er aus Stein und ich etwas verletzlicher, mir kommt es sogar vor, als lache er mich aus, und recht hat er. Schriftsteller befinden sich nicht in ihren Standbildern, sondern in ihren Büchern, und wenn ich etwas von ihm will, sollte ich lieber die Landschaften aufsuchen, in denen sein Buch spielt.

Ein paar Stunden später haben wir Madrid hinter uns gelassen, das Land ist offen und weit, große Wolkenschiffe segeln über den mächtigen Himmel, aber es regnet nicht mehr. Dies ist noch Kastilien, das Land, das von oben, aus dem Flugzeug, aussieht wie eine Ebene aus Rot und Braun, sandfarben, trocken, die Meseta. Da es stark geregnet hat, ist es jetzt nicht so streng wie im Sommer, die Wegränder sind voll mit den bunten Blumen des Spätfrühlings, Klatschmohn, Taubnesseln, Margeriten, Löwenzahn, Orgien von Gold und Rot und Blau und Violett, der Horizont wogt vor unseren Augen, und als wir von der Hauptstraße abgebogen sind, ist alles auf einmal leer, und das Gefühl großer Freiheit, das dazu gehört, stellt sich ein. Wir haben beschlossen, in Chinchón anzuhalten, wo der beste *anís* ganz Spaniens hergestellt wird. In der Dorfmitte befindet sich der Große Platz, die Plaza Mayor, die spanischste aller Erfindungen, Herz und Mittelpunkt jedes Ortes in Kastilien, von Madrid bis zum unbedeutendsten Flecken. Aber an diesem Platz ist etwas Seltsames. Er ist nicht rechteckig, sondern ellipsenförmig, er erinnert an eine Arena oder ein Theater. Der Boden ist aus Sand, die Häuser ringsum haben Terrassen, die als Logen dienen können und jetzt als Restaurants genutzt werden. Das Essen ist hier noch erdverbunden, große Terrinen Suppe mit Knoblauch, Brot und Ei (*sopa de ajo*), gebratenes Milchlamm und Spanferkel, Bauerngerichte wie *duelos y quebrantes*, Eier mit einem großen Stück roter Wurst, Tomatensalat mit Zwiebeln, Literkannen mit schwerem rotem Wein. Von der Terrasse habe ich eine königliche Aussicht auf die Bewegungen des einzigen Schauspielers – des Dorfpolizisten, der von unten über uns alle wacht. Ich höre das Geräusch des Springbrunnens, der Vögel, der Uhr der Dorfkirche, die jede Viertelstunde meldet, daß wieder ein Stück Zeit dahin ist. Aus den verschiedenen Seitenstraßen tritt wie in einem seltsamen Theaterstück ein immer wieder anderer alter Mann, der sehr lange braucht, um mit Hilfe seines Stocks die Sandfläche zu überqueren, auf der ein paarmal im Jahr die Stiere losgelassen werden. Vor dem Rathaus wird gefegt, die Schwalben fliegen dicht über der Erde. Hin und wieder kommt die Sonne durch, in der Bäckerei (*fábrica de pan*) der schönen Frau Vidal werden mir die Namen von Gebäck und Brötchen beigebracht, und eigentlich würde ich gern an diesem Platz sitzen bleiben, in dem geschlossenen Kreis der *gallerías*, mit einer Tüte voll *mantecados de anís* neben mir. Aber dies ist noch nicht La Mancha. In der dunklen gefliesten Bar des Mesón de la Vireyna hängen Fotos von tanzenden Mädchen in kastilischer Tracht und von Männern, die sich von furchterregenden Stieren aus der Arena des Dorfplatzes jagen lassen. Wir haben uns jedoch mit diesem anderen, noch viel furchterregenderen Gegner Don Quijotes, den Windmühlen, verabredet.

Die ersten, die wir an diesem Nachmittag in Schlachtordnung aufgestellt auf einer langen Hügelkette bei Consuegra zu Gesicht bekommen, beweisen sofort, daß der Ritter von der Traurigen Gestalt recht hatte, wer das nicht sieht, ist selber verrückt. Das Licht ist falsch, bleigrau gemischt mit Kupfer. Und natürlich sind es keine Mühlen, sondern Männer, die dort wild mit den Armen fuchteln, gefährliche Krieger, Ritter hoch zu Roß. Nabokov, der eine glänzende Studie über den Don geschrieben hat, sagt an dieser Stelle nur: »Man beachte, wie *lebendig* diese Windmühlen in Cervantes' Beschreibung sind.« Und das sind sie.

»›Denn dort siehst du, Freund Pansa, wie dreißig Riesen oder noch etliche mehr zum Vorschein kommen; mit denen denke ich einen Kampf zu fechten und ihnen allen das Leben zu nehmen.‹ (...)

›Was für Riesen?‹ versetzte Sancho Pansa.

›Jene, die du dort siehst‹, antwortete sein Herr, ›die mit den langen Armen, die bei manchen wohl an die zwei Meilen lang sind.‹

›Bedenkt doch, Herr Ritter‹, entgegnete Sancho, ›die dort sich zeigen, sind keine Riesen, sondern Windmühlen, und was Euch bei ihnen wie Arme vorkommt, das sind Flügel, die, vom Winde umgetrieben, den Mühlstein in Bewegung setzen.‹

›Wohl ist's ersichtlich‹, versetzte Don Quijote, ›daß du in Sachen der Abenteuer nicht kundig bist; es sind Riesen, und wenn du Furcht hast, mach dich fort von hier und verrichte dein Gebet, während ich zu einem grimmen und ungleichen Kampf mit ihnen schreite.‹

Und dies sagend, gab er seinem Gaul Rosinante die Sporen (...). Indem erhub sich ein leiser Wind, und die langen Flügel fingen an, sich zu bewegen (...) wohl gedeckt mit seinem Schilde, mit eingelegtem Speer, sprengte er an in vollstem Galopp Rosinantes und griff die erste Mühle vor ihm an; aber als er ihr einen Lanzenstoß auf den Flügel gab, drehte der Wind diesen mit solcher Gewalt herum, daß er den Speer in Stücke brach und Roß und Reiter mit sich fortriß, so daß sie gar übel zugerichtet übers Feld hinkugelten.«

Was man sieht, wenn man sich Consuegra nähert, ist das Moment der dichterischen Inspiration. Bei einem bestimmten Licht, einer bestimmten Wolkenkonstellation, der flimmernden Hitze, die über der Ebene liegen kann, bekommt hier alles etwas Gespenstisches, Unwirkliches. Natürlich war es Cervantes selbst, der, bevor sein Ritter es tun konnte, Riesen in diesen Mühlen gesehen hat, und als ich hier oben bei den Burgruinen stehe, kann auch ich mich nicht ganz von dieser Vorstellung befreien. Es sind

Mühlen, natürlich, doch mit diesem einen toten Auge mitten zwischen den vier kreisenden Flügeln sind es auch Lebewesen, in bedrohlicher Schlachtordnung aufgestellt. Ich gehe zwischen den schieferfarbenen Felsblöcken umher, sehe die endlose Ebene westlich des Hügels, gehe an den abgebröckelten Mauern mit ihren Zinnen entlang, und jedesmal, wenn ich mich umdrehe, sehe ich wieder die wartenden Mühlen vor dem schwärzer werdenden Gewitterhimmel. Nein, da oben befindet man sich nicht in der normalen Welt, sondern im Reich der Phantasie. Unten ist die Mancha der Erde, der Äcker, der Schweine, der Schinken und Käselaibe, eine solide Welt greifbarer Dinge, aber von hier oben betrachtet bekommt dieselbe solide Welt den Aspekt des Traums und des Unmöglichen, wo alles anders ist, als es scheint, die Welt von Cervantes und seinem Helden, von dem Nabokov sagte: »Wir lachen nicht mehr über ihn. Sein Wappen ist das Erbarmen, sein Feldzeichen die Schönheit. Er steht für alles, was edel ist und hilflos, rein, selbstlos und ritterlich.«

Von diesem hohen Punkt aus kommt es mir vor, als läge meine Reise ausgebreitet vor mir, als könnte ich jetzt schon alles sehen. Die Straßen durchschneiden die Ebene der Südlichen Meseta, im Sommer eine glühende Platte, im Winter kalt und unwirtlich. Der Tajo im Norden, der Guadiana im Süden, das Land des Campo de Calatrava mit seinen Ritterburgen und Schlössern, La Mancha mit ihren Kornfeldern und endlosen Weingärten. Diese Straßen zogen sie entlang, Ritter, Kuriere, Heere, Bettler, Mönche, Bankiers, Mauren, Juden, Christen. An diesem Abend halten wir in Almagro, einem der spanischen Wunder, von dem die Benidorm-Besucher nie gehört haben, still, weiß, geheimnisvoll, eine Erinnerung an einstige Größe. Die Plaza Mayor ist hier rechteckig, ein großes Wohnzimmer mit Glasveranden als Mauern. Hier bauten die Fugger, die schwäbischen Bankiers Karls V. mit Handelsverbindungen zu allen Teilen des spanischen Weltreichs, sich ihren Renaissancepalast. Wir schlafen im ehemaligen Kloster Santa Catalina, aus dem inzwischen ein um einen alten Klosterhof gebauter Parador geworden ist. Hier braucht die Phantasie nichts mehr zu tun, man wird wie von selbst in alte Zeiten versetzt. Dies war der Sitz des Calatrava-Ordens, des ältesten Ordens von Spanien, 1158 von Zisterziensermönchen gegründet, um die Muslime aus Spanien zu vertreiben. Erst gingen sie wie Mönche gekleidet, später trugen sie einen weißen Mantel mit rotem Lilienkreuz. Im Halbdunkel glaubt man sie zu sehen, Gestalten, die durch die schmalen Gassen schwanken. Überall stehen Häuser mit den Wappen untergegangener Geschlechter, Löwen, Kronen, Wappenfelder, Banner, Ahnungen von höfischer Liebe und Feldschlachten, Macht und Vergänglichkeit.

Als es Abend geworden ist, spaziere ich noch auf dem Platz umher, doch erst am nächsten Tag werde ich ihn richtig sehen. Es ist der *torpor* des Mittags, Männer liegen schlafend auf Bänken, die Fahne hängt schlaff am Rathaus, ich lese die Verse am Standbild von Diego de Almagro, Generalkapitän des Königreichs Chile, gestorben in Cuzco und nie mehr nach Almagro zurückgekehrt, wo er geboren war. Er hat keine Ähnlichkeit mit Don Quijote, diesem Ritter zu Pferde, er kämpfte nicht gegen Windmühlen, sondern gegen Indianer, und vielleicht hat die Welt – außer Almagro – ihn deshalb vergessen. Ich besuche die Kirchen und das kleine prachtvolle Theater, das den Himmel als Dach hat, und überlege mir, wie es wohl war, in einer dieser Logen mit einer flackernden Öllampe neben sich zu sitzen und den Worten Lope de Vegas und Calderón de la Barcas unter dem Mond und den Sternen zu lauschen.

Der literarische Pilger, der den Spuren des Ritters und seines Knappen folgt, braucht nie zu suchen. Am Eingang jedes Ortes, der an der *Ruta de Don Quijote* liegt, haben hilfreiche Seelen ein metallenes Bild der beiden Helden an einer Hauswand befestigt, immer das gleiche, so daß es sich nicht mehr aus den Gedanken löschen läßt, ausgeschnitten wie eine schwarzeiserne Daguerreotypie sieht man die beiden den Weg entlangziehen, den man selbst auch zurücklegt, die hohe abgerissene Rittergestalt mit der Lanze und der Dickwanst auf dem niedrigen Esel unter ihm. Aber auch in den Orten selbst haben Bildhauer sich ausgelebt, von Ciudad Real bis hin zu El Toboso. Manchmal stehen auch Zeilen aus dem BUCH an den Straßenecken, bis man sich zuletzt nicht mehr sicher ist, ob man in einem Buch reist oder in der wirklichen Welt. Denn was soll man sagen, wenn man das Haus

Dulcineas besucht? Es steht in El Toboso, und es ist still in El Toboso, so eine Stille, in der die Phantasie zu schwirren beginnt. In der Ortsmitte die Kirche von Santiago, die in Don Quijotes Einbildung das Schloß seiner Angebeteten war. Ich folge den geschriebenen Worten auf den Hauswänden und nach der letzten Aufschrift, »*en una callejuela sin salida*...«, in einer Sackgasse..., stoße ich dann auch auf Dulcineas Haus. Man kann es anfassen, man darf sogar hinein. Für einen, dessen Leben das Schreiben ist, ein denkwürdiger Augenblick. Das echte Haus von jemandem zu betreten, den es nie gegeben hat, ist keine Kleinigkeit. Milan Kundera hat *Don Quijote* den ersten richtigen Roman genannt, und wenn eines der Hauptmerkmale des Romans der Sieg der Phantasie über die Wirklichkeit ist, mit allen dazugehörigen subversiven Möglichkeiten, der Beklemmung dieser sogenannten Wirklichkeit zu entrinnen, dann hat das Genie Cervantes für alle Zeiten die Macht dieser Phantasie aufgezeigt, und sei es auch nur, weil er mich jetzt, fast vierhundert Jahre später, auf das Haus, den Kamin, das Bett, die Küchengeräte einer Person starren läßt, die nur ausgedacht war. Die Erregung, die für mich dazugehört, habe ich erst einmal zuvor verspürt, und zwar beim Balkon Romeos und Julias in Verona, zwischen hundert filmenden Japanern.

Ich blicke auf den Garten, den Hof, den Olivenbaum, die Weinpresse und lausche dem Geplapper der nonnenähnlichen Führerin, die das Rätsel aufdecken will und erklärt, wer eigentlich das Modell für Dulcinea gewesen ist. Aber ich will das gar nicht hören, ich will nicht, daß die Phantasiefigur mit irgendeiner mutmaßlichen historischen Wirklichkeit befleckt wird, ich will jetzt, und zwar sofort, zu diesem anderen Ort, keine fünfzig Kilometer von hier, an dem Dulcinea ersonnen wurde, Argamasilla de Alba, und auch hier ist mir egal, ob es wahr ist oder nicht. Aber zuerst muß ich noch ins Rathaus, wo ein eifriger Bürgermeister eine Sammlung von Quijotes (und damit meine ich jetzt die aus Papier, die Bücher) zusammengetragen hat. Das Gräßliche an Meisterwerken ist, daß sie jedermann gehören, auch den Menschen, die man haßt oder verachtet. Das gilt für Hamlet und das gilt auch für den Don. Ein alter Mann führt uns durch eine

Klasse staunender Schulkinder in einen kleinen Saal, in dem die Bücher aufgeschlagen liegen. Wer hat Don Quijote *nicht* gelesen? Alle haben sie ihr Exemplar geschickt, mit Widmung, als seien sie selbst der Autor gewesen, Mitterand, Prinz Bernhard der Niederlande, Margaret Thatcher, Adolf Hitler, Hindenburg, Mussolini, König Juan Carlos von Spanien, Alec Guinness, Juan Perón, Ronald Reagan, eine Ansammlung von Heiligen und Schurken, unter denen nur Stalin fehlt, weil das Buch mit seiner Widmung verschwunden ist.

Es gibt zwei Arten von Licht auf der Welt, Menschenlicht und Fotografenlicht, und letzteres entscheidet, daß wir an diesem Tag nicht weiter dürfen. Wir schlafen in einem Hotel an der großen Straße von Madrid nach Valencia, in Mota del Cuervo. Natürlich heißt es *Hostal Don Quijote*. Ich bekomme ein kleines, dunkles Zimmer und als Schlafmittel das Trommeln des Regens und das Dröhnen der großen Lastwagen. Doch bevor sie sich zurückziehen, haben Schriftsteller und Fotograf ein Gespräch über die äußere Gestalt des Ritters und seines Knappen. »Ich sehe viele Sanchos auf der Straße«, sagt der Fotograf, »und wenig Don Quijotes. Aber es muß doch welche geben.« Er hat recht, aber ich denke, daß die Knappen selten werden, weil ihre Meister fehlen. Sancho fällt einem erst durch den Vergleich mit seinem Herrn auf. Trotzdem – wer hat eigentlich Don Quijote sein Äußeres gegeben? Wer hat ihn *geprägt*? Cervantes natürlich, aber wir fragen uns, ob er sein Geschöpf in dem Bild von Doré erkannt hätte, auch wenn feststeht, daß Doré Cervantes' Beschreibung als Ausgangspunkt nahm. Aber sogar in Picassos Don Quijote schimmert der von Doré durch, wer ist nun also der geistige Vater des physischen Don, den wir vor uns sehen, wenn wir das Buch lesen? Wieviel stärker ist ein Bild, das nach Worten geschaffen wurde, als die Worte selbst, wenn das Bild seinen eigenen verbalen Ursprung zu überflügeln vermag? Wir kommen zu keinem Ergebnis. Auch sonst zaubert hier die Welt: Die Rebhühner, die am Tag vor uns auffliegen, stehen abends plötzlich in Tonschalen auf dem Tisch, und der Zagarrón, der hier nebenan abgefüllt wird, ist ein Wein, der es mit einem ganzen Bataillon Wild aufnehmen kann.

Es regnet. Beim riesigen Kastell Belmonte, das in der welligen Hügellandschaft wie eine gestrandete Arche daliegt, ist es trokken, aber es regnet wieder, als wir nach Argamasilla kommen, um Cervantes' Gefängnis zu suchen. Ein Hirte mit einer Schafherde zeigt uns den Weg, der durch die schmalen Gassen des Dorfs zu einem großen grünen Tor führt. Ich klopfe, und nach einer Weile höre ich eine schrille alte Stimme, die *sí*! ruft, aber weiter passiert nichts. Noch einmal lasse ich den großen eisernen Türklopfer fallen, und dann erscheint eine sehr alte, ganz krumme Frau. Sie hat weißes Haar und ein wundervolles Gesicht. Die Höhle ist woanders, sagt sie, und wir folgen ihr durch den Regen, plötzlich zwei Riesen mit einem Zwerg, ersonnen vom Dichter. Mit einem Schlüssel, der viel größer als ihre Hände ist, schließt sie eine Tür auf und zeigt auf eine Treppe, die abwärts führt. Hier saß der Dichter gefangen, weil er eine Schuld nicht begleichen konnte, und hier soll er die ersten Kapitel geschrieben haben. Ich glaube alles, denn dort steht ein kleiner Holztisch mit einem Tintenfaß und zwei Gänsefedern. Bring nie einen Schriftsteller in das Zimmer eines anderen Schriftstellers, denn dann wird er entweder ganz unglücklich oder will sich sofort an diesen Tisch setzen. Ich tue letzteres und sehe, was Cervantes sah, als er die ersten Worte schrieb. Aber dann muß ich mir auch das elektrische Licht wegdenken und die Gedenktafeln an der Wand, die Kamera des Fotografen. Dann bleibt nur noch das Steingewölbe, das Geräusch des Regens, das von oben kommt, ein Schritt auf der Straße, der Wind, das Kratzen einer Feder. Und sonst Stille, die Stille, in der die ersten Worte des Prologs geschrieben wurden: »Müßiger Leser! Ohne Eidschwur kannst du mir glauben, daß ich wünschte, dieses Buch, als der Sohn meines Geistes, wäre das schönste, stattlichste und geistreichste, das sich erdenken ließe. Allein ich konnte nicht wider das Gesetz der Natur aufkommen, in der ein jedes Ding seinesgleichen erzeugt. Und was konnte demnach mein unfruchtbarer und unausgebildeter Geist anderes erzeugen als die Geschichte eines trockenen, verrunzelten, grillenhaften Sohnes, voll von mannigfaltigen Gedanken, wie sie nie einem andern in den Sinn gekommen sind...« Und diese mannigfaltigen Gedanken haben die Menschheit seither beschäftigt, sie verirrten sich in Sprichwörter und Abbildungen, wurden in alle Sprachen übersetzt, wenn alles in diesem Keller untergebracht werden sollte, so müßte er tausendmal größer sein. Und dennoch ist dieser Keller noch ebenso leer wie damals, als Cervantes zum erstenmal in ihn hinabstieg. Rätsel. Worte und Bilder aus der leeren Luft.

Oben an der Treppe wartet die alte Frau auf uns. Sie deutet auf eine Büste des Dichters unter einem Aprikosenbaum, aber auch die löst die Rätsel nicht. An den darauffolgenden Tagen reisen wir unter wechselndem Himmel durch die Mancha, wir besuchen den Gasthof in Puerto Lapice, wo der Wirt Don Quijote zum Ritter schlug, schlafen in dem hohen Kastell von Alarcón mit einer Schießscharte als Fenster, von wo aus man die ganze Gegend überblicken kann, fahren entlang den *Lagunas de Ruidera* zur wilden *Sierra de Alcaráz*, sehen Kirchen, Kastelle, die hängenden Häuser und das prachtvolle Museum für abstrakte Kunst in Cuenca, die römischen Ruinen im verlassenen Land von Segóbriga. Die Sonne kehrt wieder und schüttet ihr Licht über die Kornfelder. Ich schreibe die Namen von Gerichten, Käsesorten, Weinsorten, Gasthäusern, Dörfern auf, lerne von einer alten Frau, daß alle ihre verschiedenen Stickereien die Namen von Insekten und Reptilien tragen, doch bei alledem lassen der Ritter von der Traurigen Gestalt und sein Dichter mich noch nicht los.

In diesem Buch von John Hay aus dem Jahr 1871 stand eine Passage, in der der Autor das Taufbecken, in dem Cervantes getauft wurde, in der Kirche Santa María la Mayor in Alcalá de Henares besuchen wollte. Es ist Sonntag, als wir dort ankommen. Es riecht hier schon ein wenig nach Großstadt, Madrid ist nahe, der Kreis hat sich fast geschlossen. Wir sehen die prachtvolle Fassade der alten Universität mit ihrem plateresken Haupteingang und den manuelischen Knoten, das x-te Bild des Dichters, diesmal mit einem Gänsekiel in der Hand, gegen den blauen Himmel erhoben, als wolle er den auch noch vollschreiben, die flanierende Menge in den Säulengalerien der Calle Mayor, das Haus, in dem er gewohnt hat, wenn er dort gewohnt hat, und schließlich die Kirche. 1871 war diese Kirche geschlossen, und das ist sie jetzt auch, aber durch einen Seiteneingang gelangen wir in das Treppenhaus, das zum Chor führt. Zwei Männer sagen uns, daß es verboten ist, aber ich erkläre ihnen, daß wir Cervantes' Taufbecken suchen. Gegen soviel Unsinn sind sie nicht gewappnet und lassen uns im Halbdunkel allein. Unten ist alles geschlossen, sagen sie, wenn Sie hier bleiben wollen, müssen Sie's selbst wissen. Es sieht so aus, als sei die Kirche nicht mehr in Gebrauch, doch als meine Augen sich an das schummrige Dunkel gewöhnt haben, sehe ich sie auf einmal doch, die marmorne, ein wenig Licht spendende Form des Taufbeckens, und mit dem albernen Gefühl von *mission completed* gehen wir wieder hinaus in das grelle Licht des spanischen Mittags.

1988

SEGOVIA

Das Foto erscheint am 5. März in *El País*. Links, den Kopf von mir und allen Spaniern abgewandt, sitzt *el Jefe del Estado Mayor del Aire*, Emilio García Conde. Er ist der Stabschef der Luftwaffe, aber warum klingt das im Spanischen wieder so, als sei er der Herr der Lüfte? Er trägt große Wildlederschuhe. Zu seiner Linken, zurückgelehnt, niedrig, der Verteidigungsminister. Die weit ausladende Armlehne seines Sessels berührt die des *Jefe del Estado Mayor de la Armada*, des Stabschefs der Marine. Der Minister hat einen Bart und ist dick, der Admiral ist mager und trägt Uniform. Er ist der einzige. Als nächster kommt Felipe González, jung, lachlustig, *el Presidente del Gobierno*, und neben ihm, nach unten blickend, leicht zynisch, rauchend, jemand mit dem Gesicht meines Vaters auf dessen letztem Foto, 1944. Er ist der *Jefe de la JUJEM*, der Vorsitzende der Junta der Stabschefs. Säulen und Vasen im Hintergrund, ein Glastisch mit Kupferknöpfen. Aschenbecher, Gläser, ein Blumenstrauß. Es ist nichts besonderes los. Der gewählte Ministerpräsident mit der obersten militärischen Führung. Aber ich kann nicht umhin, dieses Foto vor dem Hintergrund der Ängste und Prognosen von vor einem Jahr zu betrachten, als diese Aufnahme erst noch wahr werden mußte. González mußte die Wahlen gewinnen, die Militärs durften nicht putschen, dann erst war es wahr.

Vor dem Hintergrund welcher Vergangenheit betrachte ich dieses Foto? Ist es nur die Vergangenheit von vor einem Jahr, als ich durch Spanien reiste und im Parador von Segovia abgestiegen war? Dieser Parador, ein paar Kilometer außerhalb der Stadt, ist so angelegt, daß alle Zimmer Aussicht auf die Silhouette der Stadt bieten, die auf der anderen Seite eines Tales hoch oben auf einem Hügel liegt, den wir Niederländer als Berg bezeichnen würden. Sie ist merkwürdig gezackt, diese Silhouette, und sie ändert sich mit der Tageszeit, es kommt einem vor, als könne da keine wirkliche Stadt liegen oder als sei sie das Werk eines Bildhauers, eine Phantasie in Stein, massiv, geschlossen, etwas, in das keine Menschen hineinpassen, zugemauert. Die Türme und die Kuppel der Kathedrale, die hohen Mauern und Zinnen des Alcázar. Dort unten steht, ich weiß es, auch wenn es unsichtbar ist, das von den Römern gebaute Aquädukt. Auf dem Foto, das ich davon habe, sind ein paar Autos zu sehen. Sie sind nicht höher als drei der gigantischen Steinquader, aus denen das Aquädukt errichtet wurde. Regungslos ragt es da auf, rank und hoch, dahinter schimmern die Häuser der Stadt, als sei alles nicht echt, ein Traumbild, das die Geschichte uns vorzaubert, um zu beweisen, daß es sie gibt. Vespasian und Trajan waren Kaiser, als diese 118 Bögen errichtet wurden, 29 Meter hoch, 728 Meter lang. Bis 1974 floß dort das Wasser für die Stadt. Hier wiederholte die Geschichte sich nicht, hier ging sie einfach sehr lange weiter.

Geschichte, das, was geschehen ist. Die Aufzählung von Teilchen, die so klein sind, daß sie nicht mehr gemessen werden können. Nur die großen, groben Fakten bleiben, die an Jahreszahlen festhängen. Oder an Gebäuden, Denkmälern. Vielleicht ist das der Grund, weshalb wir uns ihnen so behutsam nähern, den Reiseführer in der Hand, weil sie irgendwie den Beweis dafür erbringen, daß es ein Früher gegeben hat. Aber wie soll das aufgezählt werden? Der Sklave, der an dem Aquädukt baut, der Centurio, der Heimweh nach Rom hat, der Zerfall des Römischen Reichs und die Folgen, die dies für die namenlosen Verschwundenen hatte, die hier lebten? All diese individuellen Schicksale, verdichtet zu einer Zeile im Buch der Ereignisse, aneinandergefügt im unsichtbaren Labyrinth der Zeit, scheinbar solide, wie dieses Foto von González mit seinen Streitern, aber dazu verdammt, in der Springflut aufgezählter Fakten und Ereignisse unterzugehen, die jedes einzelne Ereignis inhaltlich immer wieder neu bestimmen wird.

1936. Ein anderer regiert, Franco, der an die Macht gekommen ist, indem er die Republik umwarf. (So wie man einen Stuhl umwirft.) Eine Stimme ertönt in der Kathedrale von Segovia, eben jener, die ich von meinem Balkon aus sich als *Form* gegen den Himmel abzeichnen sehe. »Das Vaterland muß erneuert werden, alles Unkraut ausgerissen, die schlechte Saat ausgemerzt. Dies ist nicht die Zeit für Skrupel.« Es ist der Anfang des Terrors gegen alles, was links ist. In der Stadt gibt es zwei Strö-

Die Kathedrale in Segovia
(Photo: Eddy Posthuma de Boer)

mungen: eine legalistische, die dafür eintritt, daß Menschen verhaftet und vor Gericht gestellt werden müssen, und eine andere, die meint, standrechtliche Exekutionen müßten ein gewisses Maß von Terror verbreiten. Die *falange* von Valladolid übernahm die Verwaltung der Provinz Segovia. Unzählige wurden verhaftet und in den Straßenbahndepots von Valladolid gefangengehalten. Ein Zeugenbericht: »Eines Morgens mußten wir einen Kordon bilden; die Zuschauer drängten so, daß die Erschießungskommandos keinen Platz mehr hatten, um die öffentliche Exekution durchzuführen. Wir mußten die Leute in mindestens 200 Meter Distanz halten und hatten strikten Befehl, darauf zu achten, daß sich keine Kinder unter den Zuschauern befanden. Die Gefangenen wurden aus den Depots geholt. Unter den zwölfen an diesem ersten Tag, als ich Dienst hatte, waren ein paar aus einem Dorf in der Nähe von meinem. Man kann sich vorstellen, was ich dabei empfand! Alle, darunter auch eine Frau, lehnten es ab, sich die Augen verbinden zu lassen. Wie einige der anderen reckte auch sie die geballte Faust in die Höhe und rief ›Es lebe die Republik‹, als die Schüsse fielen. Den Rest der Woche, die ich Dienst hatte, wurden jeden Morgen zwölf Menschen erschossen. Es waren noch drei Frauen darunter. Zwei davon hoben, als das Kommando die Gewehre in Anschlag brachte, die Röcke über den Kopf und ließen alles sehen. War das als Provokation gedacht, war es Verzweiflung? Ich weiß es nicht, aber die Leute kamen, um solche Szenen zu sehen. Und als wir in die Stadt zurückgingen, waren die Straßen völlig verlassen, alle Zuschauer waren in ihren Häusern, ihren Betten verschwunden. Die Stadt war still ...«

Labyrinth der Zeit, nichts weiter als Bildsprache, Deutung. Aber so wie man in einem echten Labyrinth (es gibt sie) spürt, daß man, während man nach dem Ausgang sucht, trotzdem *zurück*geht, so scheint auch die Geschichte zuweilen einen bestimmten Verlauf zu nehmen, der dann als Fortschritt oder »unabwendbarer« Verlauf bezeichnet wird. Wenn dieser »Fortschritt« aufgehalten wird, spricht man von »einem Schritt zurück«. Und zurückgehen oder zurückgehen müssen, um wieder vorwärts zu kommen, ist eine labyrinthische Bewegung: Eine ganze Reihe aufeinanderfolgender Ereignisse würde, graphisch dargestellt, ein labyrinthisches Motiv abgeben. Doch dem Zeitgenossen stellt sich nichts graphisch dar. Entweder glaubt er, selbst aktives Instrument des Schicksals zu sein, oder er erlebt die Aufeinanderfolge von Ereignissen als Chaos, als Eingriff in sein persönliches Leben. Manchmal bedeuten diese Ereignisse auch, wie oben geschildert, seinen Tod, ihren Tod. Dann hört die Geschichte für diesen einen Menschen auf, doch für die anderen wird dieser Mensch im selben Moment ein Teil der Geschichte. Es gibt natürlich zwei Möglichkeiten, an der Geschichte teilzuhaben, eine aktive und eine passive. Ein Bombenopfer landet als Bestandteil einer großen Zahl in einem Buch, jemand, der »Es lebe die Republik« im Angesicht eines Erschießungskommandos ruft, hat in gewisser Weise sein Schicksal bestimmt, indem er sich für etwas entschieden hat. Aber das gilt natürlich auch für denjenigen, der schießt, und in gewisser Weise ebenfalls für den, der sich das anschaut. All dieses Leiden und Leidenlassen, Beobachten und Bezeugen, all diese Emotionen und ihr Widerhall in Geschichten und Berichten von Angehörigen, all dies ist Teil der Abstraktion, die wir Geschichte nennen.

Beim Erscheinen des Buchs *Der Kummer von Flandern* wurde Hugo Claus gefragt: »Aber in dem Buch wird Geschichtsschreibung und ihre Funktion doch explizit in Worte gefaßt«, und er antwortet darauf: »Natürlich habe ich versucht, am Beispiel des kleinen Mannes, der keinen Überblick hat, keinen Überblick haben *kann*, wie die Geschichte auch in sein Leben eingreift, zu zeigen, wie so etwas vor sich geht. Ich glaube nicht, daß man pedantisch historische Fakten aufzählen und ihre Auswirkung auf Menschen getrennt davon aufzeigen kann. Die Geschichte muß mit dem Magma verschmolzen werden, was die Menschen sagen, tun, fühlen, denken, wie sie reagieren. Das ist zumindest mein Anliegen gewesen, und wenn man so vorgeht, stößt man natürlich auf die Frage: Wie entstand eine Form von Faschismus, von Nationalismus bei Menschen, die meinen, damit nichts zu tun zu haben. Oder die das gar nicht ergründen wollen, obwohl es doch in ihre Gedankenmuster, ihre Reaktionen auf Deutsche, auf Engländer eingreift.«

»*Menschen, die meinen, damit nichts zu tun zu haben.*« Das ist das Geheimnisvolle, auch wer glaubt, damit nichts zu tun zu haben, ist Partei, nimmt teil. Geschichte ist eigentlich ein ebenso seltsames Element wie Raum oder Zeit. Wir befinden uns immer darin. Ich weiß nicht einmal, ob es ein Teil der Zeit ist, auch wenn Geschichte ohne Menschen nicht denkbar ist und Zeit schon. Heute, so viele Jahre nach dem Spanischen Bürgerkrieg, ist es möglich, große Linien aufzuzeigen – die Interessen der einzelnen europäischen Länder, die aktive Rolle Hitlers, Mussolinis, Stalins, die perfide Haltung Englands, das große finanzielle Interessen in Spanien hatte, das individuelle Heldentum vieler Angehöriger der Internationalen Brigaden, den Brudermord zwischen Anarchisten und Kommunisten. Gibt es das, Fortschritt? Gibt es so etwas wie einen unabwendbaren Lauf der Dinge? Hätte es auch anders verlaufen können? Vor allem mit letzterem habe ich meine Probleme: Wenn es einmal so und so gelaufen ist, hätte es dann je anders laufen können? In Gedanken ja, in der Praxis nie mehr. Vielleicht ist das das *Kalte* an der Geschichte, daß es sich bei ihr um vollendete Tatsachen handelt, daß es *scheint*, als könnten individuelle Willensentscheidungen – hinterher betrachtet – nichts ausrichten oder als hätten sie nichts ausrichten können. Hatte einer, der damals für die Republik starb, recht? Ich denke schon, aber es ist ein schreckliches Opfer. Wie ist es, wenn man *verliert*, wenn man in einen Gewehrlauf blickt und die letzten Worte dazu benutzt, »Es lebe die Republik« zu rufen, und sich den Rock über den Kopf zieht, damit der Henker das Geschlecht sieht, und dann stirbt? Darf ich, später, eine Verbindung zwischen diesem Moment und dem Foto in *El País* herstellen, das einen jungen Sozialisten zeigt, der in einer Monarchie an der Spitze der Regierung steht und in dieser Eigenschaft zusammen mit den Stabschefs abgebildet wird? Ich denke, daß ich das darf, daß es jedoch nur eine der Tausende, Millionen von Linien ist, die von diesem Foto oder von diesem Schicksalsmoment zu anderen Momenten gezogen werden könnten. Das Paradoxe daran ist vielleicht, daß die Geschichte keinerlei Ziel kennt, daß wir aber, weil es uns gibt, stets ein Ziel haben und damit Geschichte machen. Mein Freund, der Philosoph, sagt mir jetzt, daß Hegel zufolge die Geschichte sehr wohl ein Ziel hat und daß ich die Geschichte nie mit der Zeit auf die gleiche Ebene stellen darf, und in letzterem wird er zweifellos recht haben. Die Geschichte ist eine sichtbare Form der Zeit, murmele ich noch, aber das bedeutet natürlich nichts, denn das ist eine Uhr auch. Die Stunden der Uhr sind die Jahreszahlen des Jahrhunderts, doch was hilft das? Schön, noch ein Versuch: Die Geschichte ist die Summe all unserer einander widerstreitenden, gegensätzlichen Ziele. Doch damit hat sie selbst noch keine.

Gegensätzliche Ziele. Vor fast fünfhundert Jahren brach in Segovia der Aufstand der Comuneros unter Führung von Juan Bravo aus. Weil aber die Geschichte stets auf sich selbst zurückverweist, müssen wir, um diesen Aufstand richtig zu begreifen, noch weiter in der Zeit zurückgehen, bis tief ins Mittelalter. Bis dahin war das Volk praktisch rechtlos, erhielt jedoch als Folge der Reconquista, vor allem, um Menschen dazu zu bringen, sich in den »neuen« Gebieten anzusiedeln, *fueros*, Privilegien, die bis dahin dem Adel und der Geistlichkeit vorbehalten waren. So entstanden in den verschiedenen spanischen Königreichen *Cortes*, Parlamente, die man nicht mit einem heutigen Parlament vergleichen darf, die aber trotzdem Ausdruck eines sehr frühen demokratischen Bewußtseins beim spanischen Volk waren, früher eigentlich als im übrigen Europa. León hatte seine *Cortes* bereits 1188, Aragonien 1163, Katalonien 1228, Kastilien 1250. Daß die einzelnen Könige im Laufe der Zeit dieses wachsende Selbstbewußtsein der Parlamente (bestehend aus dem Adel, *nobiliarios*, der Geistlichkeit, *eclesiásticos*, und den Vertretern der Städte, *populares*) als Beschneidung ihrer eigenen Macht betrachteten, ist klar.

Aus Körperschaften, die ausschließlich einberufen wurden, wenn der Fürst wieder einmal Geld benötigte, hatten sie sich zu mündigen und lästigen Institutionen entwickelt, und als der Habsburger Karl V., der von den Spaniern ohnehin verachtet wurde, weil er nicht einmal Spanisch, sondern Flämisch sprach und hohe spanische Ämter an Ausländer vergab, dem Volk immer schwerere Lasten auferlegte, um seine internationale Politik zu finanzieren, brach der Aufstand aus. »Volksbewegungen«, schreibt Gustav Faber in seinem Buch *Spaniens Mitte*, »schwelen von unten her, aber dennoch bedarf es der Organisatoren, die ihnen Kontur geben.« Da ist es wieder, dieses unsichtbare, zu einem großen Teil nicht mehr nachzuvollziehende Element – die Gedanken, die Wut, der Groll –, das wie eine Welle anschwillt und die anonyme Masse in Bewegung bringt. Eine »Heilige Junta« aus Volk, Adel und Geistlichkeit unter Juan Bravo fordert Steuersenkungen, einheimische Statthalter, Reformen. Die Krone an sich ist nicht ihre Zielscheibe, es geht um diejenigen, die Karl zu seinen Repräsentanten bestimmt hat. In Toledo werden Volkskomitees gegründet, ein Wort, das eher an das 18. als an das 16. Jahrhundert denken läßt. In Spanien gärt es, und trotz der großen Entfernungen zwischen den Städten greift der Aufstand um sich. Auf Segovia und Toledo folgen Guadalajara, Ávila, Madrid, Alcalá de Henares, und eine gemeinsame Erklärung beinhaltet die Absetzung des Regenten Karls, des Niederländers Adrian van Utrecht und späteren Papsts Hadrian VI. Adrian zieht mit seinem Söldnerheer gen Segovia, aber als er sich der Munitionsdepots von Medina del Campo bemächtigen will, fliegen diese in die Luft, wobei die ganze Stadt zerstört wird. Wut und Erbitterung; andere Städte schließen sich an, in Segovia werden zwei Abgeordnete des Verrats beschuldigt und an den Füßen aufgehängt.

Nun bricht wieder einer jener Augenblicke an, die für ein Königsdrama oder eine Oper taugen, doch Spanien hat nun einmal keinen Verdi. Die Großeltern Karls V., Ferdinand und Isabella, die »Katholischen Könige« (Reyes Católicos: wir können das nicht, einem Königspaar den Titel »Könige« geben, die Spanier tun es noch heute – wenn Juan Carlos und Sophia irgendwohin fahren, heißt es in den spanischen Medien, daß *die Könige* irgendwohin fahren, als wären es zwei Männer), hatten ihre Töchter mit europäischen Fürsten verheiratet. Johanna, die spätere Johanna die Wahnsinnige, bekam Philipp den Schönen, den Sohn des österreichischen Kaisers, und damit »bekam« das Haus Habsburg Spanien, es war in der Mitgift enthalten.

1506 starb Philipp der Schöne plötzlich in Burgos am »Fieber«, und Johanna, die schon zuvor manisch-depressive Symptome gezeigt hatte, verlor, einfach ausgedrückt, den Verstand. Nicht lange danach wurde die wahnsinnige Königin von ihrem Sohn, dem Kaiser, in Tordesillas eingesperrt.

Um sie geht es jetzt. Der Kaiser ist in Deutschland, die Rebellen wenden sich hilfesuchend an sie, aber das gleiche tut Karls Partei. Sie versteht nicht, warum diejenigen, die sie eingesperrt haben, gerade sie so dringend brauchen, und weigert sich. Nun bietet die Heilige Junta mit Bravo an der Spitze ihr die Kronen der spanischen Königreiche an, deren rechtmäßige Erbin sie im übrigen ohnehin war. Der Hof wird an den Ort ihres Klostergefängnisses, nach Tordesillas, verlegt (das man heute noch besichtigen kann und wo ihr halb zusammengebrochenes Spinett mehr als alles andere von der Trübseligkeit ihres elenden Daseins zeugt), auch das Parlament tritt dort zusammen, und man schwört ihr Treue. War sie wirklich verrückt? Wußte sie zeitweise, worum es ging, oder wußte sie es immer? Wenn sie ja sagen würde, hätte sie wieder die Macht, wäre ihre Gefangenschaft vorbei. Wenn sie aber nein sagte, tat sie es gegen ihren fernen, abwesenden »flämischen« Sohn.

Gut, dies jetzt als Oper, die Arie des großen Zweifels. Auf der einen Seite, von den Comuneros angeboten, Krone und Freiheit, auf der anderen Seite, außerhalb der Mauern, die Partei ihres Sohnes, der sie gefangenhielt. Dann begehen, in Fabers Lesart, die Anführer der Comuneros einen entscheidenden Fehler. Sie lassen die zweifelnde Frau, die von ihrem Beichtvater (Bariton, ich höre das Duett) in ihrem Mißtrauen bestärkt wird, von einem anderen Priester exorzieren, der Teufel, der in ihr ist, soll ausgetrieben werden. Aber darüber ist bereits zu viel Zeit vergangen, die Königstreuen erobern die Stadt zurück, und durch einen raffinierten Schachzug Karls zieht der Adel, militärisch die stärkste Partei, sich aus der Junta zurück; in der Schlacht von Villalar wird der Volksaufstand niedergeschlagen. Der Bischof von Zamora wird mit der Garrotte erwürgt, Juan Bravo mit 73 anderen Comuneros in Segovia enthauptet, das Parlament verliert alle Macht.

Aufständische verwandeln sich in Straßennamen, Blut in Adressen. Ich bummle an den Geschäften in der Calle Juan

Bravo vorbei, biege in die Straße Isabel la Católica ein, wundere mich über die Hartnäckigkeit von Namen und komme zur Kathedrale. Das Traumbild aus der Ferne, das ich von meinem Balkon mal als schwarzen, grimmigen Schatten gesehen habe und mal als leuchtendes, brennendes Emblem, diese Form, die zu jeder Tageszeit anders aussieht, wirkt aus so großer Nähe fast bösartig vor Abwehr. Hier haust kein freundlicher Gott, im Gegenteil: Der Wüstengott, der einst mit seiner Bundeslade über die verdorrte Ebene ziehen mußte, hat Karriere gemacht. Zwar muß er jetzt Götzenbilder neben sich dulden, aber er ist noch immer derselbe, der Gott Isaaks und Abrahams, und er ist noch immer streng und rachsüchtig, auch wenn sein Element jetzt nicht mehr die Hitze ist, sondern die Kälte. Verschwunden ist die Sanftmut romanischer Kirchen, dies ist eine Festung, sie drückt Macht aus und Menschen nieder. Ich wandere ziellos in diesem steingewordenen Triumphgefühl umher. An einem der Altäre wird eine Messe gelesen, aber die menschliche Stimme wird hier erdrückt, darf nicht sie selbst sein, entartet zu einem fernen, demütigen Flüstern, das sich in diese hohen, kalten Gewölbe fortschleicht, die ferner scheinen als der Himmel selbst. In diesem riesigen Bahnhofsgebäude voll weißer Heiligkeit sind die hohen Wände des Chors abwehrend, isoliert in der steinernen Fläche. Die Seitenkapellen sind im Halbdunkel verborgen. Gestreckte, gemarterte Heilige leiden, kaum sichtbar, hinter ihren Gittern, nur die hohen, fernen Fenster lassen etwas Sonnenlicht ein. Vier Menschen übereinandergestellt reichten noch nicht bis an die Oberkante der Türen, und durch eine dieser Türen trete ich hinaus, empfinde die Außenluft als Befreiung und stehe auf einem kahlen, nach nirgendwo ausgerichteten Platz aus großen Steinen, zwischen denen hartes, ungöttliches Unkraut wächst. Der Wind von der Ebene weht darüber, in der Ferne sehe ich die Schneegipfel der Sierra de Guadarrama.

Eine geballte Stadt, Segovia. Hat man sie durch einen der vielen Aquäduktbögen betreten, so scheint es, als schlössen sich die schmalen Straßen hinter einem. Man steigt Gassen hinauf, geht an Restaurants vorbei, wo die schamlosen Gesichter nackter Spanferkel auf keuschen Vorderpfoten ruhen, und an altmodi-

In Segovia

schen Läden, die Garn und Band und *ultramarinos* verkaufen, und steht dann plötzlich vor der Überraschung prächtiger romanischer Kirchen (zwanzig an der Zahl!), sieht, wie sich unten im Tal der Río Eresma zwischen dem Grün entlangschlängelt, und kommt, ohne daß einen jemand zwingt, ganz von selbst zum Alcázar. Wüßte man nicht, daß er echt ist und wirklich alt, so könnte man glauben, er sei von Walt Disney entworfen worden. Eine Kinderschar lehnt sich über die Zinnen des Hauptturms und schreit »Viva Asturias!« Der Schrei bleibt für einen Moment in der Luft hängen und verhallt dann über der tiefen Schlucht. Uneinnehmbar, so wirkt er, dort oben auf den Felsen. Spitze Türme, geschlossene Mauern, der Donjon mit seinen seltsamen runden Aussichtstürmen wie ein Kandelaber für Riesenkerzen, die nachts die gesamte Meseta Kastiliens erhellen können. Die spanischen Könige, die wie vertriebene Zigeuner von Kastell zu Kastell zogen, kamen am liebsten hierher. Philipp II. heiratete hier zum vierten und letzten Mal und mischte sich, unerkennbar vermummt und verkleidet, am Morgen seiner Hochzeit unter die Gäste, um sich seine Zukünftige anzuschauen, bevor sie ihn sah. Nicht nur auf Schlachtfeldern, auch in Betten wird Geschichte gemacht, und oft sogar mit Bedacht, eine inzwischen leider ausgestorbene sexuelle Variante, denn die Vorstellung, daß man da im wahrsten Sinne des Wortes zugange ist, Königreiche aneinanderzukoppeln, muß einen doch vielleicht anregen. Auch Philipps neue Frau, die für den Thronfolger sorgen sollte, war eine Habsburgerin, und die genetischen Folgen blieben nicht aus. Der mönchische Philipp II. zeugte Philipp III., der ebenfalls eine Habsburgerin heiratete, die ihm Philipp IV. schenkte, den geilsten König Europas, der seiner – natürlich – habsburgischen Frau acht Kinder machte, von denen sechs gleich starben, während die königlichen Bastarde am Leben blieben. Das Endprodukt war der arme Karl II., der Behexte, der krank und impotent durch ein tragisches Leben stolperte. Sein Tod wurde zum Auslöser eines apokalyptischen Erbfolgekriegs in Europa.

Sein Bruder, der Philipp V. hätte werden sollen, war soeben im Alter von vier Jahren gestorben. Nichts hatte geholfen. Unsere Liebe Frau von der Einsamkeit (de la Soledad) war von einem

Wallfahrtsort zum nächsten geschleppt worden, Unsere Liebe Frau von Atocha war aus ihrer Kirche ins Kloster der Unbeschuhten Karmeliterinnen getragen worden, und die letzte Roßkur, der Leichnam des heiligen Isidor, der immer an die Betten der Mächtigen gebracht wurde, wenn diese in Todesnot waren, hatte ebenfalls nicht angeschlagen, genausowenig wie die Urne des heiligen Diego von Alcalá. Wieder wartete Spanien auf einen König, denn ohne König würde das Erbe – all die Länder und deren Bewohner – streitenden Erben zufallen. Auch diesmal hatte man alle Vorsorgemaßnahmen getroffen. Als die Königin die ersten Wehen spürte, begab sie sich eilends ins Turmgemach. Sie hatte allein gespeist, da die Hofetikette es dem König verbot, dies mit seiner Frau gemeinsam zu tun. Im Turmgemach hatte man alles bereitgelegt: die drei Dornen aus der Dornenkrone Jesu, einen der Nägel, mit denen man Ihn ans Kreuz genagelt hatte, Splitter vom Kreuz, ein Stück von Marias Mantel, den Spazierstock des heiligen Abtes von Silos und den Gürtel des heiligen Juan von Ortega. Es half. Das Kind, das an jenem sechsten November 1661 geboren wurde, sollte ein elendes Leben führen und zum ewig kranken und wankelmütigen Spielball der verschiedenen Parteien werden.

Auf dem Jugendbildnis, das Carreño von diesem Karl malt, ist dies alles noch nicht zu erkennen, aber ein fröhliches Bild ist es auch nicht. Das lange, vorspringende Kinn war das seines Urgroßvaters Karl V. Der Mund mit der kurzen Oberlippe drückt Mißbilligung aus, die Augen Argwohn. Er sollte sein Leben kinderlos beenden, Hauptfigur in einer Tragikomödie von Hexerei, Teufelsaustreibung; unter dem Kopfkissen ein Säckchen mit Eierschalen, Zehennägeln, Haaren und anderen Zaubermitteln, zur heißesten Zeit des Tages von eisiger Kälte geschüttelt, kaum fähig zu gehen, Mittelpunkt von Intrigen, gefangen zwischen Beichtvätern, Großinquisitoren, Ärzten, Teufelsaustreibern und Höflingen. Ganz Europa wartete auf seinen Tod und vor allem auf sein Testament.

Alle waren sie Partei, Kaiser Leopold, Ludwig XIV., Wilhelm von Oranien. Entgegen allen Erwartungen dehnte sich sein Leiden Jahr um Jahr, ein Elend sowohl für ihn selbst als auch für

Europa. Er starb zu dem fatalen Zeitpunkt, als nur noch ein Weltkrieg über sein Erbe entscheiden konnte. Ludwig akzeptierte in seinen letzten Tagen ein von Wilhelm von Oranien vorgeschlagenes Abkommen, demzufolge Österreich Spanien, die spanischen Niederlande und die Kolonien bekommen, wohingegen Frankreich sich mit Neapel, Sizilien und Mailand begnügen sollte. Doch der österreichische Kaiser lehnte das großzügige Angebot ab. Er hatte von seinem Botschafter in Spanien und dem Bischof von Wien geheime Informationen darüber erhalten, was der Satan während der Teufelsaustreibung einiger Besessener in der Kathedrale der heiligen Sophia gesagt hatte. Daher wußte er, daß Karl verhext war, und also war das einzige, was jetzt noch zu geschehen hatte, daß der Satan sowohl beim sterbenden Karl als auch bei dessen Frau ausgetrieben werden mußte, und dann würde Gott schon dafür sorgen, daß auch Neapel, Sizilien und Mailand ihm in den Schoß fielen. Ich sag's ja, die Geschichte *ist* ein Labyrinth, und niemand hat es angelegt.

Es ist Oktober, die letzten Tage in Karls Leben sind angebrochen. Die Leichname des heiligen Isidor und des heiligen Diego sind wieder ins Schloß gebracht worden, aber der Hof sah schwarz, denn Oktober galt als verhängnisvoller Monat für spanische Könige. Die Königin fütterte ihn eigenhändig mit Perlenmilch, er erlitt einen Gehörsturz, frisch geschlachtete Tauben wurden ihm auf den Kopf gelegt, um Schwindelanfälle zu bekämpfen, er verlor die Stimme, und seine Ärzte versuchten ihn warmzuhalten, indem sie ihm die dampfenden Eingeweide frisch geschlachteter Tiere auf den Magen legten. Es half nicht mehr, er starb. Sein Testament enthielt eine Zeitbombe und die Empfehlung, neben der heiligen Jungfrau Maria auch die heilige Teresa von Ávila zur Schutzpatronin Spaniens zu machen. Der Krieg um die spanische Erbfolge konnte ausbrechen, und der letzte spanische Habsburger verschwand in dem von niemand angelegten Labyrinth der Geschichte.

Draußen, vor dem Alcázar, in dem sein Urgroßvater Philipp die letzte verhängnisvolle Heirat schloß, steht ein Denkmal. Es hat nichts und natürlich doch wieder alles mit Karls Geschichte zu tun – es erinnert an einen anderen, späteren Krieg. Die Zeit ist im Niederländischen ein Mann, die Geschichte wie im Deutschen eine Frau. Sie ist aus weißem Marmor und hat Brüste, größer als in welchem atavistischen *Playboy* auch immer. Sie hält ein großes Buch auf dem Schoß, in dem sie selbst vorkommt, denn es steht *Historia* darauf. Aus der Höhe blickt sie auf eine bronzene Feldschlacht, die zu ihren riesigen Füßen tobt. Schwerter, Bajonette, die Leiche eines heldenhaft gestorbenen Offiziers hängt schlaff über dem Lauf einer Kanone. *A los capitanes de Artillería D. Luis Dadiz y D. Pedro Velarde*, 2. Mai 1808, die dankbare spanische Nation.

Tief unten, weit wie ein Ozean, liegt ungerührt der Schauplatz von Ernten und Katastrophen, Völkerwanderungen und Feldschlachten, Erde, die weder Namen noch Jahreszahlen kennt, Land.

1983

Man hat sich an die Unwirtlichkeit dieser weiten, abweisenden Landschaften ohne Grün gewöhnt, an die unscheinbaren Dörfer in der menschenleeren Mittagshitze, die schweren, festungsartigen Kastelle, die in der Ferne aus dem Nichts auftauchen. Und dann kommt man plötzlich, zehn Kilometer von Segovia entfernt, zum Schloß und den Gärten von La Granja de San Ildefonso, dem Lustschloß, das sich der erste Bourbonenkönig aus Heimweh nach Versailles erbauen ließ. Vor dem spanischen Hintergrund wüstenartiger Trockenheit muten die meterhohen, wildspritzenden Fontänen ausschweifend an, die Lage am Fuße der Sierra de Guadarrama sorgt für nördliche Kühle, die Architektur des Lustschlosses – Barock, Rokoko – beißt sich mit der atavistischen Nüchternheit des Alcázar in Segovia und dem ebenfalls nahen schaurigen Escorial.

Ich habe keine Lust, den Palast zu betreten, und will nur in den Gärten spazieren. An diesem Tag ist es dort still, Geräusch von Wasser, Blättern, Vögeln. Die französischen Gartenarchitekten haben die Natur in ein rigides, verkniffenes Muster geometrischer Figuren gezwängt, haben gerade und rund gestutzte Ligusterhecken zu symmetrischen Schlachtordnungen formiert. So ließ der Geist einer Epoche sich mit Hilfe einer plötzlich rational gewordenen Gartenschere ausdrücken. Nur die Wasserstrahlen lassen sich nicht zwingen – der Wind fängt sie an ihrem höchsten Punkt ein und wirft sie in einem Vorhang durchsichtigen, glänzenden Schaums, wohin er will. Löwen und Pferde spritzen das nie versiegende Wasser in die Luft, beim Froschbrunnen sind die Strahlen gegeneinandergerichtet, beim Diana-Brunnen fällt es aus Riesenvasen über breite Marmorbecken herab und wird zu marmornem Wasser; wo man auch geht, ringsum rieselt, sickert, strömt, tröpfelt, flüstert es, es peitscht und kost sich selbst, baut sich auf zu einem Turm von fünfunddreißig Metern, der immer wieder von oben her einstürzt. Man hört es als großen, leidenschaftlichen Regen. Rosensträucher stehen wie geschorene dekadente Pudel auf den Rasenflächen, geradlinige Wege führen an Marmorpokalen und mythologischen Gestalten vorbei. Wer hier einsam herumspaziert, hat das Gefühl, eine Kamera folge ihm, und ist froh, wenn er den Rand des Waldes erreicht, in dem er sich, unsichtbar, verlieren kann wie das Wild, das der leidenschaftliche Jäger Philipp V. verfolgte.

Philipp V., Enkel Ludwigs XIV. Die Bourbonenlinie. Man kann die Dynastien auch wie eine Metrokarte sehen. Umsteigen auf Habsburg und zurückzählen: Karl II., krank, epileptisch, schwachsinnig; Philipp IV., von Geilheit besessen und daher (wie er glaubte) von Gott mit Niederlagen, Unglück und sterbenden Kindern gestraft; Philipp III., schwach und wankelmütig; Philipp II., »unser« König, der Mann, der ein Weltreich erbte und es nicht zusammenhalten konnte. Im wahrsten Sinne des Wortes wurmstichig und faulend starb er in seinem stickigen Kämmerchen im Escorial, dem von ihm erbauten Palast, der seine seltsame Seele widerspiegelt: Festung und Kloster, ein schroffes Viereck, errichtet nach dem Modell eines Rosts gleich demjenigen, auf dem der heilige Laurentius lebend geröstet wurde. Ich weiß noch gut, wie ich, vor Jahren schon, zum erstenmal in diesem Kämmerchen stand. Der rote Steinboden, der bestickte Brokatbaldachin am schmalen Bett beiseite geschoben, die Bettdecke, die einst blutrot gewesen sein mußte, jetzt aber fahl und lila aussah, das kleine Fenster, durch das er im Liegen die Messe in der angrenzenden Kapelle verfolgen konnte. Kahle Wände, nur bis zur halben Höhe gekachelt. Hier hatte er gelegen, wie eine Spinne im Netz. Von hier aus liefen unsichtbare Fäden bis in die entlegensten Winkel seines Weltreichs, hier wurde auch über unsere, die niederländische Geschichte entschieden. Ein grausamer Fürst, hatte ich in der Schule gelernt, der Mann, der uns einen ebenso grausamen Alba auf den Hals geschickt hatte, um uns zu knechten. Es hatte etwas Düsteres, dort zu stehen. Der Raum war niedrig, die Stühle im Raum nebenan ähnelten dem, auf den er sich auf dem Gemälde von Juan Pantoja de la Cruz mit der Hand stützt. Auf diesem Bild hält der König Handschuhe in der Hand, sein Schuhwerk, lange schwarze Stiefel, hat keine Absätze und sieht eher wie Strümpfe aus, die ihm bis über die mageren Knie reichen. Das linke Bein ist etwas vorgestellt und fängt

Juan Pantoja de la Cruz, Philipp II.

ein wenig von dem Licht auf, das auch beim Rest der bedrückenden schwarzen Kleidung einen vagen, gelblichen Schimmer hervorruft. Die kleinen Hände kommen aus schmalen Spitzenmanschetten, der Kopf ist in eine ebenso schmale, enganliegende Kröse gebettet. Schlicht, mönchisch, unbeweglich ist diese Gestalt. Reglose Macht. Ein einziges goldenes Schmuckstück auf dem schwarzen Schild der Brust. Das Kinn steht vor, wie bei allen Habsburgern, wenngleich weniger stark als bei seinem Vater, dem Kaiser, die Ohren sind klein, das Haar seidig und fein wie Dachshaar, die Augen unter den geraden, zierlichen Augenbrauen schauen argwöhnisch, die nach unten gezwirbelte, buchstäblich herablassende Bahn des Schnurrbarts läßt den Mund verächtlich wirken, was die Form der Lippen an sich nicht tut. Der hohe merkwürdige Hut hat die gleichen Bahnen wie die griechische Säule hinter ihm.

Von diesem ersten Besuch erinnere ich mich auch noch an das Pantheon der Könige, einen achteckigen Raum aus Marmor und Gold, in dem die Leichname der spanischen Fürsten liegen und auf den Augenblick warten, wenn sie unter lautem Krachen ihre barocken Bonbonnieren aus grauem Marmor aufbrechen werden wie eine seltene Vogelart, die sich aus einem marmornen Ei hackt. Ich weiß noch, daß ich damals allein war in diesem Raum, in der allesverzehrenden Stille, und die goldenen Namen auf den Bonbonnieren las, die Männer links, die Frauen rechts, in chronologischer Reihenfolge. Aber die Zeit des Touristen als Einzelgänger ist vorbei, zumindest an solchen Orten. Von der einen Gruppe zurückgelassen, wird er von der nächsten schon wieder mitgeschwemmt. Sein Blick hängt noch an einem Wandteppich, einem Königsthron, Grabmal, Tabernakel, all den Dingen, die die anderen anscheinend mit einem einzigen staubsaugerartigen Blick aufnehmen können, begleitet von dem rudimentären Kommentar der Routiniers, die ihr Brot damit verdienen. Welch ein Traum, einmal von einem Bediensteten für eine Nacht in den Escorial eingelassen zu werden und ganz allein, mit einer Kerze und einem Plan, durch diese totenstillen, verhexten Räume zu wandern. Aber eine Nacht wäre lange nicht genug, denn dies ist ein Kosmos, ein Irrgarten, in dem die rastlosen Königsseelen durch die Gänge geistern. Wie seltsam muß es sein, die Dinge, die man zu Lebzeiten so achtlos benutzte, die Gemälde und Skulpturen, über die der Blick so gedankenlos glitt, durch eine Schicht von Jahrhunderten wiederzusehen, der Marmor noch genauso hart, das Gold noch genauso glänzend, dieselbe Religion noch immer im Schwange, und etwas von der schafsköpfigen Bewunderung der Masse aufzusaugen, die noch immer kommt, um die Königsmacht zu bestaunen. Wunderlicher vielleicht als das, was verschwindet, ist das, was bewahrt wird, denn wann wird es aufhören, wann wird die Nachwelt hier nicht mehr entlangziehen und die Grecos und van der Weydens begaffen, der Litanei der Maße und Zahlen lauschen, mit der der Führer sie überschwemmt, der heute noch nicht geborene Führer.

Die Zeitreise der Science-fiction-Filme, die würde ich auch gern einmal machen, nicht, um eine futuristische Kultur zu sehen, in der ich mich doch nie heimisch fühlen würde, sondern vielmehr, um von dieser unvorstellbaren künftigen Welt aus das gleiche zu sehen, was ich jetzt sehe. Alle christlichen Symbole, die jetzt noch etwas bedeuten, werden dann so fremd klingen wie die Schöpfungsgeschichte der Aborigines in Australien. Ein Gott, der die Welt in sieben Tagen erschuf, die Erbsünde, die Vertreibung aus dem Paradies, die Jungfrau, die den Sohn Gottes gebar, der Sohn, der am Kreuz starb, und die Darstellung all dieser Fabeln in Farbe und Stein, Holz und Gold. Und noch immer wird es sie geben, die überlebensgroßen bronzenen und goldüberzogenen Gräbergruppen Karls V. und Philipps II. zu beiden Seiten des Altars in der Königlichen Kapelle. Der kniende Kaiser trägt seine Rüstung und seinen Kaisermantel, und darauf der zweiköpfige Adler (ein dann ausgestorbenes Tier, so als führe jemand einen Dinosaurier in seinem Wappen), skulptiert aus dem schwarzen Marmor von Mérida. Rechts von ihm Kaiserin Elisabeth, die Mutter Philipps II., hinter ihm seine Tochter und seine beiden Schwestern, die Königinnen von Ungarn und Frankreich. Der Führer erklärt, was das alles ist, ein König, ein Kaiser, beten, knien, eine dorische Säule, das Goldene Vlies, und es wird sich wie eine Geschichte aus mystischer Vorzeit anhören, bei der die heute noch ungeborenen Touristen erschauern werden vor der ein für allemal vergangenen Pracht einer Zeit, als die Menschen größer waren als ihr Körper, in Gold gekleidet gingen und an Götter glaubten. Aber es ist noch »jetzt«, und in diesem Jetzt gehe ich an einem gemalten Wald aus Lanzen vorbei, einer Feldschlacht, die eine endlos lange Wand einnimmt. Es ist die Batalla de Higuerela. Die Pferde sind in den Farben der Kämpfenden ausstaffiert, Reiter mit Lanzen und Armbrüsten preschen vor, dahinter geschlossene Reihen mit wartendem Fußvolk, jeweils mit eigener Fahne. Der Gestank des Todes, des Bluts und des Staubs ist nicht sichtbar, der Lärm der Wut, Angst und Pein ist unhörbar, die Fahne mit dem Halbmond wird zertrampelt, die bunten Schilde fangen das Sonnenlicht ein, ich gehe daran vorbei, als nähme ich eine Parade ab, und lasse mich in den Thronsaal mitführen, aber als die anderen weitergehen, verstecke ich mich hinter einer Wand, stehe da für einen Moment allein und schaue auf den Thron, der wie ein kleiner Stuhl aussieht. Von dort konnte Philipp über das Land blicken, das nirgends aufhörte, und an die fernen Provinzen denken, wo er nie gewesen war und auch nie hinkommen sollte.

Es ist hell in diesem Saal, hell und leer, und es scheint, als habe in diesem Stühlchen, auf dem roten Kissen, eben noch jemand gesessen, der gleich zurückkommen kann. Hier hängen Karten all seiner Länder, von Flandria und der Alleredelsten Provinz Brabantia, aber auch von Gebieten, die weit jenseits des Äquators liegen. Es war tatsächlich unvorstellbar, die Größe dieses Reichs, oder besser gesagt, die Personalunion, die in ihm vereinigt war. Im Vorwort zu Geoffrey Parkers Biographie des Königs erläutert S. Groenveld das sehr gut: Das Gebiet war keine wirkliche Einheit, Spanien sowenig wie die anderen Gebiete. »Spanien war eine Bündelung von Königreichen, unter denen Aragonien (selbst drei Königreiche groß und im Mittelalter um italienische Gebiete erweitert) und Kastilien (mit seinen wachsenden Kolonialgebieten im Westen) besonders hervortraten. Nicht anders verhielt es sich mit den Niederlanden, jener Ansammlung von siebzehn Gebieten mit jeweils eigenem Landesherrn, die ab dem späten Mittelalter in die Hände *einer* Familie – seit 1482 das Haus Habsburg – gelangt waren. Doch damit waren auch diese Gebiete noch keine Einheit. Jedes betrachtete Philipp und seine Vorgänger nur als seinen eigenen Fürsten, seinen ›natürlichen‹ Herrn; daß er auch Fürst über andere Gebiete war, spielte für sie keine Rolle. Auch wenn sie Philipp ›den König‹ nannten, weil dies nun einmal sein höchster Titel war, so blieb er für die Bewohner einer bestimmten Provinz nur ihr Herzog oder Graf oder Herr.«

Wie eine Spinne im Netz. Jetzt, während ich Parkers Buch lese, merke ich, daß ich nicht der einzige bin, der diesen Vergleich benützt. Der Mann in dem kleinen Raum, der Raum im Palast, der Palast mitten in Spanien, und Spanien im Mittelpunkt all dieser fernen und fernsten Gebiete, die er ererbt und erobert hat, bis hin zu Chile und den Philippinen. Das und die Tatsache, daß dieser eine Mann alle Fäden selbst in der Hand zu halten wünschte und das über vierzig Jahre lang auch tat, so daß schließlich alle Fäden aus diesem Raum und in ihn hinein liefen, in dem er alle Dokumente selbst las und oft in seiner spinnwebenfeinen Schrift mit Anmerkungen versah, das alles hat zu diesem doch immer leicht gruseligen Bild aus dem Tierreich beigetragen, der Spinne im Netz. Es ist schwer, sich dessen Bann zu entziehen. Zumal als Niederländer hat man sich an das Greuelbild gewöhnt, das sich auch nach so vielen Jahrhunderten noch hält und zu dem die protestantische Propagandageschichtsschreibung jener Zeit so viel beigetragen hat. Für uns Niederländer war Philipp ein grausamer Tyrann, und damit hatte es sich. Blutschänder, blutrünstiger und zugleich kalt berechnender Despot – alles hat man ihm an den Kopf geworfen, das erste nuancierte Urteil, das ich über ihn las, stammte von Johan Brouwer (*De achtergrond der Spaanse mystiek*, in seinen bei G. A. van Oorschot erschienenen *Gesammelten Werken*), der sagt, wer es genau nehme mit der geschichtlichen Wahrheit, werde Philipp vor dem Hintergrund seiner Zeit, seiner Natur und seiner Herkunft beurteilen müssen und nicht anhand von aus Feindschaft oder Parteilichkeit entstandenen Vorstellungen oder – seit Jahrhunderten kursierenden – Legenden.

Das ist der Standpunkt des aufrechten Historikers. Doch Johan Brouwer besaß auch ein anderes, weit romantischeres Gesicht und war im Grunde eine der schillerndsten Persönlichkeiten unserer Literatur. Wegen Raubmords verurteilt, studierte er im Gefängnis Spanisch und entwickelte sich zu einem berühmten Hispanisten, der später eine Reihe von Büchern über Spanien und die spanische Geschichte schrieb. Als Sympathisant Francos ging er während des Bürgerkriegs nach Spanien. Er »bekehrte« sich aber vor Ort und schlug sich auf die Seite der gesetzmäßigen Regierung, der Republikaner also. Im Zweiten Weltkrieg ging er in den Widerstand, beteiligte sich an dem großen Überfall auf das Einwohnermeldeamt in Amsterdam, wurde dabei gefangengenommen, zum Tode verurteilt und 1943 hingerichtet. Ein bewegtes, nicht sehr holländisches Leben. Nach seiner Rückkehr aus dem Spanischen Bürgerkrieg schrieb er unter dem Pseudonym Maarten van de Moer einen merkwürdigen, trotz seiner idiotisch okkultistischen Züge aber dennoch fesselnden Roman über diesen so grausamen Krieg, *De schatten van Medina-Sidonia*, ein Buch, das während der Besatzungszeit verboten und beschlagnahmt wurde. Nach dem Krieg wurde es unter Brouwers richtigem Namen mit dem Titel *In de schaduw van den dood* neu herausgegeben; darin kommt ein weniger ausgewogenes, eher bewunderndes Urteil über Philipp II. zum Ausdruck. Die Hauptfigur des Buches, ein Utrechter Student, Mitglied der Internationalen Brigaden, gelangt in der Nähe des Escorial mit einem Deutschen in Kontakt, »der dem preußischen Adel angehörte«, sich aber Lenz nennen ließ. Dieser Lenz, desillusioniert aus dem Ersten Weltkrieg zurückgekehrt, hat »in Spanien wieder zu sich selbst gefunden« und erklärt dem jungen Niederländer, wie das kam.

»Siehst du da rechts oben den kahlen Felsen? Auf halber Höhe ist eine Höhle, eine Art Nische. ›Philipps Sitz‹ nennt man sie hier. Es heißt, daß Philipp II. von dort oben den Bau dieses kolossalen Monstrums verfolgte. Ich bin eines Nachmittags dort hinaufgeklettert. Die untergehende Sonne tauchte das ganze Bauwerk in eine rötliche Glut und verwandelte es in dieser dürren Wüstenei in ein leuchtendes, aber flüchtiges Traumbild. Da habe ich Philipp und mich selbst verstanden. (...) Ich bin dort oben, in diesem Sessel Philipps, ein anderer Mensch geworden. Philipp hat nur die Nichtigkeit des Lebens gesehen und die Majestät Gottes. Wir müssen auch die Majestät des Menschen sehen. Wir sind für jedes Leben um uns verantwortlich.«

Den hochtrabenden Ton dieses Gesprächs braucht man nicht nur der Zeit zuzuschreiben, in der Brouwer schrieb, oder seinem romantischen Gemüt. Den Escorial, die Sierra de Guadarrama (für Ortega y Gasset in seinen *Meditationen über Don Quijote* nichts weniger als die Seele Spaniens) und die Gestalt Philipps II. umgibt nun einmal etwas, was die Phantasie reizt, und erst vor diesem steinernen Königsstuhl erkennt man, warum. Dort liegt er nun, von dort aus hat Philipp beobachtet, wie seine Schöpfung sich langsam entfaltet, bis der Palast so aussah, wie er heute noch aussieht, ein abweisendes Viereck, das ein Hochgebirge an Kuppeln und Türmen umschließt. Wenn die Sonne darauf scheint, wirkt es, als brennten die Mauern, dann wird es in dieser weiten, wogenden grünen Ebene zu einer brennenden Vision. Eis und Feuer, denn gleichzeitig jagt einem die gebändigte, strenge Form dieser steingewordenen Idee Schauder ein, und das Auge, das gesehen hat, was sich dort drinnen alles befindet, kann sich nicht sattsehen. Dort wohnten die Zwerge und Schwachsinnigen, mit denen der König sich so gern umgab und über die er solch wunderbare Briefe an seine Tochter Isabella schrieb. Und dort treffen auch die Unglücksbotschaften aus all seinen Landen ein, die den König böse und niedergeschlagen machen. Zur selben Zeit, in der er in den Niederlanden Krieg führt, muß er sich auch über die Seemacht der Türken Sorgen machen, und um all diese Kriege bezahlen zu können, müssen die Steuern ständig erhöht werden. Im April 1574 rechnete Juan de Ovando, sein wichtigster Finanzberater, aus, daß der König mit vierundsiebzig Millionen Dukaten verschuldet war. Kein Wunder, daß Philipp seufzte: »Ich habe diese Geschichte mit den Anleihen und Zinsen nie begriffen. Es ist mir nie gelungen, das in meinen Kopf hineinzubringen.« Die Probleme hören sich äußerst modern an: Staatsbankrott, wobei hochverzinsliche kurzfristige Staatsanleihen automatisch in langfristige Anleihen zu niedrigen Zinsen umgewandelt werden – wo haben wir das schon mal gehört? Das Gold und das Silber aus den Kolonien floß nach allen Seiten hin weg, und das Bild von der Spinne im Netz bekommt einen Riß, wenn man Philipp seufzen hört: »Um ehrlich zu sein, ich begreife kein Wort. Ich weiß nicht, was ich tun soll. Soll ich das Memorandum an einen anderen weiterleiten, mit der Bitte um Kommentar, und falls ja, an wen? Die Zeit vergeht unbemerkt: Sagt mir, was Ihr mir zu tun ratet? Wenn ich den Verfasser des Memorandums sehe, werde ich ihn wahrscheinlich nicht verstehen, wiewohl es, wenn ich die Papiere vor mir liegen hätte, vielleicht noch ginge.«

Dokumente sind natürlich die gegebenen Mittel, um die Wende herbeizuführen, ohne die Geschichte keine Geschichte ist. Wenn ich lese, daß der König an seinen Sekretär schreibt, »Ich denke ununterbrochen an die Niederlande«, dann fällt es mir fast schwer, mir vorzustellen, daß es sich hier um die Geschichte meines Vaterlandes handelt, die Geschichte von Alba, dem Blutrat, Egmont und Hoorne, den Geusen, dem Wilhelmus. Ich höre noch immer die Stimme, die mich bereits in der Grundschule mit dem Bild eines grausamen Feindes vertraut machte, ganz gewiß nicht mit dem eines Mannes, der ununterbrochen an die Niederlande dachte, »weil alles andere davon abhängt. Wir haben so lange dafür gebraucht, Geld aufzutreiben, und die Lage ist so verzweifelt, daß ich bezweifle, ob wir die Niederlande noch retten können.« Retten, so hatte ich es natürlich nie gesehen. Alles drehte sich darum, daß der König zwar bereit war, eine Generalamnestie zu erlassen und einen großen Teil des beschlagnahmten Besitzes zurückzugeben, sich aber weigerte, eine Schmälerung seiner landesherrlichen Rechte hinzunehmen, und schon gar, Religionsfreiheit zu gewähren. Im Oktober 1574 schreibt Statthalter Requeséns (ich rieche meine Schulbank – ich sehe Fräulein de Vos mit ihren roten Haaren, ich höre unsere Kindermünder die fremden Klänge nachsprechen: Reekwesens): »Selbst wenn wir Meere an Zeit und Geld besäßen – es wäre nicht genug, um die vierundzwanzig aufständischen Städte in Holland mit Gewalt zur Kapitulation zu zwingen, wenn wir für die Unterwerfung jeder einzelnen Stadt soviel Zeit brauchten, wie es bei anderen Städten bislang der Fall war.« Und dabei muß der moderne Mensch stets im Auge behalten, wie langsam die Kommunikation vonstatten ging. Ich versuche mir manchmal vorzustellen, welche Auswirkungen das auf die Psyche hatte. Man sandte einen Brief oder entsandte ein Heer oder einen Landvogt – dann passierte eine Zeitlang gar nichts, dann verdoppelte sich dieses »Garnichts« noch durch den Rückweg, und dann erst erfuhr man, was daraus geworden war: Die Gleichzeitigkeit der Ereignisse, an die wir so gewöhnt sind, gab es nicht. Die Astronauten können aus dem All mit dem Weißen Haus sprechen, aber auf einen Brief Philipps nach Chile kam erst nach gut einem Jahr Antwort, falls überhaupt Antwort kam. Man entsandte ein Heer, das eine Schlacht schlagen sollte: Hatte man den Zeitfaktor psychisch bereits berücksichtigt, so daß man sich eine Weile keine Sorgen machte, oder brachen Wochen marternder Ungewißheit an?

Botschafter, Befehle, Kuriere, Reiter. Dem König ist noch einmal eine Verschnaufpause vergönnt: Am 14. April 1574 wird das in Deutschland zusammengetrommelte Heer, das den niederländischen Rebellen zu Hilfe eilen sollte, vernichtend geschlagen. Irgendwo im Escorial hängt ein Bild von dieser Schlacht, eine Momentaufnahme, die die Kämpfenden vor der Schlacht in ihrer Aufstellung zeigt. Film, Fotos, Fernsehen, alles muß dieser starre Stich ersetzen, für die Zeitgenossen war dieser statische Bericht die einzig *sichtbare* Aktualität. Mit Mühe decodiere ich – als müßte ich in einem feindlichen Zeitalter spionieren – die hie und da angebrachten Randnotizen:

4. EL CAMPO. DEL, RE, DE FRAN[3]
5. EL. PR. DE PARME
6. EL. DU DE MÊME
LA, VILLE, DE,
4. NIMEGEN
2. MOQER, HEYDEN,
3. DO. CRISTOFFEL, PALS, MORT.
5. EL, CO, HERI, DE, NASSAU, MORT,

und ich lese daraus: Das Lager des Königs von Frankreich, der Prinz von Parma, der Herzog »desselben«, von Parma also. Die Stadt Nijmegen, die Mokerhei, ein toter Pfalzgraf und ein toter

Erbprinz von Nassau. Lange hat Philipp sich an diesem Stich jedoch nicht erfreuen können. Die Schwerkraft seiner fernen Provinzen war gegen ihn, und im Juni schrieb er bereits: »Ich glaube, daß das alles eine Zeitvergeudung ist, wenn man danach urteilt, was in den Niederlanden passiert, und wenn sie verlorengehen, wird der Rest des Königreichs auch nicht mehr lange existieren.« Er hatte recht. Der große, düstere Niedergang Spaniens hatte begonnen. Es wurde zu einem Land, das nicht mehr mithielt, wo die alte Zeit gültig blieb, so daß es bis vor kurzem noch immer so war, als käme man in einen anderen Erdteil, aber eigentlich noch mehr in eine für immer vergangene Zeit, als wäre es einem vergönnt, in einem Europa wie ein Zeitgenosse Stendhals herumzureisen und zu sehen, wie die Welt ohne diesen Fortschritt ausgesehen hätte, mit dem Fluch, aber auch mit den Segnungen, die dazu gehören.

Es gibt ein altes kastilisches Sprichwort, das besagt: »Si Dios no fuese Dios, sería rey de las Españas, y el de Francia su cocinero« – »Wenn Gott nicht Gott wäre, dann wäre er König von Spanien, und der König von Frankreich wäre sein Koch.« Es scheint nicht, als habe Philipp seine Position selbst so beneidenswert gefunden. Es bleibt das Bild eines einsamen, von der Last seiner Länder fast erdrückten Mannes, der lesend und schreibend mit den fernsten Winkeln seines Reiches in Verbindung steht. Vierzig Jahre hat er regiert, und bis auf die letzten sechs Wochen vor seinem schrecklichen Tod widmet er sich seiner Korrespondenz, ganze Mauleselladungen mit seinen Briefen sind in den königlichen Archiven verschwunden, wo sie für alle Zeiten aufbewahrt werden, Tausende von Seiten mit Spinnenschrift beschrieben.

Auf dem Umschlag des Buches von Geoffrey Parker ist ein seltsames Brustbild des Königs zu sehen. Er steht noch in der Blüte seiner Jahre, das Haar wirkt dunkler als auf den Bildern, die ich gesehen habe, die Lippen sind dicker, der Kopf zu groß über dem steinernen Kragen. Für einen Moment erinnert es an den großen Kopf von Zwergen, und unweigerlich muß ich an seine Vorliebe für diesen besonderen Menschenschlag denken. Oft spricht er in den Briefen an seine Töchter von Magdalena

Ruiz, der Lieblingszwergin, in die sie ganz vernarrt waren. Parker widmet ihr eine ganze Passage: »Im Prado hängt ein Gemälde, das Prinzessin Isabella zeigt, die Hand auf dem Kopf der treuen Zwergin, die bereits von 1568 an in ihren Diensten stand und 1605 im Escorial starb. Sie litt an epileptischen Anfällen, war alkoholsüchtig und konnte schreckliche Wutausbrüche, sogar in Gegenwart des Königs, bekommen. ›Magdalena ist sehr böse auf mich‹, schrieb Philipp, ›und sie ist mit der Mitteilung weggelaufen, sie wolle gehen.‹ Das Volk war ganz vernarrt in sie, und wenn sie in der Öffentlichkeit erschien, wurde immer gesungen: ›Eins mit der Peitsche! Eins mit der Peitsche!‹, um sie böse zu machen oder ihr Angst einzujagen. Man konnte Gift darauf nehmen, daß Magdalena sich danebenbenehmen würde – über etwas stolpern, sich überessen (vor allem an Erdbeeren) und übergeben würde, als erste seekrank würde – aber das alles machte einen Teil ihres Reizes aus.«

Klingeln schrillen, Wächter rufen, der Palast wird geschlossen. Langsam gehe ich die Flure entlang, als widersetzte sich ein unsichtbares Element einem schnelleren Gang, als wollten diese vierhundert Jahre mich zurückstoßen, festhalten in dem versteinerten Spinnennetz.

1983

DIE SCHWARZE MADONNA IN IHRER GOLDENEN GROTTE

An einer Glocke, einem Seil werde ich aus dem tiefsten Schlaf gezogen. Die Welt hat sich auf ein Zimmer verengt, in dem diese Glocke lärmt. So läuten nördliche Glocken nicht: jeweils ein paar tiefe Schläge, als wate ein Riese durch das Wasser, und dann wieder ein heftiges, nervöses Gebimmel, ein anderer, kleinerer Menschenschlag, der ihn einzuholen versucht. Das Zimmer, sehe ich, ist eng, niedrig, weiß verputzt, das Mobiliar schlicht, dunkel gebeiztes Holz, eine bunte Kachel mit der heiligen Madonna von Guadalupe – immerhin, eine echte Göttin in meinem Zimmer –, der Boden rot gefliest. Vielleicht bin ich ja jemand anders, zum Beispiel ein Professor an der Lateinschule, die dieser Gasthof früher einmal war. Nein, ich bin niemand anders, und diese Glocke läutet auch nicht für mich, sondern für die Mönche im Kloster gegenüber. Sie markiert etwas in ihrem Tag, unterbricht etwas, verkündet etwas, ein festgesetztes Zeitmaß. Mein Tag ist leer und lang, keine Pflichten, alle Rechte. Als das Geräusch aufhört, nicht länger drängt, höre ich die Form von Stille, die die ganze Zeit über *auch* dagewesen sein muß: das Rauschen eines Springbrunnens. *Wada lubim*, Guadalupe, verborgenes Wasser. Die schwarze Madonna hat einen arabischen Namen.

14. Februar 1493. Die *Niña* hat schwer zu kämpfen, die Segel sind zerfetzt, die Wogen, diese sich selbst aushöhlenden, herabstürzenden, einander verfolgenden Ungetüme, ertragen es nicht, daß dieses idiotische Ding, dieses kleine Schiff da fährt. Was stellt man dem nahenden Tod entgegen? Eine Kerze, fünf Pfund schwer. Kolumbus schreibt in sein Logbuch: »Ich gebot, durch das Los zu bestimmen, welcher von den Seefahrern nach Guadalupe pilgern sollte, um der Muttergottes diese Kerze zu opfern.« Unter ebensovielen Kichererbsen (*garbanzos*) wie Besatzungsmitglieder an Bord waren, befand sich eine mit einem eingeritzten Kreuz. Die Erbsen werden in einer Matrosenmütze durcheinandergeschüttelt. Kolumbus greift als erster hinein und erwischt die Erbse mit dem Kreuz.

Cortés betete hier neun Tage, Don Juan d'Austria, der illegitime Sohn Karls V. und Halbbruder Philipps II., brachte nach der Schlacht von Lepanto die Decklaterne des türkischen Flaggschiffs hierher. Die schwarze, immer wieder anders gewandete Figur änderte ihren Ausdruck nie, Cortés' Gebete sind verhallt, Kolumbus' Kerze, die so viele Leben wert war, ist heruntergebrannt, die Lampe ist immer noch da.

Guadalupe liegt weit von allem entfernt, an keiner Hauptstraße, es bewahrt eine Vergangenheit, die nur noch wenig Gültigkeit besitzt. Man spürt es bereits, wenn man sich dem Ort nähert; auf einmal ist da eine Allee mit hohen Eukalyptusbäumen, die soviel Schatten werfen, daß man, nach einem heißen Tag, meint, in eine kühle Grotte zu treten. Doch es gibt noch andere Botschaften, schon vorher. In den Hecken sehe ich hie und da ein blaues Leuchten, einen schnellen blauen Blitz, und erst als ich stehenbleibe und warte, sehe ich sie, die blaue Elster, eine Abgesandte aus den Tropen, die nur in diesem Teil Spaniens vorkommt, wie um das Außergewöhnliche des Ortes zu bestätigen, und ebenso sehe ich, wenn ich geduldig bin, an einem schlammigen Tümpel im Schatten einer alten, hohen Brücke, wie die braune Form eines Adlers sich zusammenfaltet, herabsaust wie eine Waffe und dann, die beängstigend weiten Schwingen wieder geöffnet, mit der sich wehrenden, wegen der Höhe schon nicht mehr zu erkennenden Beute in den Fängen in Richtung Sierra davonfliegt. Andere Zeiten.

Von meinem Zimmer aus höre ich sie, diese anderen Zeiten. Ein verhaltenes Geräusch von mehr als zwei Füßen, und als ich den Fensterladen öffne, das dazugehörige Bild, ein Maulesel, der den Bergpfad herunterkommt, und auf ihm ein Mann mit einem zusammengeknoteten Tuch voll unsichtbarer Waren auf dem Schoß. Als ich auf die Frühstücksterrasse trete, sind die *esteras* bereits heruntergelassen, Markisen aus geflochtenem Stroh, dick und fasrig, nach Land riechend. Der Parador ist niedrig und weiß, eine ehemalige Lateinschule, um einen Patio herumgebaut, Rosen, Geranien, ein Springbrunnen, noch eine Form von Kühle, die in Kürze verschwinden wird. Von dort bis zum Zentrum sind es nur hundert Meter: die Kirche, das Kloster, ein drei-

Guadalupe
(Photo: Eddy Posthuma de Boer)

eckiger Platz, ein anderer, nüchternerer Brunnen, aus dem ein Pferd säuft, an jeder Flanke einen Schilfkorb mit Steinkrügen voll Öl oder Wein. An der Ecke sitzt eine Frau mit ein paar flachen Gemüsekörben, ein Franziskaner überquert den Platz und jagt einen Schauer früherer Jahre über meinen Jungenrücken, einen mageren, vergessenen Rücken, der so tief unter dem anderen verborgen ist, daß ich glaubte, es gäbe ihn nicht mehr, aber diese braune Kutte mit dem weißen Strick, die gleiche Uniform, die mich im Internat um sechs Uhr morgens mit einer giftigen Glocke in der Hand weckte, die sich im bösen Dunkel von hundert Beichtstühlen verschwommen abzeichnete, Strafen verteilte, *felix studium* sagte, mich Griechisch lehrte, demütigte oder in die Mangel nahm und nachts lauerte, ob sich auch keiner bewegte, der gleiche Schauer, jetzt aber mit einem Hauch von Genuß. Nicht jeder sieht seine Jugend so emblematisch vor sich, von einem Strick mit drei Knoten umschnürt und bewahrt.

Jetzt tue ich, was die Pilger tun, ich steige die Treppen zur Kirche hinauf. Ein wenig werde ich bereits der Erde entrückt, auch wenn ich es selbst tun muß. Die Fassade entzieht sich der unmittelbaren Beschreibung, dafür ist zuviel Eigenartiges an ihr, weist sie zuviel Gegensätzliches und Asymmetrisches auf. Die Bauweise ist die einer Festung, doch in den Strudeln der flamboyanten Gotik über den beiden Portalen, in den vier ungleichen Teilen der Balustrade und in der Rosette scheint das Sonnenlicht nur so herumzuwirbeln, in ineinander aufgehenden Feuerkreisen. In der Rosette ist der arabische Einfluß noch am deutlichsten, wenn man lange hinschaut und dann die Augen schließt, hat man ein flammendes Labyrinth auf der verdunkelten Netzhaut, ohne Apparat hat man ein lebendes, sich bewegendes Foto gemacht, das man jetzt irgendwie in sein inneres Archiv bringen muß.

Ich trete durch die Klosterpforte links von der Kirche und warte, bis die Führung beginnt. Diesmal ist es eine Gruppe Spanier vom Land, mit jetzt schon ehrfürchtigen Gesichtern. Sie stehen vor der verlockenden Auslage mit Rosenkränzen und Heiligenfiguren, Gedenkmünzen und Ansichtskarten, Dinge, die sie mit nach Hause in irgendeine ferne Provinz nehmen und die ihr

Leben lang den Geschmack der Ferne bewahren werden. Der Führer ist ein Laie, aus seinem staubgrauen Gesicht spricht er zu uns herab, ein Großmächtiger, der an der Heiligkeit des Ortes teilhat, ein Gelehrter, denn die Weisheit von Daten und Namen entströmt ihm nur so. Er will an diesem Tag noch einen Rekord aufstellen, also sehe ich alles nur kurz im Vorübergehen, einen Schimmer vom arabischen Klosterhof mit dem in zwei Stile zerfallenen und doch zueinander gehörenden Brunnenhäuschen, gotisch und maurisch, oder, wie mein spanisches Reisebuch sagt, »el gótico del elevada espiritualidad con el árabe sensorial y humano« – ich glaube es, erhaben, vergeistigt, menschlich, sinnlich, denn ich sehe etwas, was nach oben strebt und schön ist, und ich höre das Tröpfeln des Brunnens, aber ich darf hier nur sehr kurz verweilen, denn der Führer hat die anderen bereits ins Museum getrieben und wartet auf mich wie ein Hirtenhund. In dem kleinen Saal, den ich jetzt betrete, sind in Glasvitrinen bestickte Kasel, Stolen und *capas* aufgestellt, die einst beim Gottesdienst Dienst taten. Ein eigenartiger Anblick, denn sie stehen wie Menschen ohne Köpfe und Füße da, ein Regiment enthaupteter Priester in Goldbrokat, aber weil sie alle nach einer Seite hin ausgerichtet sind, sieht es so aus, als schauten sie alle, wenn auch ohne Kopf, dorthin.

Cape, capa, mantilla, Pelerine, Kasel – jedes rund geschnittene Kleidungsstück, das oben ein Loch hat, symbolisiert die Kuppel, das Zelt, das Rundhaus, wobei das Loch (als Durchlaß für den Kopf) als Schornstein dient. »Aszendierende Symbolik« nennt das *Dictionnaire des Symboles* das, »himmelwärts gerichtete Bildersprache«: Der mit Albe oder Kasel bekleidete Priester befindet sich rituell im Zentrum des Universums, er steht auf der Weltachse mit seinem himmlischen Zelt, der Kopf im Jenseits, wo Gott sich befindet, dessen Vertreter er hier auf Erden ist. Jetzt sind es leere Zelte, die Köpfe, die einst aus ihnen ragten, sind selbst im Jenseits, oben oder unten, wer weiß das schon. Sie haben ihre goldenen Wohnungen zurückgelassen, ein leeres Dorf von Gold und Zierat, mit heiligen Bildern überreich bestickte Totems. Stich für Stich hat der Mönch Jerónimo Audije de la Fuente vor fünfhundert Jahren die *cappa rica* bestickt, und ich, mit meinen späteren Augen dicht davorstehend, vergehe im orgiastischen Gold, in den verschlungenen, wogenden Blättern, der Überfülle der Früchte, dem Leuchten der Sonnenblumen auf dem seidenen Feld.

Beati / qui in / Dno / moriun / tur – »Selig sind die Toten, die in dem Herrn sterben«. Die Männer, die diese Gewänder (doch dies sind keine Gewänder mehr, es sind Panzer) anfertigten und trugen, sind längst entschwunden, ihre Körper sind aus diesen tödlichen Hüllen geschmolzen und vom gleichen fröhlichen, sprunghaften Tod mitgenommen worden, der noch immer darauf gestickt ist. Priester, Diakon, Subdiakon, Kasel für eine Requiemmesse »mit drei Herren«, wie eine düstere schwarze Trias stehen sie hinter dem Glas. Sehr vergnügt steigt der gestickte Tod aus dem Sarg, die Sense dräuend hinter sich. Gibt es das, schwarzen Brokat? Der Tod ist aus Silber, harte Stiche auf schwarzem, Faden um Faden gefertigtem Grund. In der Rechten hält er die furchterregenden abgenagten Knochen, sein kompakter Brustkorb sitzt an einem stabilen Rückgrat, das senkrecht aus dem goldenen Sarg aufsteigt. An einem einzigen Gewand zähle ich zwanzig Totenköpfe – was mag der Stickende beim zwanzigsten empfunden haben? »Fünfzig Kilo wiegen die Chorbücher«, höre ich den Führer sagen, aber als ich bei den illuminierten Handschriften bin, ist er schon wieder weiter, ich kann nur einen flüchtigen Blick auf das Altargewand Heinrichs IV. von Kastilien werfen, auf den glotzenden Ochsen und den schielenden Esel in dem aufgeschlagenen Gesangbuch, dessen nächste Seite ich nie sehen werde. Das Kind im Stall scheint gespickt mit Strohhalmen, aber es ist das goldene Licht, das aus seinem nackten kleinen Leib strömt, und während ich mich, gehetzt von dieser mich und nur mich meinenden Stimme, von dieser Szene entferne, überkommt mich ein fast körperliches Gefühl der Vergeblichkeit. All diese Bücher, so willkürlich aufgeschlagen, die Bilder versiegelt, weggeschlossen, verboten, als der Mann jetzt die Tür hinter mir schließt, weg, verschwunden.

In einem anderen Raum schmettern laute spanische Knabenstimmen Ave Marias, eine noch nicht ganz verlorengegangene Instanz in mir singt wortlos mit. Wir durchqueren die drei

Schiffe der Kirche, ich sehe die Fahnen aller lateinamerikanischen Länder, die achteckige Kuppel über mir, das reiche Gitterwerk des Chors, das glänzende Chorgestühl mit den wildbewegten Schnitzereien, den skulptierten polychromen Hochaltar, geschaffen vom Sohn El Grecos, den Renaissanceschreibtisch Philipps II., der in den Altar eingefügt ist, und dann, darüber, in der Mitte, sie – mit ihrem schwarzen Gesicht, das Götzenbild, die Große Mutter, von Kopf bis Fuß beschuht, bekleidet, behängt, voll von Diamanten, Perlen, Gold, alle Blicke auf sich ziehend, elektrisch angestrahlt, zwischen zwei korinthischen Säulen sitzend. Später kann ich die Figur besser sehen. Ob sie sitzt oder steht, ist nicht mehr auszumachen, denn ein weit wallender Umhang hängt ihr bis über die Füße, und es scheint, als habe die alte, zweifellos schlichte romanische Skulptur aus dem zwölften oder dreizehnten Jahrhundert sich dahinter zurückgezogen. Nur das schwarze Gesicht, fast verborgen, ist hinter einem Doppelhufeisen aus Perlen zu sehen, über dem eine übergroße edelsteinbesetzte Krone schwebt. Das rechte Auge scheint wegzugleiten, das andere starrt mit einem eher nach innen gerichteten Blick vor sich hin. Gerade Nase, kleiner Mund, eine erstarrte schwarze Hand, die aus einer Öffnung im Kleid gekrochen kommt und mit aneinandergepreßten Fingern ein glänzendes goldenes Szepter hält. Der Führer winkt, und mit einem Dutzend zögernder Spanier gehe ich 42 Stufen aus rotem Jaspis hinauf und komme in einen kleinen übervollen Raum, den *camarín* (kleine Kammer), in dem das Götzenbild zwischen alttestamentarischen Vorgängerinnen, den Starken Frauen Judith, Rahel, Abigail, bekleidet, verkleidet, umgekleidet wird.

Doch nun geschieht etwas Eigenartiges. Der Führer hat sich zurückgezogen und ist von einem Mönch abgelöst worden. Wir stehen dicht gedrängt in dieser kleinen, das Auge betäubenden Schatzkammer von der Form eines griechischen Kreuzes, umringt von den Starken Frauen unter umgedrehten stilisierten Jakobsmuscheln, umringt von Giordanos fließenden Bildern, die die Höhepunkte in Marias Leben darstellen, Augenblicke aus einem Mythos, der seine Selbstverständlichkeit verloren hat. Nicht für die Gruppe, die mich umgibt, ein paar Nonnen, ein paar ältere Leute, einen kleinen Jungen. Sie warten, weiß ich heute, auf den Moment des großen Tricks, aber es ist noch nicht so weit. Der Mönch, ein älterer Mann, konzentriert seine Aufmerksamkeit ganz auf den Jungen, alle anderen bleiben ausgeschlossen, nur ihm erzählt er die Geschichte. Das Kind wird nicht im geringsten verlegen. Die weiße Hand, die aus dem weiten Ärmel der braunen Kutte kommt, ruht auf seiner Schulter und lenkt es zu den Skulpturen und Gemälden, die Stimme erzählt Geschichten und spricht von Königen, Schätzen, Edelsteinen, Künstlern. Eine vollendete Geschichte, wie der Apostel Lukas diese Figur geschaffen hat, wie sie im Nebel der Zeit verlorenging, wie ein Hirte sie im vierzehnten Jahrhundert wieder auffand, nachdem eine Kuh zum Leben erwacht war, die bereits tot an einem Bach gelegen hatte, wie die Jungfrau dem Hirten erschien und wie König Alfons XI. davon hörte und ihr ein Heiligtum errichten wollte, wie sie dann die Jungfrau der Hispanidad (alles Spanischen) wurde, welche Wunder sie verrichtete und wer ihr diese immer schöneren, immer reicheren, mit Edelsteinen verzierten Umhänge schenkte, die sie an hohen Festtagen trägt. Und dann, eigentlich noch während er spricht, hat er zwei goldene Türchen mit Emailbildern geöffnet, und während wir staunend auf das bestickte Gewand und den Rücken der Figur und hinter ihr in die Kirche hinunterblicken, drückt er auf einen unsichtbaren Knopf, und langsam, unter leisem Summen, dreht sich die Figur und schaut uns an, plötzlich beängstigend nah. In der Kirche sieht man jetzt nur ihren Rücken, denke ich, und schaue auf meine Uhr, um diesen Moment auch einmal unten von der Kirche aus mitzuerleben, zu sehen, wie eine Figur hoch über dem Altar sich zur Bestürzung der Gläubigen plötzlich abwendet. Aber auch da, wo ich jetzt stehe, herrscht Bedrücktheit, die Nonnen knien, es wird geseufzt, die Bauersfrauen berühren den Saum des Gewands, Kreuze werden geschlagen, das Kind starrt mit aufgerissenen Augen, und der Priester, dessen bleiches Gesicht sich gerade im Kegel des Scheinwerfers befindet, triumphiert, *ballerino assoluto*. Wieder gelungen.

Ich überlege, daß ich so etwas erst einmal gesehen habe, in dem Film *Das Lächeln einer Sommernacht* von Ingmar Berg-

Alfons XI., der Weise.
Standbild in Madrid

man, wo der Schloßherr mit einem Knopfdruck das Bett seiner Mätresse aus dem benachbarten Zimmer in seines schwenken lassen kann, und das auch noch unter Trompetenschall. Ein unehrerbietiger Vergleich, da es sich hier ja um eine ganz andere Gebieterin handelt, aber es kommt noch besser, denn am Tag darauf ging ich wieder hin, um das Wunder noch einmal zu erleben. Diesmal war es nicht der Protestant Bergman, an den ich denken mußte, sondern der antiklerikale, blasphemische spanische Meister meiner schönsten Stunden, Buñuel, wenn ich auch noch nie einen Furz in einem seiner Filme vernommen hatte. Und ein Furz war es, ein langer, die gesamte Skala des Zwölftonsystems durchlaufender, hier aber den Anweisungen eines Komponisten einer früheren Epoche gehorchender Furz, mit *andantes* und *presti, lentes* und *accelerati*, ein Wunder an Ausdauer und Ausdruckskraft. Jetzt war es nicht mehr der alte Mönch vom Tag zuvor, sondern ein neuer, ein der Erde entrückter Zwanziger, der den Kontakt mit nach Fleisch riechenden Erdenbürgern kaum ertrug, der kein Kind hatte, an das er sich wenden konnte, und folglich über unsere Köpfe hinweg sprach, als gehöre seine Sprache von Natur aus dorthin, einen halben Meter über den Hirnen des *profanum vulgus*, und dieses *vulgus*, eine Gruppe von Bauern, die allein schon durch die Anziehungskraft der Erde ein Stückchen herabgezogen wurden, krumme, schiefgewachsene Menschen mit breiten mittelalterlichen Gesichtern, wie es sie in hundert Jahren nirgends mehr auf der Welt geben wird, war durchtränkt von Ehrfurcht, nahm den auf sie herabfließenden Nektar der Worte in sich auf, und ich wartete auf den Moment des Knopfdrucks und darauf, daß die schwarze Figur sich wieder umdrehen und uns anstarren würde, und als es geschah, geschah es auch, wieder die Seufzer und Kreuze, die Fußfälle und das Berühren des heiligen Saums, und im selben Moment kam aus einer der alten Frauen, die schon fast nicht mehr von dieser Welt waren, dieser Furz als äußerste Schreckreaktion, eine hilflose Antwort des Niederen auf das Höhere, kollernd und gleitend, klagend und dann wieder jauchzend bis in die zwanzig Meter hohe Kuppel über uns in dem *camarín*, der absolute, nie zuvor so vollendet gehörte und nie wieder so wahrzunehmende totale Furz, bibbernd, an Kraft zulegend, anhaltend, triumphierend, in barockem Jubel endend und dann langsam, als dürfe es noch nicht zu Ende sein, in jene extremste Form von Musik übergehend, die vom Komponisten mit Takten angegebene Stille.

In solchen Augenblicken wird der Unterschied zwischen Kulturen deutlich. In den Augen der Spanier, für die der Tod, und zwar sowohl der eigene als auch der von Tieren und damit auch der von Nahrung mit all seinen Begleiterscheinungen zum täglichen Leben gehört und da meist nur für kurze Zeit Aufsehen erregt, war nichts Besonderes passiert. Ein kurzes Lächeln bei den Bauern, eine kurze Zurechtweisung von seiten der beiden Töchter der Tonkünstlerin, ein Hauch von Nachsicht beim Franziskaner, das war alles. Die beiden einzigen Vertreter weniger bodenständiger Rassen jedoch, der Verfasser dieses Berichts und eine attraktive Engländerin mit rötlichem Haar, hatten das Pech, sich gerade in diesem Moment anzuschauen, und konnten danach nicht mehr aufhören zu lachen. Verweichlichte Kultur, die vor Lachen fast stirbt. Uns am Jaspis, am Marmor, an den goldenen Ornamenten festhaltend, mußten wir das innere *sanctum* verlassen, denn wer Kot und Tod im täglichen Leben mit Sterbebegleitung, Euphemismen und Geruchsvertreibern leugnet, muß angesichts einer derart irdischen Manifestation wohl kapitulieren. Gut, eine Liebesgeschichte wurde leider Gottes aus diesem gemeinsamen schwachen Moment nicht, wir beherrschen uns und setzen, disqualifiziert, den Rundgang in der Schatzkammer fort, nun wieder in der nichtechten Welt, in der *ich* es besser aushalten kann als meine Mitpilger, der Welt der Kunst, des doppelten Bodens, der kunstvollen Täuschung.

Durch die *antesacristía*, den Vorraum zur eigentlichen Sakristei, gehen wir an den mißbilligend herabgezogenen Mündern Karls II. und Marie-Louise von Orléans' vorbei – sie eingeschnürt wie eine Bienenkönigin, er mit dem schulterlangen, weit abstehenden Haar, dem Marschallstab und dem von Käfern abgeschauten schwarzglänzenden Panzer, der seine fatale Schwäche verbergen soll – zur Schatzgräberhöhle, wo die Zurbaráns hängen. Es hat eine Weile gedauert, bis ich Zurbaráns Werke *sah*, und danach noch eine Weile, bevor ich sie mochte. Zeit zum

Betrachten ist hier nicht, im Rahmen der Führung sind diese Gemälde – die übrigens farbiger sind, als sonst bei Zurbarán üblich – einfach ein Teil der Sakristei. Von einem dieser Gemälde kaufe ich beim Ausgang eine Ansichtskarte, öffentlicher Kunstbesitz. Auf den Stufen vor der Kirche, wo sich bereits die nächste Gruppe für die Führung angemeldet hat, sitze ich und betrachte sie. Sie zeigt einen Mönch, Pedro de Cabañuelas, der beim Zelebrieren der Messe plötzlich von Zweifel befallen wird: *Und wenn es nun nicht stimmt, daß bei der Wandlung Brot und Wein in den Leib und das Blut Christi verwandelt werden?* Nichts von dem, was auf Erden gedacht wird, bleibt unbemerkt, denn die Strafe folgt auf dem Fuß, die Hostie steigt auf mitsamt Hostienteller und strahlt in einer goldenen Wolkengrotte wie das weiße Licht selbst, dabei das gequälte Gesicht des Priesters, seine karmesinrote Kasel, jedes Muster in dem Orientteppich, auf dem er kniet, und natürlich die weiße Kutte und das braunschwarze Skapulier des ministrierenden Mönchs hinter ihm bis in jede Höhlung, Vertiefung, Fältelung, Wölbung, Falte akzentuierend und aufhellend. »*Tace quod vides et inceptum perfice*«, schweige über das, was du gesehen hast, und fahre mit der Messe fort, so könnte man es übersetzen – in schmalen goldenen Lettern kommt es geradewegs aus dem Himmel und dringt in den grauen, ungläubigen Schädel ein, der ein für allemal geheilt ist. Auf einem erdachten Platz dahinter, hingeworfen hinter eleganten Säulen und selbst wieder durch drei gleiche Bögen in eine Welt fließend, in der niemand lebt, wandelt noch eine einsame, undeutliche Mönchsgestalt in einem Licht, das nur von einem permanenten, alles umfassenden Blitzschlag verursacht worden sein kann.

Genug. Ich gleite wieder ins normale Leben zurück, das Leben der niedrigen Häuser und der Geranienbalkons, des Kopfsteinpflasters, des röchelnden, fast versiegten Springbrunnens auf dem Dorfplatz, der Kneipen mit den schwarzgekleideten Männern, der Frau mit den Tomaten, dem Lorbeer, den Zitronen, des Tabakladens mit den Losen, die nie gewinnen werden, der Zeitung von gestern – der ewigen Welt ohne Firlefanz, die die Schätze des Klosterpalasts hinter mir aufgebracht hat. In einem

Laden, in dem sich außer einer Theke nichts befindet, kaufe ich eine Tüte *churros* (warmes, zu einer langen Girlande gedrehtes Gebäck) für sieben Peseten und spaziere dann durch den *barrio alto*, die Altstadt, bergaufwärts, bis der Ort tief unter mir liegt. Unter einem Olivenbaum setze ich mich auf ein Mäuerchen und lasse es Abend werden. Nebel kommen von rechts auf, und schwere Wolken über die flache braune Ebene, die zwischen dem weiten Rund der Berge liegt. Im Dorf, jetzt so tief unter mir, das Blöken eines Lammes, Gebell eines Hundes, Rufen von Kindern. Graue Wolken ziehen rasch unter einem hohen Feld hellerer Wolken durch, eine Männerstimme ruft hü! hará! einem Esel zu, der ihn auf einem steilen Weg unendlich langsam nach unten bringt, und dann ist, zweitönig, das Angelus zu hören, und ich denke, wie unwiderruflich auch ich zu einer späten Form der Antike gehöre.

1983

EIN AUGENBLICK IM GEDÄCHTNIS GOTTES

Es sind fast vierzig Grad, die Landschaft der Estremadura hat sich der Hitze angepaßt, das Autoradio hat sich der Landschaft angepaßt und strahlt eine Messe aus, in der falsch und laut gesungen wird. Es ist drei Uhr nachmittags, als ich Trujillo erreiche, durch verlassene Gassen fahre ich zur Plaza Mayor, wo der letzte Überlebende für zwanzig Pfennig einen Parkzettel unter meinen Scheibenwischer klemmt und sich in den Schatten, auf die Stufen neben der Kirche San Martín, zurückzieht. Das einzige, was sich jetzt noch regt, sind die Störche in und auf den Turmspitzen, sie staksen auf ihren unordentlichen Nestern herum, unbekümmert in ihrer eigenen afrikanischen Hitze. Direkt vor mir steht ein kühnes Reiterstandbild des Eroberers Pizarro, das gezückte Schwert vorgestreckt, um Inkas aufzuspießen, und das wird er solange tun müssen, bis er selbst ermordet wird, denn der Bildhauer hat vergessen, ihm eine Scheide zu geben, in die er das Schwert wieder stecken könnte. Die Turmuhr knarrt, mit der Zeit ist also etwas passiert, doch auf dem Platz tut sich nichts. Ich spaziere an den verfallenen Palästen der früheren Konquistadoren entlang, lande wieder an derselben Stelle, sehe hoch über der Stadt das mittelalterliche Kastell, bringe jedoch den Mut nicht auf, ziehe mich in den Schatten beim Parkwächter zurück, der nicht wacht, sondern schläft, und knacke ein paar geröstete Sonnenblumenkerne. Eine Menge Schalen für einen winzigen Kern, Nahrung für Leute, die kein Geld, aber viel Zeit haben.

Eine gute Karte legt die Geschichte und damit die Seele einer Stadt bloß wie ein Röntgenbild. Wunden, alte Narben, Flickstellen, Eingriffe – alles zu sehen. Kein großer Ort, Trujillo, er paßt auf eine kleine Karte, 15 000 Einwohner, von der harten Landschaft gleichsam umklammert. Kirchen, Klöster, Adelshäuser, ich kann sie leicht finden, sie sind violett gefärbt, und alles erzählt von dem heute alten, damals neuen Adel, die strategisch angeordneten Klöster umgürten die Stadt wie ein Tierkreis.

Übersetzt klingen ihre Namen erst richtig seltsam, das Kloster der Fleischwerdung (Encarnación), der Gnade (la Merced), der Empfängnis (Concepción), die Kirche des Blutes (la Sangre), Maria der Größeren (la Mayor), und dann, weiter weg, der Albacar, der alte Wehrturm des Kastells, und im Westen, beim Triumphtor, der Alcázar, die Festung, der Palast der Bejaranos, das Alcazarojo der Altamiranos, das befestigte Haus, *casa fuerte*, der Escobar und so weiter, bis ich alle Namen dieser Männer einzeln gelesen habe, die nichts waren, als sie fortzogen, und, als sie aus Peru, Ecuador, Bolivien mit Gold und Silber beladen zurückkehrten, Grafen, Ritter, Herzöge und Marquis wurden und sich Paläste mit ihren frisch erworbenen Adelswappen erbauen ließen. Ihr Gold und Silber sollte in die Klöster und Kathedralen sowie die gescheiterten Kriege ihrer Fürsten fließen, die Neue Welt sollte sich dem Griff der Alten entringen, die Paläste sollten zur Heimstatt von Fledermäusen, Störchen und Nonnen werden, nur die Namen sollten, mitunter sogar noch in Gestalt leibhaftiger Menschen, in den Geschichtsbüchern und Adelsregistern Spaniens sowie in staubigen, heißen Städten in allen Winkeln des anderen, bezwungenen Erdteils fortleben.

Es stimmt natürlich immer noch, daß Geschichte nichts anderes ist als eine Interpretation von Fakten und daß es stets auch eine Geschichte gibt, in der ein und dieselben Fakten sich anders ausnehmen. Ein Sieg oder eine Eroberung in dem einen Geschichtsbuch ist eine Niederlage oder eine Unterwerfung im anderen. Doch der Besitz von Fakten und außerdem die Kenntnis des Ausgangs, die zeitliche Distanz zu einem bestimmten Ereignis und das dadurch geringere unmittelbare Interesse eines späteren Betrachters vermögen eine fast göttliche Allmacht zu vermitteln, als könne man durch das Wissen, wie »alles sich ereignet hat«, wie ein überlegenes Wesen über all diesen früheren Ereignissen schweben.

Wenn man durch das ausgehöhlte Wappenschild von Trujillo spaziert, kommt es einem vor, als läse man die letzte Seite eines spannenden, grausamen Buchs und blättere dann zur ersten Seite zurück, wenn dieselbe Stadt braun und unansehnlich daliegt, diese Paläste noch nicht erbaut sind, und die Abenteurer auf der

Suche nach Gold und der Welt fortziehen. Im weiteren Verlauf des Buchs werden die Paläste erbaut, die Männer bekommen Titel und Schnörkel vor und hinter ihren Namen, doch in fernen Ländern in Übersee ist eine ganze Kultur in wenigen Jahren ausgerottet, so gründlich, daß die Teile des fast für immer verlorenen Puzzles erst jetzt, Jahrhunderte später, erstmals wieder zum Vorschein kommen.

Da ist zum Beispiel das Inka-Reich, von einem absoluten Herrscher regiert, aus Dezimalzellen aufgebaut, wobei jede Zelle einer größeren Einheit verantwortlich ist, ein Staat mit Landwirtschaft treibenden Menschen, der kein persönliches Eigentum kannte – im Grunde eine autoritäre sozialistische Gesellschaft, in der jeder entsprechend der Größe seiner Familie Land zum Bestellen bekam. Erst erntete er ein Drittel für die Sonne (den Staat), dann half er Alten, Kranken und anderen, die darauf angewiesen waren, bei der Ernte, dann erntete er ein Drittel für sich selbst, und das letzte Drittel war für den Kaiserlichen Inka bestimmt, der sein Reich mit Hilfe einer königlichen Kaste und mit Inspektoren regierte, die ständig alle Teile des Reichs bereisten. Auf ihrem Weg – dem längsten der Geschichte, länger als die römische Heerstraße von Schottland nach Jerusalem – gab es alle zwei Kilometer Posten für die allgegenwärtigen *chasquis*, Boten. So konnten in fünf Tagen zweitausend Kilometer zurückgelegt werden.

In diesem Reich planmäßiger Landwirtschaft, legendärer Monumente, unvorstellbarer Goldschätze und einer eisernen Organisation erscheint nun Pizarro aus Trujillo mit hundertdreißig Soldaten, vierzig Mann Kavallerie und zwei kleinen Kanonen. Und wieder kommt es zu einem jener Ereignisse, die der Geschichte den Anschein von Torheit geben, eine Laune, ein gewaltiges Mißverständnis mit nie wieder rückgängig zu machenden Folgen. Aber die Torheit und das Schicksal lassen sich, heute eher als damals, nachträglich ergründen: zwei Kulturen, die die *Zeichen* der jeweils anderen nicht verstanden, woraufhin die eine einfach aufhörte zu existieren, vom Erdboden gefegt wurde.

Der letzte Inka, Atahualpa, hält sich im heutigen Cajamarca auf und unterzieht sich einer Kur heißer Schwefelbäder. Er hat seinen Rivalen und Bruder Huáscar besiegt, ist Gott in seinem Reich, sein Speichel darf die Erde nicht berühren, sondern wird in den Händen von Jungfrauen aufgefangen, sein Gewand aus Vikunjahaar trägt er nie zweimal. Er bereitet sich auf einen triumphalen Einzug in die Hauptstadt Cuzco vor. Pizarro nimmt Cajamarca ein, während der Inka abwesend ist, und schickt einen Boten mit einer Einladung an Atahualpa. Dieser erscheint mit sechstausend Mann, und binnen dreiunddreißig Minuten ist das Ende für ein jahrhundertealtes Reich gekommen. In seinem goldenen Tragsessel nähert sich der göttliche Inka dem Hauptplatz der Stadt, die Füße des »Sohns der Sonne« dürfen die Erde nicht berühren. Diener fegen die Straße. Doch Pizarro hat sein Fußvolk in den umliegenden Gebäuden postiert und reitet selbst hoch zu Roß, einem Tier, das die Inka nicht kannten, dem Herrscher entgegen. Der Dominikanermönch Valverde hält Atahualpa eine Bibel vor; dieser weiß nicht, was das ist, und läßt das heilige Buch zu Boden fallen. Dies wird das Zeichen zum Angriff. Donnern aus den beiden kleinen Kanonen, Panik bei den Indianern, Gemetzel, zweitausend unbewaffnete Inka fallen, Atahualpa wird gefangengenommen. Doch nur für uns wurde er von noch nicht einmal zweihundert Spaniern und vierzig Pferden besiegt. Er selbst wurde von Tieren mit silbernen Füßen besiegt, Tieren, die gleichzeitig Menschen waren, Zentauren also. Oder von einer Legende von zurückgekehrten weißen Göttern – jedenfalls wurde er *nicht* von einer Macht besiegt, sondern von einer Deutung, und als die Inka das begriffen, war es zu spät.

Das Inka-Reich war ein Koloß auf tönernen Füßen, aber es war auch ein Koloß mit einem goldenen Haupt. Als dieses fiel, wurde der Körper Eigentum jeder Maske, die Pizarro ihm aufdrücken mochte. Der gefangene Atahualpa bot für seine Freiheit ein Lösegeld in Gold an, soviel, daß der Raum, in dem er sich befand, damit gefüllt werden könne. Pizarro nahm das Angebot an, es wurden Boten ausgesandt, der Goldschatz wurde zusammengetragen, das Blutgold, in das die Spanier sich in der Folgezeit so verrannten.

Als das Gold da war, begann Pizarro einen Scheinprozeß gegen Atahualpa, der des Götzendienstes und der Vielweiberei beschuldigt wurde. Dieser wurde zum Tod auf dem Scheiterhaufen verurteilt, doch weil er – jetzt endlich mit den Füßen auf dem Erdboden – zum unbegreiflichen Christentum übertrat, fiel das Urteil menschlicher aus. Der letzte der Inka, Herrscher eines Reichs, in dem die Sonne doch unterging, wurde mittels eines von hinten angeschraubten Eisenbands am Würgepfahl getötet, nachdem man ihn zuvor getauft hatte.

Danach zog Pizarro nach Cuzco, für die Inka der Nabel der Welt, 3400 Meter hoch in den Anden gelegen. Es wurde wie alle anderen prachtvollen Inkastädte und -bauten in Schutt und Asche gelegt, zerstört. Diesen Schlag haben die Indianer Südamerikas nie verwunden; sie verloren ihre Kultur, ihre Sprache so, wie nach den Worten Spenglers »ein Spaziergänger einer Sonnenblume im Vorbeigehen mit einem einzigen Hieb den Kopf abschlägt«. Pizarro wurde ebenfalls ermordet und konnte gerade noch die Finger ins eigene Blut tauchen und an der Stelle, wo es geschah, ein Kreuz malen, als blutigen Schlußpunkt hinter seinem eigenen Leben.

In der Kathedrale von Lima, in Peru, sah ich ihn vor ungefähr fünfzehn Jahren, eine gegerbte Puppe, durch die sich das Gerippe bohrte, der Bart, vor dem sich der Inka so fürchtete, wie teuflisches Roßhaar aus dem knochigen Kinn sprießend, das koloniale Dilemma in einem vergoldeten Sarg zur Schau gestellt.

Hier, in Trujillo, wirkt es nicht anders, ein Grab, in dem Lebende wohnen, ich höre sie, aber sehe sie nicht, spanische Geräusche hinter dicken, eisenbeschlagenen Holztüren, Klagelieder hinter den Wappenschildern, Gemurmel, das mir folgt, während ich langsam zur Burg hinaufsteige. Dort ist niemand. Die Zinnen, die quadratischen Türme, die Mauer, die noch fast den ganzen Ort umschließt, düster, böse und nutzlos liegt sie da, bewohnt von einem Volk schwarzgrauer Krähen. Unten liegt die Ebene, auf der Ebene die Hitze, und darin die lange, gerade Straße nach Cáceres, auf der ich gleich fahren werde.

Was tut ein Fremder in Trujillo? Er wandert durch die dunklen Gassen, findet den Weg zurück nach unten, schaut sich die Büsten an, mit denen Francisco Pizarro sich selbst und seine indianische Frau Yupanqui Huaynas an der Außenmauer seines Palastes verewigen ließ, nachdem sie Marquis und Marquise de la Conquista geworden waren. Merkwürdig sieht er aus, der »Marquis von der Eroberung«, ein wenig weinerlich wirkt sein längliches Greco-Gesicht, eingeklemmt zwischen zwei übermäßig verzierten Renaissancesäulen, hohe, runde Wangen, eine nie zuvor gesehene Kopfbedeckung, ein langer Bart, der sich im Stein weiß ausnimmt, so hängt er über dem Adler, der ihn von dem schüchternen Mädchengesicht seiner indianischen Eroberung trennt, endlich daheim.

Beim Palast der Herzöge von San Carlos sitzt eine Gruppe Mädchen im Lolita-Alter in der dunklen Vorhalle. Eines steht auf, legt den Finger auf die Lippen und zieht an einer großen Glocke, die drinnen im Gang widerhallt. Latschen, die sich wie erregte Seufzer anhören. Eine weißgekleidete Nonne öffnet, die Mädchen rennen davon, die Nonne schießt wie eine weiße Fledermaus an mir vorbei und versucht, eines zu fassen zu kriegen, aber die Mädchen sind zu schnell, und ihr hohes Johlen verschwindet um die Ecke, triumphierend. Die Nonne nimmt jetzt klassische Posen ein, Augen gen Himmel, Arme in die Luft, viel *ay! ay!* und Seufzer, aber als die Führung vorbei ist, habe ich nichts gesehen. Der Palast, der sich immer noch im Besitz der gleichnamigen Herzöge befindet, hat seine Seele verloren, ist wegrestauriert worden. Nur außen ist er etwas, ein vergittertes Fort, das der Herzog an die Nonnen unter dem Schutz seines Familienwappens vermietet hat, das an zwei Mauern angebracht ist und von dem doppelköpfigen kaiserlichen Adler gehalten wird, der, einen Kopf an jeder Mauer, nach links und nach rechts nach einem Feind ausspäht, der nie mehr anrücken wird.

So wandere ich einen Nachmittag lang durch die verfallene Schatzkammer, das Räubernest, das seinerseits von dem geheimnisvollen Feind leergeraubt wurde, der Namen ungültig macht, Waffen stumpf, der Fakten beläßt und doch verändert und eine Stadt vergessen in einer vergessenen Provinz liegen läßt, eine verstaubte Erinnerung.

Noch am gleichen Tag sitze ich, achtundachtzig Kilometer weiter, fünfzehnhundert Jahre früher, im römischen Amphitheater von Mérida. Der Himmel ist rot, das Stück heißt Untergang, aber die Bühne ist leer, und ich sitze allein, so hoch wie früher ein armer römischer Frontsoldat, und starre auf die großen Steinplatten, die die Füße der Schauspieler nicht mehr betreten, höre das fehlende Lachen auf die Witze von Plautus, habe Heimweh nach Rom, und natürlich kommen mir die obligaten Gedanken. Aber es geht nicht mehr, zwei komplette Vergangenheiten an einem Tag sind zuviel. Ich schaue, *bête et méchant*, zu den Götterstatuen, die keine Köpfe mehr, wohl aber Haltung haben, gehe von der *cavea* über all diese viel zu hohen Stufen hinunter zur *orchestra*, lasse dort einen Schrei los, der hallend zu mir zurückkehrt, und verjage damit einen Taubenschwarm, gehe über das *proscenium*, am *aditus maximus* vorbei, schaue auf die grauen, so glänzend gedrehten Säulen.

Es ist fast unmöglich, aber für einen Moment bin ich allein zwischen den 5500 leeren Sitzplätzen, das Auge der Phantasie bevölkert sie mit Menschen in Togen und Tuniken, und der Besitzer dieses Auges, also ich, träumt von einer Möglichkeit, sie wirklich zu sehen, Römer in einer westlichen Provinz, vor zweitausend Jahren. Umgeben von ihren Schemen bleibe ich da sitzen, bis die Wächter in der Ferne rufen, daß die Tore geschlossen werden, und ich zögernd an den verbliebenen Mosaiken vorbei hinausgehe. Drei fröhliche, eifrige Männer stampfen, in kleine Steinchen gelegt, die Trauben nach der Weinernte. Steinerne Männer, steinerne Trauben, steinerner Saft, der in runde Krüge fließt. Danach wird es gären, und mit meiner steinernen Hand werde ich in diesem Mosaik den steinernen Wein zum Mund führen, einem Mund wie dem ihren, aus kleingehackten dunkelrosa Steinchen, und in versteinerter Trunkenheit werde ich sie sehen, die *naumachiae*, Seeschlachten mit bemannten Kriegsschiffen, echte Schiffe mit echtem Wasser, auf inzwischen ausgetrockneten Kanälen herangeführt, ausgetrocknet, aber erhalten, wie die Käfige für die wilden Tiere, die Unterkünfte für die Gladiatoren, die Spuren der Rennbahn. Ich lege den Finger in die Vertiefungen, die zusammen Caesars Namen bilden, und will ausrechnen, wie lange es her ist, als ich seine Militärprosa lesen mußte, aber da klingeln und rufen die Wächter, daß das

Mérida
(Photo: Eddy Posthuma de Boer)

Jüngste Gericht begonnen hat, und vertreiben mich aus dem Paradies.

Trujillo, Mérida, Sevilla. Andalusien hat mich an sich gesaugt, zeigt sich aber von der härtesten Seite, es ist über vierzig Grad heiß. Wer keinen Schnee bekommt, wird ihn sich machen, ein weißeres Weiß als die Häuser von Zafra, Llerena habe ich nirgends gesehen, ich habe die Große Stadt umfahren, mitten in das weiße Spinnennetz von Arcos de la Frontera hinein, alles gefroren vor Hitze, der gehärtete Schnee der Iglus erfüllt von harten spanischen Lauten, ich bin durch die Tiefebene des Guadalquivir bis nach Cádiz gefahren.

Dort regierten der Sonntagnachmittag, die Palmen, das Seufzen des Ozeans, die Nähe Afrikas. Mattigkeit herrschte dort, graue Kriegsschiffe hingen im besiegten Wasser, nichts rührte sich, Abschied von Europa. Ich versuche mich zu erinnern, wann ich schon einmal hier war, erinnere mich an eine Militärprozession, schlurfende Stiefel, eintönige Trommeln, goldene, heilige Gegenstände ins Sonnenlicht gehoben, aber diese Erinnerung ist glänzend, die Stadt, in der ich damals war, besaß eine Glut, die ich jetzt nicht mehr finde.

Ich gehe am Boulevard unter einem so großen Ficus hindurch, daß er Hunderten unter seinem Blätterdach Platz böte. Männer hängen auf den gefliesten Bänken und lauschen einem Fußballspiel. Das Regimentsgebäude der Artillería ist leer, die Scheiben fehlen, drei einsame kleine Segelboote schwimmen in der Ferne, wo es kühl sein muß, und dann fahre ich nach Sevilla zurück, allein, vor dem Strom der Badegäste wieder in die Hitze hinein, die auch abends nicht weicht, sondern in den großen Parks mit den Frangipani, in den kleinen Patios, vollgestellt mit immer wieder gegossenen Blumen, in den weißen Gassen zu stehen scheint. Zigeuner klatschen die Hitze und die Stille in Stücke, Klagen, langgedehnte Tonfolgen, Fächer, Mantillas, wirbelnde Stakkatos mit den Schuhen, gequälte Gesichter und dieses irrsinnige Gefühl: daß an manchen Orten der Erde etwas nur deinetwegen bewahrt wird, um dir bei deiner Erinnerung zu helfen. Du brauchst nur hineinzugehen, um diese Musik wieder zu hören, diesen Ausdruck zu sehen, diese langen, maurischen, schreienden Töne, die zuckenden Tänzerinnen, alles vielleicht falsch und doch echt, Klänge, bei denen dieser untere Teil Europas wie ein Stück Fahnentuch abgerissen wird. Die Worte sind so langgedehnt, daß es Klänge geworden sind, der ruckende Tanz wirkt wie ein Martergang, die Gitarren schöpfen ihre Klänge aus einer Erinnerung, die nicht die meine ist, die mir nur zuweht von einem anderen, längst vertriebenen Erdteil. Auch am nächsten Tag habe ich dieses Gefühl, als ich aus dem kühlen Foyer meines Hotels nahe der Kathedrale von laut blökenden Jungenstimmen und dem harten, dumpfen Dröhnen einer Trommel hinausgelockt werde.

Was für ein Anblick: Das erste, was ich sehe, ist eine riesige Platte, unter der sich vier mal vier Füße bewegen. Darüber liegt ein blutfarbenes Tuch mit einem großen schwarzen Kreuz, worüber kokett, flott, ein weißer Schal hängt. Kastagnettengeklapper setzt ein, übertönt das Getrommel, aber woher es stammt, sehe ich erst, als eine Gruppe ganz kleiner Mädchen in Sevillaner Tracht um die Ecke biegt.

Von allen Seiten kommen sie jetzt, goldene Legionen für die Knabenliebe, ernst dreinschauende Jungen unter der Last des Kreuzes, ihre Fußballerkörper unter Mönchskutten verborgen. Jede Gruppe hat ihre eigene Platte, ihre eigenen Symbole. Die armen Körper, die zu den Füßen unter den Platten gehören, müssen vor Hitze umkommen. Dies ist noch Katholizismus, freilich von der fanatischen, flagellantischen Sorte, fremd und bösartig, extrem wie die Hitze und die Landschaft Andalusiens. Ich flüchte in die Kathedrale, wohin das Getrommel und Geklapper mich wie ein fernes Gewitter verfolgt, stundenlang.

Was macht man bei vierzig Grad? Dasselbe, was die Sevillaner tun: Seufzen und warten, bis es Abend wird, Kühle suchen in Gärten und Kirchen, am Guadalquivir entlangspazieren, aber ganz langsam, bis die Dunkelheit sich wie ein schwarzes Tuch über die Stadt und den Fluß legt, über den achteckigen Turm, von wo aus die Schiffe in die Kolonien fuhren, über die Palmen und Rosen, die Lilien und die Zypressen in den Gärten des Alcázar. Dann wird es kühl in den Gärten. Murmelnde Stimmen und murmelndes Wasser, gekappte Säulen und geschorene Hecken, brummelnde Frösche auf den Seerosenblättern, Flüstern und Scharren von Füßen, echte Blumen und Arabesken-Blumen, Buchstaben, die sich im Reiseführer aneinanderdrängen und ein grauer Fleck nicht greifbaren, bedeutungslosen Textes werden. Die Wege sind mit Blütenblättern bestreut wie für eine große Hochzeit. Ein Vogel, der noch nicht gemerkt hat, daß es Nacht wird, pfeift das ausgestorbene Lied vom Metzgerjungen. Hier schwebt ein Duft anderer Klimazonen, als müßte es so sein, als mußten die Spanier zwischen der Erinnerung an Huris und arabische Fürsten zwangsläufig in einer einzigen Bewegung die Tropen entdecken, eine logische Folge.

Trujillo, Sevilla. Die harten Männer kamen aus Trujillo, ihr Erbe, das Nachlaßverzeichnis liegt in Sevilla, im Archivo General de las Indias. Wenn die Uhr, das Stundenglas, der Totenkopf in der Hand des Mönchs Symbole der verrinnenden Zeit sind, so ist das Archiv ein weit gespalteneres Sinnbild. Vorbei und doch bewahrt. Gebundene, niedergeschriebene, mit Fäden zugeschnürte Zeit, ganze Säle voll, Schränke voll bis an die Decke. Ein besseres Gebäude als diese unter Philipp II. erbaute Lonja (Börse) hätten sie dafür nicht wählen können: ein granitener, von Löwen bewachter riesiger Eisschrank, in dem die koloniale Vergangenheit, jeder Seufzer und jedes Komma, bis zum Ende der Welt aufbewahrt wird.

Langsam steigt man die breiten Marmorstufen hinauf, bis dorthin, wo in einem großen Raum ein Wächter wie Mussolini an seinem Schreibtisch sitzt. Er schreibt den Namen des Besuchers auf, als werde der nun selbst zur Geschichte gefügt, und schon steht man in einem großen Saal, in dem jeder verfügbare Meter Wand mit dicken dunkelbraunen Mappen bedeckt ist, die an der unsichtbaren Rückseite zugebunden sind. Ich frage, ob ich mir eine Mappe ansehen darf, aber ich darf nicht, das geht nur in besonderen Räumen mit besonderer Genehmigung. Gelehrte aus aller Welt kommen hier forschen, schnüffeln, geheimnisvolle Detektivarbeit verrichten, denn in diesen Mappen steckt, nach Kolonien, nach Epochen geordnet, alles. ALLES: Grundbücher, Bittschriften, Urteile, Befehle, Baubeschreibungen, Berichte von Feldzügen, Briefe von Gouverneuren, Schiffsjournale, Volkszählungen oder was sich so nannte, Verhandlungsprotokolle, Stadtpläne, Karten. So muß das Gedächtnis Gottes aussehen, jeder Zentimeter und jede Minute von jedem Ort und jedem Menschen beschrieben und bewahrt.

Gerade als ich in diesem Saal bin, denkt Er kurz an Santo Domingo, und mein Finger berührt Seinen Gedanken und fährt über Mappe 744 der *Sección Quinta, Audiencia de Santo Domingo*, doch über mir, bis dorthin, wo ich sie nicht mehr entziffern kann, gehen die Nummern weiter. Und das ist erst dieser Saal, diese eine Insel. Andere, größere Säle bergen in Gestalt von Spinnenschrift und farbiger Karte, Soldatenbrief und Buchhalterbericht die Erinnerung an Peru, Chile, Kuba, Neumexiko, Florida und all das, was die Spanier in ihrem nun für alle Zeiten attestierten Irrtum für Indien hielten.

Und so wandere ich an ihnen vorbei, an den geschlossenen Jahrhunderten und Sekunden, mit dem Gefühl, daß es eigentlich unmöglich ist. Um dem Besucher wenigstens eine kleine Vorstellung davon zu vermitteln, was sich in der verschlossenen Welt befindet, sind auf Pulten hinter Glas Karten, Bücher und Briefe ausgelegt. Ein blauer Vogel mit zerfransten Flügeln fliegt mit einem gespaltenen Banner im Schnabel über den Río Tinto. *1730: Plano del puerto de Acapulco*, samt Siedlung und Heer von San Diego. Die Tiefen sind ebenfalls eingetragen, nun weiß ich, wie tief der Hafen von Acapulco im Jahr 1730 war. Oder ist, denn auf dieser Karte ist es noch immer 1730, ebenso wie es ein Pult weiter 1778 ist, wo »Ausdehnung, Lage und Proportionen« der Alcaldía Mayor de San Salvador angegeben werden. Nicaragua: Karte vom Flußlauf Matince, mit seinen Küsten und Landen zwischen Moin und Pacuari gelegen. Briefe von Magalhães, Vespucci, Kolumbus, das Wappen von La Paz, der Lauf des Orinoco, eine schwindelnde Fülle heraldischer Abbildungen, Karten in Kinderfarben, Truppenbewegungen und Verordnungen, von allem was folgte, nachdem Pizarro aus Trujillo und Cortés aus Medellín die Herrscher der Inka und der Azteken samt ihren jahrhundertealten Reichen vernichtet hatten und ein neues Reich begründeten, das vierhundert Jahre später in alle möglichen Länder zerfallen sein würde, aber noch immer an der Krankheit seiner Eroberer leiden würde. Als ich nach Stunden ins Freie trete, ist mein Gehirn versengt wie das Schild eines Raumschiffs, das nach Jahren zur Erde zurückkehrt.

1983

WINTERTAGE IN NAVARRA

Nach der reichen Dame mittleren Alters, die Biarritz ist, liegt San Sebastián am Golf von Biscaya wie eine ältliche, etwas skurril geschminkte adlige Jungfer auf dem Sofa. Sie hat bessere Zeiten gesehen, Getuschel in Logen, königliche Verehrer – das alles ist vorbei, doch die Spuren früheren Glanzes sind noch nicht verschwunden, und für den, der so etwas mag, besitzt sie durchaus noch Reiz. Der Vorteil verarmter Reicher besteht darin, daß sie ihr Hab und Gut besser hüten. Sie haben kein Geld, um neue Sachen zu kaufen, also tun die Lampen, der Schrank und die Stiche von früher nach wie vor Dienst. San Sebastián ist ein großer Art nouveau- und Jugendstilladen, komische Brücken mit Lampen, die man nirgends mehr findet, Hotels, die man in Brüssel längst abgerissen hätte, Gitter, an denen ein Sammler sich gern aufhängen lassen würde.

Mir ist das gerade recht. Ich bin den Angeln und Netzen der Welt entwischt und mache zusammen mit meinem lächerlichen alten lila Auto eine nostalgische Winterreise, wohin genau, weiß ich noch nicht, und habe mich im Hotel María Christina am Paseo de la República Argentina einquartiert. Ein Kind in Uniform hat mich durch einen gepflegten Garten in eine Halle geführt, in der man drei Königshäuser ermorden könnte. Ich liebe Verschlissenes, aber auch bei Verschleiß muß man sich auskennen. Schließlich geht es darum, *was* zerschlissen ist. Eine endlose Zahl *bottines* und *molières* von Zuhältern, Dichtern, Mätressen und Bankiers hat dem persischen Fußballfeld unter den Kronleuchtern die Patina des endgültig Vergangenen verliehen, was durch diskrete Flickstellen aus der ersten, dritten und fünften Dekade noch betont wird. Das Kupfer des Treppengeländers dagegen erstrahlt in vitalem kontrapunktischem Glanz, denn Personal gibt es noch, und Kupferputzmittel sind billiger als ein neuer Perser. Das Oberhemd des Pförtners ist strahlend weiß, aber weil er sich, wie jetzt auch, meist nicht sehr gut rasiert, ist es am Kragen leicht ausgefranst. Ebenso liegt etwas Staub auf dem Ficus. Mein Bett hat Bögen aus Kupfer, und die Lüste, die es ertragen hat, bewirken, daß ich in die weiche Kaninchenhöhle in der Mitte rolle. Hier hängen Spiegel, in die ich, flachgelegt und übereinandergestapelt, zwanzig Mal passe. Die verstreichende Zeit hat eine fahle Sandfarbe in den roten Samt der Vorhänge gewoben. Meine Kleider hängen einsam und verwaist im großen Ballsaal des Kleiderschranks. Hier haben früher, ich bin mir ganz sicher, Riesen gewohnt, und heute nacht kommen sie wieder und stecken mich in ihre riesengroßen Hosentaschen oder werfen mich aus dem Fenster, über das Standbild des in die Ferne spähenden Seefahrers, dessen Namen ich nicht lesen kann, hinweg in den Río Urumea. Ein paar kleine Wellen, und dann nichts mehr.

Die Gassen der Altstadt sind mit großen Steinen gepflastert. Sie sind schmal und dunkel. Eine singende, flanierende Samstagabendmenge bevölkert die Kneipen, der Wein strömt in die Gläser, überall an den Wänden baskische Aufschriften. Hier herrscht eine übermütige Stimmung wie in Garnisonsstädten oder Provinzhauptstädten an den Grenzen des Reichs, sie ist spanisch und nicht spanisch und kommt einem vor wie aus einer anderen Zeit. Ich gehe in eines der Lokale. Spanisch kann ich lesen, aber die Speisekarte ist zum Teil in einer Geheimsprache abgefaßt. Txangurro. Kokotxas. Ich bestelle letzteres und bekomme eine braune Tonschüssel mit einer merkwürdig gräulich glänzenden Masse, die nach Fisch schmeckt. Auf Nachfrage erweist es sich als ein Gericht, das es sonst nirgends gibt: die Hälse oder Nacken, oder ein Teil davon, von Schellfischen. Es schmeckt sehr gut, aber ich habe doch das Gefühl, sehr weit weg zu sein. Ich bin der einzige Fremde im Restaurant. Ein Ehepaar, eine Gruppe von sieben Frauen, zwei Soldaten, ein verliebtes Pärchen. Gesprächsfetzen plätschern über meinen Tisch, ich verstecke mein englisches Buch unter der Speisekarte und versuche, so baskisch wie möglich zu schauen.

Draußen ist jetzt mehr los. Die Menge zieht in Grüppchen durch die Straßen. Es herrscht eine gewisse Erregung, unverständliche Lieder werden gesungen, ich gehe wie ein Schemen an den Hauswänden entlang und plötzlich bin ich draußen und stehe vor einem großen, dunklen Gebäude und höre das Meer.

Vor mir ein kleiner, gespenstischer Park mit gestutzten, gräßlich verstümmelten Bäumen, ein Heer von Mißgeburten in Schlachtordnung aufgestellt, vom Wind leicht gebeugt. Antike Ballonlampen, von denen nur noch ein paar funktionieren, stehen wie Offiziere dazwischen. Hinter den beschnittenen Ligusterhecken höre ich die Brandung rauschen. Unter mir muß der berühmte Strand von San Sebastián liegen, la Concha, die Muschel, ein Halbmond, von den weiten Armen der Bucht umschlossen.

Am nächsten Morgen sehe ich alles besser. Das Gebäude, vor dem ich stand, ist die Casa Consistorial. Der Regen macht das betrübte Ocker der Mauern noch dunkler. Auf einer Bank ist zu lesen »*No a la mili, sí al desarme*«, Nein zur Armee, ja zur Abrüstung, und das Heer schwarzer, nasser Bäume steht noch immer so da, kurzgehalten, kleiner als Menschen, blattlose Platanen aus dem Alptraum eines Zwerges. Alle Mauern sind voll mit Freiheit und Amnestie, und vor diesen Mauern stehen an jeder Ecke Polizisten in Grau. Sie haben ihre Plastikvisiere aufgeschlagen und sind mit Gewehren, Karabinern, Revolvern bewaffnet. Allmählich verstehe ich die Stimmung vom gestrigen Abend besser. Sie sind nirgends *nicht*, und sie sind nervös. Auf dem *paseo*, auf den Plätzen, bei der Buchhandlung. Hunderte. Vor dem Tor des Gobierno Militar stehen zwei einfache Soldaten, die Karabiner mit dem Lauf nach unten. Ich kaufe ein paar Zeitungen und gehe ins Café Barandiarán, ein düsteres Haus aus Resopal, Spiegeln, Plastik.

Bus 101 kommt vorbei (»Eßt Doughnuts«), ein lahmer Schuhputzer breitet seine Sachen aus, der VW-Bus der *Stimme Spaniens* hält an der Ecke, und der Fahrer gibt dem Verkehrspolizisten eine Zeitung, die dieser in seine Innentasche steckt, die Coca-Cola-Uhr schlürft an der nie zu Ende gehenden Zeit, ich lese meine Zeitung und schaue auf die für den Winter hochgebundenen Palmen und die leeren Bürgersteige dieses Sonntagmorgens und wünschte, mein ganzes Leben wäre ein spanischer Sonntagmorgen in der Provinz und ich selbst jemand, der da hinein paßte.

Irura, Uzturre, Tolosa, Lizarza, Azcarate, Latasa, Irurzun. Ich fahre durch den Regen in die Hügellandschaft hinein. Manchmal sehe ich die Berge zu meiner Linken, als ich anhalte, höre ich den Fluß. Am Anfang jedes Dorfes und vor den Brücken über den Bergflüssen stehen Schilder mit Namen, im Weiterfahren spreche ich die Laute dieser Namen aus. Die Straße ist noch kurvig, die bergige Landschaft grün, wenn ich die Ausläufer der Pyrenäen verlassen habe, wird das Land sich weit öffnen, eben sein, wellig, leer. Eiserne Wolken hängen dann über den rostigen Feldern des ehemaligen Königreichs Navarra. Verkehr gibt es hier nicht, Touristen suchen hier nichts, und die Gegend ist nicht sehr besiedelt. Alt, alt ist das Gefühl, das allem anhängt, Zeit ohne Zeit, leere Hinterzimmer der Geschichte. Festungsartige Kirchen mit leeren Storchennestern, an einem fernen Hang die sich bewegende Zeichnung einer erdfarbenen Herde, sonst nichts. Ich bin unterwegs nach Olite, aber in dieser sich ständig selbst wiederholenden Landschaft komme ich mir wie ein Pilger nach nirgendwo vor. Das gleiche, das gleiche, das gleiche, sagen die Scheibenwischer, und es wirkt wie eine Gebetsmühle, das gleiche, das gleiche.

Olite. Der spanische Staat hat hier im Burgschloß der Könige von Navarra einen seiner Paradores eingerichtet. An diesem leergefegten Wintertag bin ich der einzige Gast.

Erst wenn man auf eine historische Karte Spaniens schaut, wird einem bewußt, *wie* alt dies alles ist. Zu Beginn des neunten Jahrhunderts reichte das Emirat Córdoba bis zum Ebro und stellenweise darüber hinaus. Die Navarresen verteidigten ihre Unabhängigkeit erbittert sowohl gegen den moslemischen Emir, der fast ganz Spanien im Griff hatte, als auch gegen Karl den Großen.

Jahrhundertelang bleibt Navarra unabhängig, und unter Sancho dem Großen (1000-1035) erstreckt sich das Königreich sogar von Katalonien bis nach León in Asturien, doch nach seinem Tod setzt der Abbröckelungsprozeß ein, und von 1234 bis 1512 herrschen französische Dynastien in dem Königreich am Fuße der Pyrenäen. Als die Burg, in der ich jetzt wohne, 1406 unter Karl III. erbaut wird, ist die Geschichte Navarras bereits so alt, daß sein Ursprung irgendwo vor 700 im Nebel verschwindet: Die ersten Könige waren große Viehzüchter mit eigenen kleinen Heeren. Der Parador nimmt nur einen Teil des großen, merkwürdig angelegten Kastells ein. Hohe Mauern aus sandfarbenem Backstein, fünfzehn Türme, die den Rest des Dorfes niederschmettern. Es wurde von französischen Baumeistern aus dem Norden und von maurischen Handwerkern erbaut. Einst haben hinter diesen trutzigen Mauern Gärten *gehangen*, doch selbst der Gedanke daran ist verschwunden. Heute fegt ein böser Wind über die Ebene, ein Wind, der von weit her kommt und unterwegs niemandem begegnet ist. Mit peitschendem Regen schlägt er an die Mauern, ich gehe durch die leeren Straßen des Dorfes und frage mich, ob hier Menschen wohnen. Das Dorf selbst liegt in dieser Ebene wie eine Münze auf einem Bürgersteig, der Wind spielt darauf wie auf einer Flöte. Nein, es ist kein Feiertag in Olite.

Dies ist einer jener merkwürdigen Nachmittage, an denen man etwas entdeckt. Weil man sein Leben so seltsam gestaltet hat, daß es sich vom Leben anderer Menschen unterscheidet, sieht man etwas, was sie an diesem Nachmittag nicht sehen. Nichts, was noch nicht dagewesen wäre, es war immer schon da, aber es braucht einen alten Mann dafür und große Schlüssel, und man sieht es *allein*, man hat das Gefühl, daß man belohnt wird, weil man allein da ist, weil die eigene Eigenartigkeit einen dazu geführt hat, an diesem verkehrten, jämmerlichen, von Regen und Wind gestraften Tag in diesem vergessenen Dorf zu sein, deshalb darf man heute, und niemand sonst, etwas aus den Fängen der Zeit ziehen.

Der alte Mann, den ich geholt habe, damit er die königliche Kapelle aufschließt, zündet ein paar Lichter an, damit ich es besser sehen kann: ein hohes Retabel am Hauptaltar rund um eine gotische Madonna. Es hat etwas Eigenartiges auf sich mit all diesen kleinen Bildern – die Gesichter wirken abwesend, angefressen. Zwei Männer, die dreischwänzigen Peitschen hoch erhoben, schlagen Christus, der an eine Säule gebunden ist. Sie halten den Strick, mit dem er gefesselt ist, lose in ihrer Linken. Der Geschlagene macht ein Gesicht, als würde er nicht geschlagen, es sind auch keine Wunden zu sehen. Sein Blick ist etwas leer und betrübt, auf einen Punkt im Raum gerichtet, wo er meinen Blick kreuzen muß. Mehr nicht. Ein begieriger Zuschauer klammert sich mit beiden Händen an einer Säule fest, aber ein kleiner Hund, ein abscheuliches pekinesenähnliches Tier, schläft zu Füßen Christi, als wolle es die Aufmerksamkeit auf deren völlig unmögliche Stellung lenken. Ein Fuß zeigt nach vorn, der andere, zur Hälfte unsichtbar, nach hinten. Ich schaue in all die Augen, die meinen ausweichen, nur der maurische König, ein Mohr in schwarzen Samtpantoffeln und mit senkrechten gelbschwarzen Streifen an den Strümpfen, sieht mich an, als wären er und ich die einzigen, die etwas damit zu tun haben, der Rest – Weise, Soldaten, Könige, Märtyrer – befindet sich in einer stillen, abgewandten Welt, als wüßten sie bereits, daß die Zeit das Drama, das sie hier darstellen, immer ungültiger machen wird, daß sie einmal von Menschen betrachtet werden, die nicht mehr wissen, was sie darstellen, als wollten sie sich gegen ihren Wandel vom Lehrstück zum Kunstwerk wehren und hätten sich darum in der Echtheit der Anbetung und des Leidens eingeschlossen.

In der Beschreibung dieser Landstriche muß man häufig zum Wort »leer« greifen, daran läßt sich nichts ändern. Die Michelin-Karte 42, Spanien, zeigt es deutlich: Wenn man bei Pitillas die rote N 121 verläßt, fährt man auf der dünnen, gelben C 124 weiter, die bei Carcastillo den windungsreichen Fluß Aragón überquert. Darunter ist auf der Karte alles weiß, und weiß heißt leer. Keine Straßen, nur ein paar Gipfel wie zum Beispiel Los Tres Hermanos (Die drei Brüder), Balcón de Pilatos und die Ruinen des Kastells Doña Blanca de Navarra. Warum heißen die drei Brüder die drei Brüder? Sind es vielleicht drei Gipfel? Sind dort drei Brüder umgekommen? Rätsel, und keiner kennt die Antwort. Das berühmte Trappistenkloster von Oliva liegt in der Nähe von Carcastillo, aber auch das besagt nichts. Es liegt nicht in der unmittelbaren Nachbarschaft irgendeines Ortes, es ist ein strenger Zisterzienserbau, in dem nun schon seit fast 1000 Jahren Mönche leben. Als ich darauf zufahre, sehe ich sie mit Harken über der Schulter im Gänsemarsch übers Land ziehen. Mein Auto schmilzt unter mir weg, Telegrafenmasten fallen um, der idiotische Turm, den sie im siebzehnten Jahrhundert an die Kirche angebaut haben, stürzt ein, ich stehe in groben Lumpen auf einer Landstraße und sehe noch immer, was ich sehe, eine mittelalterliche Prozession von Männern in flatternden Kutten, die jetzt um die Ecke des Klosters verschwindet. Ein dünnes Glöckchen beginnt zu läuten, aber die Klänge werden vom Wind weggeworfen. Früher einmal, in einem anderen und doch demselben Leben, wollte ich Trappist werden. Ich besuchte damals häufig die Einsiedelei »Achelse Kluis« im niederländisch-belgischen Grenzgebiet. Nachts um zwei wurde ich zum Chorgebet geweckt, und diese gespenstischen schweigenden weißen Gestalten bei ihrer Meditation, die später zwischen den gegenüberstehenden Chorbänken hin und her hallenden lateinischen Gesänge, die allesverzehrende Stille in der Bibliothek und die Vorstellung, für alle Zeit an ein und demselben Platz bleiben zu müssen (*stabilitas loci*), bewirkten bei mir die Gewißheit: Hier mußte ich hin, und zwar schnell. Ich meldete mich beim Abt, küßte seinen Ring und teilte ihm meinen Entschluß mit. Er zeigte sich nicht gerade überwältigt, ging aber an einen Schrank, nahm das Leben des Petrus Abaelardus – auf lateinisch – heraus und gab es mir zusammen mit einem Bleistift, einem lateinischen Wörterbuch und einem Schreibblock. »Dann übersetz das erst mal«, sagte er. »Wenn du damit fertig bist, sehen wir weiter.«

Andere Menschen haben mich immer besser gekannt als ich mich selbst. Derjenige, der sein Leben lang an einem Ort bleiben wollte, reist jetzt durch die ganze Welt (»mein Kloster ist die Welt«, sagte Harry Mulisch, als wir später einmal gemeinsam in diesem Kloster waren), und doch, irgendwo in diesem Kämmerchen (Stuhl, Tisch, Holzwände, alles fahl und bleich) in der Achelse Kluis liegt das Leben des Petrus Abaelardus noch immer auf Seite zehn aufgeschlagen, und jedesmal, wenn ich ein Trappistenkloster betrete, befällt mich wieder ein heiliger Schauer.

Es gibt ein berühmtes Gedicht von Gerrit Achterberg, »Ichthyologie«, das mit den folgenden Versen beginnt: »Ein Coelacanthus ward im Meer gefunden / das Missing link zwischen zwei Fischen. / Der Finder weinte vor Verwunderung. / Vor seinen Augen lag, zum erstenmal verbunden, / die lang gerissene Kette der Evolution.« Als man diesen Fisch mit Füßen entdeckt hatte, war die Rangordnung aufgedeckt zwischen »Mensch und Eidechse und von der Eidechse tief im Staub, weiter als unsere Instrumente reichen«. Der Schluß des Dichters lautet: »Nach dieser Entdeckung dürfen wir tun, / als wär' die Reih' nach oben hin die gleiche, / als könnten wir Gott auf die Tafel sehen.«

Daran mußte ich im kalten Oliva-Kloster denken, während ich vor der Fassade der Kirche stand. Nicht, daß ich vor Verwunderung weinte, aber immerhin, es war das Gefühl, das einen überkommt, wenn man plötzlich ganz klar sieht (oder zu sehen glaubt), wie alles zusammenhängt. Aber was glaubte ich denn nun zu sehen? Ich wage es kaum zu sagen, aber ich glaubte die Geburt der Gotik zu sehen. Wieder schmolz die Zeit und entfloß, und genau dort, wo ich stand, passierte es. Über dem Haupteingang der Kirche ist ein romanischer Bogen errichtet, oder besser gesagt, ein gebogenes Steinrelief in der Fassade, bestehend aus dreizehn parallel zu dem romanischen Bogen laufenden Bögen, die nach außen zu jeweils ein kleines Stück weiter vorkragen: ein Miniportal. Aber es geht um die Bögen: In dem vollendet romanischen Bogen ist am Scheitelpunkt eine winzige Andeutung von Knick zu erkennen, etwas fast Versehentliches, eine Aufwärtsbewegung, die im allerersten Ansatz versteinerte und so still steht wie eine Rakete, die kurz nach dem Start dicht über der Erde fotografiert worden ist. So gering der Knick aber auch sein mag, er ist gleichzeitig der Bruch mit allem Vorangegangenen, nie mehr kann die gebogene Linie danach vollendet sein, von nun an kann dieser Knick nur noch der Linie entfliehen, höher und höher hinauf, bis er der gotische Bogen von Amiens oder Chartres geworden ist. Kalt und verregnet stand ich da und starrte auf diese Bögen, und keine hundert Gelehrten mit Bullen und Baretten hätten mich davon abbringen können, daß es dort und nur dort passiert war, oder, äußerstenfalls, auch an anderen Orten, freilich nirgends so klar, so beispielhaft.

Professor Michelin mit seinen kurzsichtigen Augen hatte es natürlich wieder nicht gesehen und murmelte etwas von den

»Übergangsbauten, die die Zisterzienser im dreizehnten Jahrhundert errichtet haben und die noch *von romanischen Konzeptionen geprägt sind*«, aber ich weiß es besser, es geschah heute und hier und ich war dabei. Ich gehe noch ein wenig in der polaren Kirche umher, in der alles dunkel ist. Eine schwermütige Taube fliegt mit Post von Säule zu Säule. In einem der Seitenschiffe liegt Sand anstelle von Steinplatten, da sind Löcher und Stützpfosten, und ich denke an die Mönche, die sich hier nachts zum Chorgebet versammeln, und erschauere, diesmal vor Kälte.

Gegen Abend komme ich nach Sos del Rey Católico, wo ich im Parador des Katholischen Königs übernachten werde. Szenarium für *einen* Reisenden. Auto auf verlassener Landstraße. Hereinbrechende Nacht. Dorf auf einem Hügel. Auto verläßt Landstraße und fährt die engen Windungen hinauf zur Burg. Tief unten die Ebene, vom Schlagregen gepeitscht. Mann im Auto zögert, ob er hineingehen soll. Es sind keine anderen Autos da. Dann ermannt er sich und läßt den schweren Türklopfer gegen die hohe Holztür fallen.

Der Portier, in grauer Uniform, erwacht aus seinem Stupor. Der Wind jammert im hohen Schornstein. Ich bin schon wieder der einzige Gast. Ich folge dem Portier durch die Korridore. Steinfußboden. Bäuerliche Möbel. Rustikale schmiedeeiserne Lampen. Gewebte Vorhänge. Kein Radio. Kein Fernseher. Keine Nachbarn. Die Stille, die durch mein Eintreten auseinandergefallen war, baut sich wieder auf und schließt sich um mich.

Ein paar Stunden später gehe ich hinunter. Kein Mensch zu sehen. Ich finde den Speisesaal. Zwei Mädchen aus dem Dorf, graue Kleider, weiße Schürzen, sehen zu, wie ich unter dreißig leeren Tischen den meinen suche. Brot und eine Kanne mit Wein. Meine Handbewegungen bekommen nun zwangsläufig etwas Geweihtes. Ich breche also das Brot, denn so ging es doch. Erhebe ich jetzt das Glas oder führe ich es einfach zum Mund? Die Mädchen schauen und tuscheln in der Ecke. Ich esse Knoblauchsuppe mit Brot und danach Stockfisch, wie man ihn in Navarra ißt, mit roter Paprika, aus dem Backofen. Als sie in die Küche gehen, werden kurz Stimmen laut, dann wieder Stille. Nach dem Essen gehe ich in den Salon. Schirmlampen, große Ledersessel.

Ich bekomme Kaffee und eine grüne Chartreuse und setze mich wie mein eigener Großvater in eine Ecke und lese. Die Lichter in der Bar verlöschen, die Mädchen gehen nach Hause. Der Wind rüttelt an den Fensterläden, und das tut er auch noch, als ich ein paar Stunden später ins Bett gehe. Menschliche Wesen habe ich nicht mehr gesehen, eines nach dem anderen habe ich, der Schloßherr, alle Lichter auf meinem langen Weg nach oben gelöscht.

Irgendwann, es mag zwanzig Jahre her sein, war ich in Sangüesa. Ich habe sogar einen Text darüber geschrieben, den ich absolut nicht mehr finden kann. Erinnerung hat dieses Dorf auf das einzige reduziert, was ich jetzt wiedersehen will: ein romanisches Kirchenportal an der im elften Jahrhundert erbauten Kirche Santa María la Real. Die kleine Kirche liegt etwas verloren im Dorf, man muß sich halb auf die Fahrbahn stellen, um das Tympanon richtig sehen zu können, aber es stellt sich dieselbe Ekstase wieder ein. Sangüesa war eine Station an der großen Pilgerstraße nach Santiago de Compostela.

Was ich selbst noch glaube oder nicht glaube, spielt hier keine Rolle: Für den Mann, der dies schuf, der diesen toten Stein zum Fließen, Strömen, Bewegen brachte, war, was er darstellte, ebenso deutlich, wie es das über alle Kriege, Pestepidemien und Veränderungen hinweg für mich heute noch ist. Es ist noch immer eine Welt, zu der ich gehöre, weil ich sie begreife. Die Figuren, die Proportionen sind fast idiotisch naiv, die ganze Darstellung stützt sich auf mehrere bereits gotische, im Vergleich zum Rest langgestreckte hieratische Figuren: Maria Magdalena, Petrus, die Mutter des Jakobus, ein grauenvoll erhängter Judas. Die Verdammten zur Linken Gottes werden rücklings ins Verderben gestürzt, Ensorartige Masken und ein viel zu großes Schaf füllen den Raum, irgendwo im Stein liegt ein ganz kleiner Mann und schläft, Ritter mit Schilden wie umgekehrte Käfer, maurische geometrische Figuren – zwanzig Jahre sind verflogen wie ein Augenblick, und wieder stehe ich da wie damals und starre eine Stunde lang wie der Dorfnarr empor, wie einer, der am liebsten verwandelt werden will, versteinert, verzwergt,

Tympanon der Kirche Santa María la Real
in Sangüesa

hochgehoben und dazwischengesetzt, einer, der dann auch achthundert Jahre da gestanden hätte, eine Figur in einer Fassade eines vergessenen spanischen Dorfs, in das nie einer kommt.

Es sind langsame Tage. Ich fahre am Yesa-See entlang, einem totenstillen Stausee, der von den kalkigen Bergen der Sierra de Leyre als Wächtern umstanden wird. Zum erstenmal Sonne, die auf die glänzende Wasserfläche prallt und mich blendet, doch dann, in der vorweltlichen Krypta des Klosters von Leyre – archaische, seltsam ungleiche Säulen, grob gemeißelte, niedrige Kapitelle mit den Widderhörnern des gespaltenen Y, dem Zeichen der zweifachen Erwählung –, ist es kälter als die Nacht. Dies ist die Jahreszeit, in der solche Reisen gemacht werden müssen, Pamplona ist zur Provinzhauptstadt erstarrt, im phantastischen Museum von Navarra erwachen die Aufseher aus ihrem Winterschlaf, Jaca liegt erschlagen unter den hohen weißen Gipfeln der Pyrenäen, und jeden Abend kehre ich in meine Bleibe in Sos zurück – und es ist, als wäre es immer so gewesen, vom einzigen Gast werde ich langsam zum einzigen Bewohner, bis ich selbst die Verzauberung sprenge und nach Süden weiterfahre. Erst ein Stück über den Mond, dann weiter nach Osten, dem wilden Tal des Ebro folgend bis dorthin, wo die Erde röter wird. Olivenhaine bedecken die Hänge, am Straßenrand sehe ich die kleinen blauen Blüten des wilden Rosmarin, und am Ende des Tages, hoch oben vor den flüchtigen, dahinsegelnden Wolken, das von Mauern umschlossene Kastell von Alcañiz.

An diesem Abend bin ich nicht der einzige Gast im Speisesaal. In einer entfernten Ecke sitzen vier Spanier und ein paar Tische neben mir ein Engländer. Das weiß ich, denn das einzige andere Auto am Tor hatte ein englisches Nummernschild. Er sitzt unter der Fahne mit dem Wappen von Don Martín Gonzales de Quintana, ich unter dem von Don Alonso de Aragón y de Foix. Unsere Weinkrüge sind gleichzeitig leer. Er liest und schreibt, ich schreibe und lese, und unsere Blicke weichen sich aus, wie bei Hunden, die wissen, daß sie die gleiche Krankheit haben.

1979

WALTER MUIR WHITEHILL

Sternstunden, ein fabelhafter, (natürlich) deutscher Begriff, um auszudrücken, daß irgendein Augenblick oder irgendeine »Stunde« im eigenen Leben so bedeutsam war oder werden sollte, daß sie dem Leben eine mehr oder weniger neue Wendung geben sollte. Diese Idee setzt eine große Erleuchtung von außen voraus, einen heiligen Moment, einen Schock des Erkennens, und ich bin viel zu trocken veranlagt, um daran zu glauben. Müßte nicht, was da so plötzlich erleuchtet wird, schon im Ansatz vorhanden sein? Wie sollte man sonst den Moment erkennen können? Es war also reiner Zufall, daß ich dieses eine, ziemlich langweilig aussehende Buch zwischen den anderen herauszog. Es war von fahl orangeähnlichem Braun, die Faksimileausgabe eines Buches, das 1941 bei der Oxford University Press erschienen war. Hatten sie damals nichts Besseres zu tun, denkt man unwillkürlich, und gleichzeitig gibt es einem ein optimistisches, fröhliches Gefühl: Mitten während der *Battle of Britain* erscheint ein Buch, so groß wie zwei Ziegelsteine, über die romanische Architektur Spaniens im elften Jahrhundert, irgend etwas war also offensichtlich nicht kleinzukriegen, eine Art von Gerechtigkeit für ein paar weit abgelegene, vergessene Bauwerke, die es bereits tausend Jahre auf dieser Welt ausgehalten hatten. Das Buch kostete umgerechnet rund siebzig Mark und sah auch von innen abweisend aus, glanzlose, teilweise schlichtweg graue, schlechte Fotos von baufälligen Gebäuden, geschlossenen Kirchen, Trümmern, und daneben eine Vielzahl von – für Laien angsteinflößenden – Grundrissen der fraglichen Kirchen, die man offenbar gründlich studieren sollte. Manchmal sieht man, während man selbst unverbindlich auf die *Schönheit* eines romanischen Tympanons starrt, so ein Ehepaar in eisengewobener Wanderkleidung auftauchen, den Führer fest in der geschrubbten Hand, sich gegenseitig murmelnd vorlesen, Detail für Detail unter die Lupe nehmend, genau wie diese Leute, die im Konzertsaal mit der Partitur neben einem sitzen. Zu denen wollte ich mich doch nicht zählen? Gut, dann war es eben das *Sternstun-*

den-Element: Ich sollte von diesem Augenblick an dazugehören, dieses Buch sollte eine Flut anderer Bücher gebären, ich sollte mich arm kaufen an den teuren, glänzend edierten benediktinischen Büchern über romanische Kunst der Editions Zodiaque, in Verzweiflung geraten, wiel ich die Entsprechungen der verwendeten Terminologie in meiner Sprache nicht kannte und häufig auch nicht finden konnte, weil mir meine simple Schaulust verdorben wurde, weil ich mir eine völlig andere Vorstellung von der mittelalterlichen Idee von *Schönheit* aneignen mußte und weil ich mit all diesen Kilos an bedrucktem Papier im Gepäck idiotische Umwege durch entlegene spanische Landstriche auf den Spuren von Walter Muir Whitehill machen sollte.

Kein Vergnügen also? Oh doch, und obendrein noch eine seltsame Art von Erregung. So ähnlich wie bei einem Detektiv. Ich folgte jemandem, der nicht wußte, daß ich ihm folgte und der selber Dingen auf der Spur war, von deren Vorhandensein er wußte, die er aber nie gesehen hatte. Manchmal waren seine »Kirchen« inzwischen zu Bauernhöfen umgebaut, wurden als Stall benützt oder waren einfach zu einem hoffnungslosen Trümmerhaufen eingestürzt, und dann zog er murrend und klagend ab. Mir ging es besser. Zum einen hatte ich *ihn*, wenn auch nicht sein technisches Wissen und seine Augen. Ein Techniker bin ich nicht geworden, auch wenn ich jetzt weiß, was ein Zwikkel, eine Strebe und ein Gurtbogen ist. Man lernt, und das wird wohl mit meiner Wortsucht zusammenhängen, denn ich kann es nicht ausstehen, wenn etwas einen Namen hat und dann auch noch in meiner eigenen Sprache, und ich kenne ihn nicht. Andererseits kommt man auf diese Weise dahinter, daß alles einen Namen hat. Jeder Bogen, jeder Winkel, jeder Sims, jede Mauer, jede Konstruktion hat einen Namen. Das ist eine entmutigende Erfahrung, und ich weiß nicht, ob sich ein anderer da hineinversetzen kann: Man steht in einer totenstillen Kirche, unter großen Mühen hat man dem Kneipenwirt nebenan den Schlüssel entrungen, und dann geht man in der uneigentlichen Wortlosigkeit eines solchen Bauwerks neben einem Mann her, der am liebsten zu seinem Kartenspiel zurück will, während man selber beharrlich mit Muirs Grundriß zugange ist und weiß, daß der Schlüsselmann einen für verrückt oder unausstehlich gelehrt oder beides hält. Am schönsten ist es, wenn man den Mann davon überzeugen kann, daß man mit seiner Kirche nicht durchbrennt, und er einen allein läßt. Aber dann geht es erst richtig los. Dieses stille und meist auch kühle Gebäude beginnt, einem Bedeutungen zu reichen. Das ist die symbolische Seite, die einem Menschen des Mittelalters sonnenklar war. Doch diese andere, vielleicht alberne Obsession meinerseits, die mit Wörtern und Benennungen zu tun hat, wird ebenfalls angesprochen. Ich bin mir nicht sicher, ob ich dieses Gefühl richtig vermitteln kann. Wenn man einmal weiß, daß alles irgendwie heißt oder, einfacher ausgedrückt, einen Namen hat, will man auch wissen, wie dieser lautet. Man kann sich plötzlich nicht mehr mit nebulösen Umschreibungen zufriedengeben wie »die Oberseite der Säule« oder »diese Fläche da in der Ecke, genau wie die drei anderen, auf denen die Kuppel ruht«. Doch das ist zugleich auch das Elend. Seit es mit uns bergab gegangen ist und Niederländisch keine Weltsprache mehr ist, ist der Weg des neugierigen niederländischen Reisenden ein dorniger. Das vorbildliche *Glossaire* bei Zodiaque, in dem anhand von Fotos und Zeichnungen von der Schwelle bis zur Turmspitze alles benannt und beschrieben wird, führt zwar die Äquivalente in fünf Sprachen auf, aber nicht in meiner, und dann gibt es ein hilfloses Hin- und Herblättern in Haslinghuis' *Bouwkundige termen*, Baufachausdrücke, oder in vervielfältigten Blättern mit architektonischen Begriffen, die ich in der Universität gefunden habe, doch die Benennungen decken sich längst nicht immer. Andererseits gefällt mir dieses Herumknobeln, wenngleich es nichts ist im Vergleich zu der respektheischenden Feinstarbeit, in die Muir sich jahrelang hineingekniet hat. Wie ein Conan Doyle zieht er, meist zu Fuß, von Kirche zu Kirche, forscht in Bullen, Grabinschriften, duelliert sich in Fußnoten mit alten spanischen Herren, die das gleiche bereits zwanzig Jahre vor ihm getan haben, wegen Daten und Deutungen. In Fußnoten wird natürlich nicht geschimpft, und doch klingt oft eine sonderbare Obsession durch, und unter der diplomatischen Prosa verbergen sich Dolche des Zweifels. Wenn Muir schreibt: »Sr. Puig i Cadafalch and M. Gaillard, having related the capi-

Statuen an der Kirche Santa María la Real
in Sangüesa

tals to other early Catalan sculptures, are inclined to believe that the building was begun in...«, so kann man Gift darauf nehmen, daß er irgendwo einen Blutfleck gefunden hat, der beweist, daß der Mord auf gar keinen Fall vor zwei Uhr nachts verübt worden sein kann.

Meine Bewunderung für die romanische Kunst kam natürlich nicht von ungefähr. Ich hatte mich schon früher, in Vézelay und Conques, in Maastricht und Sangüesa, in den Bann ziehen lassen von... ja, wovon eigentlich? Der Schlichtheit? Der Geradlinigkeit? Den seltsamen Phantasien? Ich weiß es nicht. Nicht so recht jedenfalls. Vielleicht kam es daher, weil diese Kunst keine richtige Vorgängerin hatte. Natürlich stimmt auch das wieder nicht ganz, es gibt von römischen Basiliken beeinflußte Bauformen, die ersten Mönche hatten Tier- und Pflanzenmotive aus dem Mittleren und Fernen Osten mitgebracht, und die christliche Symbolik existierte schon seit Jahrhunderten, aber trotzdem ist dies die erste große europäische Kunst nach der Antike, und sie strahlt einen solch unverwechselbaren Charakter und ein eigenes Weltbild aus, sie ist so völlig verwoben mit dem, was gedacht und geglaubt wurde – was damals das gleiche war –, daß man sagen kann, hier ist ein Weltbild Stein geworden. Auf einem anderen Blatt steht, ob wir dieses Bild noch *lesen* können, doch darauf komme ich später noch.

Mit was für einem Spanien haben wir es im elften Jahrhundert zu tun? Drei gräuliche, in dem Buch reproduzierte Karten machen auf jeden Fall deutlich: Der Kampf um Einfluß bewegte sich wie eine Walze über das Land. Die »Grenzen« flitzen hin und her wie in einem Zeichentrickfilm, und auf der ersten Karte, von 1050, erstrecken sich die *taifas*, die maurischen Teilreiche, bis weit in den Norden. Auf der dritten Karte gibt es plötzlich ein moslemisches Königreich Zaragoza, das christliche León hat Kastilien an sich gerissen, und der katalanische Block beiderseits der Pyrenäen bildet noch immer eine sprachliche und kulturelle Einheit, so unausweichlich, daß Muir auch jetzt noch die beiden großen Abteien, Saint Martín du Canigou und Saint Michel de Cuxa, Katalonien zurechnet. Ich bin viel in diesen Landstrichen umhergereist, aber durch Heiraten, Erbschaften, Bündnisse und

Rivalitäten bleibt der nicht-moslemische Teil Spaniens im elften Jahrhundert ein unmöglicher Wirrwarr, der einen mit seinen vielen Dynastien und den hin und her tanzenden Reichsgrenzen schwindeln macht. Eines ist dennoch unübersehbar: Die Kompaßnadel der spanischen Geschichte bewegte sich langsam, aber unaufhaltsam vom römischen und arabischen Einfluß weg und richtete sich auf den »modernen« europäischen Norden aus. Hilfsinstrumente waren dabei die »Siedlungspolitik« des Ordens von Cluny, der Benediktiner, sowie die in immer größerer Zahl aus allen europäischen Ländern nach Santiago de Compostela ziehenden Pilger.

Die beiden christlichen Gebiete in Spanien unterschieden sich stark voneinander, und dieser Unterschied kommt im Baustil des elften Jahrhunderts noch immer zum Ausdruck. Im Westen gab es die Königreiche León und Navarra, in denen die westgotischen Traditionen noch nicht ausgestorben waren. In den Bergen isoliert lag das Königreich Aragonien, und im Osten, durch moslemische Gebiete von den anderen »Ländern« getrennt, die katalanischen Grafschaften, die nach anfänglicher Zugehörigkeit zum Karolingischen Reich unabhängig geworden waren. Durch das Meer und den mühelosen Zugang zum Languedoc orientierten sich die Katalanen zum Rhônetal und der Lombardei hin, und damit an einem Stil aus einer früheren romanischen Periode mit geringerer Ornamentik. Die starke Internationalisierung der westlichen Gebiete durch die Pilgerroute nach Santiago de Compostela ging an Katalonien vorbei und somit auch die Orientierung auf den »entwickelteren« Baustil im Westen Frankreichs.

Die Ironie der Geschichte wollte es, daß Walter Muir Whitehill seine Nachforschungen in einer ebenso verwickelten Periode der spanischen Geschichte anstellen mußte. Er läßt darüber, wahrscheinlich wohlweislich, nicht viel verlauten, sei es, um Freunde zu schützen, sei es, um sich die Möglichkeit zur Rückkehr nach Franco-Spanien offenzuhalten, aber die Daten sprechen für sich.

Insgesamt verbrachte Muir Whitehill neun Jahre in Spanien, einen Teil davon im wunderbaren Benediktinerkloster Santo

Domingo de Silos, das damals nur zu Fuß von Burgos aus zu erreichen war. Die Mönche des Mittelalters wollten offenbar den Tibetern nacheifern, ihre Klöster kleben an Felswänden, schweben über Abgründen, und bis zum heutigen Tag gibt es welche, wie beispielsweise Saint Martin du Canigou, die man eigentlich nur zu Fuß und kletternd erreichen kann. Muir selbst reiste mit zwei Bibeln: Der *Historia de la Arquitectura Cristiana Española* von Vicente Lampérez (1908) und *L'Arquitectura Romànica a Catalunya* (»now – 1941 – out of print and obtainable only at a fantastic premium«) von Puig i Cadafalch. Er bewunderte beide, enthüllt aber stöbernd, messend und wertend auch ihre Mängel und kommt zu dem Schluß – wie könnte es anders sein –, daß *er* jetzt das maßgebliche Buch schreibt. »Eine sonderbare Obsession« sagte ich bereits, und so ist es auch. Während die ganze Welt zusammenbricht, sitzt er in Amerika, aber *»proofs continued so methodically to cross the Atlantic that in 1941 I received bound copies, containing slips stating in twelve languages: ›Arrived safely – thanks to British convoys‹«*, und er erwähnt voller Stolz, daß *»in spite of war frontiers and occupation the book was reviewed in France.«*

Das Eigenartige ist, daß ich bei all diesen Reisen, auf denen ich ihm folgte – nicht methodisch und sicherlich nicht so gründlich, denn dann hätte ich auch neun Jahre dafür gebraucht –, keine Vorstellung von ihm hatte. Ein Foto von ihm habe ich nie gesehen. Übrigens ist es auch nicht undenkbar, daß er noch lebt. Manchmal habe ich beim Hinaufsteigen oder beim längeren Warten auf einen Schlüssel, der schließlich doch nicht kam, versucht, ihn mir vorzustellen. Groß und knochig, im Manchesteranzug? Oder klein, dick und flink, mit roten Haaren wie ein typischer Engländer? Auf jeden Fall messend, murmelnd und mit dem toten Lampérez streitend. Noch 1968, in der ersten unveränderten Neuauflage, schreibt er stolz, daß in den dreißig Jahren seit der Erstauflage seines Buchs nichts Wesentliches hinzugekommen sei. Manchmal habe ich übrigens den Verdacht, daß er lieber niemanden auf seinen Spuren wissen wollte. Eine Landkarte, das wäre doch das Mindeste gewesen! Aber nein. Er liefert ein paar vage Beschreibungen in seinen Fußnoten, aber die helfen einem längst nicht immer weiter, nicht einmal, wenn man zusätzlich eine Detailkarte von Michelin zu Rate zieht.

Mein allererster Erkundungszug vor zwei Jahren scheiterte gleich zu Beginn. Ich wohnte in Vic, in Katalonien, und hatte Muir so verstanden, daß eine der Hunderte von Kirchen, die er beschrieben hatte, sich dort in der Nähe befinden mußte. »*Ajuntament de Tavérnoles, comarca de La Plana de Vic*«, gab er an. Die Kirche selbst hieß Sant Pere de Casséres. Tavérnoles konnte ich noch finden, aber Casséres stand nicht einmal auf der Detailkarte. Nach langem Fragen kam ich zumindest in die Nähe. Es regnete, und es war kein Vergnügen. Schlammwege führten in mehrere Richtungen, und einer von ihnen mußte es sein, aber, so sagte der Bauer, der mir den Weg zeigte: »Sie wollen sicher zur Kirche?« Ja, ich war einer dieser bedauernswerten Narren. »Mit dem Auto kommen Sie nicht hin«, sagte er, »das müssen Sie hierlassen. Die Kirche ist jetzt ein Gehöft, aber da wohnt niemand mehr, Sie können also nicht rein. *No hay nada!* Da ist nichts zu sehen!« Gelber glitschiger Lehm, schwarzer Herbstregen. Auf nassen Schuhen langsam zurückrutschend (das sind vielleicht Spuren!) gestand ich meine Niederlage ein. Für diese Feigheit habe ich mich an mir selbst gerächt, indem ich bei gut vierzig Grad den Berg Canigou hinaufkletterte und mehr von derlei Askeseübungen, aber es wurmt mich noch immer, und eines Tages werde ich es sehen, das plumpe Gehöft von dem Foto: schwärzlich, eingestürzt, und plötzlich, aus der Stallmauer aufragend, die halbrunde, elegante Form dessen, was vielleicht die Apsis war, einst, Anno 1006?, von der frommen Ermentrude, Burggräfin von Cardona, erbaut.

Wenn man mit einem vierzig Jahre alten Buch reist, sind Mißverständnisse nicht auszuschließen. Wo Muir auf Ruinen stößt, finde ich Gebäude und umgekehrt. So passierte es mir, daß ich – in einem anderen Jahr, einer anderen Jahreszeit – immerhin versuchte, einen Bogen um eine seiner Kirchen zu machen. Ich war unterwegs von Jaca nach Olorón. Es war das Ende einer Reise, ich hatte genug. Andererseits war da dieses nichtssagende graue Foto einer baufälligen Kirche vor einer kahlen Bergwand und die Detailaufnahme eines zugemauerten Portals mit einem »*billet-*

moulding«-Bogen (Archivolten, Bogenläufe) und einigen davor gestapelten Gattern, verführerisch durch die fast groteske Reizlosigkeit. Der Text hatte es ebenfalls in sich. »The romantic little church of Nuestra Señora de Iguacél in a remote Pyrenean Valley to the northeast of Jaca, was entirely unknown to archeologists until its publication in 1928 by Professor Kingsley Porter. One could not wish for a more fundamental monument for the Romanesque chronology of Aragón, for an inscription over the west portal, cut into the very stone of the building, states that the church was built by the Court of Don Sancho and his wife Doña Urrarca, and finished in 1072.« Aber dann kommt es, wieder in einer jener tückischen Fußnoten: »The church of Iguacél is three-quarters of an hour on foot beyond the village of Acín, which is about three hours from Castillo de Jaca, the nearest point on a motorroad. The church stands completely alone, and *in 1928 the priest of Acín had the key.*«

Aber als ich endlich in Acín angekommen war, wo ich den Dorfpfarrer von 1928 um den Schlüssel für Iguacél fragen sollte, hatte ich zum erstenmal das Gefühl, daß die Neutronenbombe eingeschlagen habe. Die Welt war untergegangen, oder besser gesagt, die Menschen waren verschwunden. Leere Häuser, durch die der Bergwind blies, eine eingestürzte Kirche, umgefallene Grabsteine. Auf russisch: ein Dorf ohne Seelen. Wie weiter? Zurückzugehen käme einer Niederlage gleich, aber ohne Schlüssel würde ich die Kirche, sollte ich sie finden, nicht besichtigen können. Na gut, von außen. Es regnete, und ich befand mich, soviel war zu erkennen, in einem Tal von großer Schönheit. Das letzte Rot in den Bäumen, ein strudelnder Bergbach, der Weg, der auf meine Füße wartete, ein tausendjähriger Weg. An der Form dieser Berge konnte sich nichts geändert haben, ich würde in einem Labor bewahrter Zeit gehen und niemandem, das war sicher, begegnen, abgesehen von den einander folgenden Geistern der Professoren Porter und Muir und natürlich Graf Sancho, Baumeistern, Steinmetzen und Mönchen. Ich kenne keine verlassenere Landschaft, Bruder Rabe, Schwester Windbö, der lotrechte Regen und am Ende, wo alles aufhörte, die Kirche von der Farbe des steinigen Bodens. Die Urbedeutung von Kirchen ist natürlich, daß sie durch ihre Mauern die drinnen bewahrte Luft von der Außenluft, der nicht geweihten Luft der Welt, trennen. Drinnen entsteht vom Augenblick der Weihe an dieses Geheimnisvolle, der Ort, wo nichts Profanes ist, sondern wo Gott sich aufhält und wo seine Schöpfung dargestellt wird.

Die Kirche als Darstellung einer höheren Wirklichkeit ist keine umwerfende Konzeption, und daß aus einer solchen ersten Konzeption eine symbolische Welt entsteht, weiß man, wenn man je in einem griechischen, buddhistischen oder shintoistischen Tempel gestanden hat, überall stößt man auf diese unglaubliche Reihe offener und verborgener Bedeutungen, in der jede Darstellung und jeder Gegenstand seinen Platz im esoterischen System erhält. Das Reizvolle an der romanischen Kunst besteht darin, daß sie die erste umfassende Ausdrucksform eines derartigen Systems in der eigenen Welt ist. Eine romanische Kirche ist eine Stein gewordene, Bild gewordene Kosmogonie. Alles ist Deutung, Moral, Metaphysik, und es ist nicht der gekreuzigte Christus, der, wie in der Gotik, im Mittelpunkt steht, sondern Christus der Weltenherrscher, Herr des Universums, Chronokrator, Schöpfer jenes seltsamen Elements, in dem die Schöpfung aufbewahrt wird, der Zeit. Nach dieser Auffassung hatte alles eine bestimmte Bedeutung, von der Mauer bis zur Schwelle, vom Gewölbe bis zum Taufbecken. Jagd, Jahreszeiten, Sternbilder, Symbole von Schuld und Strafe, Auferstehung und Ewigkeit, Bär und Schlange, erhobener Schweif und Kiefernzapfen, Zickzacklinie und gekreuzter Gürtel, alles wollte etwas ausdrükken und war auch für denjenigen lesbar, der des Lesens nicht mächtig war, eine Sprache aus Zahlen und Zeichen, die einen in einem Universum festhielt, in dem man, wenn alles seine Ordnung hatte, zu Hause war oder in das man zumindest gehörte, und von dem die zeitliche Erde und das eigene zeitliche Leben nur einen Teil ausmachten.

Es gibt eine andere Vorstellung, mit der ich mich viel schwerer tue, eine, die ich nicht mehr teilen und auch nicht mitteilen kann, nämlich daß alles, was ich an diesen Kirchen als *schön*, oder sagen wir: als Kunst empfinde, in jener Zeit ganz und gar nicht so betrachtet wurde. Der Mann, der diese Darstellungen, die

San Juan de la Peña.
Detail eines Kapitells: der Traum Josefs

heute noch meine im zwanzigsten Jahrhundert wurzelnde Seele bis in den letzten Winkel berühren, aus dem Stein herausmeißelte, war für den Menschen des Mittelalters nicht mehr als ein Maurer oder Zimmermann. »Kunst«, sagt Rosario Assunto (*Die Theorie des Schönen im Mittelalter*, Köln 1963), »ist keine von den anderen unterschiedene Tätigkeit, sondern der Aspekt des Handelns, der die anschaubare Schönheit seiner Erzeugnisse zum Ziel hat«, ein Gedankengang, der mir nicht ganz einleuchten will. Es ist schlimmer als »East is East et cetera«, es gelingt mir einfach nicht, mich von meiner eigenen Art des Schauens zu lösen, ich müßte ein anderer werden, ein tausend Jahre alter Mann, freilich einer, der die Ideengeschichte dieser tausend Jahre überschlagen hat. Wenn ich je nahe daran war, dann vielleicht in diesem verlassenen Pyrenäental. Nichts und niemand war zu sehen, ich stand da mit meinem brennenden Eifer, aber ohne Schlüssel vor dieser verschlossenen Tür. Ein anderer Frustrierter hatte es verstanden, mit einem scharfen Gegenstand ein kleines Loch hineinzubohren, aber alles, was ich dadurch sah, war ein kleines Stück Mauer aus groben Steinen. Nun geschah etwas Eigenartiges. Ich war schließlich nicht mit leeren Händen gekommen. »Ich wollt', es käm' ein Mann, der zaubern kann«, murmelte ich mit Ed. Hoornik, und im Schutze des Bogens (Symbol des Himmels) über der Tür las ich Wort für Wort bei Muir nach, was ich zwei Meter weiter nicht sehen konnte, und in diesem anderen kiloschweren Druckerzeugnis, *Aragón Roman* (Ed. Zodiaque, 1971), sah ich auf Fotos das kahle steinerne Tonnengewölbe, die wunderbaren Schmiedearbeiten und die ernsten, betrübten Gesichter von Mutter und Kind mit den steifen hochgezogenen Knien, starr und hieratisch wie ein Götzenbild aus einer ertrunkenen Welt.

Der Himmel verdüsterte sich, eine Sturmbö fegte durch die wenigen Bäume. Vielleicht wurde Professor Muir ungeduldig im Totenreich. Ich drehte mich um, um ihm zu folgen, meinem unsichtbaren Führer, genauso wie ich ihm zum Kastell von Loarre gefolgt war, wo ganz Aragonien wie eine staubige Stierhaut einem zu Füßen liegt, und zu dem weißen schleichenden Nebel auf dem großen Platz vor der Kathedrale von Santiago. All diese

Wege! Über das stumpfe Leichenhemd der kastilischen Ebene zu der in ihrem vergessenen Dorf inzwischen viel zu großen, fast rheinländischen Kirche San Martín de Fromista mit ihren dreihundertfünfzig in Stein geschnittenen Streben. Von der niedrigen, feuchtkalten, vorweltlichen Krypta von Saint Michel de Cuxa mit ihrer einen versteinerten Palmensäule zu den geheimnisvollen asturischen Königsgräbern im Pantheon von León, von der windumtosten Galerie von San Esteban de Gormaz in einer Landschaft mit Schweinen und Schlamm zu dem unter Felsen hängenden Vogelnest San Juan de la Peña. Ich war ihm dankbar. Er hatte mir eine Welt erschlossen, und ich hatte leere, fremde Teile Spaniens besser kennengelernt. Ich hatte Honig und Brot, Käse und Wein von Mönchen bekommen, die die letzten tausend Jahre unverändert mit denselben Regeln vollendet hatten und in dieser Verlassenheit noch immer weltabgeschieden lebten. Die Kenntnisse von der Architektur des elften Jahrhunderts würden mir wieder entfallen, aber das Bild dieses versteinerten, in sich geschlossenen Gedankengangs, selbst fast ein *claustrum*, an jedem Ort anders und doch auf rätselhafte Weise gleich, wird mir nicht mehr abhanden kommen.

1982

VIELLEICHT WEISS ES DIE TAUBE

Die Wand mir gegenüber ist so weiß wie Papier oder so weiß wie Schnee. Es ist eine spanische Wand, ich befinde mich in den Picos de Europa. Wir haben Mai, und es schneit. Der Parador, in dem ich abgestiegen bin, liegt unterhalb einer Bergwand, doch das ist zu freundlich ausgedrückt. Drachenzähne, Gottesgebiß, Gestein mit Zacken, Kerben, Wunden. Es sind die Täler und Pässe der Könige von Asturien, die einst die Geschichte Europas veränderten und damit die der Welt. Das klingt geheimnisvoll und hört sich nach Übertreibung an, doch derjenige, der dies niederschreibt, befindet sich im Einklang mit seiner Umgebung. Die Natur zieht hier alle Register. Das Meer liegt dreißig Kilometer weiter nördlich, die Bergwand, unter der sich diese Herberge versteckt, reicht an die Dreitausendmetergrenze, die granitene Kulisse einer Bühne ohne Vorstellung, ein Halbrund grauen, zerklüfteten Gesteins, vor dem alles Unsinn wird. Der Weg hört hier auf, hinter den uneinnehmbaren Mauern leben Adler, Bären, Auerhähne. Fuente Dé heißt der Parador, in den Bergen oben entspringt der Río Deva, der sich bis zum Meer durchkämpfen muß und so die Schluchten ausgewaschen hat, durch die ich gestern gefahren bin.

Es ist natürlich nicht die Zeit, die in dieser Gegend stillgestanden hat, auch wenn man es gern glauben möchte, es sind die Berge. Was sich bewegt hat, ist die Geschichte, und was hier geatmet hat, sind die Jahreszeiten. Heiße Sommer, verbissene Winter, und dazwischen das menschliche Treiben. Nie verändert: Jäger, Hirten, Bauern, Nachfahren der Kantabrer und der Goten. Nie unterworfen von Mauren, Sarazenen, Muslimen, wie immer man sie nennen mag. Von hier aus begann die Rückeroberung Spaniens, die Reconquista. Eroberung wäre das richtigere Wort, aber in diesem »Zurück« drückt sich der mit sieben Jahrhunderten unendlich lange Weg bis zum Sieg des Katholischen Königspaars bei Granada aus, der mit jenem ersten König von Asturien, Pelayo, und seinem Sieg über eine islamische Strafexpedition bei Covadonga begann. Das Tal, in dem dies geschah, ist heute ein nationales Heiligtum. Covadonga ist ein Schlüsselwort in der spanischen Geschichte.

Je mehr man liest, um so mehr Material häuft sich an, bis man merkt, daß man in einem Zimmer sitzt mit einem Puzzle, größer als das Zimmer selbst, und daß es um einen her Dutzende anderer Zimmer gibt, in denen in Schränken, Kartons und Körben noch mehr Material verwahrt wird. Und plötzlich kommt man sich wie der einsame Verrückte aus einem absurden Theaterstück vor, vor sich hin murmelnd, Papiere hin und her schiebend, auf der Suche nach dem, was noch fehlt, und dabei doch schon ertrinkend in dem, was alles vor einem liegt. Das bin ich. Mein Antipode ist der Historiker, gar nicht einmal der Geschichtsphilosoph, nein, der Fachmann, die Biene in Menschengestalt, die ihr Leben in Archiven und Klosterbibliotheken verbringt und nur alle paar Jahre mit einem bislang fehlenden Puzzleteil ans Tageslicht tritt, was das Puzzle lediglich noch größer macht.

Je detaillierter die Geschichte, um so größer die Fülle der zusammengetragenen Fakten und Motive, eine Mischung aus Chaos und Logik, Irrationalität, Stumpfsinn, Rätselhaftigkeit. Wenn es ein Auge gäbe, das sich aus der Zeit herausnehmen und wie ein magischer, allsehender Computer alle Fäden des Knäuels entwirren kann, so müßte sich herausstellen, daß alles von Anfang an logisch verlaufen ist, einschließlich der Irrationalität. Logisch? Ja, aber nur deshalb, weil es sich so und nicht anders abgespielt hat, eine spätere Logik, die das Wahnsinnsknäuel nachträglich zum System erklärt. Von diesem Auge hat fast jeder geträumt, Hegel, Humboldt, jeder wünscht sich die letzte Klarheit, wie auch immer sie im folgenden genannt werden mag, selbst *Absicht* ist zulässig. Niemand will den üblen Sumpf der Fakten und Ungereimtheiten als seinen natürlichen Aufenthaltsort akzeptieren, denn wer wäre man dann selbst?

Westgoten sind nach Spanien vorgedrungen, sie regieren das Land von Toledo aus. Ein Blick auf ihre Gesetze, ihre Regierungsform, ihre Wahlkönige, Schriftzeichen, Kirchen, von denen einige noch völlig intakt in der spanischen Landschaft stehen, genügt, um die mit ihrem Namen irgendwie verbundene

Vorstellung, es seien Barbaren, fallenzulassen. 475 brechen sie den alten *foedus*, der sie mit dem Römischen Reich verband, und bilden einen unabhängigen Staat, der dreihundert Jahre später wie Zunder niederbrennt. Wie kam es dazu? Zwist innerhalb des Königshauses, zunehmende Ohnmacht des Staates, Auslaugung durch die von den Großen des Reiches erhobenen Abgaben, ein Antisemitismus, der sich auf die Wirtschaft des Landes auswirkt. Dieser eine Sprung, den ich hier gemacht habe, umfaßt schon dreihundert Jahre. Welch Paradox, daß man vergangene Zeit so verdichten muß, weil man sonst keine Zeit hat!

Es ist Mode geworden, das, was jetzt geschieht, als Ironie zu bezeichnen. Ich wollte das eigentlich nicht, werde aber erst erzählen, was geschieht. Es klopft an der Tür, jemand bringt eine Zeitung. Zur Erinnerung: Ich sitze in einem Zimmer (umgeben von zu vielen Geschichtsbüchern, der Idiot aus dem Theaterstück mit seinem immer größer werdenden Puzzle) in einer verlassenen Landschaft im frühen Königreich Asturien, Ausgangspunkt der Rückeroberung Spaniens von den aus Marokko gekommenen Arabern. Wir waren beim Jahr 722, bei einem – wie auch immer – *spanischen* König stehengeblieben, der der Geschichte nach = Mythos = Legende den Anstoß zu dieser Gegenbewegung gab. 1986 – 722 = 1264. Auf der Titelseite der Zeitung ein Foto des spanischen und des marokkanischen Kronprinzen. Philipp von Bourbon und Griechenland empfängt Sidi Mohammed. Leg dieses Foto auf dein Geschichtsbuch, und es entsteht ein Spiegeleffekt, den man natürlich als Ironie der Geschichte bezeichnen kann, aber auch als Teil des Puzzles, mit dem man sich herumplagen muß. Auf irgendeine Weise »gehört« dieses Foto zur Schlacht am Gualete, 711, in der die »Spanier« von den »Marokkanern« geschlagen wurden, und zu jenem ersten Gegenschlag, elf Jahre später, bei Covadonga.

Was bringt mich auf derlei Gedanken? Fast alles, angefangen bei den baskischen Wörtern auf den Schildern entlang der Straße hierher (*itxita*, geschlossen, *irterra*, Ausfahrt, *hartu ticketa*, ziehen Sie Ihre Karte) bis hin zu der mozarabischen Kirche, nach der ich im Deva-Tal gesucht habe, und den Blättern aus dem Beatus von Liébana, die ich im Kloster Santo Toribio sah. Noch

Funte Dé, Picos de Europa

immer beherrschen die Basken, wenn auch auf negative Weise, die spanische Geschichte. Auf einer Karte, die die Situation im siebten Jahrhundert zeigt, ist das Baskenland mit grauen Pünktchen markiert: Die Westgoten machten einen Bogen darum, die Vascones wurden nie von ihnen unterworfen, und Felipe González hat heute noch seine Probleme mit ihnen. Franco konnte die baskische Sprache noch verbieten, doch die heutigen Basken lassen sich nicht abspeisen mit einer schemenhaften Form von Autonomie und ein paar symbolischen Worten entlang der *autopista*, sie nicht. Viel lieber vernichten sie den spanischen Staat, und zwar mit allen Mitteln, inklusive Mord. Der Stimmenanteil für die politische Partei, die der verlängerte Arm der ETA ist, Henrí Bakasuna, zeigt, daß fünfzehn Prozent der Basken noch immer zur Gewaltanwendung bereit sind. Da ist es auch kein Paradox mehr, daß man Mandate bei Wahlen erringt, die es dank der Demokratie gibt, und daß man dann auf eben diese Demokratie pfeift, indem man seinen Sitz im Parlament nicht einnimmt.

Der Weg hierher. Ich bin über Santander gefahren, an der Costa Montañesa entlang, rechts das Meer, links die Berge. Dann bei Unquera auf die N 621 abgebogen, eine gelbe Straße, die entlang dem Río Deva in die Berge führt. Rechts liegt die Sierra de Cuera, und bei Panes beginnt ein Bergpaß von fünfundzwanzig Kilometern Länge. An seinem Ende liegt Lebeña, und meine Kirche. Es ist ein Durchzugsgebiet, so eines, wie die Geschichte es für Durchmärsche, Hinterhalte, wechselseitige Befruchtung, Vermischung nutzt. Ich fahre entgegen dem Flußlauf des Río Deva, den Windungen folgend, mal zwischen gefräßigem Gestein, dann wieder mit unvermittelten Ausblicken auf arkadische Täler, Bauernhöfe mit Schieferdächern, Bergland. Es herrscht kaum Verkehr, im Autoradio des Gluckern und Blubbern der Wahlen, neue Geschichte, die irgendwann einmal ebenso ungerechterweise zur ungenießbaren Suppe einer einzigen Seite eingekocht werden wird, all diese Millionen von Worten, Fakten und Gesten, Bildern und Versprechungen, die alle so lange da waren, wie die Realität braucht, um etwas zu bewirken, um dann, in jenem Später, das nicht mehr das unsrige ist, verdichtet, ver-

Lebeña. Santa María del Lebeña

stümmelt, zusammengepreßt zu werden zu nicht mehr als einem einzigen Buch, einem Kapitel, einer Seite, einem Satz. Die Unausweichlichkeit dieses Gedankens hat etwas Garstiges. Aber was hättest du denn statt dessen gewollt? Schau lieber auf die Blumen am Straßenrand. Du kennst nicht einmal ihre ewigen Namen, die Wörter, mit denen sie benannt werden, seit hier Stimmen ertönen. Bruder Distel, Schwester Mohnblume, alles wiegt sich im sanften Bergwind.

Die Picos de Europa im Westen, im Osten die Sierra de Peña Sagra, so liegt dieser Landstrich zwischen dem alten Kantabrien und Asturien. Namen wie ein Lied. *Durchgang*. Von hier aus wurde das weite, leere Gebiet, die Meseta, zwischen Ebro und Duero zurückerobert, León ist über den Paß San Glorio erreichbar, Kastilien über den Paß Piedras Luengas. Hierher, über die entvölkerten Ebenen von den neuen Herrschern aus Afrika gejagt, flüchteten die Christen aus dem Süden. Erst später erhalten sie ihren Namen: *muztarabes, muzarabes*, im heutigen Spanisch *mozárabes*. Anachronismus, die Ereignisse gingen dem Namen voran. Christen, die im Einflußbereich des Islam lebten. Das Eigenschaftswort wird auf eine Liturgie, eine Architektur, auf Musik, auf Stil angewandt. Die Formenwelt des Mittleren Ostens ist im Zuge der Invasion aus Nordafrika nach Spanien gelangt, Hufeisenbögen, Fabeltiere aus Persien, stilisierte Pflanzen, die man im kühlen Norden nie gesehen hat, geometrische, obsessive Formen, spiegelbildliche Wiederholungen, wie Blütenstaub sind sie von fliehenden menschlichen Bienen durch diese Bergpässe getragen, aus Stein gehauen und auf Pergament gezeichnet worden, noch heute zu sehen, bewahrt.

Mir ist, als käme ich aus dem Gefängnis, als nach einer letzten Kurve auf einmal das Dorf vor mir liegt, in einem Tal von großer Stille und einem archaischen Grün, das noch durch den Regen verstärkt wird, der jetzt zu fallen beginnt. Ich fahre zur Kirche. Apfelbäume in Blüte, niemand zu sehen. »Wo der schmale Paß einem Ring bewachsener Berge weicht, sieht man links, auf der anderen Seite des Flusses, die Kirche und dahinter das Dorf. Wenn der Pfarrer nicht da ist, im Dorf nach dem Schlüssel fragen.« Aber der Pfarrer ist nie da in solchen Dörfern, die Art ist ausgestorben. Manchmal kommt er einmal in der Woche oder einmal in zwei Wochen, es gibt hier zu wenig Menschen zu betreuen. Die Tür ist verschlossen. Ich gehe ins Dorf, ein paar Häuser, Gassen aus Kuhmist und weichem Matsch, Treppen aus Stein gehauen. Vor den Türen niedrige schwarze Pantinen, mit drei Füßchen darunter. Es regnet hier oft. Wie in einem Film spüre ich, wie jemand mich ansieht, und bevor sie sich zurückziehen kann, habe ich die weißhaarige kleine Frau hinter dem Türspalt ihres Hauses gesehen. Ich frage, wer den Schlüssel hat, und sie zeigt auf das nächste Haus. Unbewohnt wirkt das Dorf, nirgends ein Laut. Ich steige die rohen Steinstufen zu dem kleinen Haus hinauf und klopfe. Geschlurfe, ein alter Mann. Ich frage, ob er den Schlüssel habe, und er sagt »Ja«, aber ich solle erst reinkommen. Ob ich einen *orujo* wolle? Ob ich wisse, was ein *orujo* sei? Ja, das weiß ich, und ich weiß auch, daß kein Weg daran vorbeiführen wird. Eine Bauernversion des *marc*, des *grappa*, Schnaps, der aus den Schalen und Kernen von Weintrauben nach dem Keltern gebrannt wird. Traubenhefe sagt mein spanisches Wörterbuch dazu. Bodensatz, Hefe, das, was der Überlieferung zufolge für die Gottlosen übrigbleibt.

Wir gehen hinein. Seine Frau, gebeugt, schwarz gekleidet. Auf einem Büfett das Foto sehr toter Menschen, selbst als sie noch lebten, waren sie bereits tot, es gibt eine Art des Fotografierens, die das kann, den Tod voraussagen. Aus dem Nichts heraus blikken sie auf den seltsamen Fremden in der Wohnstube ihrer doch auch schon so alten Kinder. Der Mann trinkt nichts, vergiftet wird der Fremde. Die Stube ist klein, sehr dunkel. Die Frau wärmt sich die Füße an einem Kohlenbecken, Regen an den Scheiben. Alles geschieht, wie es geschehen muß, wie in der Legende, hier gibt es noch keine anderen Formen. Gestern, im zehnten Jahrhundert, hat er beim Bau dieser mozarabischen Kirche geholfen, heute kommt der tausend Jahre alte Fremde, und der Gastgeber fragt, wo er herkomme. »Aus Holland.« »Der Prinz mit dem Bart«, sagt der Mann zu der Frau, und zu mir: »Ihr Prinz, der mit der Königin verheiratet ist.« Ich sehe ihn an. »Der so tapfer gegen die Deutschen gekämpft hat.« »Das ist der Mann unserer vorigen Königin. Jetzt haben wir einen anderen

Prinzen.« Das wundert ihn nicht. Prinzen folgen aufeinander und bekommen andere Prinzen. »Aber der hat keinen Bart«, sage ich. »Der gegen die Deutschen gekämpft hat, hatte aber einen«, sagt er.

Es wird still in der Stube. Die Uhr benimmt sich wie eine Sanduhr und teilt eine weitere Minute aus.

Sie hätten keinen Prinzen, sie hätten einen König, sagt er.

Der einzige, der seine Hände nicht mit Blut befleckt habe, sagt er. *Que no se ha manchado las manos con sangre*. Es ist unmöglich, bei dieser Zeile aus einem *chanson de geste* etwas anderes zu sehen als Hände und Blut. Hier ist ein Satz noch soviel wie die Summe aller seiner Wörter. Er selbst hat im Bürgerkrieg gekämpft. Auf der richtigen Seite. Daher sein mühsamer Gang.

Ich trinke von dem *orujo*, der wie ein Messer in mich schneidet.

Sein Bruder habe in Rußland gekämpft, in der Blauen Division. Der sei auch verwundet worden. Spanien, Gegensätze. Es wurde in ein und demselben Ton gesagt, es war kein Wertewandel in diesen Sätzen. Er. Sein Bruder. Rußland, die Republik. Verwundet. Wollen Sie noch einen *orujo*? Nein danke.

Wir gehen zur Kirche. Ich frage mich, was ich sehen würde, wenn ich dieses Gebäude nicht mit historischen Augen betrachten würde. Eine schöne ländliche kleine Kirche, alt, in einem verlassenen Winkel. Man sieht sie vom Auto aus, fügt sie zu den übrigen Herrlichkeiten und fährt weiter. Das geht jetzt nicht mehr. In meinem Auto liegt hinten ein Band der Reihe Zodiaque, *La nuit des temps*, eine Ausgabe (Nr. 47) der Abtei Sainte Marie de la Pierre-qui-Vire (Yonne). Die ganze Reihe – schon jetzt mehr als hundert Bände – ist der romanischen Kunst gewidmet, und dies ist der zweite Band, der die präromanische Kunst Spaniens behandelt. Es sind stattliche Bücher, jedes über 400 Seiten stark, voll mit phantastischen Fotos von jemandem, dem sichtlich kein Interieur zu dunkel ist. Die Detektive, die sie verfassen, gehen an keinem Stein, Ornament, Dokument vorbei, man wird gezwungen, mit Augen zu schauen, von deren Existenz man bislang keine Ahnung hatte. Der Band, den ich auf dieser Reise dabei habe, befaßt sich ausschließlich mit der mozarabischen Kunst, die kleinen Kirchen, auf die ich früher in verborgenen

Winkeln Spaniens (zum Beispiel in Berlanga de Duero) durch Zufall gestoßen bin, stehen alle darin, komplett mit Grundrissen, Detailzeichnungen, Geschichte. So auch bei dieser Kirche. Der alte Mann hat die Tür aufgeschlossen, und wir gehen hinein, gehen gegen die süßliche, abgestandene Atmosphäre an, die uns zurückzustoßen scheint. Dunkel ist es, ich habe Mühe, Details zu erkennen, doch allmählich siegt das Gebäude, die Struktur zeichnet sich selbst im zunehmenden Licht, doch während ich so technisch wie möglich schauen will, weil ich dafür schließlich gekommen bin, merke ich, daß meine Natur mir befiehlt, in erster Linie etwas zu *fühlen*. Hier kann sich kaum etwas verändert haben, und fast zwangsläufig kommen beim Berühren dieses so materiellen *Selben*, des Steins, der Formen aus Stein, die tausend Jahre lang völlig autonom und ungestört dort gestanden haben, eher romantische Phantasien in mir auf, und das ist wesentlich einfacher als die akribischen Betrachtungen des Buchs über Einflüsse, Höhenunterschiede, Zwickel, Dachstützen, Kragsteine, Gewölbeformen. Ein heiliger Sherlock Holmes ist hier am Werk gewesen, hat gezirkelt und gemessen, ist über den Boden gekrochen, hat asturische Spuren entdeckt, westgotische Hinweise, mozarabische Täter, er hat Anonymi beim vergeblichen Spurenverwischen ertappt, hat mit geraden und krummen Pfeilen auf Skizzen die »*orientation des hauteurs croissantes des supports-colonnes*« angegeben, aber ich spreche seinen geweihten Polizeifachjargon nicht, und mein Wörterbuch weigert sich, die Bedeutungen preiszugeben. Der alte Mann sieht mich in den Seiten hin und her blättern, vom Foto wieder zum Kapitell blicken, den Grundriß abschreiten, und er sieht auch, wie ich es schließlich aufgebe und mich meiner Bewunderung hingebe, die Trapezoide, den westlichen Anbau, das griechische Kreuz, die Seitenschiffe und Apsiskapellen dem heiligen Detektiv überlasse und einfach auf die mit orientalischen Pflanzenmotiven verzierten Kapitelle starre, die eine namenlose Hand vor tausend Jahren gemeißelt hat, auf die arabischen Bögen, die sich mir eingegraben haben, seit ich sie in Isfahan, Kairuan, Córdoba gesehen habe, wie ich mich in der Stille wiegen lasse, die zur Abwesenheit anderer Menschen gehört und die man fast nirgends mehr erlebt.

Das Buch habe ich neben mich gelegt, doch ich habe noch einen Führer. Er weiß nicht soviel wie das Buch, aber es ist schon ein Leben lang seine Kirche. Er geht mit seinem schlimmen Bein zum Altar und deutet auf die große Steinplatte, auf der der Altartisch ruht. »Los Godos«, sagt er.

Die Goten, und in seinem Mund bekommen die beiden Wörter eine andere Bedeutung, als gäbe es die fremden nördlichen Stämme noch immer, als könnten sie noch einmal von Norden her, von wo ich komme, einfallen, ihr glücklich-unglückliches Königreich gründen, bis sie wieder von den Arabern geschlagen werden.

Er deutet auf das Schmuckmotiv im Stein, ein großes Rad, umgeben von sechs kleineren. »Das haben sie hier ausgegraben«, sagt er. Die gleichen geometrischen Verzierungen habe ich draußen gesehen, in den langen Steinen, die das Dachgesims stützen, Konsolen, Kragsteine. Jetzt schaue ich auf den Stein am Altar. Das große Rad steht still, aber es sieht aus, als drehte es sich. Vom stillstehenden Mittelpunkt aus sechzehn gebogene Linien, eine fließende Swastika. Rad, ewige Bewegung, ewige Wiederkehr, die Welt ein Rad in einem Rad, sagte Nicolaus Cusanus. Was sahen die Menschen, die hier lebten, in diesem keltischen Echo? Swastika, schwingende Bewegung, fließend dieses Mal, rund und unbeweglich der Mittelpunkt, entgegen den noch nicht existierenden Zeigern der Uhr und der Welt wie bei den Karolingern oder mit quergestellten, auf Weltliches erpichten Haken hinter der Vorstellung der Zeit herjagend wie Hitler auf der Suche nach seinem dämonischen Millenium. Zeichen, Darstellungen, die ausdrückten, was sie dachten, was sie beschwören wollten. Aber was dachten sie, an ihrem beweglichen Schnittpunkt der Denksysteme zwischen Glaube und Aberglaube, Tradition, Ketzerei, Erneuerung? Der Stein hier sagt es und sagt es nicht, ich fahre mit den Händen über die sich reimenden Rillen, als wollte ich der stillstehenden Bewegung einen Schubs geben, und mein Führer lacht. »*No se mueve*«, sagt er, »es bewegt sich nicht«, aber ist es wirklich so? Sechzehn Arme gehen vom Mittelpunkt aus, Arme, Strahlen, Bahnen, Ranken, gebogene Linien, zierliche Speichen, wie nennt man so etwas?

Und auch diese Zahl ist natürlich kein Zufall, unmotivierte Verzierungen gab es nicht, alles drückte etwas aus. Sechzehn, das Vierfache von vier. Aber was will ich damit? Nichts, nur lauschen. Nicht das, was *ich* über diese Zahlen und Formen sage, ist wahr, sondern das, was sie bedeuten wollen. Rad, Kreis, Swastika, sechzehn, vier, im Chor beginnen sie auf mich einzuflüstern, esoterisches Summen, kabbalistischer Singsang, byzantinisches Gurgeln, Erbe über Erbe, mozarabisches Jubeln, koptisches Pfeifen, mesopotamisches Brummen, keltisches Murmeln, keines schließt die Anwesenheit des anderen aus in diesem sich selbst befruchtenden Jedermannsland. Jetzt bin ich nirgends mehr sicher, auch die Schwelle, die Säule, der Bogen, das Kreuz, die Akanthusblätter und die orientalischen Fabeltiere auf den Kapitellen, die geometrisch stilisierten Blüten an den hohen, schmalen Friesen kommen mit ihren vergessenen Bedeutungen angeflogen und wollen gelesen werden, wie sie einmal gelesen wurden, wiedererkannt werden, wie sie kodiert und gekannt wurden in einer Zeit, in der vier nicht ausschließlich viermal eine Einheit desselben war, sondern, und das bereits seit Anbeginn der Zeit, das Solide, das Greifbare, die Fülle, als Könige eine Vier in ihrem Namen trugen, »Herr der vier Himmelsrichtungen, der vier Meere«, aber damit habe ich mich schon zu weit von meinem Stein entfernt, hin zu sechzehn als der Verdoppelung von acht, zu Hod, dem achten Sefir der Kabbala, dem Glanz, der Glorie, zu der Bedeutung der vier Konsonanten in dem unaussprechlichen Namen YaHWeH, Y der Mensch, H der Löwe, V der Stier, nochmals H, der Adler, und dann fliehe ich vor all diesen düsteren Deutungen über die Schwelle, die das Heilige vom Profanen trennte, und stehe wieder draußen, wo der Regen beruhigend auf Bäume rauscht, die hier nichts bedeuten, da sie von niemandem geschaffen wurden.

Und doch bleibt es merkwürdig: Etwas bedeutet etwas und zugleich nichts. Nicht für mich, wohl aber für denjenigen, der die Kirche baute, die Figuren gravierte, den Grundriß entwarf. Was uns trennt, ist Zeit, was uns verbindet, ist das steinerne Ding, an das ich mich lehne, Schutz vor dem Regen suchend, der immer der gleiche geblieben ist. Drossel, Taube, Krähe, die hätten uns verbunden, denke ich, da Tiere sich die Mühe gemacht haben zu bleiben, wie sie sind. »Das kommt daher, weil sie nicht denken können«, murmelt die Gegenstimme, und doch: Versetze die Taube, die sich dort zwischen den Zweigen des Apfelbaumes zu schaffen macht, tausend Jahre zurück. Vielleicht hört sie das Hämmern von Eisen auf Stein, wo sie diese Kirche gegen das erwartete Ende der Welt bauen, vielleicht hört sie das asturische Gemurmel der Männer, die die Steine nach einer Idee zurechthauen, die sie aus dem Kalifenreich der Omaijaden mitgebracht haben. Sie hört es oder sie hört es nicht, so wie sie mich jetzt mit dem alten Mann neben mir reden hört oder nicht. Nicht, denke ich, denn sie hat andere Sorgen, sie muß werben, sich paaren, ein Nest bauen, *Taube sein*. Grau und geflügelt würde sie damals, wie heute, mit ihrer Umgebung verschmelzen, niemand würde ihr den Verschleiß der vergangenen tausend Jahre ansehen, sie hat ihre Sprache, ihr Verhalten, ihre Tracht, ihre Bedeutung nicht geändert, sie ist ihr eigener fortdauernder Archetyp, willkommen zwischen Tauben und Menschen, beschäftigt mit der ewigen Wiederholungsübung aller Tauben: ein taubiges Dasein. Taube, duif, pigeon, paloma, der Vogel, den es schon gab, bevor er zum Geist ernannt und für heilig erklärt wurde, wenngleich es wohl Austernfischer geben wird, die sagen, daß die Idee des Einen bereits im Anderen eingeschlossen war.

Ich, der ich kein Scholastiker bin, weiß es nicht, ich schütze mich vor dem Regen an der Kirche von Lebeña und sitze in meinem Zimmer im Gasthof Fuente Dé an einem Tisch voller Fotos, Notizen, Bücher. Ich muß hinaus, bevor es Abend wird, mit der Seilbahn die unerbittliche Bergwand hinauf. Ich darf nicht nach oben schauen, denn dann traue ich mich nicht mehr, die Drahtseile führen fast senkrecht in die Höhe, das versteinerte Buch voller Gekritzel und Durchstreichungen steht senkrecht vor meinen Augen, vor Angst kann ich nicht mehr lesen, bis ich hinter meinen geschlossenen Lidern ein weißes Glitzern sehe, einen Ruck spüre. Wir sind oben. Das Zimmer, in dem ich gerade noch geschrieben habe, ist so klein geworden, daß ich nie mehr hineinpasse. Vor mir eine weiße Fläche, Schnee. Bis in die Ferne sehe ich eine Landschaft aus Berggipfeln, durch die Wolken wie

Träume ziehen. Mir ist, als hörte ich das Gestein ächzen, aber es ist nur Stille, was ich höre, so gespannt, daß sie gleich brechen wird. Ist das das Schlimmste? Nein, das Schlimmste ist das Blau, so vollkommen und der Erde entrückt, daß ich einen neuen Namen dafür ersinnen müßte.

Was kommt, ist kein Name, aber doch wieder etwas, das mich mit meinem zerschellten Zimmer da unten verbindet, mit einem Buch, das dort auf dem Tisch liegt, einer Miniatur in diesem Buch. Ein Engel mit roten Flügeln. Federn wie Schwerter. Er hebt seine ach so rote Posaune einem blauen Himmelsstreif entgegen, einer Sonne und einem Mond, die zu zwei Dritteln rot und zu einem weiß sind. Es ist der Engel von der vierten Posaune aus der Apokalypse, derselbe, den ich erst gestern im Kloster Santo Toribio, fünfzehn Kilometer von Santa María de Lebeña entfernt, gesehen habe, dem Kloster, in dem einst Beatus lebte. Doch das ist eine andere Geschichte. Der Fahrer der Seilbahn telefoniert mit der Bodenstation, andalusische Stimmen, seltsam in diesem lichten, winterlichen Norden. Ich bin der einzige Fahrgast, er gibt mir ein Zeichen, daß es losgeht. Noch einmal schaue ich zu diesem so barbarisch blauen Himmel hinauf. Kein Engel und kein Adler, aber erst, als ich unten bin, atme ich wieder ruhig.

1986

WARUM KOMMEN DIE LEUTE NICHT WEITER ALS BIS ZUR OSTKÜSTE?

Was war eigentlich das Besondere am ausgehenden neunzehnten Jahrhundert, daß man einen eigenen Namen dafür erfand? *Fin de siècle*, Stil des Abschieds vom vergangenen Jahrhundert, Schwermut, Überfeinerung, Ermüdung, Erneuerung. Für das Ende unseres Jahrhunderts wird man sich etwas anderes einfallen lassen müssen, *fin de millénaire*, warum nicht? Schließlich geht in wenigen Jahren einiges zu Ende, wenn nicht in Wirklichkeit, so doch in Zahlen. Ein Tausender rollt sacht der Vollendung entgegen, wenn wir Glück haben, erleben wir es, und während ich mich für das *fin de siècle* nie sonderlich interessiert habe, verspüre ich bei diesem zweiten Tausender doch die gleiche kichernde Aufregung, wie wenn der Kilometerzähler im Auto auf die 100 000 zugeht. Schuld daran sind all die Nullen.

Nullen sind schön, ohne Zweifel. Die Maya kannten die Null bereits tausend Jahre vor den Europäern und benutzten das runde Haus einer Schnecke, um sie darzustellen. Die Ägypter hatten kein Zeichen dafür, und das ist schade, denn sie sind so rund und vollkommen, die Nullen, leer und gleichzeitig voll, sie widersprechen sich selbst so lautstark, daß sie der Eins, die davor steht, einen eigenartigen Mehrwert verleihen, wiewohl der sich im Vergleich zu tausend Jahren vorher beträchtlich verringert hat. Eine unumgängliche Entwicklung. Die Menschen des Mittelalters glaubten nicht nur, daß die Erde erst wenige Jahrtausende alt sei (selbst Kant dachte siebenhundert Jahre später auch erst in einer Größenordnung von einer Million), sondern glaubten, erregt durch das Nahen des tausendsten Jahres nach Christus, darüber hinaus, daß die Welt in Kürze untergehen werde. Wann genau, kam darauf an, beziehungsweise hing davon ab, ob man das Datum von Christi Empfängnis, Geburt oder Tod zugrunde legte.

Wir, mit unserem so langen kurzen Gedächtnis, wissen, daß das nicht eingetreten ist. Das nimmt der Angst den Biß. Die

Wahrscheinlichkeit unserer Vernichtung ist größer und kleiner geworden, aber niemand erwartet Armageddon auf den Tag genau am 1. Januar 2000 oder im Jahre 2033, wenn ich hundert werde oder geworden wäre.

Vor tausend Jahren hatte die Angst ganz andere Ausmaße, und in der Gegend, in der ich mich gerade aufhalte, in den Bergen zwischen Kantabrien und Asturien, lebte und schrieb im achten Jahrhundert ein Mönch, der mit seinen Kommentaren zur Offenbarung des Johannes ganz Europa ein paar hundert Jahre in Atem hielt. Das Kloster hieß damals Liébana, heute Santo Toribio, der Name des Mönches war Beatus. Ich habe die Straße verlassen, um das Kloster zu suchen. Düster, Regen, kein Mensch zu sehen. Eine Pforte mit einem Türklopfer. Ich erwarte schlurfende Schritte, aber nichts passiert. Jetzt mißtraue ich dem trockenen »Tick« des Klopfers und schlage mit der Faust ans Tor. Dieses Geräusch hallt durch den Gang, aber nichts. *Klopfet an, so wird euch nicht aufgetan.* Das Gebäude ist nüchtern, geradlinig, es kann unmöglich dasselbe sein von damals. Ich laufe einmal außen herum, komme zu einer offenen Tür, die auf einen Klosterhof führt. *Suchet, so werdet ihr finden.* Die Mönche oder wer auch immer dort lebt, haben es sich leicht gemacht. In gleichmäßigen Abständen hängen dort Reproduktionen von Bildern, die einst Beatus' Buch illustrierten.

Er selbst hat diese Bilder, Illuminationen, Darstellungen nie gesehen, sie stammen von Mönchen, die seinen Kommentar in ihren Skriptorien kopierten. Angst und Kunst, verzweifelte Schwestern, die stilisierten mozarabischen Darstellungen flößen auch heute noch Angst ein. Stilisierte Angst, aber doch Angst. Angst vor Ungeheuern, Pest, Feuer, Hunger, Untergang, Angst vor der Prophezeiung. Beatus' Buch war der Bestseller der Endzeit, vom Tod der Welt ist darin zu lesen. Der nahende Untergang hatte Künstler wie Leser so sehr gepackt, daß diese illuminierten Handschriften das Beatus-Kommentars bis auf den heutigen Tag nach ihm benannt sind, als Gattung: der Beatus Pierpoint-Morgan, der Beatus der Kathedrale von Gerona, der Beatus von Liébana, der hier vor mir hängt. Bestseller habe ich zwar eben gesagt, aber ich hasse das Wort. Umberto Eco verwendet es in seinem Essay über Beatus, und auch wenn es unzutreffend ist, da es damals keinen »Markt« gab, zumindest nicht in unserem Sinne, so kommt seine Botschaft doch an: Die 650 Seiten, die Beatus vollkritzelte, sollten in den Jahrhunderten nach seinem Tod eine noch größere Wirkung haben als zu seiner eigenen Zeit.

Worum ging es darin? *Das Buch überlebt das Buch*, ist eines der Zitate, die Eco in seinem Text verwendet. Und er fügt an einer anderen Stelle hinzu, die Welt sei ein Buch, das als Buch gelesen werden wolle. Die Welt ein Wald voller Zeichen, die gedeutet werden wollen, die sich gegenseitig deuten und »mit Bedeutung erfüllen«, niemand ist in einer solchen Welt mehr zu Hause als der Zeichendeuter Eco selbst, ein Heiliger in der Kirche eines Borges, Calvino, Barthes, Peirce. Eco, fast ist es zu kindisch, mit diesem Namen zu spielen, und doch: Man spürt den Genuß, wenn er sich, gerüstet mit seinem faszinierenden Wissen von Antike und Mittelalter, und gleichzeitig als Chefgelehrter der modernen Semiotik als Echo unter die Echos mischt, die Beatus mit seinem »Kommentar« ausgelöst hat.

Aber auch dieser Kommentar war nur ein Echo, nicht nur auf die Offenbarung des Johannes selbst, sondern auf alle Kommentare, die diese zweiundzwanzig Kapitel bis zur Zeit des Beatus ausgelöst hatten, von Tertullian und Augustinus bis hin zu Isidor von Lyon und Isidor von Sevilla. Und, so sagt Eco, was war die Offenbarung selbst? Ein Buch in der jüdischen Tradition, ein Echo des Propheten Hesekiel. Und kamen Hesekiels Texte denn aus dem Nichts oder waren es Echos syrischer Texte? Und so weiter, bis an die Grenzen des Geschriebenen. Was für eine phantastisch perverse Form: Eco, Agnostiker, Italiener aus dem Jahrhundert Gramscis, der Mann, der so vollendet über Film, Fernsehen und Comics schreibt, und gleichzeitig Eco der Kleriker, der Mann, der über Thomas von Aquin promoviert hat und damit alles, was dem vorangegangen ist, in sich aufgesogen hat, und der sich jetzt in die erlauchten Kreise patristischer Autoren und Kommentatoren einreiht, nicht mehr, um wie sie zu erläutern, was das Buch bedeutete, sondern um darzulegen, was jene anderen glaubten, daß es bedeute, und warum.

Eine Spiegelschrift ohne Ende. In der Stille des eigenen Zimmers hört man das Umblättern jener schweren Blätter in den tausend Bibliotheken und Skriptorien, die zusammen die Bibliothek und das Skriptorium der Welt bilden, man hört Federn über Blätter kratzen und sieht Texte andere Texte überwuchern, die Entstehung der unendlichen Handschrift, die nur Borges und Eco noch lesen können.

Palimpsest, so betitelt Umberto Eco seinen Essay über Beatus. Er schreibt ihn nicht aus Bewunderung für dessen Stil oder Originalität, denn davon kann keine Rede sein. »Der Held unseres Buches war ein Epigone, der zu kultureller Konfusion neigte und eine Syntax verwendete, die sogar jemandem, der an die tollsten Korruptionen mittelalterlichen Lateins gewöhnt ist, einen Schrecken einjagen kann.« Beatus wiederholt »bis zum Gehtnichtmehr« seine eigenen Erläuterungen, verliert sich in »gewundenen Analysen«, dichtet Hieronymus Texte an, die von Priscillian stammen, läßt Dinge weg, tauscht Wörter aus, widerspricht sich selbst, verwendet dasselbe Zitat einmal mit dem Akkusativ und dann wieder mit dem Ablativ, kurz, bringt Horden posthumer Kopisten zum Schaudern und schreibt dennoch einen Bestseller, denn durch die Wirkung, die sein Kommentar hatte, wurde Beatus in den Jahrhunderten nach seinem Tod immer berühmter. In seiner obsessiven Sucht nach hermeneutischer Klarheit schrieb er im Grunde schon all die Illustrationen, die andere später zu seinem Werk schaffen sollten: Jedes siebente Horn, jedes vierte Auge, jeder Schrecken aus dem apokalyptischen Traum wurde mit fataler Präzision beschrieben, und diese Bildersprache wurde, zuerst gemalt und später in Stein, zum Bild *ohne* Sprache, und *Bilder* waren es, die ein Mensch des Mittelalters aufnahm. Die Texte wurden von Menschen, die nicht lesen konnten, auswendig gelernt. Stütze, Erläuterung, Untermauerung dabei war das Bild, und das Bild stammte von Beatus. Nun simplifiziere ich natürlich, aber ich habe auch weniger Platz als Eco (und Beatus). Die exegetischen Darstellungen an Kapitellen und Tympana der romanischen Kirchen entlang der Pilgerstraße nach Santiago de Compostela stammen oft, wie in Moissac, wortwörtlich aus »Illustrationen« zum Kommentar des Beatus:

Was als Wort das Kloster verließ, vor dem ich jetzt stehe, kehrte, Jahrhunderte später, als steinernes Bild wieder nach Spanien zurück.

Beatus schrieb seinen Kommentar mit einem bestimmten Ziel: Er wollte eine Ketzerei bekämpfen. Wir befinden uns noch immer, oder wieder, im Spanien des achten Jahrhunderts, oder besser gesagt, in der geographischen Gegend, die heute Spanien heißt und die damals zum größten Teil von Arabern besetzt war. Der Norden war frei, und dort befand Beatus sich, Abt des Klosters Liébana (730-785), Kaplan der Königin Osinda, Gattin König Silos von Oviedo (Asturien). Sein Kontrahent war Elipandus, Erzbischof von Toledo, eine Art Bürgermeister zu Kriegszeiten, gefangen, wie das spanische Sprichwort sagt, zwischen »dem Schwert des Islam und der karolingischen Mauer«.

Toledo ist die Hauptstadt des Kalifenreiches der Omaijaden, und diese alte *urbs regia* liegt auf halbem Wege zwischen Al-Andalus, dem die Christen unterstehen, einerseits und dem freien Asturien und dem Karolingischen Reich andererseits. Es ist eine Metropole im kosmopolitischen Sinne des Wortes, hier existieren verschiedene Kulturen nebeneinander, beäugen sich, stehlen und entlehnen voneinander. Die Christen sind stolz auf ihre westgotischen Traditionen und öffnen sich gleichzeitig der arabischen Welt, eine Öffnung, die sich später als außerordentlich wichtig aufgrund all dessen erweisen wird, was arabische Gelehrte vom griechischen Erbe bewahrt und übersetzt haben. In dieser mozarabisch-christlichen Welt entsteht der Irrglaube des Adoptianismus, mit Elipandus und seinem Verbündeten Felix, Bischof von Seo d'Urgel, das übrigens nicht unter arabischer Herrschaft steht, als Hauptvertretern. Ich bin ein zu geringer Kopist, um alle Hintergründe der heterodoxen Irrwege, trinitarischen Unsicherheiten und theologischen Haarspaltereien jener Zeit aufzudecken, denn dafür müßte man selbst gespaltene Hufe haben. Was mich interessiert, ist das Schauspiel, der Mechanismus, weil Zeit und Politik eine solch phantastische Rolle darin spielen.

Adoptianismus ist, kurz gesagt, die Lehre, wonach Christus von Gott dem Vater lediglich *adoptiert* wurde, selbst also kein

Gott war. Zuerst das Bild: Wie langsam findet diese Theorie ihren Weg hinauf in jenen fernen Norden, wo Beatus lebt, und wie lange dauert es, bis er seine 650 Seiten vollgeschrieben hat, in denen er Elipandus der Ketzerei bezichtigt, und bis seine Anklageschrift nicht nur Elipandus (»der zum Leib des Teufels gehört«), sondern das gesamte christliche Spanien und die christliche Welt jenseits (*allende* heißt das auf Spanisch) der Pyrenäen und schließlich gar den Hof Karls des Großen erreicht hat. Zwischen These und Replik vergingen Wochen oder Monate. Die Geschwindigkeit des Streitgesprächs wurde von der Geschwindigkeit von Roß und Reiter diktiert: Es *gab* einfach keine andere Zeit.

Elipandus nimmt die Sache sehr ernst, er nennt Beatus einen *Inbeatus* oder »*Antiphrasius Beatus*«, sagt, daß er »*carnis lasciviae deditus*« (ein Schmierfink, wollen wir mal übersetzen) sei, »*antichristi discipulus, ab altario Dei extraneus, pseudo Christus et pseudo propheta*«, und auch diese Worte werden wieder in Ledertaschen und auf Pferderücken durch ganz Europa getragen, bis vor die Throne von Papst Hadrian und Karl dem Großen. Ich bin ein Kind meiner Zeit: Davon möchte ich ein Bild, so eine fast synchrone Einstellung, bei der ich den Geheimschreiber Karls das Siegel erbrechen sehe, und dann, gleichzeitig, in Rom den Papst, der eine Botschaft an Elipandus in Toledo senden läßt, während Beatus in jenem Kloster, vor dem ich noch immer stehe, »*cette haute Thébaide cantabrique*«, an seinem Kommentar zur Apokalypse weiterkritzelt, weil er damit beweisen will, daß der thronende Christus (Majestas Domini), den er Wort für Wort in seiner Schrift anführt, in der »Fülle seiner konsubstantiellen Göttlichkeit und Herkunft« existiert.

Beatus gewinnt die Schlacht, Karl der Große beruft zwei Konzile und eine Synode ein (auch das will ich sehen, wie sie aufbrechen, wie sie reisen, wo sie schlafen, was sie sagen), und Elipandus samt Felix und ihren Anhängern werden verurteilt. Nicht, daß das irgendwelche Folgen für die Protagonisten hätte: Der Bischof zur Kriegszeit, der Elipandus ist, setzt sich über die Entscheidungen von Karls Konzilen hinweg. Natürlich, denn diese Ereignisse hatten auch eine politische »Logik«. Karl und der asturische König wollen die christlichen Bistümer im Norden aus der Zugehörigkeit zum Erzbischof von Toledo lösen, der im arabischen Gebiet lebt. Die bitteren Worte, die die Verurteilung begleiteten – das Unglück, das die spanische Christenheit unter dem moslemischen Joch erleide, sei eine gerechte Strafe des Himmels –, haben wiederum zur Folge, daß die spanischen Christen sich der karolingischen Renaissance verschließen.

In einer solchen Geschichte steht nichts für sich, alles ist mit verschiedenartigen Fäden ineinander verschlungen, Fäden der Interessen, der Ideen, der Personen, der Macht, der Natur. Der Beatus-Kommentar, der bezweckte, einen Irrglauben im achten Jahrhundert zu bekämpfen, wird nicht deshalb, sondern gerade wegen seiner endzeitlichen Aspekte *das* Buch des zehnten Jahrhunderts, als Europa eine verheerende Hungersnot erlebt. Dieselben Worte erhalten eine andere Bedeutung, Leidende und Sterbende erkennen sich in den Prophezeiungen des Schrecklichen wieder, weil das Schreckliche allgegenwärtig ist.

Unsichere Wege, zwar ein »Reich«, aber keine wirkliche Form von Regierung, Bandenunwesen, Pest, chronische Unterernährung und regelmäßig wiederkehrende Hungersnöte. Es gibt keine grauenvollere Beschreibung des »Zustands der Welt« als die von Raoul Glauber, einem Mönch aus der Benediktinerabtei Cluny, der ihn Ende des ersten Jahrtausends in seinen *Historiarum libri quinque, IV: De fame validissima quae contigit in orbe terrarum* schildert. Das Zitat, das Eco anführt, ist zu lang, um es hier wiederzugeben, aber schon ein paar Fetzen daraus sind genug, um jede Fernsehsendung über Äthiopien verblassen zu lassen.

So sah die Kehrseite der fröhlichen Bauernhochzeit aus: »Endlose Regenfälle, die die Erde in ewigen Morast verwandelten, so daß nicht gesät werden konnte und befürchtet werden mußte, das menschliche Geschlecht werde ganz aussterben (...) zur Erntezeit hatte verschiedenerlei Unkraut und das tückische Raigras die Felder vollständig überwuchert (...) wenn es irgendwo etwas Eßbares zu kaufen gab, wurde haarsträubender Preiswucher betrieben (...) nachdem die Menschen die wilden Tiere und Vögel, die sie fangen konnten, gegessen hatten, waren sie gezwungen, allerlei Ungetier zum Essen zu suchen und andere Dinge, zu schrecklich, zu berichten (...) es kam sogar so weit, daß die Menschen vom Hunger dazu getrieben wurden, Menschenfleisch zu verzehren (...) Reisende wurden von Leuten überfallen, die stärker waren als sie selbst, ihre Glieder wurden in Stücke gehackt, gekocht und gegessen (...) viele, die irgendwo eine Bleibe gefunden hatten, wurden nachts geschlachtet und dienten denen als Nahrung, bei denen sie untergekommen waren (...) andere lockten Kinder mit einem Ei oder einer Frucht, brachten sie um und aßen sie auf (...) und oft wurden Leichen aus der Erde geholt, um den Hunger zu stillen (...) man gewöhnte sich so sehr an den Verzehr von Menschenfleisch, daß es gekocht und zubereitet zum Markt gebracht und dort als Schafsfleisch verkauft wurde (...) wer dabei erwischt wurde, landete auf dem Scheiterhaufen (...) viele entnahmen dem Boden eine Art lehmiger Erde und vermischten sie mit dem wenigen Mehl, das sie hatten, und buken davon Brot, um nicht Hungers zu sterben (...) man sah bleiche, ausgemergelte Gesichter (...) viele hingegen waren so aufgebläht, daß ihre Haut überdehnt war (...) die menschliche Stimme war schrill geworden und glich dem Kreischen von Vögeln in Todesnot (...).«

Wundersam sind die Wege eines Textes. Nachdem Beatus' Kommentar seine theologische und politische Rolle gespielt hat und ihm längst viele andere, heute vielleicht vergessene Apokalypsekommentare nachgefolgt sind, gären die Bilder, die der Mönch aus Liébana in dieser Schärfe heraufbeschworen hatte, noch ein paar hundert Jahre weiter, bis sie sich in der apokalyptischen Wüstenei des zehnten Jahrhunderts endgültig vom Text lösen und ihren eigenen Weg gehen: Das Minuziöse wird Miniatur, das Bild aus Worten ein Bild aus Linien, Farben, Symbolen – so stark, so neu, so bestürzend, daß es die figurative Kunst Europas ein für allemal elektrisiert. Wie gesagt, als Worte haben sie Spanien verlassen, als Bilder sind sie entlang der Pilgerstraße nach Santiago de Compostela wieder zurückgekehrt, doch jetzt schwärmen sie nochmals, aus eben demselben Spanien, als mozarabische Bilder aus, um so wieder in sämtliche Richtungen zu ziehen, aber um vor allem auf eben dieser »Milchstraße« (»la via lactea«) zurückzukehren.

Die Pilgerfahrt nach Santiago de Compostela ist eine gigantische Völkerwanderung hin und zurück, eine Bewegung von Millionen Fußgängern, ein endloser Strom von mit der Jakobsmuschel kenntlich gemachten Pilgern aus allen Ländern der Christenheit, der bei Mont St. Michel, in Tours, Vézelay, de Puy und Arles aufgefangen und über die Pyrenäen auf dem eigentlichen *camino* nach Santiago geleitet wird. Was das an religiöser *ferveur*, politischer Tragweite, sozialer, wirtschaftlicher und künstlerischer Auswirkung beinhaltete, kann man sich kaum mehr vorstellen. Ganze Heerscharen waren jahrhundertelang ständig unterwegs in einem Europa, in dem der Fuß den Takt angab. Wer sich freiwillig oder als auferlegte Buße in diesen Strom einreihte, ließ in jenen unsicheren Zeiten alles zurück, der Traum aller Romantiker, nicht jener, sondern späterer Zeiten. So wurde diese Pilgerfahrt ihr eigener Mythos; die Bande zwischen dem Nordwesten Spaniens und dem europäischen Norden wurden immer fester geknüpft, die Trennung, und damit die Sehnsucht nach Wiedervereinigung mit dem noch von den Arabern besetzten übrigen Spanien, wurde immer heftiger empfunden.

Santiago kam zu seinem Glanz – mit den bekannten Folgen –, nachdem man in der Stadt das Grab des Apostels Jakobus gefunden zu haben *glaubte*, Ereignisse also, die sich aus etwas ergaben, was wahrscheinlich gar nicht stattgefunden hat. Auf dieser äußerst schemenhaften Vorstellung und auf der seit dem fast mystischen Pelayo so hartnäckig verteidigten Unabhängigkeit der asturischen Könige beruhte eine europäische Massenbewegung, die nachfolgende Generationen von Spaniern motivierte und in die Lage versetzte, sich der arabischen Fremdherrschaft auf Dauer zu widersetzen, den restlichen Teil Spaniens dem Islam wieder zu entreißen und so eine Flut aufzuhalten, die ganz Europa hätte überschwemmen können. So gesehen ist es sicherlich nicht übertrieben zu sagen, daß in den Tälern und auf den Pässen Asturiens einst die Geschichte Europas – und damit die der Welt – einen anderen Verlauf erhielt, auch wenn ich das Wort »anderer Verlauf« zurücknehmen muß, denn es gibt natürlich nur eine Geschichte, und das ist die Geschichte, wie sie sich eben zugetragen hat. Einen »anderen Verlauf« allenfalls im Hinblick auf eine imaginäre Geschichte, wie sie sich auch zugetragen haben *könnte*: ein nicht-christliches Europa, ein Europa, das von der Eroberungswelle mitgerissen worden wäre wie weite Teile der damals bekannten Welt.

Der spanische Historiker Claudio Sánchez-Albornoz (*Dipticos de Historia de Espãna*) findet dafür stärkere Worte: Dank des spanischen Volkes ist Europa nicht überrannt worden. Er zitiert Livius: »Spanien (Hispania) war aufgrund der Natur seines Landes und seiner Bewohner besser als Italien und besser als irgendein anderes Land der Erde geeignet, einen Krieg zu führen und durchzuhalten«, und knüpft daran einige phantastische Schlußfolgerungen: Infolge der Durchquerung des Niemandslands zwischen Duero und Ebro von Asturien und Navarra aus und der anschließenden Vertreibung der Moslems vom wiedereroberten Kastilien aus hat Spanien nicht nur Europa aus dem politischen Einflußbereich des Islams herausgehalten – und Europa und dessen späterer Renaissance gleichzeitig all das, was arabische Gelehrte, Schriftsteller, Philosophen, Ärzte, Übersetzer an Wertvollem aus dem griechischen und hellenistischen Erbe geschöpft hatten, erhalten –, sondern darüber hinaus aufgrund der Erfahrung jenes sieben Jahrhunderte währenden Kampfes die Mentalität entwickelt, die erforderlich war, um die westliche Hemisphäre zu entdecken und zu erobern. Er drückt es mit einem Paradox aus, das er nicht Paradox, sondern Realität nennen will: *»Si los musulmanes no hubiesen conquistado España en el siglo VIII, los españoles no habrían conquistado América en el XVI: Paradoja? No, realidad.«* (Wenn die Muselmanen Spanien im achten Jahrhundert nicht erobert hätten, dann hätten die Spanier Amerika im sechzehnten Jahrhundert nicht erobert. Paradox? Nein, Realität.) Man kann das auch umkehren, und dann wird wirklich ein Paradox oder eine Phantasie daraus. Wenn die Spanier den Islam nicht aufgehalten hätten, ist es nicht undenkbar, daß nicht nur Europa, sondern auch Amerika islamisch geworden wären. Es ist undenkbar, weil es nicht eingetreten ist, aber wie undenkbar ist es? »Das braucht uns nicht zu kümmern«, sagt eine Stimme mit österreichischem Akzent. Geschichte ist nur das, was der Fall war.

Bodenbepflasterung im Kloster von Suso

»Alles, was unseres Wissens der Fall war?«

»Alles, was der Fall war.«

Es muß wahr sein. Auch das, wovon wir nichts wissen, ist passiert. Oder nicht?

Ich verlasse mich jetzt einfach auf meine Augen. Dafür bin ich schließlich hierher gekommen. Ich habe noch einmal an die Klostertür geklopft, habe in der Ferne ein Radio gehört und später Frauenstimmen, ich habe sogar noch eine kleine weiße Klingel an einer geschlossenen Luke gefunden, doch ich bleibe ausgesperrt. Frauenstimmen? Leben hier keine Mönche mehr? Jetzt stehe ich wieder auf dem Klosterhof. Ist Beatus hier gewandelt? Hat er sich hier ausgedacht, daß Jakob von Compostela *das glänzende Haupt Spaniens* sei (»*cabeza refulgente de España*«), und damit den Anstoß zu dem Kult, der Pilgerfahrt und all ihren weltweiten Implikationen gegeben, wie Sánchez-Albornoz sagt?

Ich betrachte die Bilder noch einmal Stück für Stück, aber sie irritieren mich, da sie das Alibi sind, um mich nicht einzulassen. Ich werde abgewimmelt, mit Reproduktionen abgespeist, und ich will, da ich schon einmal so weit gekommen bin, den Schock des Echten, ich will, wenn niemand es sieht, mit den Fingern über das Pergament streichen, wie ich es einmal in El Burgo de Osma bei der *mappa mundi* eines anderen Beatus tat.

Mit diesem Gefühl läßt sich nichts vergleichen, dann schmelzen plötzlich tausend Jahre unter den Fingerspitzen, dann sieht man den Mönch in seinem Skriptorium über sein greuliches Panoptikum gebeugt, der Osten in den Osten gedrängt, die Phantasien von Patmos durch die mozarabische Darstellung nochmals gesteigert, die Engel mit ihren scharlachroten Posaunen, die gesunkenen Schiffe, die den Tod verkündenden Reiter, und ich lese, im Auto, im Regen, die Worte, die dazu gehören ... »und siehe, ein fahles Pferd. Und der darauf saß, des Name hieß Tod, und die Hölle folgte ihm nach ...« und fahre weg, in die grüne, nie zerstörte Natur hinein, den bösen Traum von Patmos hinter mir lassend.

Jetzt ziehe ich selbst über die Pässe, über die die zerlumpten Heerscharen zogen, nach Süden über den Puerto de San Glorio und dann hinter Riaño wieder in die Höhe durch die tückische

Schlucht Desfiladero de los Reyes. Natürlich gibt es hier noch Bären. Die Berge sehen selbst wie Tiere ohne Augen aus, der Boden ist grau, schwarz, braun, gelb, der Wind weht, wohin er will, und fegt ums Auto, das Wetter will diese Berge abtragen, skurrile Bäume klammern sich verkrampft ins graue Gestein, Spukgestalten, Männer, die durch den Nebel irren, schwarze Streifen an der Bergwand, der Teufel hat dorthin geschissen, die Gipfel sind in den Wolken verborgen, die mit mir ziehen, fett und grau, darin kocht der Gehörnte seinen Höllenfraß. Ein Gasthof, eine Frau in Schwarz, ein Teller Bohnen, eine Kirche, zwei steinerne Wächter, die Dreispitze tragen, wo war das alles?

Erst Stunden später komme ich nach Covadonga, wo Pelayo die Schlacht für Spanien gewann. Heiliger Boden, wenngleich verseucht durch Frömmigkeit als Kommerzartikel, die falsche Kirche, das falsche Standbild des Helden mit Schwert. Autobusse, Ausflügler, Souvenirs, ein Gedenkstein an der Stelle, wo S.S.M.M. y A.A.R.R., die Königin von Spanien, D^{a}. Isabel, und ihr erlauchter Gemahl, D^{n}. Francisco de Asis, nebst den *serenísimos señores*, dem Prinzen von Asturien und María Isabel, der spanischen Infantin, am 28. August 1858 gestanden haben, und daneben ein Gedenkstein, der an einhundert Jahre *nächtlicher Anbetung* der Jungfrau erinnert, die Spanien in den Sieg führte, doch ich habe eine Verabredung mit älteren Königen als diesen späten Bourbonen des neunzehnten Jahrhunderts und eile aus diesem verschacherten Geisterort fort.

Die darauffolgenden Tage verbringe ich in Oviedo, trinke Cidre und esse *fabada*, ein Bohnengericht mit schwarzen und roten Würsten, *morcilla* und *chorizo*. Die Kneipen sind schön dunkel, die Leute fröhlich, ein unabhängiger Menschenschlag, eine Region für sich, man kann dort herumlungern und lesen und laufen, hier herrscht nicht die pathologische Mordlust der ETA, die das Land verseucht. Träge Tage. Im archäologischen Museum lese ich die Waffen und die Namen, die Perlen in den Kronen, die Anker am Kreuz, die Runen auf den Gräbern. Es ist niemand außer mir da, und ich schreibe mit den Fingern die unlesbaren Worte nach, ziehe die keltischen, westgotischen, asturischen Motive nach, als meißelte ich sie eigenhändig in den Stein,

Wandreliefs in Oviedo

streichle die Steine, die gezeichneten, losen Bruchstücke, die Wut oder Krieg oder Brandstiftung aus ihrem Verband gerissen haben, Schwellen, Kapitelle, halbe Säulen aus unsichtbaren, verschwundenen Kirchen, zerbrochene Sätze, verstümmelte Texte, zerrissene Namen und Wahlsprüche, Menschenwerk, Erbe.

In der Kathedrale die Kreuze der frühen Könige, La Cruz de Los Angeles, La Cruz de la Victoria, atavistische, sakrale Gegenstände aus der Zeit Alfons' II. und III., asturische Könige aus dem frühen neunten und zehnten Jahrhundert. Das erste Kreuz ist sich selbst zum Widerspruch geworden, äußerst schlicht, von griechischer Form, die Arme an den Enden breiter werdend, Zedernholz, aber bedeckt mit Gold und Filigran, besetzt mit *cabujones* und *canafeos*, unpolierte Edelsteine und Kameen; das zweite erinnert an den karolingischen Schmuck aus den Schatzkammern des Rheinlands, Gold, Edelsteine, die darauf liegen wie Tropfen erstarrten Sirups, winzig kleine exotische Darstellungen von Pflanzen und Tieren in Brandmalerei.

Was für ein Wahnsinn, daß die meisten Menschen in Spanien nicht weiter kommen als bis zum Brennglas der Ostküste. Dreißig Jahre lang reise ich hier schon herum, und nie hat es ein Ende. Es ist ein ganzer Kontinent, der dort hinter den Pyrenäen liegt. Geheimnisvoll, verborgen, unbekannt, ein Gebilde aus Ländern mit jeweils eigener Geschichte, eigener Sprache und Tradition, Jahre sind nötig, um es für sich selbst auszugraben, zu entdekken, mit sich selbst zu besprechen.

Auch in dieser Kirche gleiten die Zeiten und Stile durcheinander, wer kennt die Bilder Sebastiano Concos, das verschleierte Fresko Francisco Bustamentes in der Kuppel der Sakristei, das Zepter Enrique de Arfes, die barocken Altaraufsätze Juan de Villanuevas? Und das ist erst die Kirche einer einzigen Stadt, irgendwo weit im Westen, für die meisten abseits des Weges; und selbst in dieser Stadt ist es nicht die schönste, denn die liegt außerhalb, in den Hügeln, eine der ältesten christlichen Kirchen, die es heute noch gibt, Santa María de Naranco, einst unter der Herrschaft Ramiros I. (842-850) als *aula regia* erbaut und noch zu seinen Lebzeiten in ein Gotteshaus umgewandelt. Zwei Kir-

Oviedo, Santa María del Naranco

chen liegen hier dicht beieinander in jenen Hügeln, aus derselben Zeit, beide im vorromanischen, asturischen Stil.

Es ist noch früh, als die Führerin mich in die Santa María einläßt, im Tal hängen Nebelschleier, in der Ferne liegt Oviedo. Das Bauwerk ist hoch, trotz der großen, rohen und sehr ungleichen Sandsteinbrocken, aus denen es errichtet wurde, macht es den Eindruck luftiger, äußerster Anmut. Was waren das für Könige? Woher bezogen sie die Vorbilder für ihre Gebäude? Dies hier erinnert eher an die Pracht von Rom, die lichte Anmut der zweimal durchbrochenen Fassade spottet der Düsterkeit des Mittelalters, ich kenne eigentlich kein Gebäude, das diesem gleicht. Unten sind Bäder »für die Wächter«, da sind die Räume eher fundamental und solide, aber oben, wohin man nur über eine Außentreppe an der Nordseite gelangt, ist es, wie die Führerin so schön sagt, *diáfano*, durchscheinend.

Sie hat recht, das Bauwerk ist aus Stein und doch durchscheinend, Licht und Luft können es durchdringen, werden aber auch dadurch verändert, berührt, und diese Veränderung überträgt sich auf den Besucher, er befindet sich vorübergehend in einer anderen Art von Licht, in einer anderen Luft, es macht ihn meditativ, aber auch ausgelassen, froh, erfreut über Dinge, die erhalten blieben, um etwas zu erzählen und zugleich Rätsel aufzugeben.

Die Führerin wendet sich einem neuen Besucher zu, und ich setze mich auf die westliche Galerie und blicke auf die Stadt, die dort in der Ferne liegt, die Stadt der asturischen Könige, und denke so etwas Unbestimmtes wie: Hier war es also, hier wurde etwas erdacht, verändert, aufgehalten, aber es ist zu fern, zu verschwommen, überlagert von Schichten einer wieder anderen Geschichte, die mit der früheren zusammenhängt und doch wieder nicht, eine Geschichte, die sich nur fünfzig Jahre zuvor abgespielt hat, als der gegen die Republik rebellierende Oberst Aranda mit 3000 Mann das faschistische Oviedo gegen die von allen Seiten anstürmenden asturischen Bergarbeiter verteidigen mußte.

»Fuego, fuego,
Entrar a Oviedo
Coger a Aranda
Y echarlo al agua«,

sangen die Kinder zur Melodie einer Schokoladenwerbung, »Feuer, Feuer, in Oviedo einziehen, Aranda packen und ins Wasser werfen...«

Aber Aranda hatte hundert Hotchkiss-Maschinengewehre, mit denen er einen »Feuervorhang« über die Hügel ringsum legen konnte, er hielt einer Belagerung stand, die neunzig Tage dauerte und Tausenden das Leben kostete. Er sah seinen Vorposten auf dem Berg Naranco fallen, die Soldaten der Republik befanden sich bereits in den Außenbezirken der Stadt, als plötzlich der Ruf ertönte, der fast so alt war wie Spanien: *Moros! »Moros en la cuesta!«*, Mauren auf dem Hügel, und die marokkanischen Truppen Francos, vom Berg Naranco kommend, bei der Kirche, wo ich jetzt sitze, in die Stadt einmarschierten. Es war neblig an jenem Tag wie so oft im nördlichen Asturien, und aus diesem Nebel drang noch am selben Abend, mit blutigen Bajonetten, die Vorhut der galicischen Truppen, die die Stadt befreien sollten.

Leichter Nebel, derselbe, ein anderer, wallt über der Ebene, aus der Kirche erklingen leise Stimmen, in dem Stein an der Mauer sehe ich zwei apokalyptische Reiter, die aufeinander zureiten, ich denke an die Bombe der ETA, die gestern neun junge Männer getötet hat, an die Mauren auf dem Hügel, an die Sozialisten, die damals geschlagen wurden und heute mit einer Mehrheit ins Parlament eingezogen sind, an die Zeugnisse aus diesen letzten, bitteren Kriegen, und dann wieder an jene früheren, an die die Erinnerung verblaßt ist, an den König, der diese Kirche erbaute, an Beatus und seine Bilder, die Christen im Norden, die Araber im Süden, den Lärm des Krieges, der anschwillt und wieder erstirbt. Geschichte, alles, was der Fall war. Nichts steht für sich im Raum.

1986

DIE VERGANGENHEIT IST IMMER GEGENWÄRTIG UND NICHT GEGENWÄRTIG

Es passiert auf jeder Reise, oder besser gesagt: Es passiert mir auf jeder längeren Reise. Die Zeit, die ich von zu Hause weg bin, stockt, erstarrt, wird eine Art Massiv, ein merkwürdiges Etwas, das sich hinter mir schließt. Dann bin ich fort, gehorche anderen Gesetzen, dem Reisen, dem berauschenden Element des nirgends Dazugehören, dem Sammeln des Andersartigen. Ich habe ein Wort dafür gesucht, und ich kann es nicht anders ausdrücken als so: Ich *extendiere*. Nach Spinoza ist dies eines der beiden Attribute Gottes, das heißt, ich muß vorsichtig sein, und trotzdem. Ich dehne mich mit dem aus, was ich aufnehme, sehe, sammle. Das ist kein höheres Wissen, eher ein Angeschwemmtwerden und Sichfestsetzen von Bildern, Texten, von allem, was auf der Straße, im Fernsehen, aus Gesprächen, aus Zeitungen auf mich zuströmt und an mir oder in mir hängenbleibt.

Ich kann natürlich auch einfach sagen, ich werde dicker, schwelle an durch eine Unzahl von Trivialitäten, halben Gedanken, Nachrichten aus der Provinz, ich der ich zufällig gerade bin, aber ich muß doch zusehen, wie ich mit dieser extendierten, dikker gewordenen Person umgehe, einem etwas aufgeblasenen Typen, der nichts mehr von zu Hause weiß und sich für eine Weile woanders aufhält.

Woanders. Das ist das Zimmer in irgendeinem Hotel in León, der Hauptstadt der Region zwischen Asturien und Kastilien, dem Burgenland. Ein Steinfußboden, Blick auf einen Innenhof und eine Reihe verfallener Mietshäuser, undifferenzierte Formen von Lärm in steinernen Räumen (dadurch unterscheidet sich das spanische Fernsehen völlig von dem anderer Länder, man hört es bereits von der Straße aus), ein Bett, dessen Matratze zum Erdmittelpunkt drängt, mein Koffer, irgendein Bild mit einem Kind und einer Blume, auf perverse Weise vom Talentmangel zeugend, der solchen Bildern eigen ist, ein Tisch mit *meinen Sachen*, Zeitungsausschnitten, Notizen, Landkarten.

Der Rest meiner Extension steckt in meinem Kopf und wird dort gehegt und gepflegt, denn ich gehe nun einmal davon aus, daß auch das geringste unter den irdischen Dingen das große Ganze widerspiegelt, daß die Struktur des Daseins sich ebensogut in einer Seite mit lokalen Todesanzeigen manifestiert wie in den Bemühungen mancher Philosophen, ein Fangnetz über die sogenannte Wirklichkeit zu spannen. Die Vorteile für den frei schwebenden Geist liegen auf der Hand. Ich darf die Jungfrau Maria in einem Atemzug mit Homer nennen, den toten Borges mit einer seltsamen Rechenaufgabe, und ein Stockfischrezept mit einer Betrachtung über Ketzerei, und all das werde ich auch tun. Schließlich habe ich ein Zimmer und eine Schreibmaschine.

Die Jungfrau Maria und der blinde Dichter, das ist einfach. Als katholisch Getaufter habe ich natürlich eine richtige Vergangenheit mit ihr, die dann auch mit der Taufe beginnt, denn ich heiße C. J. J. M. Nooteboom, und dieses M – das kann jeder Antipapist einem erzählen – steht für Maria. Ich habe diesen Namen immer bei mir. Außerdem war ich Zögling einer Klosterinternatsschule, des Gymnasiums Beatae Mariae Immaculatae Conceptionis, ihrer unbefleckten Empfängnis. Unsere Wege haben sich inzwischen getrennt, doch sie gehört zu meinem Erbe, und in den Ländern, die ich gern besuche, tritt sie in den eigenartigsten Manifestationen auf, wir begegnen uns also regelmäßig. Gestern erst, bei meinem Abschied von der Küste.

Ihre Festtage habe ich nicht alle im Kopf, aber in dem Dorf, in dem ich mich am Kai hingesetzt hatte, bevor ich durch die Berge südwärts, nach León, fahren wollte, war viel Volk auf den Beinen, und ich kam genau im richtigen Augenblick, um ihre Einschiffung mitzuerleben. Es war María del Carmen, Maria vom Berg Karmel in Israel – Mädchen, die Carmen heißen, sind nach ihm benannt –, Schutzpatronin der Fischer. Die kleinen Boote im Hafen waren mit Flaggen geschmückt. Matrosen und Fischer, gefolgt von zwei Mönchen, trugen die Figur an Bord des größten Schiffes. Ein eigenartiges Bild, so eine Figur, die sich bewegt und gleichzeitig nicht bewegt. Sie schaukelt, von den ungleichen Schritten ihrer Träger durcheinandergeschüttelt, über den Köpfen der Leute und bleibt gleichzeitig stocksteif.

Sie schaukelt, das ist das richtige Wort, eine Hand dem Meer entgegengestreckt, das Licht der späten Sonne in ihrer Krone einfangend. Götzenverehrung, sagen nördliche Stimmen, und genau das macht das Ganze so angenehm, denn die Gestalt, die da so reglos und zugleich bewegt über den Köpfen schwebt, ist nicht nur der »Meerstern« aus den Litaneien meiner Jugend, sondern auch die Nachfahrin von Isis und Astarte, der »aus dem Meeresschaum geborenen« Aphrodite, und in *dieser* Gestalt schon gar die Nachfahrin von Amphitrite, der Meeresgöttin und Gemahlin Poseidons.

Jeder hat so seine Marotten, und eine meiner Marotten ist, daß ich auf jeder Reise einen Band aus *Loeb's Classical Library* mitnehme, als Brevier, als Refugium, als Talisman, ich weiß es nicht. Die materielle Erscheinungsform dieser Bücher gefällt mir, handgroß, leicht zu tragen und doch an die fünfhundert Seiten dick, grün für Griechisch, rot für Latein, der klassische Text jeweils links, die englische Übersetzung, mitunter eine uralte, wie etwa im Falle des Augustinus, rechts.

Heimweh, das ist es natürlich auch, und das etwas eitle Gefühl, so ganz für mich allein, in einem Hotelzimmer oder auf einer Parkbank, ein Eingeweihter zu sein, einer, der zugleich zu einer älteren Welt gehört. Oft versuche ich, mit der rechten Hand die englische Seite abdeckend, wieviel ich ohne die Hilfe der Übersetzung noch verstehe, und genausooft bin ich enttäuscht, die fast vierzig Jahre zwischen damals und heute haben das Ihre getan, wenngleich es manchmal unverhoffte Momente der Gnade gibt, in denen die Geheimsprache plötzlich aufbricht, der Code schmilzt, und ich mich ohne Hilfe im griechischen oder lateinischen Text bewege.

Sie müssen schon lange tot sein, meine Lehrer, die sich einst zu den Minderen Brüdern gemeldet hatten und ins Kloster eingetreten waren, vielleicht in der Absicht, an gottverlassenen Orten Afrikas oder Asiens die Heiden zu bekehren oder zumindest ein abenteuerliches Leben zu führen. Ihr Superior hatte anders entschieden, wer weiß, vielleicht hatten sie eine fatale, zu offensichtliche Begabung für alte Sprachen. Sie hatten das Gelübde des Gehorsams abgelegt und damit schon von vornherein ihr Schicksal besiegelt: Lehrer sollten sie werden, ob sie sich dafür eigneten oder nicht, und sie sollten es ihr ganzes Leben lang bleiben.

Der Lateinlehrer hieß Pater Ludgerus Zeinstra. OFM stand hinter seinem Namen, Ordo Fratrum Minorum, vom Orden der Minderen Brüder, aber wir übersetzten das mit »Ohne Feine Manieren«, genauso wie wir in meinem nächsten Internat, einer Augustiner-Schule, das OESA hinter dem Namen, Ordo Eremitarum Sancti Augustini (Orden der Augustiner-Eremiten), mit »omnia emunt sine argento« übersetzten, »sie essen immer, ohne zu bezahlen«. Er war dick, Ludgerus Zeinstra, und alt. Weißes Haar. Nackte Altmännerfüße in Sandalen. Cäsar, Livius, Cicero, aus seinem Mund habe ich zum erstenmal die skandierten Verse Ovids gehört, die ich heute noch auswendig kann. Seine Kutte war stets mit Asche beschmiert, von einer Pfeife oder Zigarre, das weiß ich nicht mehr, hier versagt meine Extension, wiewohl er doch so zu ihr beigetragen hat, denn ich kann mir mein Leben ohne Latein absolut nicht vorstellen, gefühlsmäßig bin ich mit einem Teil stets in jener Welt geblieben, und das wird stärker, je älter ich werde. Wer weiß, vielleicht hat die langsame Heimkehr bereits begonnen.

An den Griechischlehrer erinnere ich mich nur noch als Eindruck. Er war viel kleiner als Ludgerus, auch nervöser, in meiner Einbildung hatte er etwas Asthmatisches, aber das kann auch Enthusiasmus gewesen sein. Er schnappte mit raschen Aufwärtsbewegungen seines Kopfes immer ein Stück aus der Luft, als habe er sonst nicht genug Atem. Pa nannten wir ihn, im nachhinein finde ich, daß dies etwas Zärtliches hat, vielleicht, weil mein eigener Vater damals schon so lange tot war. Herodot lasen wir, und er machte aus den Thermopylen und *Thalassa, thalassa* eine unglaubliche Darbietung, ich saß wie angewurzelt in meiner Bank. Für Ordnung sorgen konnte er nicht so gut. Wenn er Aufsicht im Studiersaal hatte, zählten wir halblaut seine Schritte, bis er vorn war und uns mit »*felix studium!*« begrüßte.

Felix studium! Aufstehen um Viertel vor sechs, danach heilige Messe, dann, noch vor dem Frühstück, eine Stunde Lernen. Und doch muß es in diesen von der Außenwelt noch nicht berührten Stunden gewesen sein, daß die ersten Homer-Texte in mich eindrangen, und noch heute, so verrückt es auch klingt, bin ich fast physisch verliebt in das griechische Alphabet, liebe ich es, einen griechischen Text leise vor mich hinzusagen, selbst wenn mir die Bedeutung der Worte zum Teil entgeht, eine Art von meditativem Gemurmel wie in buddhistischen Klöstern, etwas, dessen Wirkung in keiner direkten Verbindung zu einer Mitteilung steht, einfach Text pur, und ich der Gelehrte, der ihn aufsagt. Und das dazugehörende Gefühl, daß ich ein Leben quasi aus zweiter Hand gelebt hätte, wenn ich, irgendwann einmal, nicht selbst hätte lernen müssen, mich in diese Texte zu vertiefen, die mich noch heute mit allem möglichen verbinden, von den Texten an spanischen Mauern bis hin zu der Figur, die über den Köpfen der Matrosen schaukelt und jetzt, gefolgt von einem ganzen Geleit weißer Boote, aus dem Hafen ausläuft.

In diesem Zustand der Extension gibt es nie einen Zufall, die Tatsache, daß ich hier sitze und sehe, was ich sehe, gehört ebenso zu mir wie die Tatsache, daß ich auf diese Reise die *Odyssee* mitgenommen habe, die ich so lange nicht gelesen hatte. Es war eine spontane Anwandlung, wie sie einen kurz vor einer Reise häufiger überkommt: Ich griff zu irgendeinem Band, es hätte auch Lukrez sein können oder Vergil, aber nun war es eben dieser, und womit ich nicht gerechnet hatte, war die Rührung in Form echter Tränen, etwas, was mir sonst nur bei äußerst schlechten Filmen passiert, wenn Er Sie zum erstenmal sieht, oder bei einem anderen Urmoment aus der Reihe überschminkter Atavismen. – Rührung bei einem Buch, das war mir lange nicht passiert. Es begann gleich am Ende des ersten Gesangs, bei Eurykleia, die einst, als sie noch jung war, vom Vater des Odysseus, Laertes, für zwanzig Ochsen gekauft worden und, wie man so sagt, immer in der Familie geblieben war. Sie geleitet Telemachos, den Sohn des Odysseus, zu Bett »mit brennenden Fakkeln«. Was ist daran so rührend? Die Abwesenheit seines Vaters, die verdammte Anwesenheit der Freier, die seine Mutter bedrängen und sein Erbe verprassen, die Göttin Athene, die dem Jüngling Mut zuspricht und ihn zu seiner großen Reise ermuntert, die einer Initiation gleichkommt, natürlich, all das. Vor allem aber doch das *Bild*, die alte Frau, die dem Jüngling vorangeht zu »seinem hohen Gemache / Auf dem prächtigen Hof, in weitumschauender Gegend: / Dorthin ging er zur Ruh mit tiefbekümmerter Seele.«

Eurykleia wird nur am Rande beschrieben, und doch ist diese Szene unvergeßlich, und sei es nur aus dem Grund, weil sie so *sichtbar* ist: »Und er öffnete jetzt die Tür des schönen Gemaches, / Setzte sich auf sein Lager, und zog das weiche Gewand aus, / Warf es dann in die Hände der wohlbedächtigen Alten. / Diese fügte den Rock geschickt in Falten, und hängt' ihn / An den hölzernen Nagel zur Seite des zierlichen Bettes, / Ging aus der Kammer und zog mit dem silbernen Ringe die Türe / Hinter sich an, und schob den Riegel vor mit dem Riemen. / Also lag er die Nacht, mit feiner Wolle bedecket, / Und umdachte die Reise, die ihm Athene geraten.«

Für die eigene Rührung läßt sich natürlich nie eine Erklärung geben, die auch für einen anderen gälte. Identifizierung, das muß es sein, die Beschreibung hat mich unerbittlich in die Intimität jenes Raumes versetzt, in dem ich nichts zu suchen habe, und aufdringlich und zugleich unsichtbar habe ich an den Gedanken des jungen Mannes teil, der sich am folgenden Tag aufmachen wird, seinen Vater zu suchen. Manche Bilder haben den Wert eines Stempels: Sie versiegeln alle künftigen Versionen der *éducation sentimentale*, der Vatersuche, der Gralssuche.

Es wird noch stärker, als Telemachos auf der Suche nach seinem Vater an den Hof Menelaos' kommt, der aus dem Trojanischen Krieg heimgekehrt ist und vielleicht Neues über Odysseus weiß. Hier sitzt einer, der den Vater gekannt hat, der aber nicht weiß, daß dessen Sohn ihm gegenübersitzt. Das weiß nur der Leser, der Zuhörer, der zusammen mit dem Sohn hört, wie liebevoll der Vater beschrieben wird, wie das Schicksal des Sohnes, der neben dem Sprechenden sitzt, ohne daß dieser es weiß, beklagt wird. Gerade dieses Nichtwissen macht seine Worte wahr, und in diesem Fall ist die Wahrheit Anlaß zur Rührung: »Also sprach er, und rührte Telemachos, herzlich zu weinen. / Seinen Wimpern entstürzte die Träne, als er vom Vater / Hörte; da hüllt' er sich schnell vor die Augen den purpurnen Mantel, / Fassend mit beiden Händen.«

In dem knappen Zentimeter Weiß zwischen dem vorigen Absatz und diesem stehe ich an jenem Kai auf, sehe in der Ferne die Schiffe die Hafeneinfahrt verlassen, hinausfahren aufs tiefschwarze Meer voller Gefahren, vor denen die Fischer sich Schutz von der Frauengestalt erhoffen, die sie mitführen, wie auch Menelaos beschützt wurde von Eidothea, »des grauen Wogenbeherrschers Proteus' Tochter«. Ich warte ihre Rückkehr nicht ab, sondern fahre über den Puerto de Pajares die hundertfünfzig Kilometer nach León. Abends sehe ich sie wieder im Foyer des Hotels, wo ich zwischen den anderen namenlosen Gästen fernsehe. Bestimmt zehn Mal sehe ich sie, an den verschiedensten Stellen der unendlich langen spanischen Küste ist sie in immer wieder anderer, sich stets ähnelnder Gestalt aufs Meer hinausgefahren, bei Murcia und bei Cádiz, in Galicien und Katalonien, hier ist Homer noch sehr nahe, nur die Namen sind andere geworden.

León. Hier bin ich viele Male gewesen. Von Norden über die hohen Pässe kommend, aus Asturien, von wo die Heere der christlichen Könige anrückten. Von Osten und von Westen, auf der Pilgerstraße nach Santiago. Und von Süden, aus der leeren Hochfläche Kastiliens zwischen Ebro und Duero, aus der um das Jahr 1000 Al Mansur auftaucht, die Geißel, ein Name, der hier auch heute noch ein Fluch ist.

Einst lag in León die siebente Legion des Römischen Reiches, der die Stadt ihren Namen verdankt, Legio Septima, gegründet etwa zur Zeit von Neros Tod im Jahr 68. Die Adler der Legion sehen den Krieg in Ungarn, Kleinasien, in den Alpen, in Mauretanien, bis sie schließlich im dritten Jahrhundert die einzige und letzte Legion in Hispania wird, Hüterin des Goldes und Schutz für die Goldtransporte von El Bierzo im Norden. Zu diesem Zeitpunkt sind die einzelnen Stämme bereits unterworfen und zwangsweise zusammengeführt, Latein legt sich über ihre früheren Sprachen, wodurch die Geschichte des Christentums einer Bevölkerung zugänglich wird, die sich den römischen Göttern noch nicht verschrieben hatte.

Bereits im dritten Jahrhundert sind León und Astorga Bistümer. Die neue Religion brachte eigenartige Wörter mit, wie

Klosterhof und Kathedrale in Léon

Liebe und Gleichheit, und die verstanden die Unterdrückten und die Sklaven sehr gut. Rom trug seinen eigenen Untergang in sich. Es waren diese Christen, die sich vierhundert Jahre später einer anderen neuen Religion, dem Islam, entgegenstellten. Nach dem Ende des Römischen Reichs geht der Hexentanz los, Einfälle germanischer Stämme, die rätselhafte Wanderbewegung von Menschen, die bis weit über die Pyrenäen strömen, Alanen, Sueben, Vandalen, Pest und Hunger, die ersten Märtyrer, Christenverfolgungen, dann die Westgotenkönige und ihre Bekehrung, und wieder das Christentum.

Man muß schon ein besonderes Interesse an Dynastien haben, um den folgenden Reigen mitzutanzen. Die asturischen Könige verlagern den Sitz ihrer Macht von Oviedo nach León. Zu jenem Zeitpunkt ist diese Ecke Spaniens zusammen mit Navarra der einzige Landesteil, der nicht von den Arabern besetzt ist. Wer aber waren sie, wo kamen sie her? Der erste, den wir namentlich kennen, ist Pelayo, der 714 die Reconquista einleitet. Aber davor? Stammesführer, Großbauern, lokale Größen, Männer, die sich an die Macht kämpfen. Erst nach Pelayo wird die bis dahin verworrene Linie der asturischen Monarchie und der nachfolgenden Geschlechter in León und Kastilien klarer. Eine solche Dynastie sieht graphisch dargestellt immer wie eine auf den Kopf gestellte Pyramide aus. In Wirklichkeit handelt es sich dabei natürlich um ein Gebilde aus Fleisch, an dessen Spitze der letzte Machthaber steht, auf den Toten, die ihn mit ihrer verwirrenden Folge von Bündnissen und Heiraten hervorgebracht haben. Man sieht, wie sich ihre Wappen, Schilde, Felder ineinanderschieben, einklinken, und weiß, daß jede Bewegung Paarungen und Geburten darstellt, Liebe zwischen Interessen, aber doch immer mit echten Menschen – Machthabern, im Wochenbett verstorbenen Frauen, verstoßenen Brüdern –, Fehden, Verrat, Namen, die immer Land bedeuteten, die, wenn sie angegriffen wurden, Land abtreten mußten, und wenn sie sich miteinander verbanden, Land hinzugewannen, und Menschen und Macht.

Alfons hießen sie und dann Fruela und Aurelio und Silo und Mauregato und Bermudo und dann wieder Alfons und Ramiro und Ordoño und dann wieder Alfons, und damit sind wir erst im

Jahr 886. Und sie haben auch Beinamen, der Keusche, der Dicke, der Schreckliche, der Diakon, der Große. Alfons der Keusche (791-842) läßt in Santiago de Compostela das erste Heiligtum errichten, erobert Lissabon, wehrt die Angriffe der Araber ab und sucht Kontakt zu Karl dem Großen. Sein Sohn Ramiro läßt die beeindruckende Aula regia bei Oviedo erbauen, sein Sohn Ordoño muß sich nicht nur mit den Mauren, sondern auch mit den Normannen auseinandersetzen.

Wir schmeicheln uns, in einer apokalyptischen Zeit zu leben, doch diese Menschen lebten mit der ständigen Drohung, all das würde untergehen, was sie besaßen und waren. Der nächste Alfons ist der Große, er erobert, mehr oder weniger endgültig, das Gebiet bis zum Duero und läßt sich zum Kaiser von Spanien krönen. Seine drei Söhne zwingen ihn zur Abdankung, das Reich wird geteilt, die Kronen fliegen durch die Luft, die von León, die von Asturien und die von Galicien. Danach läßt sich die Choreographie kaum mehr entwirren. Ordoño II. übernimmt das Königreich León von seinem Bruder García und macht die Stadt 924 zu seiner Residenz. Er besiegt Abd-el-Rahman und wird von diesem besiegt. Sein Nachfolger stirbt an Lepra. Eine Zeitlang wird es dunkel im Saal, großes Namensgeflüster erhebt sich aus einander widersprechenden Büchern. Eroberungen, Verluste, Abhängigkeit vom Kalifat von Córdoba. Normannen kämpfen mit maurischen Truppen in Lissabon. León wird gebrandschatzt, ersteht unter Alfons V. wieder aus der Asche, erhält phantastische Privilegien, wird neu aufgebaut. Dreißig Jahre später, als Alfons' Sohn auf dem Schlachtfeld stirbt, endet die dreihundert Jahre alte Dynastie, die sich stets als Nachfolgerin der Westgotenkönige verstanden hatte. León unterliegt Kastilien, der nächste König heiratet die Schwester des Besiegten und nennt sich König von León und Kastilien.

Dies war natürlich die ganze Zeit auch schon europäische Geschichte, doch die Konturen sind nun etwas deutlicher. Die Kronen werden schwerer, weil mehr Land an ihnen hängt, aber es wird einfach weiter durchnumeriert. Der nächste Alfons ist der sechste, er erobert Toledo. Mit dieser Beute baut er Cluny wieder auf, und er heiratet die Tochter des Herzogs von Burgund. Alfons VII. wird 1135 in León zum Kaiser gekrönt, sogar die Araber erkennen seine Macht an, doch als er 1157 stirbt, spalten sich nicht nur die Reiche, sondern auch die Zahlen, und nun wird es erst richtig kompliziert. Kastilien und León gehen fortan getrennte Wege, jedes unter seinem eigenen Alfons, einem achten und einem neunten. Es geht nicht ganz sauber zu, denn der achte Alfons von Kastilien dringt bis nach Sevilla vor, einem Bollwerk der Almohaden, während der neunte Alfons von León ein Bündnis mit den muslimischen Herrschern schließt. Ein zehnter Alfons wird es sein, der Weise, Regent, Dichter, einer der großen Könige Spaniens, der wieder über León *und* Kastilien herrscht.

Bis zu diesem Zeitpunkt ist viel Blut in der roten Erde versikkert, und viel königliches Blut ist durch gemeinsame Blutbahnen geflossen, die dann wieder in neuen Wappenschilden auftauchen, doch hier endet mein *raccourci* dann. Ich bin in León, die Schichten Zeit, die mich umgeben, waren unsichtbar, und ich habe sie wieder sichtbar gemacht, alles ist verschwunden und alles ist noch da. Dies ist eine Stadt der Könige und eine Provinzstadt, das Mark fehlt, aber der Hauch der Macht weht einem zuweilen noch aus einer Mauer, einem Grab, einer Inschrift entgegen. Es ist eine Stadt, in der die Vergangenheit versiegelt ist; wenn man will, kann man sie sehen.

Ich komme hierher, um einiges wiederzusehen. Die Kathedrale, den Klosterhof neben der Kathedrale, die romanische Kirche San Isidoro, das Pantheon der Könige, einen unter romanischen Fresken zugedeckten Schlummerort, an dem die halbmythischen Namen versammelt sind, um so vieles schöner und geheimnisvoller als der Eiskeller des Escorial, wo der Faulbrand der Habsburger in Urnen und Sargungetümen weiterschwelt. Dämmrig ist es in dieser Krypta, es kommt einem vor, als wären nicht nur die Fresken fast tausend Jahre alt, sondern auch die Luft selbst, ein Alter, das eine besondere Art von Stille hervorgebracht hat, wodurch alle Geräusche, die man macht, zuviel scheinen. Hie und da stehen Sarkophage, einige ohne Wort oder Schmuck, andere mit einer geschraubten Schrift bedeckt, in der man bisweilen einen Namen erkennen kann, die mir aber dar-

Kathedrale von Léon

über hinaus ihre Geheimnisse nicht preisgibt, versteinerte, verspätete Briefe, deren Geheimcodes nur Gelehrte kennen. Es sind nicht viele Besucher da, wir schieben uns langsam durch diesen niedrigen Königssaal wie Eindringlinge, fahren mit den Händen über die glänzenden Lettern und schauen zu dem Gewölbe so dicht über uns, auf die Engel und Hirten mit ihren einfältigen Heiligengesichtern, auf den Tierkreis, der mit den Gewölbebögen anschwillt und schrumpft, auf die Wut der kämpfenden Böcke und den Wolf, der von der Milch trinkt, und auf die ebenfalls von Wellen umrahmte Mandorla mit dem Pantokrator. Wände und Gewölbe werden die Seiten eines Buchs mit karolingischen und orientalischen Echos, im Gehen lesen wir, schlagen die pergamentenen Seiten um und rekapitulieren die uns bereits bekannten Geschichten, Abendmahl und Auferstehung des Lazarus, Kindermord und Kreuzigung, die apokalyptische Vision des Tetramorphs, des geflügelten Fabeltiers, die noch immer nichts vom Schauer Hesekiels verloren hat: »Und ich sah, und siehe, es kam ein ungestümer Wind von Norden her, eine mächtige Wolke und loderndes Feuer, und Glanz war rings um sie her, und mitten im Feuer war es wie blinkendes Kupfer. Und mitten darin war etwas wie vier Gestalten; die waren anzusehen wie Menschen. Und jede von ihnen hatte vier Angesichter und vier Flügel.« Ein Buch schreibt ein Bild, und das Bild verweist wieder zurück auf das Buch, das ist die Widerspiegelung, in der diese Gruft mich gefangenhält. Draußen weiß ich die Stadt, ich kann gehen und wieder zurückkehren, wie ich es nun schon so oft getan habe, und immer wieder werde ich diesen Raum finden, das Buch, das man nie ausliest.

Es war König Ferdinand I., der die Reliquien des heiligen Isidor nach León brachte. Über die mysteriöse Fetischmacht von Beinen und Schädeln, Knochen und Haaren im Mittelalter ist schon genug gesagt worden, aber hier hatte dieser König wohl ein ganz besonderes Meisterstück vollbracht, denn nicht genug damit, daß er seiner Stadt und seiner Linie damit eine gotische Legitimation gab (Isidors Mutter war vermutlich eine Tochter des Ostgotenkönigs Theoderich), durch die Beschaffung dieses Wunders der Wissenschaft schien es nun auch noch, als sei eine direkte Linie zur römischen Antike zustande gekommen. Für einen Menschen des Mittelalters stand nämlich fest, daß in dem 560 in Cartagena geborenen Isidor das gesamte Wissen der antiken Welt gesammelt war, durch die endlose Reihe von Büchern, die der schreibende Bischof hinterlassen hatte (*Etymologiae, Sententiae*) war sein Ruhm in den darauffolgenden Jahrhunderten nur noch gewachsen.

Oben, in der romanischen Kirche, die seinen Namen trägt, habe ich Zeit, über alles nachzudenken. Westgoten, Schriftgelehrte, die Geheimnisse des Tetramorphs, Löwe, Stier, Adler, Mensch, die in der Apokalypse die *vier himmlischen Gestalten* genannt werden, die Kirche rings um mich, die Königsgräber unter mir, die sich ineinander spiegelnden Verweise, die hier drinnen so machtvoll sind und gleich, draußen auf der Straße, im Getriebe der Welt ihre Gültigkeit verloren haben werden, wiewohl diese Welt ohne diesen Ursprung so nicht existieren würde, und doch, als ich dann ins Freie trete, kommt es mir vor, als fiele ich durch eine Luke ins Licht, helles Licht, aber auch lichtes Licht. Unter mir schlummern die Könige, fliegt das vierköpfige Wesen in seinem ewigen Stillstand, ich aber bin von der Flüchtigkeit der aktuellen Welt erfaßt, die aussieht wie eine kleine Provinzstadt, in der nicht viel passiert. Ein paar große *avenidas* rings um bombastische Denkmäler, wie in allen spanischen Städten, und gleich außerhalb davon, rings um das offizielle Zentrum, das nur aus dem Grund dazusein scheint, um den Bürgern das Gefühl zu geben, es sei eine echte Stadt, liegen gewundene Gäßchen, versteckte Plätze, düstere Kneipen, Werkstätten, in denen man Körbe kaufen kann und Sättel und alles, was mit Pferden zu tun hat, Läden mit durchscheinenden Wurstpellen und in Teppichklopferform getrockneten, steinharten Geflechten von *congrio*, Seeaal, Märkte mit Speck, Schinken, scharfen Käsesorten und Honig. Ländlich, so wirkt es, bäuerlich, nicht mondän, Männer mit harten Schädeln und Frauen mit Umschlagtüchern, die aus dem Umland gekommen sind, um zu kaufen und zu verkaufen, Messer, Seile, gesalzene Sardinen und getrocknete Bohnen, *Waren*.

Und inmitten all dieses Niederen und Kleinen die Kathedrale, ganz ruhig und still, eine Erinnerung.

Immer ist hier Musik zu hören, nicht aufdringlich, aber doch so, daß man sofort von der Außenwelt abgeschnitten wird. Das war man ohnehin schon, doch nun auf zweifache Weise. Beim vorigen Mal war es Monteverdi, das paßt mehr zur Intimität des Bauwerks. Jetzt ist es Händel, und gar der *Messias*, dieser triumphale Jagdschrei, den ich immer in meinem Walkman mitnehme, wenn ich einen langen Flug vor mir habe, weil er so gut zur Ekstase der zehntausend Meter Höhe paßt, aber dadurch sehe ich die Kirche jetzt doch mit anderen Augen, denn sofort stellt sich der gleiche Mechanismus ein, ich will hinauf, in die Lüfte, an diesen Fenstern vorbeifliegen, deren Bilder ich mir sonst in einem Buch ansehen muß, weil sie so hoch und so weit entfernt sind.

Für wen ist der obere Teil von Kathedralen eigentlich gedacht? Fürs Auge vermutlich, Proportion, Raum, doch der letzte, der oben war, war ein Maurer, der seit Jahrhunderten tot ist. Wenn ich nun da hinaufwollte? Und ich stelle mir vor, wie ich mit langsamem Flügelschlag unter diesen hohen Kreuzgewölben hindurchfliege, vorbei an den bedeutungs- und geschichtsgetränkten Fenstern und Rosetten, im Widerschein ihrer Farben, ein tropischer Engel aus Holland, der dem Auf und Ab der Gewölbebögen folgt, beim Stille ausstrahlenden Altaraufsatz ein wenig tiefer geht, von oben auf die *gisants* herunterblickt, die auf ihren gotischen Sarkophagen warten, bis sie sich erheben dürfen, in absoluter Stille durch die dünne Luft schwebt, die dort oben sein muß, und dann plötzlich wieder von derselben Turbulenz erfaßt wird, die die Gewänder der Barockfiguren so komisch hochbläst, warum geht das nicht?

Aber es geht nicht, und also bleibe ich unten, ein gescheiterter Engel und ängstlicher Ikarus, und blicke von dort hinauf zur Glut der Fenster. Es gibt keine Kirche, die im Verhältnis zum Stein so viele Fenster hat. Kenner sind der Meinung, das Bauwerk hätte schon längst einstürzen müssen, und damit ist diese Kirche selbst so etwas wie ein Engel aus Stein und Glas, eine Form von Heiligkeit. Angelo Roncalli, der hier war, bevor er Papst in Rom wurde, hat es kürzer ausgedrückt: »Dieses Gebäude besitzt mehr Glas als Stein, mehr Licht als Glas und mehr Glauben als Licht.« Letzteres weiß ich nicht, aber durch dieses

Schlußstein im Kreuzgang des
Klosters von Léon

Licht gehe ich jetzt, wenn ich schon nicht fliegen darf, farbiges, gefiltertes Licht, das es so nirgendwo sonst gibt, man wird darin aufgenommen, es tut einem etwas an, und das ist dann doch noch eine Art des Fliegens, ein Teil des Gewichts ist von einem abgefallen.

Ein Besuch bei alten Bekannten, das ist es auch. Ich gehe zur Vierung, wo das Rad der Südrosette um mich herumrollt, und biege nach rechts, dort liegt mein Freund mit der Mitra, der Tote, den ich wiedersehen will, mit seinem gebrochenen Stab und den fehlenden Füßen, mit dem östlichen, so zufriedenen Lächeln auf den steinernen Lippen, schon fast wie ein Buddha. Keine Sekunde ist vergangen in dem Jahr, in dem ich nicht hier war, er hat sich nicht gerührt, der Löwe an seiner Seite schaut mich mit seinem vom Faulbrand zerfressenen Kopf noch genauso wütend und verzweifelt an. Im Kreuzgang rund um den Klosterhof finde ich die anderen, das Medaillon der verschleierten Tamar als Schlußstein zwischen den ausfächernden Rippen, der Tod in einem Karree aus Rippen gefangen, der mich so abwesend anschaut, als habe er keine Zeit für mich, und dann, mitten auf dem von der Sonne platt gebrannten Boden des Klosterhofs, als dürfe ich doch noch fliegen, die beiden abgenommenen Turmspitzen, die dort liegen, als wären sie herabgestürzt.

Vorsichtig gehe ich auf sie zu, als wäre es nicht erlaubt, und vielleicht ist es auch nicht erlaubt. Dies ist nicht für hier unten gedacht, sondern für oben, um aus der Ferne gesehen zu werden, nicht, damit ich hier jede Form groß und plump erkenne, es ist als Filigran hoch oben gedacht, es will Hunderte von Metern von meinem Auge entfernt sein, und jetzt wird es mit meinem Maß gemessen. Gehend umfliege ich es und sehe, was die Krähe sieht, und beneide die Krähe.

In den Zeitungen und im Fernsehen wütet der Bürgerkrieg, eine Wiederholungsübung. Die Regierung beteiligt sich kaum daran, sie hat offensichtlich keine Lust, einen Stein des Anstoßes zu bewegen. Ich habe keinen Fernseher in meinem Zimmer, im Aufenthaltsraum des Hotels schauen meist nur wenig Leute und die reagieren nicht, die meisten sind nicht alt genug, um dabeigewesen zu sein, und manche strahlen auch eine Stimmung aus, als gehöre dieser Krieg in die Prähistorie, vorbei und vergessen. Vielleicht haben viele Spanier auch gelernt, dieses Thema zu meiden, weil der Riß nicht nur quer durch Gemeinschaften, sondern auch quer durch Familien ging.

In dem Dorf, in dem ich immer den Sommer verbringe, hängt an der Kirchenmauer eine kleine verwitterte Gedenktafel mit den Namen von sechs Priestern, die in diesem Krieg erschossen wurden. Niemand spricht darüber, aber an den Namen sehe ich, daß es die Namen von Familien sind, die hier immer noch leben. Dieselbe Gedenktafel befindet sich also auch in ihren Köpfen, und das ist natürlich der Grund, weshalb diese Regierung sich nicht um das Gedenken kümmert: Des Krieges wird gedacht, aber schweigend.

Außerdem hat sie andere Sorgen. Terrorismus, neue Tote. Diesmal sind es keine alten Fotos, die in den Zeitungen stehen, sondern neue Bilder von Tod und Zerstörung. Einer der Gründe, weshalb die Nationalisten 1936 den Aufstand begannen, bestand darin, die in ihren Augen verderblichen Autonomiebestrebungen der einzelnen spanischen Länder im Keim zu ersticken. Es sind die Verlierer von damals, die heute an der Macht sind. Andere Männer, andere Verhältnisse. Aber im Grunde müssen sie noch immer dieselben Fragen beantworten, weil sich die Frage im Kern nicht geändert hat. Der Staat und die Länder. Das Dossier beginnt bereits bei den asturischen Königen oder sogar noch früher. Es enthält Tausende von Namen, Privilegien, Taifas, Grafschaften, Königreiche, Autonomien.

Vor fünfhundert Jahren glaubten die Katholischen Könige, die selbst Könige von zwei Ländern waren, daß sie *einen* Staat gegründet hätten, und das war auch so. Aber er zeigt bis heute einen Riß.

1986

© Luis Alberto Garcia/EFE

EIN RÄTSEL FÜR KREON

Eine Gruppe von Männern und Frauen bei einem Begräbnis. Das sind meist Bilder von relativer Einfachheit: Der Tod wird durch den Sarg verkörpert. Ein Sarg ohne einen Toten ist das Symbol des Todes, das sieht man heutzutage gelegentlich bei Demonstrationen. Liegt dagegen ein Toter darin, so geht es, könnte man sagen, eher um den Tod selbst. In dem Sarg, von dem ich spreche, liegt jemand, und doch geht es nicht nur um ein Begräbnis, sondern auch um eine Demonstration. Beweisen läßt es sich vielleicht nicht, daß eine Leiche darin liegt, aber es gibt Anzeichen dafür. Der Sarg ruht auf den Schultern mehrerer Menschen, er ist zwar nicht schwer, aber trotzdem. Und dann die Gesichter der Umstehenden. Nein, Umstehende ist nicht das richtige Wort, auch wenn sie dort herumstehen. Sie haben nicht das Zufällige von Umstehenden, sie gehören dazu. Sie sind, in gewissem Sinne, Familie. Man kann sich seine Familie auch aussuchen.

Die Männer sind nicht dem Anlaß gemäß gekleidet. Sie haben hellfarbige Schuhe an, wie Jogger sie tragen, mit dicken, geriffelten Sohlen. Hemden mit kurzen oder aufgekrempelten Ärmeln, die über die Hose hängen. Die Frauen, die man auf dem Foto sieht, sind meist älter, Deux-pièces, geblümte Kleider oder so etwas Ähnliches, Handtaschen, die ein wenig verrutscht sind, weil sie die Arme mit geballter Faust erhoben haben. Meine Mutter würde sie als Damen bezeichnen. Bei manchen ist es die rechte, bei anderen die linke Faust. Ansonsten das übliche Beiwerk: Pflaster, ein Baum, ein Fabrikschornstein, ein paar kunterbunte Gebäude.

Die Täuschung von Fotos liegt in ihrem Stillstand, was geschah, als sich dieses Foto zu bewegen begann, lese ich in der Zeitung. Der Tote in dem Sarg ist/war Rafael Etxebeste. Sein Gesicht ist daneben abgebildet. Ein Mann in den Dreißigern, kahl werdend, mehr Haare seitlich als oben. Die Seitenhaare, schwarz, gehen nahtlos in einen schwarzen Bart ohne Mund über, aber eine Nuance im Schwarz zeigt die Form des fehlenden Mundes an, starr, mit herabgezogenen Mundwinkeln. Seltsam, wie ein Foto einen nach dem Tod noch ausliefert. Große Augen, ebenfalls schwarz. Hohe weiße Stirn. Ein Gesicht, das nicht aufhört zu schauen. Gestern habe ich es auch schon im Fernsehen gesehen, zusammen mit Bildern eines versengten, verkohlten, verformten, ausgebrannten Autos. Der Tod von Dingen hat seinen eigenen Schrecken. Etxebeste war zusammen mit María Teresa Pérez Ceber in diesem Auto unterwegs, als die schwere Bombe, die sie transportierten, wahrscheinlich, um irgendwo einen Mordanschlag zu verüben, explodierte. Beide waren mit einem Schlag tot, dem Schlag, der nach Ansicht mancher eine Ewigkeit dauert. Sie waren vor kurzem aus Frankreich, wo sie sich illegal aufgehalten hatten, für die Sommeroffensive der ETA Militar über die Grenze gekommen. Der Polizei zufolge waren sie in diesem Sommer bereits an drei Morden beteiligt gewesen. Sie nannten das anders, Worte kann man an- und ausziehen wie Kleider.

Um punkt 19 Uhr (man ist hier präzise, auch wenn die Bomben manchmal zu früh hochgehen) trifft der Sarg in Rentería ein. Das liegt nahe der französischen Grenze, dieser Krieg ist nicht sehr weit weg. Das Holz ist in die *ikurrina* eingeschlagen, die heilige baskische Fahne und Anagramm der ETA. Ich bezeichne diese Fahne nicht als heilig, das tun die Menschen, die bereit sind, dafür zu sterben und zu töten, oder die, wie in den letzten Tagen in San Sebastián und Bilbao, von blinder Wut gepackt werden, wenn sie nicht als einzige, das heißt *ohne* die spanische Fahne, auf den Balkons der öffentlichen Gebäude gehißt wird. *La guerra de las banderas*, der Krieg der Fahnen, sagt man dazu, und dieser Krieg wäre komisch, wenn nicht der Tod mit im Spiel wäre. Der Bürgermeister von San Sebastián beschloß, gar keine Fahne hissen zu lassen, der Provinzgouverneur, der die Zentralregierung in Madrid vertritt, ordnete das Hissen aller drei Fahnen an: Provinz, Baskenland und Staat. Für den Gouverneur war der Bürgermeister ein »Feigling«, für den Bürgermeister ist der Gouverneur einer mit antibaskischer Einstellung, der die Bewohner seiner Provinz »haßt«. Hissen und Einholen der Fahnen sind von erbitterten Straßenkämpfen begleitet.

Zurück zum Sarg. Die politische Partei, die eng mit der

Terrororganisation ETA verbunden ist, aber *trotzdem* Vertreter in Gemeinderäten, Regionalparlamenten und sogar im Europaparlament hat (wo ihr Vertreter als einziger ganz Europas eine Resolution gegen den Terrorismus nicht unterstützte), heißt Herri Batasuna. Wenn ein Terrorist beerdigt wird, ist Herri Batasuna immer dabei. Hier wird die Gespaltenheit der spanischen Politik, ihre giftige, zwielichtige Schizophrenie, erst richtig deutlich. Was beerdigt wird, ist meist der Körper eines Menschen, der nach den Gesetzen des spanischen Staates ein Mörder ist. Als Legalist darf man in manchen Fällen auch potentieller Mörder sagen. Und doch läßt der Staat zu (muß der Staat zulassen?), daß es ein Ehrenbegräbnis gibt, von dem sich die potentiellen *Opfer* möglichst weit fernzuhalten haben. Das sind die Angehörigen der Guardia Civil. Es wäre auch schwer zu ertragen, sich anhören zu müssen, was da gesagt wird.

Bei dem Begräbnis, von dem hier die Rede ist, rühmte der Spitzenkandidat der Herri Batasuna in Rentería das Verhalten der beiden toten Aktivisten und sagte, daß »sie tapferer als alle anderen waren, denn sie hatten getan, was andere nicht wagen würden«. Danach tanzte ein dreizehnjähriger Junge die *aurresku* vor dem Sarg. *Die* aurresku steht in der Zeitung, die für ganz Spanien bestimmt ist. Offensichtlich wird sie so häufig getanzt, daß jeder weiß, was das ist. Die Zeremonie erhält dadurch einen mythisch-religiösen Anstrich, wir kennen das von anderen Bewegungen. Die *Eusko Gudariak* wird gesungen (auch hier der bestimmte Artikel), *gora ETA* gerufen. Nationalismus als Religion.

Die einzige Parallele, die ich in der modernen Zeit kenne, sind die schaurigen Heldenbestattungen der IRA, bei denen maskierte Männer (ich weiß, weshalb sie maskiert sind, aber trotzdem suggeriert das Fehlen des Gesichts, daß dies nicht die wirkliche Welt ist) über dem Sarg Salut schießen. Aber es gibt antike Parallelen, die das Dilemma des spanischen Staates besser illustrieren. Jeder tote Etarra ist ein Polyneikes, die Familienangehörigen und Kampfgefährten sind immer Antigone, und der Staat muß Kreon sein. Seit Sophokles es schrieb, hat jedermann sich mit dem Inhalt dieses Dramas befaßt, die Exegesen – rein philosophisch oder in Gestalt von Gedichten, Dramen, Opern – türmten sich zu einer Kathedrale von Schriften und Kommentaren auf, von einander folgenden und widersprechenden Kreons und Antigonen. Legalisten, Staatsgläubige, Anarchisten, alte und neue Christen, Hegel, Kierkegaard, Brecht, Espriu, Anouilh, Hölderlin, Honegger, Gide, Maurras, Heidegger, sie alle haben aus diesem kaum mehr als dreißig Seiten langen Text aus dem fünften Jahrhundert vor Christus ihre eigenen Schlüsse gezogen, und diese Schlüsse wandeln sich mit den Zeiten und Geistern.

Die Geschichte: Die Söhne des Oidipus (die dieser mit seiner eigenen Mutter Iokaste zeugte), Eteokles und Polyneikes, haben ihren blinden Vater (der sich die Augen ausstach, als er entdeckte, daß er seinen eigenen Vater ermordet und seine Mutter zur Frau genommen hatte) aus Theben verjagt. Daraufhin verflucht Oidipus seine Söhne, die beschlossen haben, die Stadt gemeinsam zu regieren. Sie bekommen Streit, Polyneikes sucht Hilfe von außen und greift seine eigene Stadt an. Im Kampf töten die Brüder sich gegenseitig. Ihr Onkel Kreon, der Bruder von Iokaste, die Selbstmord verübt hat, wird König von Theben. Weil Polyneikes es war, der die Stadt angegriffen hat, verbietet Kreon, seine Leiche zu bestatten. Polyneikes ist ein Landesverräter, sein Leichnam soll liegenbleiben und von Hunden und Geiern gefressen werden. Kreon verkörpert den Staat, sein Befehl ist Gesetz. Dem stellt Antigone, die Tochter des Oidipus, die ihrem Vater auch schon während dessen Verbannung nach Kolonos beigestanden hatte, ein anderes Gesetz gegenüber, das der Religion und der »Natur«, das besagt, daß man den Toten die letzte Ehre erweisen und ihnen eine Ruhestätte unter der Erde geben muß, weil sie sonst bis in alle Ewigkeit umherirren und niemals Ruhe finden. Kreon hat für die Übertretung seines Verbots die Todesstrafe angedroht, Antigone hat angekündigt, daß sie das Verbot mißachten wird. Beide sind in ihren Positionen gefangen, beide werden daran zugrunde gehen.

Ist es nun unsinnig, dies alles im Zusammenhang mit der ETA in Erinnerung zu rufen? Auf den ersten Blick ja, denn der spanische Staat scheint beschlossen zu haben, Kreon die Züge von Pilatus zu geben, er sieht weg und wäscht seine Hände in Unschuld. Oder doch nicht? Es ist schwer, einem Staat hinter die Stirn zu schauen. Womöglich ist es purer Säkularismus, der sich über die religiösen Aspekte der ETA-Begräbnisse hinwegsetzt. Wir befinden uns schließlich im zwanzigsten Jahrhundert. Oder, noch kühler, machiavellistischer: Diese Etarras sind schließlich tot, Leichen können nichts mehr anrichten. So simpel könnte es für einen Staat sein, nicht jedoch für die Bürger. Die ETA tränkt diese Begräbnisse nicht umsonst in diesem antiken Zeremoniell. Sie sind auch als Provokation gedacht. Auch diejenigen, die einmal entführt worden sind, auch die Geschäftsleute, von denen die ETA regelmäßig Gelder eintreibt, auch die Angehörigen von Ermordeten oder Geiseln, die Eltern, Frauen und Kinder von Opfern sehen diese Rituale.

Ich kann den Geist Hegels nicht beschwören, um zu schauen, ob seine Rezeptur noch stimmt: Er nannte Kreon eine »sittliche Macht« und Sophokles' Drama das absolute »Exemplum« dessen, was Tragödie ist: die gegenseitige Vernichtung treibender Kräfte, Folge einer unvermeidlichen dialektischen Kollision zwischen den beiden höchsten moralischen Imperativen, dem Staat einerseits und der »Familie« andererseits. Wie eine Familie sahen die Beerdigungsteilnehmer auf dem Foto ja aus. Familie als Ansammlung von Individuen, die einander ausgesucht haben. Hat das Individuum das Recht, dem Gesetz und dem Recht des Staates zuwiderhandelnd seinem eigenen Gewissen zu folgen, wenn es sich dabei – sei es im Namen einer Gruppe oder für sich – auf ein »Naturgesetz« beruft, das es über die Gesetze des Staates stellt?

In der Studie, die George Steiner über Antigone verfaßt hat, einem frappierenden Katalog unterschiedlicher Denkweisen, die ein und dasselbe Thema zum Ausgangspunkt haben (*Die Antigonen*, München 1988), wird das Dilemma hundertmal schärfer ausgeleuchtet, als ich es hier tun kann. Die letzte Antigone, die ich – auch schon wieder vor Jahren – sah, war die von Anouilh. Hans Croiset spielte den Kreon, und ich erinnere mich daran, daß ich mich ganz mit der glänzenden Antigone von José Ruiter identifizierte. Doch sie ist eine »andere« Antigone als die des Sophokles, und sie sieht sich einem subtilen, »politischen«

Kreon gegenüber, der sogar die Zensur der deutschen Besatzer (die Premiere fand 1942 statt) passierte. Auch für Hegel ist Kreon kein verblendeter Tyrann, sondern der Staat, der nicht anders handeln kann, als er tut, ebensowenig wie Antigone es kann. Steiner beschreibt luzide ihre Positionen, wie Hegel sie sieht. Es gibt Situationen, in denen der Staat (Kreon) nicht bereit ist, auf seine Gewalt über die Toten zu verzichten. Es gibt Umstände – politische, militärische, symbolische (oder alle drei zugleich, wie in Spanien) –, unter denen die Gesetze der Polis Anspruch auf den Körper des Toten erheben können, für ein Staatsbegräbnis wie für dessen Gegenteil, das Verschwindenlassen der Leiche. Das Zerstreuen der Asche der in Nürnberg Gehenkten (sie blieben buchstäblich nirgends) und die Freigabe der Leiche von Rudolf Heß mit all ihren trüben Folgen sind Beispiele der jüngeren Zeit für das gleiche Dilemma, der Mythos zeigt noch keine Mottenlöcher.

Doch wir wollen bei Spanien bleiben. Hegel als *étatiste* ist keine neue Entdeckung. Aber er »versteht« auch Antigone. Sie ist nicht, wie Oidipus, ein Opfer des unentrinnbaren Schicksals, sie handelt, entscheidet sich, stellt sich den Gesetzen des Staates entgegen. Und doch ist ihre Tat nicht politisch, sie beruft sich auf Gesetze, die ihrer Ansicht nach eine höhere Macht repräsentieren als die des jeweiligen Staates. Kreon hat die Bestattung aus politischen Gründen verboten. Für Antigone (und dem Anschein nach auch für den spanischen Staat) hört die Politik mit dem Tod auf. Für die Toten können keine weltlichen Gesetze mehr gelten, sie weilen in anderen Regionen. Antigone, die Schwester, muß dafür Sorge tragen, daß es Polyneikes dort wohl ergeht. Sie darf ihn nicht wie einen Haufen Dreck auf der Straße liegenlassen. Sie ignoriert Kreons Verbot. Ihre Tat, die an sich nicht politisch ist, wird es damit. In Sophokles' Drama verurteilt Kreon Antigone dazu, bei lebendigem Leibe eingemauert zu werden. Als er später sein eigenes Urteil ungeschehen machen will, ist es bereits zu spät. Auch sein Untergang ist nun unabwendbar. Zwei Ideen, zwei Menschen haben sich gegenseitig vernichtet. Für Hegel ist es damit noch nicht zu Ende. Der Konflikt ist auf die denkbar schärfste Weise zutage getreten und trägt dadurch zur Erkenntnis bei, die die Welt über sich selbst hat. Darüber mag man denken, wie man will, und das haben auch alle getan. Mitunter ist das überraschend, nimmt man zum Beispiel zwei Schriftsteller, die man, wenn auch aus unterschiedlichen Gründen, doch mehr oder weniger mit dem (einem) Staat identifiziert, wie Goethe und Brecht. Beide waren radikal gegen Kreon. Für Goethe war, was Kreon tat, ein »Staatsverbrechen«: Man läßt keine Leiche auf der Straße verwesen mit allen daraus resultierenden Gefahren für die Gesundheit der Stadt. Hier spricht eher der Verwaltungsbeamte als der Staatsmann. Ganz anders Brecht. Der Mensch, ungeheuer groß im Unterwerfen der Natur, wird zum großen Ungeheuer, wenn er (wie Kreon es mit Antigone tat) andere Menschen unterwirft. Die DDR ist vielleicht der hegelianischste Staat, den es gibt, aber Brecht schrieb es dennoch so nieder.

Was würde nun passieren, wenn der spanische Staat / Kreon nicht zulassen würde, daß Herri Batasuna/Antigone die Leiche der ETA / des Polyneikes begräbt? Ich weiß es nicht. Hier zeigen sich auch die Schwächen dieser Parallele. Antigone kann nie mehr »unschuldig« sein, sie hat sich selbst gelesen. Sie weiß nun auch, daß Kreon die Folgen seines Gesetzes kennt, wenn er es durchsetzt, geht er zugrunde. Auch sie ist jetzt von der Politik berührt, sie manipuliert das Naturgesetz, und das ist eine Perversität. Kreon braucht ihr Spiel nicht mitzuspielen. Auch die ETA weiß das, sie liefert regelmäßig einen neuen Polyneikes zum Bestatten. Was soll Kreon tun? Und welcher? Hegels Kreon, Brechts Kreon? Oder vielleicht Charles Maurras' Kreon? Für Maurras war nicht Antigone der Rebell, sondern Kreon. »Kreon hat die Götter der Religion, die grundlegenden Gesetze der Stadt, die Gefühle der lebenden Stadt gegen sich.« Das ist für Maurras der Kern des Stückes. »Was er (Sophokles) zu zeigen unternimmt, ist die Bestrafung des Tyrannen, der sich von göttlichen und *menschlichen* Gesetzen freizumachen suchte. Es ist Kreon, der den Untergang des Staates herbeiführt. (...) Es ist Antigone, die die genau übereinstimmenden Gesetze des Menschen, der Götter und der Stadt verkörpert. Wer übertritt und mißachtet all diese Gesetze? Kreon. Er ist der Anarchist. Er allein ist es.«

Auf diese Weise hat der spanische Staat genügend Optionen.

Und wohlgemerkt – dies ist nicht nur ein Spiel. Ich nehme an, daß González und sein Innenminister Barrionuevo nicht mit Hegel und Maurras zu Bett gehen, aber sie werden sich doch entscheiden müssen, was für ein Kreon sie sein wollen, und dabei bedenken, daß jeder Kreon sich seine eigene Antigone schafft, und umgekehrt. Für den französischen Philosophen Bernard-Henri Lévy ist es dagegen Antigone, die sich durch ihren Solipsismus aus der Gemeinschaft herausrückt, und der Priester-König Kreon, der den Kontakt zwischen Göttern und Menschen verteidigt. Dieser Fürst von Theben ist auch und vor allem »ein Priester«. »Und die Wahrheit ist, daß er (...) der einzige Priester des Stücks (ist), der alles Sakrale beansprucht, wie es in einer Stadt wie Theben im späten 5. Jahrhundert denkbar war. Es geht nicht um ›Gesetz‹ gegen ›Glauben‹, vielmehr ist das eine mit dem anderen verschlungen, zum ›Gesetz des Glaubens‹ verknüpft, das die griechische Religion eigentlich ist.« Mit einem sakralen Königtum wird González wenig im Sinn haben. Sollte er eines benötigen, so ist wohl jederzeit ein Bourbone zur Hand.

Er wird sich eher im scheiternden Kreon Alfred Döblins erkennen, und sei es allein deshalb, weil er dessen Fehler (noch) nicht gemacht hat. In Döblins Roman *November 1918* ist Dr. Becker Lehrer für alte Sprachen an einem Gymnasium. Er ist aus dem Krieg zurückgekehrt, schwer verwundet, Träger des Eisernen Kreuzes, und findet eine reaktionäre Klasse vor sich, die bis auf einen Schüler auf der Seite Kreons steht. Ihr Lehrer ist anderer Meinung. Für ihn ist Antigone mutig, aber sie ist »keine Rebellin. Sie ist überhaupt das Gegenteil einer Revolutionärin. Wenn einer im Stück Umstürzler ist, so ist es – wundern Sie sich nicht – Kreon, der König. Sie haben es noch nicht bemerkt? Ja, er in seinem in der Tat tyrannischen Willen, in seinem Stolz, Sieger und endlich König zu sein, er glaubt, sich über geheiligte Traditionen, über uralte Selbstverständlichkeiten hinwegsetzen zu können«. Der Staat sei zwar eine Realität, aber der Tod sei dies nicht minder. Kreons Haltung gegenüber dem existentiellen Gewicht des Todes sei in krasser Weise unangemessen und werde die Katastrophe sowohl für ihn als auch für die Polis nach sich ziehen.

Priester, König, Rebell, Staatsmann, Anarchist, Feigling, Politiker. Aber die Frage bleibt. Wie soll die Welt der Lebenden sich gegenüber der Welt der Toten verhalten? Was soll Kreon tun, für welchen Kreon soll der spanische Staat sich entscheiden? Einstweilen hat er sich für eine neue Variante entschieden: Er gibt die Leiche des Polyneikes für das Ehrenbegräbnis frei und riskiert damit, daß das Rechtsempfinden der Opfer verletzt wird. Auch sie haben Tote zu beklagen und können sich auf Gesetze berufen, die von älterer Herkunft sind als die des Staates. Aber vielleicht wollen auch die Hinterbliebenen der Opfer nicht an das Reich des Todes rühren. Niemandsland, wer wagt es, sich dort aufzuhalten? Die Alternative wäre gewesen, die Leichen zu beschlagnahmen und an einem geheimen Ort zu verbrennen oder in der Erde zu verscharren und damit in die nächsttiefere Schicht der Verbitterung vorzustoßen.

Hegel kann González nicht helfen, das ist nicht seine Aufgabe. Er ist der Geist der Geschichte und kann nicht Partei sein. Wie ein mystischer Adler schwebt er irgendwo hoch oben und betrachtet das menschliche Natterngezücht von seiner absoluten Höhe herab und sieht die gegenseitige Vernichtung, »das unvollendete Werk, das unaufhaltsam zum Gleichgewichte beider fortschreitet«. Karger Trost des Dichters! Bis dahin müssen wir töten und begraben und warten, bis diese glänzende Abstraktion, der Weltgeist, sich selbst im Spiegel sieht und erkennt.

Ich blicke noch einmal auf das Foto. Die Frau im geblümten Kleid könnte geradewegs aus C&A kommen, ihre Faust ist schließlich nicht richtig geballt. Wenn sie allein auf dem Foto gewesen wäre, hätte es wie Winken ausgesehen. Auf Plätzen stehen immer solche Frauen herum. Sie winken der einen oder anderen Antigone und sehen nicht aus wie Staatsfeinde. Sie sind das Rätsel, das Kreon lösen muß.

1987

Léon, Hostal de San Marcos

LEÓN

León, ganz früh am Morgen. Über dem Río Bernesga liegt leichter Nebel, zerrissene Schleier über dem stillen, bräunlichen Wasser. Ich habe das Auto auf der Brücke abgestellt, denn das erste Sonnenlicht bewirkt etwas Seltsames an der Fassade des Hostal de San Marcos. Hundert Meter lang ist diese Fassade des schönsten Hotels von Europa, ein Gebäude wie ein *statement*: Damit bekräftigten Ferdinand und Isabella ihre Macht, und sie taten es dramatisch. Es ist immer schwer, sich vorzustellen, daß etwas, das Hunderte von Jahren alt ist, je modern war, aber die Geste kann kaum zu hoch eingeschätzt werden. Abschied vom Mittelalter in einer kleinen Stadt, die einige der schönsten frühmittelalterlichen Gebäude der Welt besitzt und in der die Renaissance nichts zu suchen zu haben schien. Es ist ein schwungvoller Abschied, die ganze Revolution in der Kunst prunkt da, auch heute noch. Plateresk heißt dieser Stil, und es stimmt, die Fassade wirkt wie aus *plata*, Silber, getrieben; wäre sie tausendmal kleiner, würde man an die raffinierteste *orfèvrerie* denken, so aber starrt man nur staunend auf diese Friese und Pilaster, die verschwenderische Fülle und den strengen Rahmen, in den sie gegossen ist, auf die biblischen und historischen Reliefporträts, eine europäische Ahnengalerie in Medaillons.

Später am gleichen Tag sehe ich das Echo des Plateresken in den Portalen der Kathedrale von Astorga, auch sie ein Monolith, den eine Gewalt, deren Tragweite wir nicht mehr begreifen, in einen viel zu kleinen Ort geschleudert hat. Manchmal kann man es kaum noch ertragen, all diese Schwere, all diese ziselierten Gebirge, die im trägen, leeren Land liegen, gepanzert, leicht bösartig, vorweltliche Ungetüme, die auf ihren Tod warten. Natürlich kann ich es wieder nicht lassen und gehe hinein in diesen versteinerten Wald von Säulen, die ohne Kapitelle in die Höhe rauschen, hinauf zu den Gewölben. Draußen ist es bereits heiß geworden, und leicht benommen stehe ich da und versuche mich an das kirchenförmige Licht zu gewöhnen. Ich bin der einzige

Besucher, auch das noch, jetzt fällt mein Maß erst so richtig auf, das Maß eines Niemand.

Eine Eigenart vieler großer spanischer Kirchen ist der *coro*, der Chor. Damit ist ein von Mauern umschlossener Komplex gemeint, der mitten in der Kirche steht und an der Ostseite von übermannshohem Gitterwerk abgeschlossen ist. In dieser Abgeschlossenheit, die manchmal einen großen Teil einer Kathedrale einnimmt, kommen die Chorherren mehrmals am Tag zum Chorgebet zusammen, doch diese Konstruktion erweckt eigentlich den Eindruck, als hätten sie das Volk aus der Kirche vertrieben. Wer etwas von der Messe sehen will, wenn sie zelebriert wird, muß sich bemühen, daß er einen Platz vor dem Chor bekommt, denn wenn man die Kirche von hinten betritt und zum Altar gehen will, stößt man auf den *trascoro*, die verzierte Rückwand des Chors, im Grunde eine Kirche in der Kirche, die das eigentliche Kirchenvolk ausschließt. Die Kluft zwischen diesem Triumphbau und der Schlichtheit romanischer Kirchen könnte nicht größer sein. Es ist die Heimstatt des Klerus als Institution, als Macht, auf seine Basis zurückgezogen, nicht zugänglich: die Besitzer Gottes. Manchmal betritt man eine Kirche in dem Augenblick, in dem das Chorgebet im Gange ist. Ein paar alte Männer fächeln sich gegenseitig Psalmen zu, Gläubige sind kaum anwesend, ein Schiff ohne Passagiere, unterwegs nach nirgendwo. Ironie. Die Männer mit ihren violetten Beffchen sehen aus, wie Buñuel und Fellini sie uns überliefert haben, pittoresk, gutherzig oder bösartig, aber zu einer unwiderruflichen Vorzeit gehörend, filmreif. Jetzt, wo sie nicht da sind, traue ich mich zwischen ihre siebenundneunzig Stühle, das skulptierte Holz mit den Darstellungen von Kirchenvätern und Bischöfen glänzt vom jahrhundertelangen Sitzen und Hin- und Herrutschen. Ich wandere umher und versuche etwas aufzunehmen, aber er ist zu groß, zu triumphal, dieser Raum, oder ich bin übersättigt, das einzige, woran mein Blick hängenbleibt, ist etwas, was nun gerade nichts darstellt, ganz eigenartige geometrische Formen an den Sockeln der Säulen, wie ich sie noch nirgendwo sah. Also doch noch ein Rätsel, und damit gehe ich hinaus, oder vielleicht flüchte ich auch. Ich bin nun schon seit Wochen in diesem Land der Kir-

Astorga, Gebetbuch in der Kathedrale

chen, und auf einmal kann es sich gegen einen kehren, dann kommt es einem so vor, als würden diese polychromen Heiligenbilder mit ihren eigenen Marterwerkzeugen aus all diesen übervollen Retabeln klettern und dem Besucher nachsetzen, um ihn zu vierteilen, kreuzigen, auf Roste zu legen, ihm die Augen auszustechen, ihn zu geißeln oder, noch schlimmer, ihm eine Ewigkeit lang aus dem Buch in ihrer Hand vorzulesen, das sie nicht umblättern können.

Ich bin nie mit leichtem Gepäck gereist, immer schleppe ich Bücher mit mir herum, und mit der Zeit werden es immer mehr. Kuriosen Büchern kann ich nicht widerstehen. In León erstand ich auf einem Straßenmarkt ein kleines Buch, *Valle del Silencio*, Tal der Stille, von David Gustavo Lopez, erschienen in einem dort ansässigen Verlag. Ich suche den Zufall, und er findet mich immer. In dem Gebiet, das ich durchstreife (und das ich ohne dieses Buch blind durchstreift hätte), muß ein Tal von außerordentlicher Schönheit liegen, mit einer schwer befahrbaren Straße, die in ein »mittelalterliches« Dorf führt, in dem eine unversehrte mozarabische Kirche aus dem frühen zehnten Jahrhundert steht. Im grünen Michelin von Spanien ist nichts darüber zu finden, die Michelin-Karte verzeichnet die Straße nicht einmal, auf einer anderen Landkarte entdecke ich eine dünne Kritzellinie und an deren Ende den Ortsnamen, Santiago de Peñalba. Dort muß dieser Weg oder was es auch sein mag, aufhören, der kleine Ort liegt in einem Rund, auf das verschiedene Sierras zeigen, die Sierra del Teleno, die Sierra de la Cabrera Baja, die Sierra del Eje, der Gipfel des Guiana. Der Verfasser meines deutschen Reisebuchs *Spaniens Norden*, Helmut Domke (München 1981), hat den Weg per Maulesel zurückgelegt, was dem Autor von *Iglesias Mozárabes Leonesas* zufolge jedoch nicht mehr nötig ist, es gebe einen Weg, wenn auch einen schwierigen und nicht bis ganz ans Ende. Die Lösung bringt *L'Art Mozarabe*, aus der Reihe Zodiaque: Ich muß südlich von Ponferrada acht Kilometer weit der Landstraße nach San Estebán de Valdueza, dann vierzehn Kilometer weit dem Fluß folgen. Dabei sei äußerste Vorsicht geboten, denn der Weg sei *étroite* und *difficile* und häufig durch herabgefallene *pierres* blockiert. Wenn ich nach San Pedro de Montes wolle, müsse ich die letzten fünfhundert Meter zu Fuß und kletternd zurücklegen, wolle ich nach Santiago de Peñalba (vom weißen Gipfel), so müsse ich das Auto außerhalb des Dorfes stehenlassen, da ich sonst steckenbliebe.

Große Schönheit will nicht beschrieben werden. Und doch müßte ich es eigentlich können. Die ganze Sippe war da: Bussarde, Falken, Eidechsen, Schmetterlinge, Hummeln, Grillen. Und die Felswände, die Schluchten, die Kastanienbäume, die Heideflächen, der Río Oca, der irgendwo in der Tiefe und dann plötzlich wieder neben dem Weg fließt. Ein paar Dörfer, noch am Wasser, alte Frauen in Schwarz, niedrige Häuser mit Holzbalkons, Vieh auf den schmalen ungepflasterten Straßen. Alle Reisebücher sind sich darin einig, hier ist die Zeit stehengeblieben, aber davon kann keine Rede sein, alles ist hier stehengeblieben außer der Zeit, das ist es, was es so wunderlich macht. Die Zeit muß fließen, das ist ihr Schicksal, und am besten kümmert man sich gar nicht darum. Tempo bedeutet auch Zeit, und dort, wo zwei Tempi sich nicht decken, das Tempo der Natur und das der Menschen, geschehen wunderliche Dinge. Das Mißverständnis liegt in der Sinnestäuschung: Der Reisende sieht Dinge, die er von alten Stichen kennt, Dinge, von denen er weiß, daß sie früher so aussahen. Ein Mann mit einem Holzpflug, ein Mann mit einem Dreschflegel, eine Frau mit einer Sichel. Die Unbeweglichkeit dieser Bilder oder alter Fotos erweckt eine *Vorstellung* von Stillstand, die sich durch eine halbe Stunde Mitdreschen für immer austreiben läßt. Die kargen Felder zwischen den Bergen verlangen nach keinen anderen Methoden als denen, die früher gebräuchlich waren, wer hier einen Mähdrescher einsetzt, ist verrückt.

Was bleibt, ist die Vision. Diese Landschaft hängt wie eine Wiege am Himmel, wer hier nichts zu suchen hat, bleibt weg. Es gibt keine Gasthöfe, keine Hotels, zwei Autos kommen nicht aneinander vorbei, nur einmal in der Woche geht ein Bus nach Santiago de Peñalba, im vergangenen Jahr wurden ganze achttausend Besucher gezählt, und für sie und für mich sind der Klee und der Mohn, der gleitende, spähende Flug der Raubvögel, das

Concerto grosso der Frösche und Grillen, die Streichquartette der Hummeln, Bienen, Schmeißfliegen und Mücken, die Schatten und der Sonnenstich, der Gedanke, das Auge, die Stille.

Ich lasse das Auto stehen, wo es nicht mehr weiter mag, und steige nach San Pedro de Montes hinauf. Santiago hebe ich mir für später auf. Schritt, sagt mein Schritt, und während ich mich selbst nach oben ziehe, geht mir durch den Sinn, daß so und nicht anders die Einsiedlermönche herkamen, die ersten bereits im sechsten Jahrhundert. Sie entflohen der weiten Welt, der *cosmopolis* der Westgotenkönige, und lebten hier als Eremiten. *Tébaida*, einsamer Ruheort, Einsiedelei. Dreihundert Jahre später kommt Gennadius mit zwölf Gefährten hierher und baut eine Kirche, die im Jahr 919 geweiht wird. Von ihr ist nichts mehr übrig, nur noch ihre Abwesenheit in Form eines Steins, auf dem die Weihe beschrieben wird. Bergluft konserviert, hier fällt kein ätzender Regen, ich kann das Kryptogramm noch lesen: ... NOBISSIME GENNADIUS PRSBTR CVM XII FRIBUS RESTAVRABIT ... prsbrt, presbyter, fribus, fratribus, nobissime, jetzt, vor kurzem, *modernamente* will der spanische Führer, doch das war vor tausend Jahren, und wieder will der Gedanke sich etwas vorstellen, denn der Stein hat die Namen der Männer bewahrt, die dabei waren, die vier Bischöfe, die in langen Tagesreisen durch diese Berge gekommen waren, um die heute verschwundene Kirche zu weihen, Gennadio Astoricense, Gennadius von Astorga, der Stadt, aus der ich gerade komme, Frunimio legionense, León, wo ich heute morgen noch war, was damals aber mehrere Tagesreisen entfernt gewesen sein muß, Dulcidio Salamanticense, von Salamanca, eine Welt hinter den Bergen, Sabarico Dumiense, und ich weiß nicht, wozu dieses Adjektiv gehört, wenn nicht zu Túy. Das Datum nimmt eine ganze Zeile ein: SVB ERA NOBIES CENTENA: DECIES QUINA: TERNA ET QVATERNA: VIII O KLDRM NBMBRM, ihr November, unser Oktober, der 24. Oktober 919.

Bischof, Mitra, Stab, ein Herbsttag, Kälte in den Bergen. Sie weihen eine Kirche, jemand meißelt das Ereignis in einen Stein, es muß mitgeteilt werden. Das klingt aktiv, und die Folge ist passiv: Ich habe teil an diesem lange zurückliegenden Ereignis

Weihrauchfaß in der Kathedrale
von Santiago

und mache es wieder aktiv, indem ich es mitteile. Bischof, Mitra, Stab. Erst vorgestern sah ich im Fernsehen eine Reportage von einer Pontifikalmesse in der Kathedrale von Santiago. 25. Juli, Fest des Santiago, des Schutzpatrons von Spanien. Die Bilder erkannte ich wieder, den Pórtico de la Gloria, den *botafumeiro*, das legendäre Weihrauchfaß, das an dicken Seilen hoch oben im Gewölbe hängt und nur von acht Mann gemeistert werden kann. Nachdem der Weihrauch entzündet ist, lassen sie die Seile etwas lockerer, das Faß beginnt zu schwingen, sie ziehen die Seile wieder straff, und zum Schluß erreicht das Faß, das die Größe einer mittleren Landmine hat, eine beängstigende Geschwindigkeit und Höhe, es saust durch die gesamte Länge der Kirche, bis ganz hinauf und wieder zurück, eine lange, rauchende Bahn wie ein Kometenpendel, die Menschen, die es auf sich zukommen sehen, ducken sich und kreischen auf, bis sich die Männer wieder mit ihrem ganzen Gewicht an die Seile hängen, die Geschwindigkeit des heiligen Projektils nachläßt und der Größte und Stärkste sich in seine Bahn stellt und das Monstrum mit einem gewaltigen Tanzsprung auffängt und zur Ruhe bringt, Ende. Währenddessen steht der Erzbischof von Santiago die ganze Zeit, Stab und Mitra, im Rot der Märtyrer zwischen den anderen Mitraträgern. Er macht eine gute Figur, ein Idol in vollem Ornat, vis-à-vis vom Abgesandten des Königs, dem Marquis de Mondéjar, alt, weißhaarig, in Frack und Weste, schwarz in einem Spalier von Offiziersuniformen. Reformation, Kapitalismus, Aufklärung, Industrielle Revolution, Marxismus, Faschismus, es muß schon eine zähe Substanz sein, die sich hier gehalten hat. Zweifellos läßt sich Intelligenteres darüber sagen, aber staunen darf man doch wohl.

In dem anderen Santiago, dem von Peñalba, herrscht die Stille des Todes. Ich habe mein Auto am Dorfeingang abgestellt, neben dem einzigen anderen. Die Hauptstraße ist ein Pfad. Es riecht nach Kühen. Ich weiß, wo ich bin, im Reich des Schlafes. Häuser aus gröbstem Stein, düstere Ställe, Schieferdächer, die Böden der Holzbalkons werfen den Schatten, in dem ich mich aufhalte, eine Säulengalerie. Die Kirche ist geschlossen und wird erst um fünf Uhr wieder geöffnet, das steht auf einem Pappschild. Was ich sehe, ist das arabische Doppelportal, zwei feine Hufeisen, die auf drei schmalen Säulen ruhen, der Schmuck der orientalischen Welt taucht hier plötzlich zwischen den rohbehauenen Steinen auf, die die Farbe der Berge ringsum haben. Gipfel in der Ferne, kahle, angefressene Hänge, die Schleifen des Labyrinthwegs, auf dem ich gekommen bin. Der Schiefer der Dächer unter mir flimmert wie ein alter Schwarzweißfilm. Nichts bewegt sich außer diesem Widerschein der Hitze. Ich steige hinter den Häusern den Berg hinauf und setze mich auf eine Wiese neben ein paar Bienenkörbe. Valle del Silencio. Es stimmt. Dieses Dorf liegt darin eingenistet wie ein Raubvogelhorst. In dem Buch, das ich gekauft habe, sehe ich das momentan schlafende Leben auf Fotos. Ein paar Männer bei einem seltsamen Kegelspiel. Eine Frau, die Milch in eine zugenähte Schafshaut schüttet, um Butter daraus zu machen. Männer, die mit Dreschflegeln auf das spärliche Korn einschlagen. Alte Wörter, alle noch gültig, Spreu, Flegel, Hechel, Schöpfbrunnen. Das letzte Mal, als ich auf dieser Reise einen Dreschflegel gesehen habe, war auf einem romanischen Wandgemälde in der Kirche San Isidoro in León, eine allegorische Darstellung des Monats August. Das war im zwölften Jahrhundert, eine Weile kann es noch weitergehen. In Peñalba gibt es noch keine Kanalisation und kein Telefon. Elektrizität seit 1977. 1978 hat man den Weg für Autos befahrbar gemacht, allerdings ist er nicht zu jeder Jahreszeit gleich gut. Wie es hier im Winter sein muß, wage ich mir nicht vorzustellen.

Gegen vier Uhr, als die Mittagshitze auch mich aufs Gras niedergestreckt hat, sehe ich zwischen Kleestengeln, wie ein alter Mann langsam auf die Kirche zugeht. Er hat mich natürlich längst gesehen, alle haben gefräßig durch ihre Fensterläden auf den so eßbaren Fremden gelauert, aber niemand hat sich gerührt. Jetzt sitzen sie plötzlich da, alte Frauen, schon dreihundert Jahre tot, aber immer noch stickend, Männer, die sich über die schrecklichen Ereignisse in Frankreich unterhalten, wo sie den König enthauptet haben, die beiden Kühe, die einen neuen, duftenden Läufer vor mir ausgelegt haben, um den ich einen Bogen machen muß, um zur Kirche zu gelangen. Er ist mürrisch, der

Alte, die Kirche wird erst um fünf geöffnet, aber er hat den Schlüssel schon in der Hand. Knorrige Hand, heißt das. Und rostiger Schlüssel. Als er die Kirchentür damit öffnet, fällt ein doppelter arabischer Schatten auf den staubigen Kirchenboden, sehr hübsch. Drinnen setzen andere Bögen, jetzt eher westgotisch, das Spiel fort. Das Drinnen wirkt klein, einsam, geschützt. Die Distanz zu dem triumphalen Mastodonten von Astorga läßt sich in Lichtjahren nicht messen. Auch Glaube kann einen anderen Geschmack oder ein spezifisches Gewicht annehmen, das an Hochmut grenzt. Das Gesims, in dem die beiden arabischen Halbbögen gefangen sind, schwenkt an seinem tiefsten Punkt horizontal aus und klettert dann in die Höhe, um ein vollendetes Rechteck zu bilden, sehr seltsam. Das gleiche geschieht bei dem Gesims rund um den einfachen Bogen am Altar. Eine einzelne Linie, die mit einem mathematischen, rechtwinkligen Griff die einfache und doppelte Schwellung bändigt – eleganter und wirkungsvoller geht es nicht. Bravo, murmle ich dem Erschaffer im Totenreich zu, und dann habe ich plötzlich nichts mehr zu tun in Santiago de Peñalba. Noch ein Grab in der Außenwand, von einem »Mönch von Cluny«, der da still ruht, *Sommer und Winter, schlaf wohl*, ich scheide.

Warum das auf deutsch sein mußte, weiß ich auch nicht, aber plötzlich, auf dem Rückweg, verspüre ich Lust, mich selbst vorübergehend aufzulösen, mir eine andere Persönlichkeit für meine fortdauernde Anwesenheit auszudenken, einen Geist, ein Double, in das ich mich kurzerhand verwandeln kann, weil ich von mir selbst genug habe. Daheim falle ich mir meist nicht so auf, doch auf Reisen bin ich öde Gesellschaft, weg damit. Wer soll ich sein? Frondini, dieser Name weht einfach so ins Auto herein. Beruf? Radierer und Zeichner, kein allzu talentvoller. Achtzehntes Jahrhundert, da kann nichts schiefgehen. Die Großen haben dann bereits gelebt. *Ich kenne im Stilistischen nur noch die Parodie*, dieses postmodernistische Credo habe ich gerade bei Thomas Mann gelesen (*Tagebuch*), und das will ich Frondini jetzt mal anhängen, aber ich mache es nur noch schlimmer, er weiß es nicht. Schlimmer? Mann mußte darunter leiden, das braucht Frondini nicht. Frondini ist ein unbekümmerter,

Santiago de Peñalba

fröhlicher Italiener mit Reiselust und Skizzenbuch. Er hat nicht genug Talent, um unter seinen großen Vorgängern zu leiden, ein Manierist kann er folglich auch nicht sein, er will nur ganz einfach das zeichnen, was er sieht, er macht die Parodie nicht, er ist eine. Wie es ihn hierher verschlagen hat, weiß ich nicht, um es angenehm zu machen, schenke ich ihm diese Jahreszeit. Zu Fuß natürlich, Frondini, kein Geld für ein Pferd, oder das Geld versoffen, das Pferd verkauft, irgendsoetwas. Bauschige Wolke, Roter Milan, Ringeltaube, Specht, Frondini sieht, was ich sehe, hört, was ich höre, ich stelle dafür sogar den Motor ab, denn wie kann ich Frondini sein mit einem Auto? Er besitzt ein *salvoconducto* von Maria-Theresia, auf Fürsprache des Bischofs von Trier hatte er einen guten Posten in der königlichen Pinakothek, doch dann fuhr ihm der Teufel ins Blut und er ging auf Reisen. Alles, was er sieht, läßt sich zeichnen, angefangen bei dieser bauschigen Wolke. Frage: Ist es möglich, daß sich die gleiche Wolke, mit dem gleichen Volumen, an der gleichen Stelle über den Hang schiebt, wo, hoch über Frondini damals und mir jetzt, genausoviel Schnee an derselben Stelle liegt, nämlich dort, wo der Rote Milan die gleiche unerbittliche Runde dreht, zum Sturzflug ansetzt und mit einem Tier, dessen Form ich (dessen Form er) nicht richtig erkennen kann, zur Seite hin abdreht? Ich schaue nur, aber Frondini sitzt bereits auf einem Stein und skizziert, sein Bleistift fliegt über das Papier, Milan, Wolke, Hang, alles hält er fest, später wird er es ausarbeiten. Er stellt sich keine Fragen über die Wiederholung des Gleichen, er *macht* diese Wiederholung und läßt sie erstarren, den nicht so recht gelungenen Milan, den zu steil abfallenden Hang, die zu dicht schraffierte Wolke. Was kümmert es ihn, ob dieser bemooste Stein im Río Oca auch damals schon da war, wieviel von ihm abgewaschen ist, ob das Wasser noch immer genauso schnell fließt? Seine Sorgen sind das nicht, es sind meine, und die wollte ich ja gerade loswerden. Seine Sorgen sind, die Bewegung des Wassers hinzukriegen und, noch viel schwieriger, diese eigenartige, glitzernde, sich nicht fangen lassende Durchsichtigkeit, in der das, was sich darunter nicht bewegt, sich doch zu bewegen scheint. Doch nun hört er, wie ich, den Bauern auf dem Hang seiner plötzlich aufgetauchten Herde etwas zuschreien, die von dem kleinen jagenden Hund zu einer handlichen Kugel geformt wird und langsam den Hügel hinunterrollt. Eine Herde wie ein Ball, das bin ich, so etwas kommt Frondini nicht in den Sinn, der ist viel zu beschäftigt mit seinem Dilemma: Soll diese Herde, die eben noch nicht da war, nun in der Zeichnung erscheinen oder nicht? Und das, wo er noch nicht einmal das Problem der Falten, Wölbungen, Schatten, Akzente, Lichtverschiebungen an diesem Hang gelöst hat. Nein, so bekomme ich nur Scherereien mit Frondini, ich habe schon genug Probleme mit mir selbst, ich denke mir zwei Banditen aus, ich lasse ihn ausrauben, aber er ist Italiener, wütend, weil er in seiner doch so unwichtigen Kunst gestört wird, zieht er ein Messer, und das hätte er besser lassen sollen. Tot, Frondini, denn sie hatten zwei Messer. Nichts ist bei ihm zu holen, das hätte ich diesen Räubern gleich sagen können. Sie werfen noch schnell einen Blick auf seine unfertige Landschaftsskizze und sehen nun aus wie Kritiker, und natürlich, das sieht ihnen ähnlich, sie werfen die Zeichnung ins Wasser, wo sie tanzend rasch wegtreibt, und lachend und schimpfend verschwinden sie hinter einem Busch.

Das Kastell von Verín habe ich ausgesucht als letzte Station vor der Grenze. Von meinem Balkon aus kann ich Portugal sehen, flach und fern, leicht bläulich, so vage und verschwommen, daß es mir vorkommt, als könnte ich über den Ozean blicken und weiter, bis zu den Azoren, bis nach Südamerika, diese natürliche Verlängerung Spaniens.

Welche Ausdehnung, die der Sprache. Täglich wird einem das bewußt gemacht, nicht nur durch die Werke von Schriftstellern wie Cortázar, Márquez, Paz und Borges, sondern auch durch die Zeitungen und das Fernsehen, die immer wieder auf alles eingehen, was die »spanische Familie« betrifft, die Länder, die die Spanier einst entdeckt und beherrscht und mit einem kolonialen Erbe belastet haben, das für einen Teil der dortigen Probleme verantwortlich ist. Es war nicht gerade der liebenswerteste Teil der spanischen Nation, der dorthin aufbrach. Was die Konquistadoren im Gepäck hatten, war das Recht des Stärkeren, und aufgrund der Strukturen, die sie dort vorfanden, kam sogleich jenes zweite Ingrediens hinzu: eine Masse zum Unterdrücken. Fügt man ein paar weitere spanische Begriffe hinzu, wie *patria chica*, religiösen Absolutismus und Profitgier, so hat man, auch ohne ergänzende Fußnoten, die Tragödie bereits skizziert. *Patria chica* ist das Verliebtsein in die eigene Heimat, die Unfähigkeit, national zu denken. Durch dieses Erbe sieht die Karte Mittel- und Südamerikas trotz Bolívar aus, wie sie aussieht. Nun haftet Grenzen auch in anderen Teilen der Welt der Geruch des Absurden und Surrealen an, aber hier wurde zusätzlich noch ein Sprachgebiet aufgeteilt. Daß es für die Indianer besser gewesen wäre, von sittenstrengen Pilgern aus dem protestantischen Norden »entdeckt« zu werden, kann man angesichts der Leidensgeschichte der Sioux, Hopi, Navajo und Apachen nicht behaupten, doch als chemische Verbindung war das Aufeinandertreffen der Raubritter aus der Estremadura und der absolutistisch regierten Inka ebenso fatal.

Die Ausdehnung eines Imperiums, die Verbreitung einer Sprache. Es war zu Beginn dieser Reise, als Borges starb. Das war merkwürdig, denn man hatte die seltsame Vorstellung, daß er nie sterben könne oder daß er schon lange tot sei, auch das ist möglich. Seine eigenen Spekulationen über dieses Thema machten ihn in den letzten Jahren zu einem mythischen Schemen, der über die Welt geisterte, der erzählte, er wolle erlöst werden »von dem Ding, das Borges heißt«. Vielleicht war ihm das nun gelungen oder, wer weiß, hatte er nie existiert, oder hatte ihn jemand geträumt oder hatte ein ganz anderer uns alle geträumt und ihn dazu, er lebte nun einmal, wenn er lebte, in einer Welt gnostischer Optionen. Zeitungen waren vielleicht nicht das Medium, um darüber Gewißheit zu erlangen, denn auch wenn man ihn sein Leben lang in allen möglichen Zeitungen als Autor oder Interviewten finden konnte, so hatte ich auch einen Ausspruch von ihm gelesen, daß er während des Zweiten Weltkriegs erwogen habe, seine Gewohnheit, keine Zeitungen zu lesen (weil man besser die Klassiker lesen sollte), aufzugeben, aber dann doch beschlossen habe, jeden Tag ein paar Seiten Tacitus über einen anderen Krieg zu lesen, den punischen. Der liegt zwar lange zurück, zugegeben, aber in einer Welt wie der seinen, in der es zu einer endlosen Wiederholung von Ereignissen kommt oder kommen kann, keine unlogische Entscheidung, wozu noch der Vorteil des besseren Stils bei einem – seiner Ansicht nach – im Grunde gleichen Inhalt kommt. Wahr oder nicht wahr – er liebte Scherze, seine Verachtung entbehrte jedoch nie eines philosophischen Hintergrunds.

Wie dem auch sei, ich hatte keinen Plutarch oder Thukydides bei der Hand, der mir über das Sterben großer Männer berichten konnte, und so kaufte ich in den Tagen nach seinem Tod die Zeitungen, die ich fand, als bedürfe die Nachricht einer Bestätigung. Schließlich starb jemand, mit dem ich und der mit mir eine dreißig Jahre währende Beziehung gehabt hatte. Diese beiden Beziehungen konnten erst aufhören, wenn *ich* starb, auch das hatte ich von ihm gelernt. Dreißig Jahre war es her, seit ich, einem Instinkt, einer Intuition folgend, die ersten gelben Bändchen der Reihe *La Croix du Sud* gekauft hatte, mit denen Roger Caillois ihn in Europa eingeführt hatte. Beim Tode von großen Schriftstellern geschieht etwas Seltsames. Sie werden in diesem Augenblick, nach den Worten Audens, zu ihren Bewunderern. Auden sagte dies beim Tode von Yeats. Zwei Sätze aus diesem Gedicht sind mir unvergeßlich: »*He was silly like us, his death forgave it all*« und »*he became his admirers*«.

Jetzt sitze ich hier in diesem spanischen Kastell mit all den Zeitungsausschnitten, und einer wie der andere sind sie nach diesen anderthalb Monaten toter als jede Zeile oder Seite des Schriftstellers. Es ist eine recht komische Sammlung, bestehend aus dem, was ich in den Kiosken fand, *The Observer, Le Monde, Libération, La Repubblica, La Vanguardia, Frankfurter Allgemeine*. Doch das sind Namen, und hatte ich nicht von ihm gelernt, ich müsse auf die Bedeutung dahinter horchen? Dann wird aus dieser Reihe eine ganz andere: Der Betrachter, Die Welt, Die Befreiung ... die Namen werden allegorisch und die Reihe eine verborgene Biographie. Auf allen Seiten Fotos des blinden Teiresias mit seinem Stock und darum herum Fetzen des Netzes, das er zu Lebzeiten gesponnen hatte, jetzt übersetzt in die Slogans der Journaille, und auch diese Reihe liest sich wie ein seltsames, explodiertes Gedicht: Welch Licht im Labyrinth. *Quella luce nel*

Labirinto. Der melancholische Minotaurus. *Il Minotauro malinconico*. Aber vielleicht hat er nicht existiert. *Ma forse non esisteva*. Unzählbar waren die Formen und Male, die ich starb. *Innombrables furent mes formes et mes morts*. Ich war Homer; bald bin ich niemand, wie Odysseus; bald bin ich jedermann: dann bin ich tot. *J'ai été Homère; bientôt, je serai Personne, comme Ulysse; bientôt, je serai tout le monde: je serai mort*. Er hat sich unsichtbar gemacht. *Se ha hecho invisible*. Unermüdlicher Träumeweber. *Tireless weaver of dreams*. Der Bibliothekar von Babel. *Le bibliothécaire de Babel*. Der Tod, ich will nichts anderes als sie (ich lasse die weibliche Form stehen, CN), ich will sie ganz, abstrakt. Die beiden Daten auf dem Grabstein. *La mort, je ne veux qu'elle et je la veux totale, abstraite. Les deux dates sur la dalle*. Und, als hätte diese Zeitung sechzig Jahre lang einen Wettstreit mitverfolgt, auf der Titelseite der *Libération; Jorge Luis Borges a trouvé la sortie:* BORGES HAT DEN AUSGANG GEFUNDEN! Es sind immer die anderen, die die Geschichten beenden, aber nur, wenn die Geschichten es wert sind, beendet zu werden. Und dann ist man erst richtig tot: Jeder geht mit deinen Worten hausieren. Danach folgt das Fegefeuer der völligen Abwesenheit. Die Presse hat einen ausgequetscht. Für den Tod gibt es keine Steigerung, nur für den öffentlichen: Wenn die Nachricht ausgeschlachtet ist, ist der Tote plötzlich viel toter. Wer ihn bisher nicht las, liest ihn auch jetzt nicht, die anderen sitzen mit den Worten da, die keine Fortsetzung mehr finden werden. Dann tritt das Audensche Gesetz in Kraft: Die Leser sind der Schriftsteller geworden, der Schriftsteller wird seine Leser.

Mich verbindet mit ihm, was einen mit geliebten Toten verbindet. Man kann sich nicht vorstellen, daß sie wirklich tot sind. In den merkwürdigsten Augenblicken denkt man: Wie er sich wohl fühlt? Wie denkt er darüber? Gestern abend gab es im Fernsehen eine Sendung über die Ketzerbewegung des Priscillian im vierten Jahrhundert, eine Bewegung, die sich zum großen Teil in den Landschaften abspielte, in denen ich mich gerade aufhalte, im nordspanischen Galicien, das, wie Irland, ohnehin für alles prädestiniert ist, was mit Geheimnissen und Zauberei zu tun hat. Der Film war zum Teil in einer herrlichen, riesengroßen Bibliothek gedreht worden, sprach von zeitgenössischen lateinischen Kommentaren des Sulpicius Severus, von gnostischer Symbolik und Zahlenmystik, vom Tod, der für die Kelten nichts weiter als eine Reise war, und plötzlich kam mir der Gedanke, das alles sei Fiktion, eine von Borges' eklektischen Phantasien, allesamt erfunden und erlogen, diesen lateinischen Kommentar von Severus habe es nie gegeben, kurz und gut, ich hatte Augenblicke von entzücktem Zweifel, weil alles genausogut nicht wahr hätte sein können, weil er Fiktion nun einmal wie Wirklichkeit behandelte, am liebsten mit möglichst vielen falschen Quellen und Autorennamen, so daß die Wirklichkeit in einigen seiner Kommentare in ein Gespinst von Erfindung oder zumindest von Zweifel eingehüllt war.

Zu meiner Zeit gab es an niederländischen Gymnasien keinen Philosophieunterricht, das einzige, was in meinem Fall dem in etwa nahekam, war der Religionsunterricht mit solch merkwürdigen kasuistischen Exzessen wie: »Wenn jemand einen Autounfall hat, und er liegt an einer Straßenecke im Sterben, und ein exkommunizierter Priester kommt vorbei, und der Sterbende will beichten, ist diese Beichte dann trotzdem gültig (Antwort: ja)« – aber solche scholastischen Haarspaltereien halfen mir ebensowenig wie die thomistischen Gottesbeweise, um Borges' auf Berkeley und Hume basierenden Hirngespinsten über Sein und Nicht-Sein auch nur einigermaßen gewachsen zu sein. Später gewöhnt man sich daran (wiewohl nie ganz), aber ich erinnere mich noch gut an dieses schwindelerregende Angstgefühl bei der Vorstellung, die Wirklichkeit, die sichtbaren Dinge, bestünden einzig und allein dank unserer Wahrnehmung, jedenfalls als Borges in einem anderen Essay behauptete, das sei noch nicht alles, auch die Zeit existiere nicht. Das Argument, das er anführte, stammte von Sextus Empiricus, der in seinen *Adversus Mathematicos*, XI, 197, abstritt, es gebe eine Vergangenheit, weil sie bereits jetzt nicht mehr da sei, während es gleichzeitig auch keine Zukunft geben könne, weil die noch nicht gekommen sei. Außerdem behauptete er, die Gegenwart müsse teilbar oder unteilbar sein, um zu existieren. Aber sie sei nicht unteilbar, denn dann habe sie keinen Anfang, der mit der Vergangenheit, und auch kein Ende, das mit der Zukunft verbunden sei. Teilbar sei sie andererseits aber auch nicht, denn dann bestünde sie ja aus einem Teil, der bereits vorbei sei, und einem, der erst noch kommen müsse. FOLGLICH gebe es sie nicht, und weil es auch keine Vergangenheit und keine Zukunft gibt, gebe es keine Zeit.

Das jagte mir Angst ein. Er schrieb dann zwar, daß neben der unverkennbaren Verzweiflung ein geheimer Trost im Leugnen der Aufeinanderfolge stecke, die die Zeit ist, im Leugnen des Ichs und des astronomischen Universums, doch ich hatte Probleme damit, weil sich diese hochfliegenden Gedanken mit meinem Gefühl vermischten. Das nahm sogar physische Formen an: Ich glaubte, von der Welt herunterzufallen, etwas, das, wenn weder die Welt noch ich existierten, natürlich nur so schlimm wäre, wie ich es fand. Das Problem war, daß man sich bei Borges mit seinen ersonnenen Zitaten aus echten Enzyklopädien, seinen ersonnenen Autoren mit ihren folglich ebensowenig existierenden Büchern nie sicher sein konnte, ob es jemanden wie Sextus Empiricus wirklich gegeben hatte, und selbst wenn das der Fall war, ob dieser das Buch, aus dem der Meister zitierte, wirklich geschrieben hatte. Erst viel später begriff ich, daß dies alles Ernst war, allerdings Ernst einer ganz besonderen Art, Teil einer großen literarischen Verzauberung, daß er all diese Elemente und Betrachtungen, in denen er sich auch noch so gerne selbst widersprach, dazu benutzte, um seine Erzählungen und Gedichte zu schreiben. Das Nicht-Existieren, das immer wieder von neuem Existieren-*Müssen*, der Doppelgänger, der Spiegel mit dem anderen oder einem anderen Anderen oder gar keinem darin, das alles gehörte zu dem, was er *perplejidad* nannte, den andauernden Zustand der Perplexität, aus dem das Leben besteht. Borges' Universum ist eines, von dem man, vorausgesetzt, man neigt von Natur aus dazu, sehr leicht eine Weile mitgesogen wird, und auch wenn es Zeiten im Leben gibt, in denen das Bedürfnis nach »Wirklichkeit« größer ist als der ängstliche Genuß des Perplexen, so zieht es einen doch immer wieder zu diesem Œuvre zurück wie jemanden mit Höhenangst zum Abgrund. Um der Herausforderung des Schwindels willen, des Flirts mit dem Nicht-

Sein, des allumfassenden Zweifels, der ein Stimulans ist, der Negation, in der man um so schärfer hervortritt.

Einmal habe ich ihn gesehen, vor langer Zeit, in den sechziger Jahren, in der Westminister Hall in London. Ich war eigens dafür nach London gereist. Er saß da, sehr souverän, ein Orakel, mit diesen seltsamen Kopfhaltungen des Blinden, der auf Geräusche reagiert. Später las ich bei Cabrera Infante, daß der unangreifbare Meister sich mit einem Riesencognac Mut angetrunken hatte. Wir durften Fragen stellen, schriftlich. Ich fragte, weil mich das damals sehr beschäftigte, was er von Gombrowicz halte, der ja bereits seit vielen Jahren als freiwilliger Exilant im selben Buenos Aires lebte. Darauf gab er keine Antwort. Gombrowicz' Philosophie des Unfertigen, Unvollendeten, Unausgereiften als höchstem Zustand kann ihn auch nicht sehr angesprochen haben. Ich saß da als Leser, und Leser wollen immer, daß Schriftsteller, die sie bewundern, sich auch gegenseitig bewundern, daß Nabokov Dostojewski liebt und Krol Slauerhoff. Aber so läuft es nicht.

Gut. Ende. Es ist dem Spinner so vieler Mythen gelungen, er hat uns eingesponnen, er ist selbst ein Mythos geworden. *Leb wohl, alter Fächer.* Das sagte Bashō auf seiner letzten Wanderung zu einem alten Dichter, den er nie mehr wiedersehen sollte. Wo ich jetzt bin, ist es Nacht, der galicische Himmel voller Sterne. Dort irgendwo muß er sein, denke ich, denn magisches Denken ist ganz primitiv. Den Nobelpreis hat er nie erhalten, und das ist schade für diesen Preis, doch er verdient etwas Besseres. Jemand muß einen Stern nach ihm benennen. Er ist der einzige Schriftsteller, zu dem das wirklich passen würde, und dann gibt es doch noch etwas, das Borges heißt.

1986

ICH HABE MICH NUN MAL SPANIEN VERSCHRIEBEN

Grenzübergang Portugal. Als wäre mitten in einem Buch, das man gerade in aller Ruhe liest, die nächste Seite plötzlich vergilbt, und damit nicht genug, auch der Schrifttyp ist ein anderer, altmodischer, nein, noch merkwürdiger: Es ist ein anderes Buch geworden, eines, das man lange Zeit nicht aus dem Regal genommen hatte, ein Buch, das man früher schon mal gelesen hatte und das auch damals bereits alt war. Plötzlich ist alles anders, verlangsamter, die Farben gedämpfter, die Töne leiser. Die Männer an der Grenze tragen Uniformen vergessener Königreiche wie Bosnien-Herzegowina oder Montenegro, die Autoreifen machen ein anderes Geräusch auf dem kleinflächigen grauen Kopfsteinpflaster, die Sprache hat ihre Härte verloren und verschleiert die Worte. Ich bin in Portugal, in dem Teil, der Tras-os-Montes heißt, über oder hinter den Bergen, jedenfalls weit entfernt vom Herzen des Landes, in etwas, was auch für die Portugiesen eine ferne Provinz sein muß, geschützt durch Berge und schlechte Verkehrsverbindungen und dadurch nach wie vor nicht von dieser Welt, ein verlassener Landstrich, prächtig und düster – wenn ich ein Instrument dafür auswählen müßte, so nähme ich das Cello, Ernst und Melancholie. Für einen Moment bin ich von den Ansprüchen befreit, die Spanien an einen stellt, selbst gedämpft fahre ich langsamer über die leeren, schmalen Straßen. Ich suche liebe Freunde auf, und ihr stattliches Haus verstärkt den Eindruck endgültig vergangener Zeiten.

Es ist nur ein kurzer Besuch, ich muß weiter, ich habe mich nun mal Spanien verschrieben, *for better or for worse*, da gehöre ich hin. Aber ich habe Zeit genug, in diesen paar Tagen, um über die iberische Zweiteilung nachzudenken und darüber, wie sie sich in anderen Erdteilen fortgesetzt hat. Auch an der Grenze zwischen Bolivien und Brasilien hört die eine Sprache auf und die andere beginnt, das große Raster des iberischen Unterschieds ist mit den Kolonisatoren gereist. Die Akzentunterschiede zwischen Neuer und Alter Welt hört man natürlich genau, aber der Wesensunterschied zwischen dem Spanischen und dem Portugiesischen reicht darüber noch hinaus. In Manaos denke ich nicht an Madrid und in Bogotá nicht an Coimbra. Ich war einmal tief enttäuscht, als ich in Macao kaum Portugiesisch hörte, aber damals litt ich, nach einer langen Reise, unter einem seltenen Anfall von Heimweh nach Europa. So etwas gibt es. Es beruhigt, angesichts der breiten tropischen Gewalt des Amazonas die bekannte, sanftfließende Verschleierung des Portugiesischen zu hören, als hätten die Hitze und das Unbekannte sich doch zähmen lassen. Und, erst im letzten Frühjahr, in einem ausgelaugten Stück brandigen Costa Ricas an der Grenze zu Nicaragua, ließ sich die Landschaft, die sich dem Gefühl nach von einem abwendet, mit Spanisch doch bändigen, zugänglich machen.

Und die Niederlande? Es hat ganz den Anschein, als hätten wir in unseren Kolonien nichts hinterlassen außer ein paar Grabplatten und Kirchen, unsere Sprache hat sich verflüchtigt, hat sich über der Insulinde aufgelöst, ist verweht. Lag sie zu fern? Waren wir selbst, wie üblich, nicht genug an unserer Sprache interessiert? Oder wäre es verrückt gewesen, wenn man an der Javasee und der Malakkastraße heute Niederländisch hörte? Neidisch, das bin ich natürlich auf die Spanier und Portugiesen, und sei es nur der Literatur wegen, die aus dem fernen Westen zurückgeweht kam und der alten Sprache zu trinken gibt.

Korkeichen, Olivenbäume, Brombeeren und Disteln, sie lassen mich denken, während ich die Straße entlangfahre, die Ortsnamen murmle, die sich in Spanien plötzlich wieder von einem Streicheln in einen Peitschenhieb verwandeln werden, wenn ich der Gnade verlustig gehe, der Konfrontation anheimfalle, der kompromißlosen Härte der Estremadura. Wieder der Grenzübergang. In Portugal mußte ich noch verschiedene Papiere ausfüllen, in Spanien werde ich sofort durchgejagt, und auch die Landschaft verändert sich auf einen Schlag. Hier bin ich, hier hast du es. Das wolltest du doch, dafür hattest du dich doch entschieden? Heute sind es neununddreißig Grad in Cáceres.

In dem Augenblick, als ich die Plaza Mayor in Cáceres betrete, fällt es mir wieder ein, beim letzten Mal, wann immer das war, muß ich hier zur selben Stunde gewesen sein, der Stunde der Lähmung, des Todes am Nachmittag.

Ich finde blind dasselbe Lokal, genau gegenüber dem Tor, das in die Altstadt führt. Damals konnte ich nicht hinein, weil ich weiterfahren mußte, heute weiß ich, daß alle Tore, durch die ich gehen wollte, geschlossen bleiben. Der Zeitungskiosk ist zu, ein unrasierter alter Mann am Nebentisch döst über den Resten eines Tellers *migas*, dem Armeleutegericht, ganz viel altes Brot in den Fettresten ausgelassenen Specks gebraten. Der Fernseher jammert über den Rest der Welt, der Spielautomat dudelt alle fünf Minuten eine elektronische Melodie, um Spieler anzulokken, er ist zu dumm, um zu sehen, daß niemand da ist. Zu dieser Beschreibung gehört ein räudiger Hund, und das Tierreich liefert prompt: Ein räudiger Hund setzt die Pfoten in seinen eigenen heißen Schatten und überquert den Platz. Ich folge. Cáceres ist eine Stadt des Exterieurs, Wappen, Wappenschilde, Türme, Tore, Embleme, Anagramme in Stein, Kranzgesimse, Gitter, Zinnen, Wehrgänge, steinerne Denkmäler, die der Adel sich selbst errichtet hat, Reliquien aus den großen Tagen der Conquista, bezahlt mit Gold aus den neuen Provinzen. Ich brauche nichts anderes zu tun, als durch dies alles zu schlendern.

Dies ist wirkliche Hitze. So trocken wie etwas, das ich mir gern einfallen lassen würde. So trocken wie ein Nachmittag in Cáceres. Die Altstadt ist von Mauern umgeben, eingeschlossen von zwölf Türmen, die Mauer umschließt Kirchen und Adelshäuser. Ich bin tapfer, denn ich habe nicht nur meinen Reiseführer bei mir, sondern auch ein Wörterbuch. Der Führer gibt Rätsel auf, die ich nicht allein lösen kann. *Ajimez*, Zwillingsfenster, aber das hätte ich natürlich auch selbst sehen können. *Alfiz*, rechteckiger Fensterrahmen, aber das stimmt nicht, denn da steht *trilobulado*, dreilappig, das ist nicht rechteckig, und es ist auch kein Rechteck, diese anmutige Zierlinie, die sich um das Zwillingsfenster und das von zwei geflügelten Engeln hochgehaltene Wappen am Palast der Golfines schlingt. Ich habe mich in den Schatten gesetzt, allein mit meinen Wörtern und diesen steinernen Zeichen.

Die Türme haben Namen, der Turm des Ofens, der Turm der

Uhr, aber auch der Turm von Bujaco. Was ist Bujaco? Das Wörterbuch gibt keine Antwort, aber da springt der Führer wieder ein. 1173 belagern die Truppen der arabischen Herrscher, der Almohaden, die Stadt, die von den Ritter-Mönchen des Ordens von Santiago verteidigt wird, einem der mächtigen militärischen Ritterorden, die es damals in Spanien gab. Die Ritter verlieren immer mehr Terrain und ziehen sich in diesen Turm als letzte Bastion zurück. Schließlich siegen die Araber (*la morisma*), und die vierzig letzten Verteidiger des Turms werden auf Befehl von Abu Jacob enthauptet. Abu Jacob, verballhornt zu Bujaco, kein Wunder, daß ich das Wort nicht finden konnte.

Der nächste Turm heißt Turm der Pulpitos, der Tintenfische, und der heißt so, weil »die *matacanes* die Form von Tintenfischen haben«. Aber ich weiß nicht, was *matacanes* sind, und nirgendwo an diesem quadratischen, groben Turm sehe ich etwas, das einem Tintenfisch ähnelt. Stimmt. Weil das Wort in Großbuchstaben geschrieben war, ist der Akzent weggefallen. *Púlpitos*, Kanzeln, Predigtstühle. Was aber sind *matacanes*? Hundetöter, würde ich übersetzen, aber damit komme ich nicht weit. Weggefährte Wörterbuch hat bessere Ideen. *Matacán*: Gift, um Hunde zu töten. Brechnuß, Krähenauge (*Strychnos nux-vomica*), alter Hase, der die Hunde hetzt. Stein, den man leicht in die Hand nehmen kann. Begriff aus dem Kartenspiel. Und dann, in Murcia: junge Eiche. Und in Ecuador: Hirschkalb (Jägersprache), und in Honduras: großes Kalb. Und zum Schluß, nur für mich, Plural, *matacanes*: Schießscharten.

Meine Bewunderung für Übersetzer wächst wieder, und damit komme ich auf das Argument von vorhin zurück: Um wieviel reicher wird eine Sprache, die ausschwärmt, auf die Reise nach Ecuador, Honduras geht oder die in einem Land lebt, das so weit ist, daß ein und dasselbe Wort an einem anderen Ort etwas anderes bedeutet. Und nun sehe ich die Schießscharten auch, oben im Turm der Predigtstühle, vier runde Ausbuchtungen, aus denen heraus der Feind beschossen wurde. Hier war es, am Fuße dieses Turms, wo Isabel la Católica am 30. Juni 1477 einen Eid ablegte, mit dem sie gelobte, die Rechte und Privilegien von Cáceres zu respektieren. Dieselbe Isabella, die durch ihre Heirat mit Ferdinand von Aragonien und die Rückeroberung Granadas Spanien zu *einem* Land machen und als Konsequenz die Macht der militärischen Ritterorden brechen sollte.

Um welche Privilegien es sich dabei auch handeln mochte, sie sollten nicht mehr für Juden und Muslime gelten und nicht für jene, die sich hatten bekehren lassen, die *conversos* und *moriscos*, wenn nur der geringste Verdacht auf ihnen lastete, sie seien insgeheim noch ihrem alten Glauben treu. Doch das kommt später. Gegen Ende ihrer Regierungszeit befanden sich 97 Prozent des spanischen Grund und Bodens in der Hand des Adels, 45 Prozent davon in der Hand von Bistümern, Domkapiteln und Stadtadel, der Rest ist Großgrundbesitz und gehört einigen wenigen. Die Wappen der wenigen ist das, was man in Cáceres an den Mauern sieht.

Die Familien sind zum Teil ausgestorben, zum Teil auch nicht. Das System ist im Prinzip das gleiche geblieben, daran hat der (letztendlich verlorene) Bürgerkrieg nichts ändern können. Diese Häuser tragen Namen, aber diese Namen benötigten Namenlose, ein Name wird ein NAME, indem er sich von Namenlosen nährt, im eigenen Land von Tagelöhnern, Saisonarbeitern, Kleinpächtern, auf der anderen Seite des Ozeans von den Zinn-, Silber-, Goldgräbern, der namenlosen, bedeutungslosen Unterseite eines Imperiums.

Hat man in Amsterdam das gleiche Gefühl, bei den mächtigen Häusern der Sklavenhändler, von denen einige noch mit Mohren und Indianern verziert sind? Nein, natürlich nicht. Und doch ist, irgendwann einmal, ein greifbares Leiden mit diesen Namen und Häusern verbunden gewesen, das man, auf die Gefahr der Fälschung hin, nicht mehr in einem demagogischen Argument fassen kann, das aber, auf die Gefahr einer anderen Art von Fälschung hin, als Tatsache nicht wegzudenken ist.

Vergessen, vorbei, namenloses Leiden, das hier, wo ich jetzt bin, in einem nun gerade nicht namenlosen Stolz, einer Herausforderung, Bestätigung, bewahrt wurde. Das Haus der Ulloa, der Ovando-Perero, der Torreorgaz, der Durán de la Rocha, de los Pereros, de los Toledo-Moctezuma. *Casa-palacio* heißen diese Häuser, ich schreite die versteinerten Wehrbauten ab, die schweren Linien, die geschlossenen Mauern, die Macht. Tore mit gewaltigen gewölbten Flächen aus großen, unverzierten Bogensteinen, wodurch das Tor selbst in den Mittelpunkt rückt, schwer, beschlagen, das, was einem den Zugang verwehrt. An einigen, wie etwa beim Palacio de Mayoralgo, ist bis in Übermannshöhe kein einziges Fenster, die Fassade ganz und gar Mauer, abwehrend orangefarben in der Sonnenglut. Erst hoch darüber zwei Zwillingsfenster, die das Wappen flankieren: *Dies sind wir*. Und wenn wir nicht mehr sind: Dies waren wir. Manchmal sind die Wappen so an einer Hausecke angebracht, daß sie nach zwei Seiten zeigen, manchmal stehen provozierende Sprüche dabei wie: AQUI ESPERAN LOS GOLFINES EL DIA DEL JUICIO, hier erwarten die Golfines den Tag des Jüngsten Gerichts.

Eine andere Familie hat die Sonne als Emblem gewählt, ein rundes Gesicht mit ausfächernden Strahlen, das den Fremden spöttisch anschaut. Im Haus der Golfines wurde Franco zum Staatschef ausgerufen, und auch das paßt ins Bild. In diesen schmalen Straßen und Gassen herrscht eine düstere, obskurantistische Atmosphäre, man hat das Gefühl, zwischen Mausoleen zu gehen, als säßen hinter diesen Türen komplette ausgestorbene Familien und warteten auf den Engel mit der Posaune. Wenn er dereinst kommt, muß es zu dieser Mittagszeit sein, einer Zeit der Stille und des grausamen Lichts, ein Mittag, an dem diese Wappen mit ihren Symbolen und Fabeltieren zu Asche werden, zu unlesbarem Pulver.

Bin ich der einzige, der es hört? Aus der Ferne kommt es, ein formloses Heulen, Unheilgesumm. Als ich mich nähere, höre ich keine Worte, sondern miteinander verbundene plumpe Wortlarven, Klänge, die Worten gleichen, deren Anfang und Ende sich abgeschliffen haben, blessierte, verunstaltete Wörter, die richtige Wörter sein wollen, es aber nicht sein können, weil sie aneinander kleben, ineinanderhängen und -haken, ein großer, unartikulierter, klagender Wortbrei.

Ich biege in eine Gasse ein und sehe ihn, den einzigen anderen, einen debilen Jungen an einer Mauer, versunken in seine Klage an das Universum, ein sprechender Hund, der heulen will, aber durch das, was noch an Sprache in seinen Lauten steckt, daran gehindert wird, so daß eine Mischform entsteht, Tierlaute, die aus einem menschlichen Mund kommen, wobei er mich anblickt und doch nicht sieht. Ich bin für seine Klage nicht wichtig, bin so durchsichtig wie Luft, sein Heulen richtet sich gegen die Instanz des Lebens selbst, weil sie nicht hören kann.

Man muß suchen, doch dann findet man sie, in allen Provinzhauptstädten Spaniens, kleine, schummrige Buchläden, Schatzkammern mit Raritäten, die die Grenze der jeweiligen Stadt oder Provinz meist nicht überschreiten, durchweg Lokalausgaben unbekannter Autoren, vollgestopft mit Angaben, die man woanders nicht so schnell finden würde, die Ortsgeschichte, Gedichtbände aus dieser Gegend, die sich anderswo nicht durchsetzen konnten, Kochbücher mit eigenartigen Rezepten. In diesen kleinen Läden kann man sich kaum umdrehen, greift man nach einem Buch, fällt irgendwo anders ein Stapel um, der Buchhändler verfolgt jede Bewegung dieses merkwürdigen, aber eindeutig ausländischen Kunden, der ausgerechnet in den Büchern herumstöbert, die die meisten Leute liegenlassen, und nicht selten ist der Buchhändler der Autor oder Dichter persönlich.

In Cáceres ist es nicht anders. Zwei dieser Läden habe ich am Ende der Siesta aufgesucht, wenn jeder an diesem Tag zum zweitenmal geboren wird und nur ich noch mit meinem alten, verstaubten Leben herumlaufe, und die Beute sind vier Bücher für meine Raritätensammlung. Rar im Sinne von selten sind sie meist und oft auch kurios. Aber nun habe ich wenigstens wieder ein Rezept für die Zubereitung von Eidechse und von Stockfisch mit Honig nach Art der Mönche, ich weiß, wieviel Land Hilda Fernandez de Córdoba = die Gräfin von Santa Isabel besitzt (10900 Hektar), dicht gefolgt von Manuel Falcó = Herzog de Fernán Núñez (8825 Hektar) und Frau Cayetana Fitz-James = Herzogin von Alva (4423 Hektar). Alva oder Alba, mit diesem Namen ist für jeden Niederländer der Schauder der Schulbänke verbunden, die gestaffelte Erinnerung an den Achtzigjährigen Krieg, ein von einem Jahrhundert zum nächsten weitergegebenes Gerücht von Grausamkeit und Unterdrückung, von Bösem, das aus dem Süden kam. An diesem Wort hängen so viele Spinnweben, die es unvorstellbar machen, daß es in Spanien noch Alvas gibt. Aber es gibt sie, und die derzeitige Herzogin, die aussieht, als sei auch sie einmal von Goya gemalt worden, verdiente einen Proust, um sie samt ihrer Welt, die vom Aussterben noch nichts wissen will, zu beschreiben. Dreizehnmal *grande* von Spanien sind die Alvas, nur der derzeitige Herzog ist kein geborener, sondern wurde dazu, denn er erhielt den Titel, als er die Herzogin heiratete. Jesús Aguirre heißt er, ein entlaufener Jesuit, von dem ich vor kurzem in *El País* einen Artikel über Adorno und die Frankfurter Schule las. »Jesús Aguirre ist der Herzog von Alva«, steht dann darunter, und die Reihe bekommt etwas Unwiderstehliches: Jesus, Herzog, Alva, Blutrat, Jesuit, Adorno. Wenn die Welt lange genug besteht, wird sie zu ihrem eigenen Anachronismus. In Estremadura hat man am Vorabend des dritten Jahrtausends andere Sorgen: 40000 Landarbeiter sind hier arbeitslos, während gleichzeitig ganze Provinzen an Großgrundbesitz brachliegen oder komplett für Jagden verpachtet werden.

Die Macht des Adels ist geblieben, die der Inquisition ist verlorengegangen. Das darf man natürlich nicht bedauern, und doch, ohne dieses zentrale Gedächtnis für Ketzereien, Abweichungen und Auswüchse hätte ich vielleicht nie von Fray Alonso de la Fuente gehört, einem jener brennenden Geister, an denen Spanien im sechzehnten Jahrhundert so reich ist, ein besessener Narr, der überall Zeichen des Satans sah und auf der Suche nach Angehörigen der Sekte der *Alumbrados*, der Erleuchteten, wie ein Irrer herumrannte. Manche Dinge sollte man vielleicht nicht dort lesen, wo man sie liest, aber nun ist es einmal passiert, ich bin in einer flimmernden Landschaft aus dem Auto gestiegen, um die heißeste Stunde des Mittags zu überbrücken, auf einem Sandweg abseits der Straße unter ein paar einsamen Steineichen mit ihrem steinernen Schatten. Über mir schreibt *Buteo buteo* ein unendlich langsames Gedicht in immer weiteren Zirkeln, um mich herum raschelt *Centaurea aspera* ihre schnarrende Geschichte, ein Erschauern verdorrten Papiers, eine lange Blattseite bis zum Horizont. Er paßt in diese Landschaft, Fray Alonso, er sah alles mögliche, was nicht zu sehen war, und beschrieb in seinen *Memoriales* die Stufen der unziemlichen Wollust, »eine qualitative Wertbestimmung von Küssen, Umarmungen und anderen libidinösen Berührungen« (Calificación cerca de los besos, abrazos y otros tocamientos libidinosos).

Aber er blieb allein mit seiner Unlust, niemand wollte auf ihn hören, er predigt, beschuldigt, verfolgt, bis er nach Jahren zum Hohen Tribunal der Inquisition in Madrid vordringt. Endlich findet er Gehör, ein Inquisitor wird nach Zafra entsandt, doch dieser Ort gefällt dem Ketzerjäger nicht, weil »die siebzig Priester von Zafra allesamt Juden sind«. Auch der Inquisitor ist betrübt, er kann nichts finden. Ihm war ein Paradies von Ketzern und fleischlichen Lüsten, von Zauberei und Teufelskunst verheißen worden, aber Beweise in die Hand zu bekommen, ist schwer.

Inzwischen hat der Eiferer schon wieder neue *Memoriales* geschrieben (er ist verrückt, aber er kann gut schreiben, das gibt es öfter), und dieses Mal greift er höher und beschuldigt sogar die Jesuiten und schickt sein *Memorial* an den Kardinalfürst, der sich gegen ihn wendet. Fray Alonso wird gefangengenommen und muß sich vor dem Allgemeinen Rat der Inquisition wegen seiner Anschuldigung verantworten, die Universelle Compagnie (die Jesuiten) habe »eine pestilenziöse und allerschädlichste Ketzerei in die Kirche gebracht, um diese zugrundezurichten, sie habe einen Pakt mit dem Teufel geschlossen und beherberge Zauberer, verrate Beichtgeheimnisse und gehe allerunehrlichst vor...« Er wird zur großen Wut der Jesuiten nach Sevilla, »wo das Land mit Sünden besser ausgestattet ist«, verbannt, und selbst ihr Druck auf Philipp II. vermag nichts auszurichten: »Weiter als die Inquisition kann ich nicht gehen.«

Aber Alonso ist ein Rückfalltäter, auch in Sevilla sieht er überall *alumbrados*, Geilheit, Zauberei, Satanshufe, und er besteigt, niemand fürchtend, doch wieder die Kanzel, und beim unvermeidlich folgenden Prozeß verteidigt er sich mit einer Anklageschrift, mit Worten wie Peitschenhiebe. Wieder bleibt er auf freiem Fuß, wird aber in einen entlegenen Winkel verbannt mit dem *Befehl*, die *alumbrados* zu vergessen. Von diesem Augenblick an knirschte es so heftig in seinem Gehirn, daß er nicht lange danach starb, ein spanischer Lebenslauf.

Spanisch? Wirklich? Oder ist das ein Klischee, ein im Laufe

von Jahrhunderten entstandenes Vorurteil, das in der Geschichte oder der Literatur Bestätigung sucht? Aber ist das Credo »Dann lieber in die Luft gesprengt«* oder, in umgekehrter Richtung, die Haltung des sprichwörtlich gewordenen Jan van Schaffelaar** nicht genauso spanisch? Zwischen dem spanischen und dem niederländischen Charakter besteht eine gewisse Ähnlichkeit. Die Landschaft der Mancha mit ihren Windmühlen ist ebenso gnadenlos in Himmel und Erde aufgeteilt wie die niederländische Polderlandschaft. Es ist eine absolute Aufteilung, ohne Verlockungen, Täler, romantische Winkel. In weiten Teilen der spanischen Meseta kann man sich genausowenig verstekken wie in den Niederlanden, man ist sichtbar zwischen Himmel und Erde, zeichnet sich ab, und manchmal kam mir schon der Gedanke, die absolutistischen Züge im niederländischen Calvinismus oder im spanischen Katholizismus müßten damit zusammenhängen. Deshalb waren wir auch perfekte Gegner während des Achtzigjährigen Krieges.

Aber bei uns würde sich nie, wie im Spanischen Bürgerkrieg geschehen, ein Regiment »mit dem Tod verloben«, und unsere Literatur hat nie jemanden hervorgebracht, der gegen Windmühlen kämpft. Die spanische Variante des Absoluten hat irreale Seiten, die wir uns selbst nicht so leicht zugestehen oder, besser gesagt, die uns nicht in den Sinn kommen. Der spanische Jan van Schaffelaar ist ein Träumer, er springt nicht, um zu springen, er springt, um zu fliegen, nicht von der Kirche in Barneveld, sondern vom Turm der Kathedrale von Plasencia, nicht weit von dort, wo ich gerade bin. Sein Name war Maestro Rodrigo. In diesem Turm war er eine Zeitlang eingesperrt, der spanische Dädalus.

Ein wahrer Dädalus, denn er war Bildhauer wie der erste. Angeheuert, um die *sillería*, das Chorgestühl der Kathedrale, zu

* Sprichwörtliche Redensart im Niederländischen, die auf den Marineoffizier J. C. J. van Speijk zurückgeht, der 1831 sein Kanonenboot in Antwerpen lieber in die Luft jagte, als es in die Hände der Rebellen fallen zu lassen. (Anm. d. Übers.)

** Gelderländer Soldat im 15. Jahrhundert, der in einer bedrängten Situation von einem Turm in den Tod sprang. (Anm. d. Übers.)

schnitzen, und nicht rechtzeitig fertig mit seinem Auftrag. Eine andere Version lautet, daß das Domkapitel mit den geilen Darstellungen nicht einverstanden war, mit denen Maestro Rodrigo die Miserikordien, die kleinen Stützhilfen an den Klappsitzen des Chorgestühls, verziert hatte, an denen man »neben einer idyllischen Szene aus dem Leben Jesu oder einer biblischen Begebenheit oder neben dem idealisierten Bildnis eines Heiligen oder eines Königs plötzlich auf die Figur eines Bischofs stoßen konnte, der von einem Teufel mitgenommen wird, oder eine Frau, die auf einem Mönch reitet und dabei gleichzeitig dessen blanken Hintern peitscht«. Es ging natürlich nicht an, daß die Domherren jedesmal, wenn sie den Sitz ihres Chorstuhls hochklappten, eine frivole Plastik vor sich sahen. Das Kapitel sperrt den Holzschnitzer ein, und von diesem Augenblick an sinnt der Dädalus von Plasencia auf Flucht. Dem Priester Juan Lis de la Cerda zufolge (im sechsten Buch seiner *Aeneide*, 1642) flog er einmal um die ganze Stadt herum, bevor er abstürzte.

D. Antonio Ponz ist im sechsten Brief des siebenten Bandes seiner *Reise durch Spanien* (*Viage de España*, Tomo septimo, Madrid 1784) wesentlich wissenschaftlicher. Er enthüllt haarklein, wie Maestro Rodrigo sich selbst zum Flugzeug umbaute. Es fing damit an, daß dieser jeden Tag Huhn und anderes Geflügel bestellte. Die Tiere bräuchten nicht gerupft zu werden, das tue er schon selber, schließlich habe er genug Zeit in seinem Turmzimmer. Viel aß er nicht davon, denn er wollte abnehmen. Er wog die gerupften Hühner und wog ihre Federn und kam zu dem Schluß, man benötige für je zwei Pfund (*libras*) Fleisch vier Unzen (*onzas*) Federn, um sich in der Luft zu halten, und auf diese Weise sammelte er so lange Federn, bis er genug hatte, um sein Gewicht durch die Luft befördern zu können. Als es soweit war, schmierte er sich mit einer klebrigen Substanz ein, befestigte so die Federn an Füßen, Beinen, Armen, »ja, am ganzen Körper«, befestigte die beiden Flügel, die er geflochten hatte, an seinen Schultern und sprang vom Turm »und flog bis weit vor die Tore der Stadt, bis zur anderen Seite des Flusses Jerte, wo man ihn tot auffand«.

Es ist still unter meiner Steineiche, und wenngleich ich es selbst bin, der auf der harten, trockenen Erde liegt, fühlt es sich doch anders an, als läge diese ausgedörrte Landmasse mit ihren geschliffenen, gelb gewordenen Gräsern und den messerscharfen Disteln auf mir, als bewahre nur der Schattenkreis dieser harten, dunklen Eichenblätter mich vor weiterem Unheil. Ich lese die estremadurischen Geschichten von fliegenden Bildhauern und brennenden Eiferern, und natürlich muß ich lachen, aber hinter alldem verbirgt sich eine andere Art von Absolutismus, die genauso zur Landschaft zu gehören scheint, der Absolutismus des Hungers (Rezepte für Eidechsen, für Suppe aus altem Brot, für getrocknete und gesalzene Fische) und seine Begleiterscheinungen: Aberglaube, Fremdenhaß. Kochbücher (*Recetario de la Cocina Extremeña*) haben viel zu erzählen, die Armut einer Gegend läßt sich aus ihnen herauslesen.

Nirgends sind mehr Stockfischrezepte zu finden als in dieser Gegend, und nirgendwo war der Haß gegen Juden und *moriscos* größer. Je ärmer, ausgebeuteter und rückständiger eine Bevölkerung ist, desto leichter ist es, einen teuflischen Schuldigen zu finden, der die Ausbeuter freispricht. »Nirgendwo in Estremadura«, sagt Victor Chamorro in seinem Buch *Extremadura, afán de miseria* (Estremadura, die Sucht nach dem Elend), »findet man ein Dorf, in dem es keine Geschichte oder Legende gibt, in der ein Zusammenhang zwischen Juden und dem Tod von Kindern, Sakrilegien, Vergiftungen, Kirchenverspottung hergestellt wird.« Chamorro, der auch eine vierbändige *Historia de Extremadura* geschrieben hat (Madrid 1981), führt Geschichten von Verfolgungen, Folterungen, Konfiskationen von Geld und Gütern an, aber auch Sprichwörter und Texte, meist anonyme, manchmal jedoch auch aus einer Ecke, aus der ich sie, vielleicht naiverweise, nicht erwartet hätte.

So zitiert er Calderón de la Barca, dessen Stück *Das Leben ein Traum* ich vor kurzem noch in Madrid sah, gibt allerdings nicht an, woher das Zitat stammt, so daß ich nicht weiß, ob Calderón selbst hier spricht oder ob eine seiner Figuren es rollengemäß sagt und es folglich gerade *nicht* die Meinung des Autors wiedergibt.

Jedenfalls läßt das Zitat an Deutlichkeit nichts zu wünschen übrig:

Qué maldita canalla!
muchos murieron quemados,
y tanto gusto me daba
verlos arder, que decía,
atizándoles la llama:
›Perros herejes, ministro
soy de la Inquisición Santa‹.

Der peitschende Reim macht es schlimmer, als eine Stegreifübersetzung es wiederzugeben vermag:

»Welch verfluchte Kanaille! / Viele starben auf dem Scheiterhaufen, / und soviel Freude bereitete es mir, / sie brennen zu sehen, daß ich sagte, / als die Flammen sie erreichten, / Ketzerhunde, Diener / bin ich der Heiligen Inquisition.«

Angenommen, die Geschichte könnte sich entgegen den Gesetzen des natürlichen Zeitablaufs ihrer eigenen späteren Ereignisse bewußt sein, so wäre sie keine Geschichte mehr, sondern ein Mittelding zwischen Schizophrenie und Ironie und würde folglich nicht mehr als sie selbst existieren. Doch dann ist auch ironische Geschichtsschreibung eine Leugnung und Fälschung des Geschehenen. Gerade die im nachhinein so ironischen, bitteren, aus späterer Sicht lächerlichen Momente beziehen ihre Kraft aus der Tatsache, daß sie, als sie sich ereigneten, so logisch waren oder schienen.

Sogar das Wort »schienen« hat hier bereits den Beigeschmack eines ironischen Nachhineins, und *folglich* ist es keine Ironie, sondern verständliche Wirklichkeit, daß gerade die spanischen Juden die arabischen Truppen des Kalifen von Damaskus im Spanien des achten Jahrhunderts so herzlich begrüßen. Sie haben zu diesem Zeitpunkt bereits eine lange Geschichte in Sefarad (der jüdische Name für Spanien) hinter sich, haben Ausschluß und Verfolgung durch die Westgotenkönige erduldet, und zwar seit der Bekehrung Rekkareds I. im Jahr 587 und den Dekreten Sisibuts 613.

Sobald die Könige zum Katholizismus übergetreten sind, wird

der jüdische Glaube ein Ketzerglaube. So scheint es zumindest, doch es ist komplizierter. In den zehn Jahrhunderten nach jener ersten Verfolgung erlebt das Judentum in Spanien merkwürdige *ups and downs*, glorreiche Zeiten, etwa als die drei Religionen in Córdoba zum Vorbild der Nachwelt in Harmonie miteinander leben, und dann wieder definitive Verfolgung und Verbannung unter Isabel la Católica am Ende des fünfzehnten Jahrhunderts.

Gerade unter den moslemischen Herrschern war es ihnen besser ergangen. Diese kannten die Toleranz gegenüber »den Völkern der Schrift«, Juden und Christen, da deren Religionen als Stufen auf dem Weg zu der Offenbarung galten, die Mohammed bereits zuteil geworden war. Beide Gruppen besaßen innere Autonomie, und diesem Vorbild folgten die kleineren christlichen Königreiche im Mittelalter. Dort lebten Mauren und Juden in ihren *aljamas*, sprich Gettos, regelten ihre eigenen Angelegenheiten und zahlten der Krone Steuern. Erst später erleidet dieses Modell Schiffbruch, und dabei spielen nicht nur wirtschaftliche, sondern auch soziale, religiöse und regionale Konflikte eine Rolle.

Im frühen dreizehnten Jahrhundert kommen andalusische Juden nach Norden, eine kosmopolitische Stadtbevölkerung in ein Gebiet, das für sie rückständige Provinz war. Innerhalb der jüdischen Gemeinschaft gab es große Meinungsunterschiede. Der aristotelische »Rationalismus« eines Maimonides stand den mystischen Strömungen sehr fern, die in anderen jüdischen Kreisen existierten. Die Rabbiner des Nordens, wo sich die Orthodoxie am stärksten behauptet hatte und wo der Zohar und andere Bücher der Kabbala ein religiöses Feuer entzündet hatten, das sich mit der wissenschaftlichen Kühle der jüngeren Aufklärung schlecht vertrug, setzten sich heftig zur Wehr; der Unterschied verschärfte sich dadurch weiter, daß die hochgebildeten Neuankömmlinge aufgrund ihrer Dienste und Verdienste für die dort ansässigen Machthaber eine Reihe von Privilegien genossen.

Das Phänomen ist bekannt. Man beschäftigt sich mit irgend etwas, und auf einmal wird man von allen Seiten bedient. An diesem Abend gibt es im Fernsehen eine Folge der Sendereihe über Ketzerbewegungen, die in diesem Sommer in Spanien ausgestrahlt wird. Heute abend heißt das Thema *Sefarad*, das jüdische Spanien. Ketzerei meint hier ausschließlich etwas, was in der Vergangenheit eine Ketzerei war, denn die Schlußfolgerung der Sendung lautet nicht nur, daß die sephardischen Juden Heimweh nach Spanien haben, sondern eigentlich auch, daß Spanien Heimweh nach den Juden hat.

Die ersten Bilder erkenne ich, es ist das hauchzarte Gespinst der Mauern der Synagoge von Toledo, der Sinagoga del Tránsito, des Durchgangs. Oder doch des Auszugs, denn davon handelt die Sendung. Die Notizen, die ich in dem düsteren Hotelraum mache, erweisen sich später als unlesbar, doch woran ich mich in erster Linie erinnere, ist der *Anspruch*. Plötzlich ist jeder, wie üblich, Jude: Cervantes, aber auch der heilige Johannes vom Kreuz, die heilige Teresa von Ávila, der große, düstere Dichter aus dem Goldenen Jahrhundert, Luís de Góngora, und wenn sie es selbst nicht waren, dann waren sie es zumindest ihrer *linaje*, ihrer Abstammung, ihrem Geschlecht nach.

Das trifft zweifellos zu, und es ist gut gemeint (der Bericht endet mit der Feststellung, daß das jüdische Spanien genauso wirklich und spanisch ist wie das christliche), aber wenn man die *linaje* zugrunde legt, muß man den heftigen Antisemitismus mancher *conversos* (Konvertiten) auch dazunehmen, denn gerade sie spielten in dem Wortstreit mit ihren früheren Glaubensgenossen und bei deren Verfolgung eine Rolle. Torquemada, der Großinquisitor, war ein *converso*, und das gleiche gilt für Álvaro de Luna, der bereits 1451 Papst Nikolaus V. um die Einsetzung einer Inquisition in Kastilien bat (um etliche *conversos* auszuschalten, die gemeinsam mit dem Adel seine Stellung am kastilischen Hof gefährdeten).

Daß der Auszug der Juden für Spanien katastrophale wirtschaftliche Folgen hatte, davon spricht die Sendung ebenfalls mit einer Gier, die an Scham erinnert. Isabella selbst schrieb ihrem päpstlichen Botschafter: »Ich habe große Katastrophen verursacht und Städte, Länder, Provinzen und Königreiche entvölkert, aber ich habe es aus Liebe zu Christus und Seiner Heiligen Mutter getan. Es sind nur Lügner und Verleumder, die sagen, ich hätte es aus Geldsucht getan, denn nie habe ich auch nur einen *maravedi* von den konfiszierten Gütern der Juden angefaßt.« Stimmte das? Die Juden durften ihr Geld nicht mitnehmen, und was sie vor ihrem Exodus in Prozessen verloren hatten, wurde in die letzten Kriegsanstrengungen gegen die Araber gesteckt.

Ich werde traurig von der Sendung, traurig von der sephardischen Musik, weil das ausgewählte Lied so lebhaft und fröhlich klingt, daß es nach Brechtscher Methode alles nur noch schlimmer macht, die Erpressung, den Diebstahl, die Folterungen, die Scheiterhaufen, das unentwirrbare Knäuel menschlicher Beziehungen, die tödliche Chemie, die Geld mit Aberglauben verbindet, Angst mit Eigennutz, Argwohn mit Berechnung.

Aus den großen, düsteren Sesseln um mich dringt kein Laut, die Schemen, die dort sitzen, rauchen, das heißt, sie leben. Sie lassen ihr Spanien widerspruchslos für jüdisch erklären und warten auf das elektronische Gedudel, das die Nachrichten ankündigt. Ich gehe hinaus, gebe mich den erhaltenen steinernen Kulissen der Vergangenheit hin, auf der Suche nach einem Restaurant. Als ich es gefunden habe und mich in das plötzliche Geplapper eines spanischen Spätabends aufgenommen fühle, höre ich an einem der Nachbartische einen Ober das Wort *lagarto* sagen, Eidechse.

»Haben Sie *lagarto*?« frage ich.

Er winkt mir, ich solle mitkommen. In einer Vitrine liegt zwischen silbrigen Fischen und dem erfrorenen Damentanz geköpfter Frösche zweimal etwas, das für mich aussieht wie ein Kaninchenrumpf ohne Beine, ein Lendenstück, hinten schmal und dann langsam breiter werdend, beigefarben.

Lagarto, sagt er.

»Das?« frage ich. »Aber das ist so groß. Das muß ein Leguan gewesen sein.«

»Sie verwechseln das mit *lagartijas*, die sind klein. Das hier sind *lagartos*. Die sind viel größer.«

»Und die dürfen gegessen werden?«

»Aber natürlich! Der Herr dort drüben ist der Polizeikommissar. Was glauben Sie denn!«

»Wie werden sie gefangen?«

»Mit Hunden.«

Das ist weniger angenehm, aber bei Bruder Hase und Schwester Forelle denke ich auch nicht lange darüber nach.

Kurz darauf wird er aufgetischt, dezent angerichtet in einer Lache zerdrückter Tomaten, garniert mit den Kräutern seiner früheren Umgebung, Thymian und Rosmarin. Viele kleine Beinchen, die aufmucken, als wolle er noch mit mir debattieren. Das, und ein nächtlicher Spaziergang entlang den geschlossenen Adelshäusern, Abschied von Cáceres.

Und doch, im Takt meiner Schritte denke ich mir andere Szenarien für die Geschichte aus, mit der ich mich in der letzten Zeit beschäftigt habe. Reine Rhetorik also.

Arabische Fürsten hatten es im neunten und zehnten, christliche Könige im dreizehnten, vierzehnten und halben fünfzehnten Jahrhundert mit pluralistischen Regimen versucht, alle drei Religionen unter einem Fürsten. Es war nicht geglückt. Aber *wer* hätte *was* anders machen müssen? Juden und *conversos* wurden vom Volk (so heißt das) als Angehörige der höheren, unterdrükkenden Schicht betrachtet. Hätten sie sich nicht mit fiskalischen und anderen Regierungsangelegenheiten betrauen lassen sollen? Hätten sie sich mehr um die um so vieles größere Gruppe ihrer Glaubensbrüder, Handwerker zumeist, kümmern müssen, die sich von der Macht ferngehalten und mit denen sie sich auf eine Debatte Aufklärung versus Obskurantismus eingelassen hatten, oder, von der anderen Seite aus betrachtet, eine Debatte Offenbarungen versus heilloses, weltliches Neudenkertum?

Über die grauenvolle Bigotterie der Kirche schweigt man am besten, was aber ist mit jenen, die sich ihrer auf so höllische Weise bedienten, weil die Vergangenheit angeblich gelehrt habe (weil die Geschichte gelehrt habe!), daß Pluralismus nicht möglich sei, daß Spanien nur als *ein* Staat mit *einer* Religion überleben könne? Daß im Gegenteil ein kosmopolitischeres, aufgeklärteres und pluralistischeres Spanien aus seinem neuen Imperium etwas anderes gemacht hätte als eine künftige zweifache Ruine zu beiden Seiten des Ozeans, ist eine unbewiesene These, wieder so eine, die nicht zulässig ist.

Meine Schritte sind am Platz vor der Kathedrale angekommen, sie klingen, als wären sie selbst aus Stein. Im schwachen

Licht sehe ich zwei Medaillons an der Fassade des bischöflichen Palastes. Köpfe sind es, ein alter Mann mit geschlossenen Augen, rätselhafterweise in einer Schlinge gefangen, von der er selber ein Teil zu sein scheint, und ein ebenso geheimnisvoller Indianer mit einem Kopfputz aus weit gespreizten Federn. Auch er sieht mich nicht an, aber es scheint, als lache er oder sie ein wenig, während der andere mit seinem abgewandten Kopf weiterhin traurig dreinschaut.

In der Stimmung, in der ich mich augenblicklich befinde, möchte ich darin natürlich etwas sehen, zwei Möglichkeiten, die Vergangenheit zu betrachten, tragisch und komisch oder, wie Hegel sagte, Euripides und Aristophanes, wobei die komische Sicht die Oberhand erringen werde, weil sie den Primat des Lebens über den Tod bestätige und obendrein auch noch den Grund dafür wisse. Doch das wäre dann wieder Ironie, die Ironie, die sich fragt, welch tödlichen Fehler wir unwissentlich in diesem Augenblick machen, der irgendwann einmal wie unser Schicksal aussehen wird. Und, denkt der Spaziergänger in Cáceres, wie wäre es, wenn diese Ironie ihrerseits zum unbewußten Fatum gehörte?

Alles, was die Sonne an Laserstrahlen besitzt, ist auf die Erde gerichtet, als ich tags darauf die Stadt verlasse. Ich fahre nach Süden, in ein unhistorisches Gebiet, das Schwemmland am Guadalquivir, Erde ohne Menschen, Reich der Fische und Vögel, mich drängt es, dorthin zu kommen. Sevilla lasse ich links liegen, der Kopf ist voll genug, und auf der Karte ist alles rechts vom Fluß so unbändig, verführerisch leer. Und natürlich verfahre ich mich auf der Suche nach der einzigen Fähre, muß stundenlange Umwege auf nicht existierenden Straßen machen, begegne Männern, die »Geh mit Gott« sagen oder »Möge Gott Euch begleiten« und anderes mehr, was bereits nach dem Erdteil auf der anderen Seite klingt.

Ich fahre ziellos umher zwischen holländischen Gemälden von Fähren, Aalreusen und wogendem Schilf und werde natürlich doch von einer unsichtbaren Hand geleitet, denn wie von selbst lande ich schließlich in dem Dorf El Rocio. Ein Freund hat hier einmal übernachtet und mir einen Gasthof am Ort empfohlen.

Dort soll es ruhig sein, so nahe einem der schönsten Naturparks von Spanien, dem Parque Nacional Coto de Doñana, doch an dem Tag, an dem ich dort ankomme, stehen schon Dutzende von Bussen da, und aus allen Bussen klettern, bunter als alle Tropenvögel zusammen, Tausende von Frauen in andalusischer Tracht, händeklatschend und singend.

Ich suche den Gasthof, aber überall an den großen Sandplätzen stehen kleine weiße Gebäude, denn dies, erfahre ich später, ist ein Dorf, das nur wenige Male im Jahr bewohnt ist. Die niedrigen weißen Gebäude sind die Heime von Bruderschaften, die hier einmal im Jahr zur größten Wallfahrt Spaniens zusammenkommen.

Ich fahre zur Kirche, aus der mächtiger, schwelgender Gesang dringt, aber auch draußen wird getanzt und gesungen. Männer sehe ich kaum, und noch immer kommen neue Busse, aus denen all diese grellen Farben schießen. Es bilden sich Kreise, Gitarren erklingen, Trommeln, es sind nur Frauen, die hier spielen und singen, dies ist die Welt nach dem großen Krieg zwischen den Geschlechtern, wenn die Frauen gesiegt haben.

Ich flüchte, aber auch in der kleinen *fonda* sind alle Tische von Farben und Stimmen überflutet, ein paar Aufseher aus dem Naturpark rutschen enger zusammen und erzählen, dies sei der Tag, an dem alle *amas de casa*, die Hausfrauen aus ganz Südspanien, zu ihrer jährlichen Wallfahrt zusammenkommen, aus Albacete und Murcia, Sevilla und Córdoba, alle mit ihren eigenen Liedern, die Welt wackelt nur so. Draußen steht ein Tonbandgerät auf einem offenen Landrover, dort tanzen die Rotkreuzschwestern mit bloßen Füßen aufpeitschende Sevillanas, so etwas bekomme ich nie wieder zu sehen.

Glück, das ist es, was hier herrscht und was sich mitteilt, überall das Klappern der Kastagnetten, das Wirbeln von Röcken, nackte Arme, die sich mit um die eigene Achse drehenden Bewegungen neue Buchstaben vor dem blauen Himmel ausdenken. Dies ist nicht die echte Wallfahrt, erklärt mir jemand, denn dann strömt ganz Spanien hierher, dies sind nur die Frauen. Nur die Frauen! Es hat ganz den Anschein, als wollten sie die Welt mit ihren wilden Tänzen zertreten, wenn es nicht gleichzeitig so

El Rocio

fröhlich wäre, würde man an Mänaden denken oder Bacchantinnen. Wer keine Tracht trägt, tanzt in Turnschuhen und Trainingsanzügen, sie haben kein Auge für irgend etwas außer sich selbst.

Aus der Ferne nähert sich entlang der Schlachtordnung der niedrigen weißen Häuser in einer roten Staubwolke ein *High noon*-Cowboy auf seinem Pferd, doch er ist unsichtbar, hier gibt es nur die immer wieder einsetzenden Sevillanas und Malagueñas, die größer und kleiner werdenden Kreise, die eigenen Staubwolken, in denen getanzt wird, das Glück eines Nachmittags.

Ich stehe unter einem Eukalyptusbaum zwischen ein paar alten Männern, die sich etwas dümmlich anlachen und sich heimlich zur wirbelnden Musik wiegen, stundenlang, gefangen in den eigenen arabischen Echos, aber daran will ich nicht denken, ich will, daß die Geschichte aus meinem Kopf getanzt wird, weggetrommelt und mit dem Wind weggeweht, hinein in die flimmernde Hitze des Nachmittags.

Aber vielleicht, meldet sich mein Gehirn noch, ist es genau das, was Hegel meinte. Jeder, der tanzt, tanzt auf einer Vergangenheit, und dieses Lachen gehört zur Komik. Womöglich ist dies der Primat des Lebens über den Tod, und Kunst, gleichgültig in welcher Form, eine Bestätigung dafür? Doch nun haben ganz andere Instanzen Besitz von meinem inneren Haushalt ergriffen. Sie weisen die großen Worte zurück und legen einen Flamenco hin, den niemand sieht.

1986

Nein, ich habe hier nichts zu suchen, ich kam nicht Valencias wegen, es soll nur der Ausgangspunkt für eine andere Reise sein, in den Süden, nach Úbeda, Baeza, Granada. Diese eine Nacht werde ich hier bleiben, das ist alles, ich werde mir nicht noch eine ganze Stadt antun. Ich bin über die Brücken mit den trockenen Flußbetten gegangen, bin an dem nicht existierenden Wasser entlangspaziert, jetzt sitze ich in einem kleinen Park neben dem Standbild des Malers Pinazo, es ist Sommer, die Bäume stehen reglos da, ich bin ein Agent ohne Mission, morgen geht es erst los, laßt mir noch ein wenig Ruhe, Spanien ist schwer, und ich habe den Norden noch nicht ganz abgeschüttelt.

Das kann schon sein, aber hast du denn im Fernsehen die violett gewandeten Bischöfe mit den weißen Mitren nicht gesehen, katalanische Bischöfe in einer romanischen Kirche, mittelalterlich verkleidet? Und sprachen sie nicht von der katalanischen Nation und klang das nicht nach Damals und Einst, nach den Tagen der Krone von Aragonien, zu der die Grafschaft Barcelona und das Königreich Valencia gehörten, unabhängige Länder, jedes mit eigenem Parlament? Was ist neu, was ist alt? Der Tonfall des Eides, den der Adel damals seinem König schwor, klingt in den heutigen Autonomiebestrebungen noch immer durch: »Nos, que cada uno valemos tanto como vos y que juntos podemos más que vos, os ofrecemos obediencia si mantenéis nuestros fueros y libertades; y si no, no.« (»Wir, die wir jeder für sich ebensoviel wert sind wie du, und die wir gemeinsam mehr ausrichten können als du, wir bieten dir unseren Gehorsam an, wenn du unsere Privilegien und Freiheiten wahrst; und wenn nicht, nicht.«)

Und wenn nicht, nicht. Jetzt bin ich doch wieder in einem früheren Spanien, dazu verdammt, im Neuen ständig das Alte zu sehen: Die Bischöfe im Fernsehen stammen aus einer illuminierten Handschrift, es ist nicht meine Schuld, daß sie ihren Habit in den letzten tausend Jahren nicht verändert haben. Was ist neu, was ist alt? Ich stehe an der mittelalterlichen Puerta de Serranos, ich habe den vergessenen Maler in seinem Park stehenlassen und blicke auf das Tor, mit dem man eine Stadt abschloß wie ein Haus, wer noch hinein will, muß klopfen und rufen. Uralte Holz- und Schmiedearbeiten, Maße für Riesen oder Reiter mit hohen Lanzen, Anker, Nägel, Eisenbeschläge, Scharniere, Ketten, die valencianische Königskrone, labyrinthische, sich in sich selbst verirrende Schlösser, eine kleine Tür in der Tür. Militärgotik, dieses Tor wurde zweihundert Jahre nach der Zeit von El Cid gebaut, und doch muß ich an ihn denken, denn vor diesem Tor stand hier ein anderes, und durch das Tor muß er die Stadt betreten haben, nachdem er den Almoraviden Jusuf besiegt hatte, umringt von seiner *mesnada*, seinem eigenen kleinen Feudalheer, die *almófar*, die Metallkappe seines Kettenhemds, zurückgeschoben, ein Mann, der in seine eigene Legende ritt, Rodrigo Díaz de Vivar, der Söldner, der sich zwei Parteien verdingen konnte und im moslemischen Valencia seine eigene Enklave begründen sollte, El Cid Campeador, der kämpfende Sidi, Meister wechselnder Allianzen und damit so recht das Symbol dieser verwirrenden Jahrhunderte, in denen die rivalisierenden christlichen Fürsten immer weiter in den moslemischen Süden vordrangen. Doch auch da veränderten sich die Grenzen der Emirate und Kalifate schneller, als man Karten zeichnen konnte, Emire waren Königen tributpflichtig und umgekehrt, am meisten gleicht es vielleicht noch einem gigantischen, langsamen Kriegstanz, bei dem die Tänzer immer wieder den Partner tauschen, bis die Christen schließlich 1212 die Macht der Almohaden bei Las Navas de Tolosa brachen und die letzte Phase der Reconquista begann, die aber dennoch fast dreihundert Jahre dauern sollte. Für diese Schlacht hatten die Christen ein Heer zusammengetrommelt, in dem El Cid, falls er dann noch gelebt hätte, gern mitgekämpft hätte. Die Könige von Kastilien, Navarra, Aragonien, französische Ritter, Söldner, die Ritter-Mönche der neuen Militärorden – langsam zogen sie vom Duero und Ebro zum Tajo über die weite, kahle Landmasse der Meseta, die noch immer davon weiß und die Erinnerung daran in Namen und Burgen bewahrt, ebenso wie in den Mauern und Toren der Städte, wie hier.

Valencia, Detail des Portals
der Kathedrale

Wer bei all diesen Geschichten über den Kampf zwischen Mauren und Christen an Haß denkt, hat die Sache nicht richtig verstanden. Natürlich waren Interessen im Spiel und natürlich war die große, historische Bewegung, rückblickend betrachtet, auf die Vertreibung des Islam aus Spanien gerichtet, auch wenn dieses zu jener Zeit noch nicht als Einheit existierte. Aber der Prozeß ging über siebenhundert Jahre, und in dieser unendlich langen Zeit war es zu so viel Vermischung, so viel gegenseitiger Beeinflussung gekommen, daß die beiden Parteien gewissermaßen in die Haut des anderen geschlüpft waren. Sie hatten untereinander gelitten, aber auch Bündnisse geschlossen. Bekehrungen, Toleranz, Mischehen, Übersetzerschulen, Freundschaften, geistiger Austausch, Synkretismus, und das über eine so lange Zeit hinweg, machten (und machen noch immer) aus Spanien ein Land, das sich mit keinem anderen europäischen Land vergleichen läßt. An den Höfen von Al-Andalus studierten Muslime, Juden und Christen die Werke Platons und Aristoteles', beim Tod Ferdinands III. im Jahr 1252, der León und Kastilien endgültig unter *einer* Krone vereinigt hatte, kamen hundert Abgesandte Mohammeds I. von Granada, und seine Grabinschrift wurde in lateinischer, arabischer, kastilischer und hebräischer Sprache geschrieben. Sein Sohn, Alfonso *el Sabio* (der Weise), bildete Kommissionen aus Juden, Muslimen und Christen, die unter seiner Leitung an zwei Monumentalwerken arbeiteten, *Las Tablas Alfonsíes* und *Los Libros del Saber de Astronomía*, während er selbst unterdessen seelenruhig weiter Krieg führte und Cádiz und Cartagena nach jahrhundertelanger muslimischer Herrschaft wieder in christliche Hand brachte. Daß die Ritter beider Seiten, die diese Schlachten zu schlagen hatten, dafür einen Zeitpunkt vereinbarten, macht aus dieser Phase der Reconquista fast eine höhere Form von Spiel.

Es ist unendlich faszinierend, sich in die praktischen Details dieser Gesellschaften zu vertiefen: Im Jahr 1250 gibt König Jaime I. von Aragonien den *mudejares* (Muslimen unter christlicher Herrschaft) des Uxó-Tales eine Charta, in der verbrieft war, daß »alle Muslime unter ihrer eigenen *sunna* (Gesetz) leben sollen ... ihre Kinder im Koran unterweisen lassen können, ohne davon den geringsten Nachteil zu erleiden ... sich überall in unserem Königreich frei bewegen können und dabei von niemandem gehindert werden ... ihren eigenen *alcadi* und *alamí* (Richter) ernennen können« etc. Alles wird in diesem Dokument geregelt, kein Christ darf sich auf ihrem Land oder in ihren Häusern niederlassen und weder »wir (der König) noch irgend jemand im Namen des Königreichs kann sie zwingen, etwas derartiges hinzunehmen ... ein Achtel des Erlöses ihrer Produkte müssen sie an die Krone abführen, zu mehr können sie nicht gezwungen werden ... ausgenommen von dieser Abgabe sind frische Früchte an den Bäumen und frisches Gemüse.« Am schönsten ist vielleicht die achtzehnte Bestimmung, in der es ganz elementar heißt, »lassen die Mauren bleiben, wie sie es in der Zeit der Mauren gewöhnt waren, bevor sie das Land verließen«.

Fast zweihundert Jahre später, in Tudela, ernennt der König von Navarra einen Muslim, Ali Serrano, zum Notar und erteilt ihm damit die Genehmigung, »alle möglichen Verträge aufzusetzen und auszufertigen zwischen Mauren oder zwischen einem Mauren und einem Christen und auch zwischen einem Juden und einem Mauren, wie es einem Notar ansteht, der nach der *sunna* der Mauren von unserer königlichen Autorität bestallt worden ist ...« Ich fand diese Details in einem Buch von L. P. Harvey, *Islamic Spain 1250-1500*, eines jener Bücher, die man, hat man sie erst einmal angefangen, nicht mehr beiseitelegen kann, weil sie den Eindruck vermitteln, jemand hätte den Auftrag erhalten, über das Universum, Abteilung: Spanien, Epoche: damals, Buch zu führen. Nun weiß ich, daß ein falscher Zeuge nach dem islamischen Gesetz in Aragonien neunundvierzig Peitschenhiebe bekam, jemand, der ein Pferd ohne Erlaubnis des Eigentümers ritt, vier Hiebe, jemand, der einen anderen den Sohn einer Ehebrecherin nannte, ohne den Beweis dafür zu erbringen, achtzig Peitschenhiebe, und ich weiß auch, daß die Mudejaren Navarras im Dorf Ribaforada sonnabends pro Haushalt drei Eier abliefern mußten und daß die Katapulte der Christen bei der Belagerung Almerías 22000 Steine abschossen, und all dieses verstreute, von anderen zusammengetragene und bewahrte Wissen verändert meinen Blick, wenn ich im Jahr 1991 ein Foto in

El País sehe, auf dem der König von Kastilien und Navarra und Aragonien, der heute der König von Spanien ist, einen Vertrag mit dem Sultan von Marokko unterzeichnet, dessen Reich nur durch eine Handbreit Wasser von dem Al-Andalus und den Kalifaten und Emiraten von früher getrennt ist – zwei Fürsten des zwanzigsten Jahrhunderts vor einer Kulisse, die die Alhambra hätte sein können, zwei Ausläufer der Geschichte, die Hände voll mit Déjàvu.

Was ist alt, was ist neu? Weil ich an den Cid gedacht habe, habe ich an sein Epos gedacht, und weil ich an sein Epos gedacht habe, bin ich auf der Suche nach einer Buchhandlung in die Innenstadt von Valencia gegangen, in dem Gedanken (kleingläubig wie ich bin), daß ich es natürlich nie finden würde. Aber eine halbe Stunde später sitzt der Mann vom Ende des Milleniums mit dem Gedicht von etwa 1140 zwischen den weißen Tauben auf dem Platz vor der Basilika de Nuestra Señora de los Desamparados und verliert sich in einem Landstrich aus Worten, in einem Spanisch, das sich ebensowenig verändert zu haben scheint wie die Landschaften der Meseta. Er findet wieder, was er vor langer Zeit, irgendwann, in diesem Stil gelesen hat, der straff ist, beschreibend, realistisch, *spanisch*, nicht verlogen und mystisch wie das *Rolandlied*, kein hehrer Kreuzzug, sondern die Geschichte eines Samurai, eines *hidalgo*, der der Kaste der *ricoshombres* (Großgrundbesitzer, die ein eigenes Heer aufstellen konnten) nicht angehört, der seinen Besitz und seine Position nicht ererbt, sondern erworben hat, der sich durchs Leben kämpft, Geld und Macht liebt, von seinem König, Alfons VI., zu Unrecht verbannt wird, dem maurischen Königreich Zaragoza seine Dienste anbietet, jedoch nie gegen seinen »eigenen« König kämpft, der diesem zu Hilfe eilt, als er angegriffen wird, freilich ohne daß diese Hilfe angenommen wird, bis Alfons ihn schließlich im Kampf gegen die Almoraviden braucht und seine Verbannung aufhebt.

Embraçan los escudos delant los coraçones
abaxan las lancas abueltas de los pendones
enclinaron las caras de suso de los arzones,
ibanlos ferir de fuertes coraçones.
A grandes voces Ilama el que en buen ora nació:
»¡ Feridlos, caballeros, por amor del Criador!«
»¡ Yo soy Roy Díaz, el Cid de Bivar Campeador!«

»Sie halten die Schilde dicht vor die Brust, sie lassen die Lanzen mit den Fahnen sinken, sie beugen die Gesichter dicht über den Sattelknauf, sie werden entschlossen zuschlagen. Und dann ruft der Mann, der in einer glücklichen Stunde geboren ward, mit ach, so lauter Stimme: Schlagt zu, Ritter, aus Liebe zu Gott, ich bin Roy Díaz de Vivar, der Cid, der Kämpe!« (Im Spanischen steht nicht nur hinter, sondern auch vor einem solchen Satz ein Ausrufezeichen, und dann auch noch auf dem Kopf.)

Und noch einmal das gleiche, alt und neu: Das *Poema de mío Cid* war das erste der spanischen *cantares de gesta* (Heldenepen) und hat aufgrund seiner großen Popularität sicherlich eine Rolle gespielt bei der Begründung der kastilischen Macht und der Hegemonie des Kastilischen als Sprache ganz Spaniens. Spanisch wird sie in aller Welt genannt, obwohl es in Spanien auch noch andere Sprachen gibt. Doch was am gewichtigsten ist, muß auch das größte Gewicht bekommen: Erst gestern sah ich den späten, gewählten Nachfolger der Grafen von Katalonien, Jordi Pujol, auf einer Pressekonferenz die Parallelen zwischen Litauen und Katalonien erklären, nicht auf Katalanisch, sondern auf Spanisch, während der *lehendakari*, der Führer, der Präsident des Baskenlands, das Vorgehen der *ertzaintza* (baskische Polizei) gegen die ETA auf Spanisch verteidigte. Und das sind dann gleichzeitig die Stachel im Fleisch: Trotz allen Geredes von Unabhängigkeit und Nationalismus verkaufen sich spanischsprachige Zeitungen in Katalonien viel besser als die katalanischsprachigen, und das gleiche gilt für Bücher. Und doch werden wir es vielleicht noch erleben: Europa als Schrebergarten, mit dem katalonischen Botschafter in Riga, dem lettischen Botschafter in Zagreb, dem slowenischen Botschafter in Bastia – Arbeitsbeschaffungsmaßnahmen auf höherem Niveau. Auch eine Form von Wunder: größer werden und gleichzeitig kleiner.

Jetzt läuten Kirchenglocken, eine voluptuöse Braut schreitet an dem Marmorspringbrunnen vorbei, eine Gruppe Mütter mit kleinen Kindern verschwindet in der Basilika, als würden sie von einem offenen Mund verschluckt. Einen Moment noch, ich will noch nicht aufstehen, der Boden wogt vor Tauben, aber auch auf den Seiten in meiner Hand wogt es, die Sätze sind durch eine Zäsur in zwei Teile geteilt, und das setzt nicht nur eine herrliche Kadenz beim Lesen, weil man mit der Stimme jedesmal hinauf- und hinuntergeht, es ist auch eine Wohltat für das Auge, denn da die Zeilen, und damit die Einschnitte, nicht die gleiche Länge haben, läuft ein erratischer weißer Fluß mitten durch den gedruckten Text, kapriziös und unregelmäßig, wohingegen das Resultat des Lautlesens gerade des Regelmaß ist, Tanz, Rhythmus. In *The Literature of the Spanish People* zieht Gerald Brenan einen Vergleich zwischen dem spanischen und dem französischen *chanson de geste* und konstatiert dabei Dinge, die ich mir nie klargemacht hatte: Das Frankreich jener Zeit (um 1100) ist für ihn ein Land, das in seiner Entwicklung hinter Spanien zurückbleibt. Er spricht von keltischen und germanischen Hintergründen in Nordfrankreich, von der romantischen Phantasie der Germanen und gleichzeitig von der »barbarischen Roheit«, die dem »wundersamen Ausbruch« kreativer Energie zugrunde liege: Kreuzzüge, Kathedralen, scholastische Dispute, neue epische und lyrische Dichtung. Es sei eine Gesellschaft, die noch unfertig ist, die so schnell wie möglich eine eigene Kultur haben wolle und dadurch eine Verfeinerung vorgebe, die sie nicht wirklich besitzt. Die Folgen in diesen gefährlichen und unsicheren Zeiten sind (laut Brenan) Massenneurosen, Unechtheit und Gefühlsüberschwang wie im *Rolandlied*.

Dem stellt er die spanische Welt jener Zeit entgegen, deren so treffender Ausdruck das Epos vom Cid sei. In Spanien sei die Gesellschaft »gesund und selbstsicher«. Roh, da ständig im Krieg mit den Moslems, jedoch im Besitz einer alten Kultur, die direkt aus der Zeit der Römer stamme. Nicht nur der Stil des Epos sei schlicht, ohne übertriebene Abschweifungen und Be-

El Cid Campeador,
Standbild in Burgos

schreibungen und mystischen Überschwang, sondern auch das Verhalten der Hauptfiguren sei beherrscht und selbstsicher. Und hier weist Brenan warnend darauf hin, daß das Bild, das wir von Spanien hätten, nur allzuoft von »jenem Jahrhundert phantastischen, aber fatalen Rausches« beeinflußt sei, das als das Goldene Zeitalter (*Siglo de Oro*) bekannt ist, und von dem danach einsetzenden Niedergang. Zur Zeit des Cid befindet sich Kastilien in einer expansiven Phase, revolutionär in dem Sinn, daß sich allmählich Widerstand gegen die Feudalverhältnisse regt. Davon ist im *Chanson de Roland* keine Rede, dort lautet das Thema *Paiens unt tort e chrestiens unt dreit*, Heiden haben unrecht und Christen recht (wonach man, wie Brenan leichthin bemerkt, natürlich alle Heiden töten dürfe). Wie dem auch sei, er folgert daraus, daß die Spanier des Mittelalters, mochten sie auch nicht die geistige und künstlerische Höhe der Franzosen erreicht haben, doch die ersten waren, die in diesem mittelalterlichen Kontext eine soziale und politische Reife erlangten, weil die unaufhörlichen Kämpfe an dieser sich ständig verschiebenden Grenze zwischen Christentum und Islam für unablässige Bewegung und Befreiung sorgten.

Jemand streut Körner aus, und an dieser Stelle bildet sich ein Taubenwirbel. Nun bin ich doch aufgestanden und an diesem eigenartigen Brunnen mit dem liegenden Mann und den albernen Mädchengestalten vorbei in die Basilika gegangen. Meine Augen müssen sich an das Dunkel gewöhnen, ein Ritus ist dort im Gang, kleine Kinder werden von der Erde aufgehoben und so hoch wie möglich in die obere Welt gestemmt, so hoch, wie der Priester hinaufreicht, und so lang, wie er es aushält, das Kind über sich selbst hinauszuheben. Ich kenne das nicht, habe es selbst nicht erlebt und noch nie gesehen. Firmung, Aschenkreuz, Blasiussegen, Erstkommunion, das schon, aber nie wurde ich meiner Mutter so weggenommen, mit einem Schwung hochgehoben, zum Altar gedreht, festgehalten, *gezeigt* und dann, mit einem zweiten Schwung, durch die Luft geschwenkt und nochmal gezeigt, nun aber einer irdischen Instanz, dem Fotografen, der mich für eine Sekunde in das weiße Silber seiner Blitzlampe hüllt und so diesen Moment für alle Zeit festschreibt, so daß ich mich später sehen kann, wie ich in der Basilika schwebe, der Priester in seiner *capa* unter mir, mit festem Griff meine bescheidene Mitte umfassend. Zwischen Himmel und Erde weile ich, als müßte ich mich jetzt schon entscheiden, einmal werde ich dem Tabernakel entgegengehalten, wo Gott wohnt, einmal bade ich im Blitzlicht, dann darf ich wieder stehen. Ich nicht, die Kinder, ängstlich und gleichzeitig den Moment genießend, nie mehr wird jemand sie so in einer Kirche hochheben. Eines nach dem anderen werden sie in dem heiligen Fotolicht festgehalten, die Mütter stehen da, als dächten sie, daß ihre Kinder doch noch wegfliegen könnten, hinauf in die Gewölbe, hinaus zur Rosette, aber die Erde saugt sie wieder an sich mit dem Klang von Münzen auf flachen Kupfertellern, dem Duft betäubenden Weihrauchs, dem für so kleine Hände komplizierten Manöver des Kreuzschlagens, nein, nicht so, sondern so. Draußen wartet noch immer die Braut wie eine Fregatte aus Tüll, mächtig ist sie, der magere bäuerliche Mann neben ihr ist nervös, er möchte vielleicht lieber nicht in diese Welt eintreten, die nach einer anderen Welt riecht, der Welt der Priester, der Orgeln und des Goldes, in der die eigene Stimme anders klingt, als wäre sie von etwas Unsichtbarem verzerrt, demselben undeutbaren Element, das dafür sorgt, daß da drinnen keine Bäume wachsen. Er rührt mich, braun und ungelenk in seinem ungewohnten Sonntagsanzug. Der Priester, die Tauben, der Platz haben mich wieder nach Spanien zurückgebracht, ich muß fort, aus der Stadt, weg vom Meer, hinein ins Land, jenes andere Meer mit seinen leuchtenden sandfarbenen Wellen, ein Ozean von Olivenbäumen, entlang Straßen, auf denen niemand fährt. Deswegen bin ich hierher gekommen, und es ist mir bewußt, niemandem kann ich das erklären, die Verlockung jener heißen, trockenen Stunden, die Schlachtreihen der Olivenbäume, die die Hügel hinaufklettern wie eine brennende Vision, die ausgelaugten Flußbetten und die unscheinbaren, manchmal halb verlassenen Dörfer. Immer wieder öffnet sich eine andere, die gleiche Landschaft. Hier ritt San Juan de la Cruz, der Mystiker, der Dichter, auf seinem Esel, singend und lesend und denkend wie einer, der sonst niemanden braucht, um ihn in den Himmel zu heben. Er schwebte über sich selbst, seine Verdoppelung als Schemen über dem Mann mit dem Stock und dem Esel, der unter ihm die versteinerte Stille durchstreifte. Ich bin nicht heilig, aber das Land ist es, so etwas muß es sein, denn die Ortsnamen rauschen und flüstern mit ihrer vergessenen Herkunft, zusammen sind sie die Seele der Sierra, ein Meer, in dem die Wogen Namen haben. Ich weiß, für den, der es nicht sieht und hört, ist hier nichts zu finden, ein Sandkasten, eine Wüste, die Gasthöfe dunkel, das Essen ärmlich, Land, das da ungebeten herumliegt, träge und grau, abwesend, unwiderstehlich. Ich denke immer, daß ich hier hätte geboren werden müssen, oder daß ein ferner Vorfahre von hier gekommen ist, aber vielleicht ist es umgekehrt, und ich mußte ausgerechnet in dem sumpfigen, grünen Wasserland geboren werden, um ein Auge für die Verlockung der Härte und des Steins zu haben. Doch was darüber zu schreiben ist, ist bereits geschrieben worden:

Encinares castellanos
en laderas y altozanos,
serrijones y colinas
llenos de obscura maleza,
encinas, pardas encinas;
humildad y fortaleza!

Encinas sind Steineichen, die Bäume, die man sieht, wo keine Olivenbäume gepflanzt worden sind, *laderas, altozanos, serrijones* und *colinas* sind alles verschiedene Formen von Erhebungen, Hügel, kleinere Bergzüge, Buckel, Bergflanken, allein oder aneinandergereiht; *llenos* heißt voll, *maleza* bedeutet Strauchgewächs oder Ackerunkraut, es klingt düster und böse, dieses Wort; *pardas* ist grau im Plural Femininum, *humildad* so demütig, wie es klingt, und *fortaleza* so stark wie ein Fort, und aneinandergereiht, wie Antonio Machado es hier getan hat, ergeben diese Worte einen Singsang, der verlorengeht, wenn ich sie zu übersetzen versuche. Aber es ist, was ich rings um mich sehe, die Steineichen mit ihren harten, staubigen Blättern, allein oder in Gruppen auf den Wogen der Landschaft. Demütig sind sie, aber stark, sie ertragen alles. »Die Landschaft selbst hat sich in dir zum Baum gemacht«, sagt er ein Stück weiter in diesem Gedicht und beschwört Landschaften von Sommer und Winter, beißender Sonne und eisiger Kälte, *bochorno y borrasca*, glühender Hitze und wilder Stürme – immer wird die graue Steineiche sie selber bleiben und wie ein *sombra tutelar*, wie ein schützender Schatten, über die Landschaft wachen, ein Baum für den Reisenden, der sein Auto abgestellt hat, sich in das Bett aus Schatten und trockenen Blättern gelegt hat und dieser fast wortlosen Stimme lauscht.

1991

VON LORCA NACH ÚBEDA, TRÄUME EINES NACHMITTAGS

Todo lo corren los moros,
sin nada se les quedar;
el rincón de San Gines
y con ello, el Pinatar.
Cuando tuvieron gran presa
hacia Vera vuelto se han,
y en llegando al puntarón
consejo tomado han
si pasarían por Lorca,
o se irían por la mar...

»Alles überrennen die Mauren / Nichts bleibt verschont. / San Gines wird eingenommen, / Desgleichen el Pinatar. / Die Eile, die sie haben, / Treibt sie sodann nach Vera. / Auf dem Hügel angekommen, / Halten sie mit sich Rat, / Ob Lorca das nächste Marschziel / Oder gleich das Meeresgestad...« 1452 wurde die Schlacht von Los Alporchones ausgetragen, und etwas von der rasenden Geschwindigkeit dieses Feldzugs hat sich in der Kadenz der jagenden Sätze aus dem *Romancero fronterizo* erhalten, dem großen Buch der Romanzen aus dem Grenzgebiet, die mit soviel Punctum und Pathos das letzte Jahrhundert der Reconquista beschreiben. Ich lese sie hier, im Hotel Alameda in Lorca, und alles, was Ortsname ist, finde ich auf der Karte wieder, die Städte, die Berge, die Pässe, wie ich auch die Landschaften wiederfinden werde, durch die die Heere in ihrer ewigen Umarmung zogen. In der Zeit, in der ich lebe, befinde ich mich noch immer auf dem Weg nach Santiago, manchmal kommt es mir vor, als wäre das Ziel so nebelhaft geworden wie der ferne nördliche Landstrich, in dem diese Stadt liegen muß, grün, neblig und so völlig anders als die Zeit und der Ort, da ich dies lese. Hier sengt die Julisonne wie damals, und das Damals der Romanzen war das Ende von etwas, das siebenhundert Jahre zuvor in den nebligen Regionen Asturiens und Galiciens begonnen hatte, die allmähliche Rückeroberung des Landes, das heute Spanien heißt, und meine Bewegung läuft der der Mauren in dem Lied entgegen: Ihr verzweifelter Ausfall richtete sich nach Norden und Osten, zum Meer hin, ich wende mich vom Meer ab und suche den Brand des Binnenlands auf, nach Vélez Rubio und Vélez Blanco, Rot-Vélez und Weiß-Vélez, werde ich fahren und dann auf skurrilen Umwegen durch die Llanos de Orce und über Huéscar und durch die Sierra de Marmolance und dann hinauf und hinunter durch die Berge von Cazorla und am Guadalquivir entlang zum schloßartigen Úbeda.

Kalkiger, versteinerter Boden, eingestürzte Schuppen aus Lehm, Felder mit gebleichten Weizenstoppeln, zerklüftete Berge in der Ferne, Stunden, in denen man kaum jemand sieht, wenn man anhält, hört man die Stille rauschen. Wage es keiner, von Eintönigkeit zu sprechen, denn noch am selben Tag sieht man Bahnen aus purem Gold, die sich bis zum Horizont erstrecken, sieht man, wie Stiere sich an sumpfigen Ufern suhlen, sieht Oasen mit kleinen Gehöften, die so weiß gekalkt sind, daß man ohne Sonnenbrille nicht hinschauen kann, der Weg, den man fahren muß, besteht aus närrischen Schlenkern zwischen Hunderttausenden von Olivenbäumen, der Traum eines Verrückten, wenn man hier lange genug fährt, ist man dankbar für ein Getreidefeld oder eine einzelne Pappel. Wer hier lebt, muß diesen Landschaften verfallen sein wie ein Seemann dem Meer, nach Stunden kann man es fast nicht mehr aushalten, die Hitze verschärft die Ekstase noch, Disteln benehmen sich wie Orchideen, und gerade als man glaubt, das Auge könne soviel Leere nicht mehr ertragen, passiert es: Der Weg, dem man, links und rechts begleitet von festungsartigen Tafelbergen, stundenlang gefolgt ist, macht eine schwache Biegung, die Landschaft verändert sich, der Weg senkt sich zu etwas hinab, das ein Tal sein muß, dessen Fluß jedoch tief versteckt oder eingetrocknet ist. Die Augen schmerzen bereits seit Stunden vom Licht, der Boden, dessen Farben man nicht mehr benennen kann, weil man es schon zu oft versucht hat, der aber jedenfalls die Farbe von *Erde* hat, weil die Verlockung anderer, wollüstigerer Farben durch die Art des

Ortes oder der Jahreszeit entfallen ist, scheint nach allen Richtungen hin weiterzugehen, soweit das Auge reicht. Und dann, erst noch wie eine Form der Landschaft selbst, dann wie ein vorzeitliches großes, totes Ding, liegt irgendwo auf einem Hügel oder an einer Bergwand, getarnt mit den Farben der Gesteinsart ringsum, eine Burg, ein Kastell, ein Fort, geöffnet von Wind und Zeit, kahl, ausgehöhlt, oder verschlossen, ohne Zähne oder Augen, so undurchdringlich wie das Gesicht eines Toten. Sie sind zu groß für unser Maß, in ihrem Umkreis ist kein oder fast kein Leben, das sie rechtfertigt, es sind Relikte aus einer Zeit, in der die Menschen viel größer gewesen sein müssen, aber das waren sie nicht.

Vélez Blanco. Es ist wahrscheinlich die falsche Jahreszeit für einen Besuch, denn dies ist eine der Kornkammern Spaniens. Man weiß es und kann es doch kaum glauben. Der Gedanke an wogendes Getreide ist verflogen, das Land hat sich als Wüste verkleidet, und obendrauf liegt trutzig das Kastell, ein schroffes, maurisches Rechteck, durch eine hohe Brücke mit einem scharflinigen, massiven Polygon verbunden, hoch und steil, weiß im Mittagslicht. Ein kleines Auto steht davor, also muß ein Wächter dasein, doch ich sehe niemanden, wahrscheinlich schläft er irgendwo, nur ein Idiot ist zu dieser Stunde auf den Beinen. Einst soll es hier ein herrliches bronzenes Renaissancetor gegeben haben, aber ein später Nachfahre der Markgrafen von Vélez hat Tor und marmornen Innenhof verkauft. Wer diesen Marmor noch berühren will, muß dafür ins Metropolitan Museum in New York, nur wird er dann nie sehen, was ich hier von den Zinnen aus sehe, ein Dorf, das sich an den Berg drückt wie ein Schwalbennest, einen verlassenen Platz, ein Haus, das in den Felsen verschwindet, ein Kind, das viermal aus dem Haus kommt, um an der Pumpe Wasser zu holen, die roten Dächer, die ineinander übergehen, so daß es scheint, als wohnten alle Menschen unter einem großen Dach, eine Gemeinschaft.

Der Innenhof ist hoch und leer, violette Blumen wachsen hier, deren Namen ich nicht kenne, später werde ich eine vertrocknet in meinem Notizbuch finden und mir nicht mehr vorstellen können, wie grell sie dort vor den blinden Mauern loderte. Ich klet-

Landschaft bei Úbeda

tere zum Turm hinauf, stehe in einem der Gucklöcher, die von außen wie leere Augenhöhlen aussahen, und sehe von dort eine kleine Oase am Fluß, dahinter jedoch die Straße wie eine steinerne Spur. Leer, nichts, draußen und drinnen, ein ausgeschliffenes Gebiß. Innerhalb der Mauern wird man noch zwergenhafter, man fragt sich, was man eigentlich sucht, wie das Gefühl zu benennen ist, das man dort hat. Ein suspektes Gefühl, das auf jeden Fall. Ortega y Gasset schildert es in seinem Essay *Ideen der Burgen* und kommt zu einem Schluß, den ich dort, auf jenem Turmumgang, nicht nachempfinden konnte: »Im ersten Augenblick erschienen die Burgen uns als Symptome eines Lebens, das uns im tiefsten fremd ist. Wir schreckten vor ihnen zurück und suchten Zuflucht bei den antiken Demokratien, die wir unseren Formen des öffentlichen Lebens – des Rechtes und des Staates – verwandter fanden. Aber als wir versuchten, uns als Bürger Athens oder Roms zu fühlen, entdeckten wir einen dezidierten Widerstand in uns. Der antike Staat bemächtigt sich des ganzen Menschen und läßt ihm auch nicht den kleinsten Rest zu seinem Privatgebrauch übrig. In irgendwelchen unterirdischen Wurzeln unserer Persönlichkeit widerstrebt uns dieses vollständige Aufgehen im Kollektivkörper der Polis oder Civitas. Offenbar sind wir nicht so rein und ganz Bürger, wie wir im Eifer der Rede auf Versammlungen und in Leitartikeln beteuern.

So wenden wir uns zurück zu den Burgen und finden, daß hinter ihren theatralischen Gesten ein Schatz von Ideen bereit liegt, die mit den tiefsten Bedürfnissen unserer eigenen Seele zusammenstimmen. Ihre Zinnen und Türme sind errichtet, um die Person gegen den Staat zu verteidigen. Meine Herren, es lebe die Freiheit!«

Letzteres unbedingt, aber natürlich ist es Unsinn, daß diese Türme errichtet sein sollen, um das Individuum gegen den Staat zu verteidigen. Diese Burgen wurden gebaut als Faktoren in einem Jahrhunderte währenden Machtkampf zwischen christlichen und arabischen Königreichen, zwischen adligen Machthabern untereinander, an strategischen Punkten, von denen aus man einen ganzen Landstrich beherrschen konnte. Doch worauf das Zitat den Finger legt, ist das etwas nebulöse, übermenschartige Gefühl, das einen beim Anblick dieser nichts und niemand mehr zugehörigen Relikte befängt: als hätte sich hier einst in diesen Burgen und in ihrem Dunstkreis ein besseres und höheres Leben abgespielt, an dem man, hätte man damals gelebt, teilgenommen hätte. Aber sofern man sich überhaupt diesem Kastell hätte nähern dürfen, so vielleicht nur, um seinen Tribut in Form eines Sacks Korn hinaufzuschleppen. Es ist trügerisch, dort oben auf den Wehrgängen zu stehen und mit Adlerblicken auf die Landschaft zu schauen: Schon bald glaubt man, was von dort zu sehen ist, gehöre einem, und man versetzt sich in denjenigen, der damals hier stand, und nicht in den Menschen, auf den dieser im wahrsten Sinne des Wortes herabblickte. Der Einzelne, der sich hier gegen was auch immer verteidigte (einen Staat in dem Sinn, wie Ortega ihn erwähnt, gab es damals noch gar nicht), verteidigte in erster Linie sich selbst, und die Wahrscheinlichkeit, daß wir dieser Einzelne gewesen wären, mögen wir auch noch so romantisch auf diesen Wehrgängen stehen, ist gering. Wahrscheinlicher ist es, daß wir der Willkür desjenigen, der dort stand, wer auch immer es gewesen sein mochte, ausgeliefert gewesen wären. Erst der Staat, den wir errichten sollten, sollte uns von dieser Willkür befreien, bis der Staat selbst wieder Willkür wurde und sich unnahbar im Schloß verbarg, zu dem Landvermesser keinen Zutritt haben. Aber das sind die Schlösser der unsichtbaren Macht, mit Computerschirmen als Aussichtstürmen, und so erhält Ortega vielleicht doch noch recht: daß wir für einen Moment, vor dieser theatralischen Kulisse endgültig vergangener Zeiten, der Anonymität unserer gleichförmigen Leben entronnen sind. Denn weshalb, nein, weswegen habe ich nun eigentlich angehalten? Um irgendeine Form von oberflächlichem Heimweh zu empfinden? Aber wonach? Nach einer Zeit, in der die Menschen größer waren? Aber das waren sie nicht. Kunstgenuß? So prachtvoll, wie diese aufragenden, im Mittagslicht weiß gleißenden Mauern sich dort gegen den Himmel abzeichnen, die Effekthascherei dieses Ortes? Der war nur durch strategische, nicht nur künstlerische Überlegungen bestimmt.

Wer hier umherreist, hat genug Zeit, sich über so etwas Gedanken zu machen. In den darauffolgenden Tagen sehe ich noch das Kastell Lacalahorra, das ebenfalls über einem an einen Hügel geklebten Dorf thront, dicke Mauern, rote runde Türme, unnahbar, aber schon kilometerweit zu sehen, von Menschenhand erbaut, organisierter Stein auf von niemandem konzipiertem, von der Natur hingeworfenem Stein, und derselbe Gedanke drängt sich auf: Was macht diese Bauten für manche Menschen so reizvoll? Meine bösen Vermutungen bestätigen sich im Kastell von Jaén, das vom spanischen Staat als Parador eingerichtet worden ist. Man spürt es bereits, wenn man sein anachronistisches Auto (das Ding wird schlagartig kleiner) durch die Haarnadelkurven zu dem dräuenden Räubernest dort oben steuert: Es hat etwas mit Theater zu tun, mit Wahn, und natürlich auch mit Angeberei. Die Menschen, die dort wohnten, waren nicht größer, wir hingegen *scheinen* ein bißchen größer, unter den großen Metallampen und den Kreuzbögen, in den Räumen mit der Raubvogelaussicht; während wir unsere flüchtigen Körper an den glänzenden Rüstungen entlangbewegen, in denen einst echte Menschen andere echte Menschen totgeschlagen haben, können wir uns für einen Moment einbilden, daß wir der heiligen Gleichheit entronnen sind, daß wir nicht länger dazu verurteilt sind, für alle Zeiten unseres Bruders Hüter sein zu müssen, sondern daß wir ihn zur Abwechslung auch einmal vom Kopf bis zu den Füßen mit diesem Schwert spalten dürfen, das dort über dem Granitkamin mit unserem Familienwappen hängt und fast so groß ist wie wir selbst. Von unten, aus den armseligen Häusern, dringt Hahnengeschrei, ein Kreis elender Hunde wird uns mit ihrem Gebell die ganze Nacht nicht schlafen lassen, aber erst der Bikini unserer Nachbarin am Swimmingpool wird uns aus dem Traum heraushelfen: Den haben wir auf mittelalterlichen Gemälden nie gesehen, genausowenig wie den verräterischen Fernseher in unserem so kühlen Zimmer.

Spanien ist natürlich nicht das einzige Land, in dem Relikte aus jener Zeit des unentwegten Kämpfens erhalten geblieben sind, aber durch das Klima sind sie hier *besser* erhalten geblieben. Die Trockenheit hat nicht nur die Skelette selbst bewahrt, sondern auch meist dafür gesorgt, daß Efeu und andere Pflanzen die Mauern nicht überwucherten wie in anderen, angenehmeren und feuchteren Klimazonen, und noch immer sind die Orte, an denen die Burgen stehen, häufig nicht reizvoll genug, um Wohnungen um sie herum zu bauen. José Zorilla hat ein schönes Gedicht darüber geschrieben:

Ein trauriger Rest von herrlicher Pracht,
ohne Teppiche, Wandschmuck oder Waffen,
Herbergen sind verstummte Mauern,
jetzt nur noch Schweigen, Verlassenheit, Schemen.
Vielleicht könnte sein geschichtsloser Name
noch allerlei Sagen erzählen,
doch es wächst nur noch strohgelbes Gras
aus Gewölben, Türmen und Säulen.
Unter den Dächern wohnen die Vögel
und webt die fleißige Spinne ihr Netz ...
So steht er jetzt da, grob und voll Wut,
der alte Turm von Fuensaldaña ...

Fuensaldaña, Calahorra, Vélez Blanco ... Spanien besitzt noch 2538 Burgen, Gemäuer, Ruinen, Festungsmauern, Türme. Ein großer Teil davon versinkt langsam in der Landschaft, und es fragt sich, ob das schlimm ist. Ich steige gern in den Paradores ab, doch gleichzeitig haben all diese restaurierten Ruinen etwas Unwirkliches, und sei es allein deshalb, weil es wieder etliche Jahrhunderte dauern wird, bis das Gebäude erneut verfallen genug aussieht – aber auch das ist eine bedenkliche Regung, weil sie Hitlers »Ruinenwert« verdächtig nahe kommt. Für den großen österreichischen Baumeister war das ein unverzichtbares Element in der Baukunst: Er trug Speer auf, so zu bauen, daß das, was dort entstand, auch nach tausend Jahren noch als Ruine schön wäre. In Spanien ist das auch ohne vorherige Intentionen gelungen. Bei Speer natürlich nicht. Wer *Intentionen* in bezug auf die Geschichte hat, wird sich stets verrechnen.

Mittag, flimmernder Asphalt, eine lächerliche, einsame Pinie wie ein Regenschirm über dem eigenen Schatten. Im Autoradio die *Tenebrae* von Gesualdo, Schnee auf der Sierra Nevada, Hügel mit gefältelten Füßen, Felder voller kalkfarbener Steine.

Huéscar, Castril, hoch über dem Dorf eine Heiligenfigur, man sieht die alljährliche Prozession vor sich. Ich kühle mir die Hände in einem Flüßchen und höre einen Vater rufen: »*Laura, Laurita, vamos a comer*«, »komm zum Essen!«, und dann will ich Laura, Laurita sein und ebenso achtjährig wie das Mädchen, das jetzt angelaufen kommt, und ich will in das kühle Haus gehen und mich an den Tisch setzen und die heißen Stunden des Nachmittags in einem Theater sich ineinanderschiebender Träume verschlafen, aber ich darf nicht schlafen und ich darf nicht träumen, ich drehe meine ewigen Runden in der sich ständig ändernden Landschaft, Tiscar, Quesada, Oliven, Oliven, Oliven, Kurven und Kurven, bis die Frau mit der Hacke auf der Schulter, die ich gerade noch unten sah, jetzt vor mir auf der Straße steht; wie eine Ziege ist sie den Hang hinaufgeklettert und hat so die lange Kurve abgeschnitten, und jetzt will sie mit und sitzt schweigend neben mir, das Gesicht hart und braun, scharfe Augen auf die Straße gerichtet, die Hacke noch immer auf der Schulter, einen Korb mit zugeknüpftem Tuch und einen Tonkrug zwischen den Füßen, für ihren Mann sei das, er ist schon den ganzen Tag da oben, sie bringt ihm immer zu essen, wenn sie unten fertig ist, und nachts bleibt er da, dann geht sie wieder zurück, es sind mehr als fünf Kilometer, wenn sie auf der Straße geht, aber manchmal klettert sie in direkter Linie nach oben, dann ist sie schneller, und als sie aussteigt, sehe ich den Mann in der Ferne stehen, gegen die Sonne sehe ich ihn, eine Zeichnung voll ausgelaufener Tinte, die Form eines Mannes zwischen den Formen von Schafen, 1185 Meter hoch sind wir hier, zum erstenmal fühlt sich die Luft etwas kühler an.

Die Träume der Siesta sind andere als die der Nacht, eine andere, falsche Nacht ist in ihnen verborgen, der Betrug des Erwachens in etwas, was kein Morgen ist, sondern ein trügerischer zweiter Beginn. Der Tag ist dann bereits mit Leben und Essen besudelt, mit den Worten einer Zeitung und der Welt, der Abend ist näher als die erste Stunde der Sonne, alles muß zum zweiten Mal geschehen, etwas vom Tod haftet ihm an, Schatten des späten Nachmittags, das Nahen der Dunkelheit. Ich erkenne das Zimmer, aber das Geräusch erkenne ich nicht. Er gehört noch zum Ende des Traums, der jetzt schon unbenennbar gewordenen Schwere des Schlafs. Geschrei war es, das Geschrei eines Menschen und doch keines Menschen, ein anhaltendes Brüllen, in dem keine Worte vorkommen, Klage ohne Struktur, Kummer ohne Definition, das durch den halb geöffneten Fensterladen ins Zimmer dringt. Negation ist es auch, dieses Geräusch, denn draußen, hinter dem Fensterladen, ist alles Struktur, Strenge, bezwungene Emotion, dieses Brüllen müßte von den Friesen und Simsen abprallen, von den Säulen und Sandsteinmauern, die jedes Übermaß scheuen, Renaissance-Kühle, aus den norditalienischen Herrscherstädten im sechzehnten Jahrhundert in die Glut des andalusischen Spaniens hinübergeweht. Denn dort befinde ich mich gerade, in Úbeda, in dem schlichten Palast, der Casa del Deán Ortega heißt und jetzt ein Parador ist, in den man ohne Adelsbrief hineinkommt.

Das Licht, das durch den Laden hereinschlägt, ätzt ein gemeines Viereck auf mein Bett, ich lese die Worte noch einmal, die ich vor dem Einschlafen las und die aus einem Lied zu stammen scheinen

»Etrange fut le destin de Plotin dans le monde arabe!«

und dann stehe ich auf und stoße den Fensterladen weiter auf, und wieder passiert etwas Seltsames, denn während, oder vielleicht *weil* dieses Brüllen anhält, weiß ich mit einemmal wieder meinen Traum, etwas mit Löwen und Stieren, und dann weiß ich auch, wie dünn die Schicht zwischen Wirklichkeit und Traum in diesem Fall ist, denn erst an diesem Morgen habe ich etwas über ein Relief an einem der Pilaster vor der Fassade der Sacra Capilla del Salvador geschrieben, die neben dem Parador liegt, ein Mann, vielleicht Herakles, der mit zwei Stieren kämpft, und auch der Löwe ist nicht weit davon zu suchen, denn der steht, hoch und wachsam, vor dem Palacio de las Cadenas, das Wappen der Vázquez de Molina unter der linken Pranke. Wenn ich mich auf meinem Balkon weit nach links beuge, kann ich das graue Steinrelief wieder sehen, der nackte Mann steht, die Rückseite mir halb zugewandt, da, mit seinen starken Armen hält er die hitzigen Stierköpfe rechts und links an den Hörnern fest, die

Stiere selbst bäumen sich auf, das Gesicht des Mannes mit dem kleinen griechischen Bart ist nach links gedreht, ich habe es an diesem Morgen lange betrachtet. Während das Brüllen noch immer anhält, geht mir durch den Kopf, wie merkwürdig es doch ist, daß wir in solchen Städten ständig von Fabeltieren umgeben sind und glauben, straflos zwischen ihnen umherlaufen zu können. Der Löwe auf dem Sockel, der Adler mit dem Eber im Wappen, das Einhorn in dem bunten Glasfenster, irgendwann suchen sie sich einen Traum, in dem sie sich bewegen können, näherkommen, locken, drohen, in dem der verwitterte Stein sich in eine glänzendbraune Haut verwandelt, der Adler seine Beute sucht, Löwe und Stier brüllen.

Ich gehe hinaus, vorbei an den geschorenen Ligusterhecken, den wollüstigen weißen und roten Oleandern mit ihren giftigen Blättern, ich steuere auf das Brüllen zu und dann sehe ich ihn, einen ganzen Renaissance-Patio um ihn herumgebaut, einen einsamen, unbekümmerten Idioten, der, um seine eigene Achse sich drehend, wie ein erdgebundener Riesenschmetterling zwischen den Säulen taumelt und unentwegt schreit. Der Palast, in dem er lebt, ist eine Anstalt, die Leute müssen daran gewöhnt sein, denn sie gehen vorbei, ohne aufzuschauen, nur ich bleibe stehen und schaue zu ihm und zu den anderen rings um ihn, die aus einer Welt zurückschauen, in der meine ungültig ist. Aber wie ungültig? Denn auch für mich gehört dieses Brüllen nun zu der Welt, als ich am Ende der Straße angelangt bin, höre ich es noch immer, aber dort teilt es sich dann auch der Landschaft unter mir mit, Olivenbäume, die vom Horizont in endloser Schlachtordnung gegen die Stadt vorrücken. Sie kreischen nicht wie die Vögel von Hitchcock, aber die Farben dieser Landschaft, der Loma de Úbeda, glühen bis zum Himmel, wenn man lange schaut, kommen sie den Hügel hinauf, und das Schreien gehört dazu.

Um für einen Tag dieser Landschaft zu entrinnen, war ich nach Úbeda gekommen, der Patio des Paradors war hoch und kühl, Palmen und Licht aus hohen Fenstern, ich hatte über die mittelalterlichen Familien gelesen, die hier und im zehn Kilometer entfernten Baeza versucht hatten, sich gegenseitig an die Gurgel zu gehen wie jene anderen Familien in Florenz und Verona, und wie sie dann wieder gemeinsam gegen die Comuneros vorgegangen waren, um diesen Volksaufstand mit Schwert und Galgen niederzuschlagen, wie nach dem Sieg über die Moslems 1227 und 1237 die Blütezeit für diese beiden ersten christlichen Städte Andalusiens begonnen hatte: Getreide, Olivenöl, Salz, Handel.

Jetzt hieß Úbeda nicht mehr Ubbadat-al-Arab und Baeza nicht mehr Bayyasa, jetzt kämpften die Familien um Hegemonie und Geld, und zum neuen Geld gehörten neue Stile, und der allerneueste Stil gehörte zur reichsten aller Familien, und so holte Francisco de los Cobos, Sekretär Karls V., Andrés de Vandelvira nach Ubeda, und dort liegen seine Paläste, ein klarer Gedanke um mich herum, Kühle, Distanz, Ruhe, ein klassisches Juwel, geschliffen im andalusischen Feuer, ein Reservat zwischen arabisch und barock, Verzierungssucht und Überfülle, einen Tag lang vor dem völlig anderen, Maß zwischen der Maßlosigkeit des ganzen Landes ringsum. Klein ist es, Úbeda, und klein Baeza, man braucht dort nichts zu tun, lesen, umherwandern, den Schatten suchen und zusehen, wie das Licht die Bilder fotografiert, schauen, betrachten. Baeza ist älter als Ubeda, andere Echos, andere Stille, als ich hinter der Kathedrale auf einem schmalen Pfad um den hohen Hügel wandere, stoße ich plötzlich auf eine Statue von Antonio Machado, und auch sie ist aus dem Stoff für Träume gemacht, denn der Kopf des Dichters ist ein Kopf ohne Körper, er ist aus Bronze, aber in Beton gefangen und auf einen niedrigen Schutthaufen gestellt, die Augen sind offen, aber er schaut über einen hinweg, Vögel haben seinen Kopf vollgeschissen, so daß er vom Scheitel aus weint, bittere schmutziggraue und -weiße Tränen aus Vogeldreck, ein ausgestopftes Dichterhaupt in einem Betonkäfig, ausgelaugt von der Hitze, wie ein Götzenbild über dem Land aufgestellt, über das er schrieb:

> »so traurig und arm, daß es *deshalb* eine Seele hat«:
> tierras pobres, tierras tristes,
> tan tristes que tienen alma!

1992

Alhambra in Granada

ABSCHIED VON GRANADA – DER BLINDE UND DIE SCHRIFT

Das Wasser berührte den Rand des Beckens und floß nicht darüber, die Löwen mit ihren blinden Gesichtern, den kleinen Ohren, den schuppigen Brüsten flüsterten mit Wasserstimmen, ich stand zwischen den schmalen Säulen wie in einem Marmorwald, ich war der Blinde, der die Fontäne im Becken gesehen hatte, der gesehen hatte, wie der Wind den einsamen Wasserstrahl, der senkrecht stehen wollte, sanft bog, und wie das Wasser zu etwas zerstob, das davonflog und für einen Moment irrsinnig aufblinkte, ich war derjenige, der die beiden kleinen Orangenbäume im Löwenhof des Palastes von Mohammed-ibn-Jusuf-ibn-Ahmar gesehen hatte, und doch war ich ein Blinder, weil ich nicht wußte, daß es Buchstaben waren, da am Beckenrand, ich hatte nur Verzierungen gesehen, doch es waren Worte, ich sah einen sich selbst nachlaufenden, in sich selbst zurückfließenden Arabeskenstrom, und doch war es Schrift, aber sogar wenn ich so nahe an den Springbrunnen hätte herankommen können, daß ich den mäandernden Girlanden mit den Fingern von rechts nach links hätte folgen können, hätte mein Mund den Klang dieser Worte nicht bilden können, hier, zwischen diesen Mauern, bin ich blind und stumm. Jemand müßte neben mir stehen und diese Verszeilen in der Sprache sprechen, die von hier vertrieben wurde, die jetzt jenseits des Wassers in dem anderen Erdteil wohnt, und durch das Rauschen des Wassers würde ich die Worte nicht verstehen und gleichzeitig doch verstehen, weil ein anderer sie in dem Buch, das ich in den Händen hielt, ins Spanische übersetzt hatte, und so würde ich um den Springbrunnen herumgehen und die Zeichen betrachten und lesen, was ich hörte

Blitzend, wie im Wettstreit mit dem Diamantenschmuck der Schale,
Fallen Tropfen flüss'gen Silbers stäubend von dem Wasserstrahle,

Und, geblendet von dem Schimmer, kann der Blick nicht unterscheiden,
Welches stille steht und welches rinnend flutet von den beiden …

und solange ich an diesem Ort, an dem all die anderen Reisenden gestanden hatten, allein war, konnte ich versuchen, einen Gedanken zu formulieren, und es würde mir nicht gelingen. Einmal, in der Wintermoschee in Teheran, hatte ich für mich notiert, daß arabische Kunst unmenschlich sei, und damit gemeint, daß es kein Gesicht und keine Gestalt gibt, an denen man sich festhalten kann, die Religion läßt keine menschlichen Darstellungen zu, diese Kunst ist nichts als Form, Konstruktion, Verzierung, Geometrie, Harmonie, Pracht, Grotten aus Perlmutt und Holz und Gips und Marmor, Kuppeln aus Gold und Glasur. Kein Halt, nur ein Schwindelgefühl, bis man entdeckt, daß sich in dieser Ornamentik Buchstaben und Worte verbergen und daß der Raum sich durch das Geschriebene selbst beschreibt, wie in den *tacas* (tāqāt, Nische) im Durchgang zum Patio de los Arrayanes, dem Myrtenhof:

Ich bin ein Mihrāb fürs Gebet
ich geh' bis dorthin und nicht weiter

du glaubst, der Wasserkrug
raunt die Gebete aus seiner Tiefe

und immer, wenn er fertig ist,
muß er von vorn beginnen …

Mit dem spanischen Buch in den Händen bin ich etwas weniger blind als die anderen, aber es hilft nicht, denn die Übersetzungen sind kryptisch und die arabische Kalligraphie daneben kann ich nicht lesen, ich kann höchstens eine Wiederholung von Zeichen erkennen und versuchen, diese in den soviel verzierteren Buchstaben in den Nischen wiederzufinden. »Du, Sohn und Enkel von Königen«, lese ich, »du, vor dem die Sterne sich beugen …«, aber während ich lese, werde ich wieder dümmer, denn die Gedichte sind hier nicht nur übersetzt, sondern auch analysiert, sechs Verse sind es, im Metrum *basit*, und der Reim ist *mu*, doch die Musik dieses Reimes vermag ich nicht zu hören, und um zu wissen, wie *basit* klingt, müßte ich noch ein Leben besitzen, eines, in dem ich jemand anders wäre, ein Muslim zur Zeit Jusufs I., einer, der fern der christlichen Welt durch die Alhambra meines Königs wandert und weiß, daß das Gedicht am Eingang zum Saal der Gesandten von Ibn-al-Jatib stammt, daß die fünf Verse im Metrum *kamil* abgefaßt sind, und ohne zu denken würde meine innere Stimme die Worte sprechen, wie der Versfuß es will, und dann wäre ich schon wieder verschwunden, ein Mann in wehenden Gewändern unter anderen Männern in wehenden Gewändern, schlurfende Pantoffeln auf Marmor, raschelnder Stoff, stets dahineilend unter den Schneekristallen der *muqarnas*, an den *mihrabs* vorbei, die nach Mekka zeigen, durch Gänge und Säle, in denen später eine andere Rasse umherwandern sollte, ein Volk von Blinden und Tauben, das die Worte meiner Dichter nicht lesen kann und von meiner Zeit lediglich das Dekor sehen sollte, das wir hinterlassen hatten und das ohne uns nur eine stets wiederholte Form war, in die sie nicht paßten, die höchstens bei Einzelnen Heimweh oder Staunen hervorrief, und meist nicht einmal das. Meine Welt war für immer aus Europa verschwunden, nachdem Abu Abd Allah Mohammed, der letzte Sultan von Granada, den die Sieger Boabdil nannten, weil sie unsere Worte nicht aussprechen können, den Katholischen Königen die Schlüssel der Stadt überreicht hatten; wir hatten uns nach Ifriquia zurückgezogen, von wo wir gekommen waren, was wir zurücklassen sollten, waren Worte, Bauten, Echos in Ortsnamen, Stil, das, was am leichtesten zu sehen war, doch in den Bibliotheken von Granada und Toledo, von Leiden und London, sollte unser anderes Erbe weiterschlummern, Manuskript Nr. 539 March Or. in der Bodleian Library in Oxford, Manuskript Nr. 9033 Or. im British Museum, Manuskript Nr. 1411 in der Bibliothek der Royal Asiatic Society of Bengal, Manuskript Tabâtaba'i in der Bibliothek des Parlaments in Teheran, Nr. 1143, Manuskript Alwāh in einer Sammlung des Vatikans,

Katalog von Levi della Vida, S. 141, mit einer Kopie in Berlin (Nr. 4130) und in der Biblioteca Ambrosiana, aufgenommen im Buch Sifr Adam. Fragmente, Bögen, Fetzen, Blätter, Bücher und Teile von Büchern. In tausend Bibliotheken Alexandrias sollten Gelehrte jahrhundertelang, bis in eine Zeit hinein, die ich mir nicht mehr vorstellen konnte, suchen, nachdenken, raten, wissen, zurechtrücken, kommentieren, was wir und jene anderen Vertriebenen, die Juden, für die westliche Welt übersetzt und damit gerettet hatten, den *Malfouzāt Aflātūn*, die Worte Platons, die Exegese der *Problemata* von Aristoteles durch Johannes Philoponos, den *Al-ara'al-tabi'yyah* von Plutarch, *Fünf maqalahs, die die Ansichten der Philosophen zur Physik enthalten*, übersetzt von Qusta ibn Luqa de Baîabak, den *Tafsîrs*, Kommentare von Ibn Ruschd (Averroes) zu Aristoteles, das Kratzen von Federn, Rascheln von Blättern, das Umsetzen von Worten in Worte, von Schrift in Schrift.

Und wie seltsam spielte das Schicksal doch, denn diese Texte und Theorien, diese gnostischen und wissenschaftlichen Kenntnisse, mathematischen, astronomischen, poetischen, medizinischen, philosophischen Thesen und Kommentare, das Wiegen und Wägen von Rede und Gegenrede, all dies sollte in die Renaissance münden, die ihrer Welt, nicht der unseren. Wir, die wir dieses Wissen vermittelt hatten, sollten nicht mehr daran teilhaben, die Bewegung, die uns vertrieben hatte, sollte sich von uns abwenden und sich nach Westen richten und dort eine neue Welt und Reichtum finden, und wir, wir sollten hinter dieser Wasserscheide bleiben und nie erfahren, was für ein Islam in Spanien geblieben war und zusammen mit den Juden die Spanier in eine Zukunft begleitet hatte, die zu groß für sie war und die sie, weil sie sich übernommen hatten, in eine Isolation trieb, die wie die unsrige Jahrhunderte dauern sollte. Die Juden hatten sie bereits vor uns verjagt, nicht wissend, daß sie damit einen Teil ihres eigenen Körpers amputierten, und dann waren wir an der Reihe. Einst, unter anderen, aufgeklärteren Königen, Emiren, Rabbinern, hatten die drei Völker, deren Religion auf jeweils *ein* Buch zurückgeht, hier in Formen der Trennung und Einheit zusammengelebt, die es in der Welt so nicht mehr geben sollte, als

Detail der Synagoge in Granada

hätten die Männer jener früheren Jahrhunderte beweisen wollen, daß es möglich war. Doch durch die Bücher, die wir übersetzt hatten, sollte das aufgeklärte Abendland nie mehr die Welt *eines* Buches sein, es würde sich mit solcher Geschwindigkeit von sich selbst entfernen, daß es sich in der Angst und Verwirrung, die dadurch entstanden, all dessen, was sichtlich anders war, entäußern mußte, und so sollten unsere Wege sich trennen, drei Sprachen, die nicht miteinander sprechen. Und währenddessen sollte die Alhambra dort liegen, Erinnerung an die Pracht der Nasriden, die letzte Blüte. Sie würde schlummern und verfallen und in neuem Glanze erstehen, und noch immer würden die Worte von Ibn Zamrak im Stuck des Saals der zwei Schwestern geschrieben stehen, die im Mondschein noch immer aussahen wie in gefrorenen Schnee gemalt, und die nicht einmal in der Sprache des Siegers etwas von ihrem Glanz einbüßten:

Jardín soy yo que la belleza adorna:
Sabrás mi ser si mi hermosura miras.
Por Mohámed, mi rey, a par me pongo
de lo más noble que será o ha sido.
Obra sublime, la Fortuna quiere
que a todo monumento sobrepase.
Cuánto recreo aquí para los ojos!
Sus anhelos el noble aquí renueva.
Las Pléyades le sirven de amuleto;
la brisa le defiende con su magia...

(Ich bin ein Garten voll von Zier, mit jedem Schmuck bekleidet. Erkenne mich, indes dein Blick an meinem Reiz sich weidet! Durch Allah nur, durch Menschen nicht, konnt' ich so herrlich werden; ich bin an Glückverheißung reich, wie sonst kein Bau auf Erden. Des Schicksals Wille selbst läßt mich, höchste Schöpfung, alles andere übertreffen. Welch ein Genuß den Augen! Stets erneuert wird die Sehnsucht. Als Amulett dienen ihm die Plejaden, mit ihrer Zauberkraft behütet ihn die Morgenbrise.)

So schweifen die Gedanken im Generalife zwischen Rosen,

Palmen und Lorbeerbäumen; dunkelgrünes Wasser mit schwimmenden *nenufares* und versteckten Fröschen, Gemurmel von Springbrunnen unter Zypressen, in der Ferne die weißen Berge. Hier spazierten Théophile Gautier und Richard Ford, Washington Irving und Louis Couperus, ein doppelter Kodex von Glück und Melancholie schreibt die Gedanken vor, nur wer mit Plastik gepanzert ist, kann sich dem entziehen. Die rötlichen Mauern der Alcazaba, deren Tönung sich von Stunde zu Stunde verändert, die geordneten Gärten rings um mich, der angefressene Backstein der Festungsmauern, der bei bestimmtem Sonnenlicht zu bluten scheint, die Tore und Patios, die ich an diesem Tag gesehen habe, die bis zum Wahnsinn getriebene Verfeinerung der Ornamentik in Gängen und Sälen, und dann plötzlich, inmitten all dessen, wie ein Eindringling an die Reste dieses verschwundenen Orients geklebt, der Renaissancepalast Karls V. als ein Diktum von Macht und Sieg. Streng steht er da, ein schroffes Quadrat, das ein seltsames längliches Oval umschließt: Ein Innenhof wie ein Platz, einer der schönsten offenen Räume, die ich kenne, als ob selbst Luft neuen Zeiten und Mächten Ausdruck verleihen könnte. Säulen und Bäume sind auf seltsame Weise miteinander verwandt, die vielfarbenen Steinbrocken, die die Natur einst, als wäre es eine höhere Form von Sülze, in diese Marmorbäume gepreßt hat, zeugen von einer neuen Militärkaste, die über den Globus ausgeschwärmt ist, um Imperien zu zerstören und mit dem Gold zurückzukehren, mit dem man Heere ernährt, Paläste erbaut und Inflation erzeugt. Ochsenschädel, Steintafeln von Feldschlachten, geflügelte Frauen von großer Schönheit, die verträumt auf den Frontons liegen, die gebrochenen Schwingen halb ausgebreitet, Metallringe mit Adlerköpfen, an denen einst Pferde angebunden wurden, nichts zeigt so deutlich, was hier passiert ist, wie die beiden ineinander verkeilten Paläste, der eine offen, gefallsüchtig, der andere abwehrend, verschlossen, über die genußfreudige Blüte der Sultane hinaus verweist der Bau des Kaisers auf die Macht anderer, früherer Kaiser, die Europa regierten, lange bevor die Heere des Islams kamen und gingen.

Unten, jenseits der Volksviertel des Albaicín, im eigentlichen Zentrum von Granada, das keine Verbindung zu der vergessenen Welt dort oben zu haben scheint, liegen in der Capilla Real der Kathedrale die Eltern des Kaisers, Johanna die Wahnsinnige und Philipp der Schöne, und daneben, etwas tiefer, die Katholischen Könige, Ferdinand und Isabella, Aragonien und Kastilien. Erst wenn man die Stufen des Hochaltars erklommen hat (und sich nicht vom verschwenderischen Gold des Altaraufsatzes hat einsaugen lassen), kann man sie betrachten wie eine Landschaft, zwei riesige Betten aus Carrara-Marmor, so unendlich viel größer als ihre lederverkleideten Bleisärge unten in der Krypta, wo sie wirklich tot sind, als Reste verwahrt, tote Könige in Kisten. Oben nicht, da schlafen sie nur, leise atmen sie die Marmorluft ein und aus. Sie liegen weit auseinander, noch *ein* Mal ganz Majestät, Johanna mit dem Zepter auf der Brust, eine Stirn, die in gerader Linie in die griechische Nase übergeht, die Lippen zu einem Lachen geschlossen, das nichts Wahnsinniges hat, eine schlafende Athene mit einer Krone. Philipp hält sein Schwert am Griff gepackt, aber es ist nach oben, über die Schulter gerichtet, beider Gesichter sind voneinander abgewandt, man sieht ihnen die fünfzig Jahre zwischen ihrem und seinem Tod nicht an. Als ob sie eine Wärterin wäre, die zur Fütterung der Löwen kommt, betritt ein Mädchen das Gehege, das Menschen aus Marmor von Menschen aus Fleisch trennt. Sie hat das Gitter wieder hinter sich geschlossen und wischt mit einem Staubtuch unendlich sanft über die versteinerten Gesichter, die Falten, die wachenden Löwen, die gefalteten Hände der Königinnen. Skulpturen sind dazu da, an Menschen zu erinnern, Skulpturen zu betrachten ist eine Form von Nahesein, und so bin ich nun zum dritten Mal in Isabellas Nähe; das erste Mal war an dem hohen Standbild mitten in der Stadt, wo sie sich, vom Verkehr nicht gestört, mit Kolumbus berät, das zweite Mal bei dem albernen Gemälde von Pradilla, das die Kapitulation Boabdils zeigt, das fünfzehnte Jahrhundert in das neunzehnte getaucht, eine anachronistische Bonbonniere. Ein wolkiger Himmel, die Alhambra in der Ferne, links auf seinem Pferd der etwas zu unterwürfige Maure und letzte Sultan von Granada, rechts, stets die Seite der Sieger, Fer-

Grabmal von Johanna der Wahnsinnigen
in der Kathedrale von Granada

dinand wie ein Page in Rot und Isabella wie eine Madam auf einem Schimmel, eine Schauspielerin mit einer Krone. Boabdil hält den Schlüssel der Stadt in der Hand, was aber den Tatsachen nicht entspricht, da die Stadt immer offen gewesen war, das muslimische Granada hatte bereits seit langem Adel und Kaufleute aus Aragonien und Kastilien, aus León und Andalusien eingelassen, der Handelsverkehr mit dem christlichen Spanien war über den Hafen von Málaga erfolgt, der dem Sultanat unterstand, die Militärkaste Kastiliens hatte als Kondottiere in den islamischen Heeren gekämpft, wenn es sich gerade so ergab, und bis zur Krönung von Ferdinand und Isabella hatten beide Parteien fünfzig Jahre lang in Frieden gelebt. Jetzt war das alles vorbei, Boabdils Schlüssel öffnete nicht, sondern schloß zu. Das beharrliche Bohren der Kirche führte dazu, daß die Könige die Zusagen, die sie bei der Unterzeichnung der *capitulationes* so feierlich beschworen hatten, nicht einhielten. Die Rückseite des Gemäldes ist eine Geschichte von Abschied und Trug. Louis Couperus glaubt an die Vorderseite, an die bittere Bonbonniere: »Des Morgens früh kommt der Bischof von Avila mit kleinem Gefolge bis zum Tor der Sieben Stockwerke am Fuße der Alhambra, im Ulmenhain. Und während er sich nähert, reitet Boabdil den Schloßweg hinab, inmitten seiner getreuen Edlen. Und er spricht: Geht hin, oh Herr, und nehmt Besitz von meiner Festung, die Allah Euch vergönnt hat, um die Mauren für ihre Sünden zu strafen...

Dann reitet der Unglückliche weiter. An der Wegbiegung erwarten ihn die Katholischen Könige, Ferdinand und Isabella. Beide sind hoch zu Roß, umgeben von glanzvollem und mächtigem Gefolge. Weiter entfernt, in der Vega, liegen ihre Heere, zwischen den weißen Zelten blitzen die Waffen in der Sonne. Das Zeremoniell für die Übergabe der Stadt ist zuvor festgelegt worden. Boabdil soll auf seinem Roß bleiben, die Demütigung des Kniefalls wird ihm erspart. Er reitet näher. Als wären sie niemals Feinde gewesen, grüßt er seine Bezwinger, grüßen die siegreichen Fürsten ihn. Hin und her, hoch zu Roß, werden höfliche Worte ausgetauscht, als wäre es nichts als eine belanglose Zeremonie. Doch Boabdil erstickt die Stimme in der Kehle. Nun übergibt er die Schlüssel Granadas an Ferdinand, der sie voll Dankbarkeit entgegennimmt. Auch Isabella, gerührt, spricht Boabdil ein Wort des Trostes zu. Und uns bewegt es ebenfalls, diese bis ins Herz gehende Ritterlichkeit auch bei jener stolzen Frau, nach den Intrigen der Politik, nach den Greueln des langen Krieges ...«

Den Betrug und die Kehrseite bezeugt eine andere, weit ältere Stimme aus einer Handschrift in der Biblioteca Nacional in Madrid (vitrina reservada 245, fol. 87-88). Es ist die Stimme von Yuce Banegas, Mitglied einer führenden Moslemfamilie Granadas: »Mein Sohn, ich weiß, daß dir wenig von dem bekannt ist, was in Granada geschehen ist, wundere dich indes nicht, daß ich mich dessen entsinne, denn es vergeht kein Augenblick, da dies mein Herz nicht bewegte; es gibt keine Minute, keine Stunde, da es an meinen Eingeweiden nicht fräße... meines Wissens hat niemand ein Unglück wie das der Söhne Granadas je beweint. Zweifle nicht an meinen Worten, denn ich selbst war Zeuge, mit eigenen Augen sah ich, wie die Frauen unserer Familien, Verheiratete und Witwen, verhöhnt wurden, und ich sah, wie mehr als dreihundert junge Mädchen öffentlich versteigert wurden; mehr werde ich nicht erzählen, es ist mehr, als ich ertragen kann. Drei Söhne habe ich verloren, alle drei für den Glauben gestorben, und dazu zwei Töchter und meine Frau, und nur diese eine Tochter ist mir zum Trost geblieben: Sie war damals sieben Monate alt. Ich weine nicht um die Vergangenheit, denn es gibt keinen Weg zurück. Aber ich weine um das, mein Sohn, was du noch zu Lebzeiten erleben wirst und was dich in diesem Land, auf dieser Halbinsel Spanien, erwarten wird. Möge es Gott um der Heiligkeit des Korans willen gefallen, daß sich als unbegründet erweise, was ich zu sagen habe, und daß es nicht so komme, wie ich befürchte, aber selbst dann wird unsere Religion leiden. Was werden die Menschen sagen? Wo sind unsere Gebete geblieben, wohin sind sie gegangen? Was ist mit der Religion unserer Väter geschehen? Menschen mit Gefühl bleibt nur noch Bitterkeit. Und was am meisten schmerzt, ist, daß die Muslime sein werden wie die Christen: Sie werden sich kleiden wie sie und ihre Speisen essen... Wenn ein Überleben schon nach so kurzer Zeit schwer ist, was werden die Menschen dann am Ende dieser Zeit tun? Wenn Eltern sich schon jetzt von ihrer Religion abwenden, wie sollen ihre Ururgroßkinder sie dann in Ehren halten? *Si el rey de la Conquista no guarda fidelidad, qué aguardamos de sus suzesores?* Wenn der König der Eroberung sein Wort schon nicht hält, was haben wir dann von seinen Nachfolgern zu erwarten?«

Die Geschichte hat die Antwort gegeben, die er erwartete. Die Könige schlafen in der Capilla, Boabdil wurde alt am Hofe zu Fes oder fiel auf dem Schlachtfeld von Abu Aqba bei der Verteidigung eines Königreichs, das das seine nicht war, in Spanien setzte das Zeitalter der Zwangsbekehrungen ein, des Exodus, des Mißtrauens, des Wahns von der *limpieza de sangre*, der Reinheit des Blutes, der Verfolgung und Inquisition.

Einst hatte es geheißen, die Weisheit wurzele bei den Chinesen in der Hand, bei den Griechen im Kopf, bei den Arabern in der Zunge. Der Klang des Textes war fast heiliger als der Text selbst, und der Klang wurde durch den Anblick heraufbeschworen. Noch einmal, als Abschied, wandere ich zwischen ihnen umher, den endlosen Reihen gemalten Klanges – kufische Buchstaben, verwoben in Weinranken, Pfauenfedern, Ananasschuppen, gezähnte Blätter, die sich ineinanderhaken–, der Betäubung der ewigen Wiederholungen, den gestirnten Himmeln der Decken, den Löwenköpfen, dem Wasser, der Schrift. Nun sollte in den *mihrābs* der Alhambra nie mehr zu hören sein:

> Al hamdu lillah rabb al-alamin
> Al-rahman al-rahim malik yawn al-din
>
> Lob sei Allah, dem Herrn der Welt,
> dem Barmherzigen voller Erbarmen, dem König am Tage
> des Jüngsten Gerichts …

Es ist noch früh am Morgen, ich habe die Gärten des Generalife für mich allein, bin allein mit den Vögeln und Springbrunnen, den roten Türmen, dem Grün der Bäume, das dort unten die Stadt berührt. Die Copla hat recht, blind sein in Granada muß

Granada, Alhambra

die schlimmste aller Strafen sein, gib also dem Blinden ein Almosen:

Dale limosna, mujer,
Que no hay en la vida nada
como la pena de ser
ciego en Granada.

1992

UNTERWEGS ZUM ENDE DER ZEITEN

Es ist kalt in Madrid im Februar, kalt und klar. Im Landeanflug kann ich die Stadt sehen, in dieser versteinerten Landschaft gefangen, die mehr als alles andere die Seele Spaniens zum Ausdruck bringt. Bei zwei Ländern kenne ich dieses immer wieder heftige Ankunftsgefühl, bei Spanien und bei meinem eigenen Land, weil auch bei diesem das gleiche passiert: Wer nach einem langen Nachtflug in weitem, immer tiefer werdenden Bogen um Amsterdam kreist und die weiße Morgensonne in den Wassergräben sieht und die sumpfigen, so flachen, so grünen Wiesen dazwischen, weiß, daß ihm dort auch nach dem hundertsten Mal noch etwas über die Beziehung zwischen diesem Land und dem Wasser erzählt wird, und damit über seine Geschichte. Zwischen diesen beiden Ländern bewegt sich mein Leben, ich bin in beiden zu Hause und nicht zu Hause. Am besten ist es noch, den Weg im Auto zurückzulegen, sich daran zu gewöhnen und wieder zu entwöhnen, Fliegen empfiehlt sich nur bei den Ländern, die man nicht gut kennt. Jetzt muß man sein ganzes System umstellen, und ich habe gelernt, das radikal zu tun, mich sofort in irgend etwas zu stürzen. Ein paar Stunden nach der Ankunft sitze ich in einer kleinen, etwas düsteren Kirche im alten Teil der Stadt, in der ein Mirakelspiel aufgeführt werden soll.

Die Capilla del Obispo (Bischofskapelle) füllt sich langsam. Das Stück ist sehr erfolgreich und läuft hier, nachdem die Schauspieler damit durch halb Spanien gereist sind, bereits seit vier Monaten. Ich hatte davon in *El Público* gelesen, der spanischen Theaterzeitung. Die Fotos vom Stück zeugten von einer gewissen neurömischen Tölpelhaftigkeit, wie die kirchliche Kunst der dreißiger Jahre, ein freudiger Rückzug in das, was man für mittelalterliche Einfachheit hielt. Die Texte selbst stammten jedoch aus dem dreizehnten Jahrhundert, von Gonzalo de Berceo, einem der ersten, die in der spanischen Volkssprache schrieben. Er verfaßte seine *Milagros de Nuestra Señora* irgendwann zwischen 1246 und 1252, und das allein schon ist Grund genug, hier zu sitzen. Bewahrte Sprache aus lebenden Mündern – eines der schönsten Dinge, die es gibt. Das Bühnenbild ist primitiv, oder – wenn man will – essentiell, goldfarben, kirchlich. Das Echo gregorianischen Summens trägt ebenfalls dazu bei. Es ist sehr kalt in der Kapelle, eine alte Frostigkeit zieht aus den Steinen hoch, und für einen Moment, wie etwas Absurdes, spüre ich die Reisemüdigkeit und das *déplacement*, als gehörte ich nicht hierher, oder, noch schlimmer, als wäre ich gar nicht hier, doch dann steht da plötzlich ein mittelalterlicher Mensch und sagt mit harter spanischer Stimme, die vor siebenhundert Jahren schon genauso geklungen haben muß:

> Amigos e vassallos / de Dios omnipotent
> si vos me escuchássedes / por vuestro
> consiment,
> querríavos contar / un buen aveniment:
> terresdeslo en cabo / por buene verament.
>
> Yo, maestro Gonçalvo / de Verceo nomnado
> yendo en romeria / caeci en un prado,
> verde e bien sencido, / de flores bien poblado
> logar cobdiciaduero / pora omne cansado...

»Freunde und Vasallen (darauf läuft es hinaus), mit eurer Erlaubnis erzähle ich euch eine schöne Geschichte... Ich, Meister Gonçalvo, genannt Berceo, lag auf einer grünen Wiese voller Blumen, äußerst einladend für eine müde Person...« Es dauert noch eine ganze Weile, bis das große DAMALS anbricht, aber die Stimme und die Ausdrucksweise ziehen einen auf einen Marktplatz mit, zu den zweitausend Kilometern, die ich an diesem Tag zurückgelegt habe, kommen die siebenhundert Jahre, die vergangen sind, seit jemand diese Worte niederschrieb, und in dieser Addition ungleichwertiger Größen, des Raums und der Zeit, sitze ich und lasse mich einspinnen in die Wunder des Schreibers und der Blume, der schwangeren Äbtin, des Priesters, der nur eine einzige Messe lesen konnte. Das Schema bleibt dabei immer das gleiche: Irgend etwas läuft unabänderlich und ungerechterweise schief, das Opfer wendet sich an die Muttergottes, und die Situation wird in ihr Gegenteil verkehrt. Es ist ein Puppenspiel mit lebensgroßen Puppen, die von jungen Schauspielern sichtbar geführt und gesprochen werden. Die Puppen sind eher süßlich, sie haben nicht die Bedrohlichkeit und Kraft japanischer Bunraku-Puppen (die etwa ebenso groß sind), doch das Unveränderliche ihrer Gesichtszüge paßt zum emblematischen Charakter frühromanischer Bildhauerkunst: Betrübt, böse oder unschuldig – alles ist sofort abzulesen, und das bewirkt, ebenso wie die zwischendurch erklingenden gregorianischen Gesänge, die seltsamen gedehnten, gespreizten Töne der Streich- und Schlaginstrumente, die arabo-andalusischen Lieder, die kleine Handorgel, die mit plötzlich sehr jungfräulich wirkenden Mädchenhänden gespielt wird, die fahlen Gewänder, die hohen Stimmen, der Schlag des Tamburins jeweils in der Zäsur einer Verszeile, daß ich langsam in etwas versinke, das seine Gültigkeit noch nicht verloren hat, eine Urform erzählender Dichtung, bildhaft und rhythmisch.

Es ist der Sieg der Volkssprache über das verarmende Latein:

> Puiero fer una prosa / en romanz paladino
> en qual suele el pueblo / fablar con so vezino
> ca non só tan letrado / por fer otro latino . . .

sagt Berceo dazu – ich will in der Sprache schreiben, in der das Volk mit seinen Nachbarn spricht, im Romanz. Romanz, Romanisch, Romanze, Roman, das sind die Wurzeln dieses Wortes: eine im Romanischen abgefaßte Geschichte. Als ich am Tag darauf die Buchausgabe der *Milagros* kaufe, merke ich, daß ich das Altspanische gut verstehe, zu meiner Schande vielleicht besser als Mittelniederländisch. Schön ist der Bruch, den er in jeder Zeile macht – er gleicht einem Graben, der sich durch den Satzspiegel zieht, auf beiden Seiten ein Satzspiegel aus Wörtern. Beim Lesen stoße ich auch auf die Teile, die sie nicht aufgeführt haben, unverfälschter und unverschnittener mittelalterlicher Antisemitismus, der später unter Ferdinand und Isabella solch schreckliche Folgen haben sollte. Finsteres Mittelalter, ist man dann geneigt zu sagen, hätte man nicht selbst in einer Zeit gelebt, in der sich zu dieser Finsternis die Erleuchtung der Technik gesellt hätte, mit dem schrecklichsten Pogrom aller Zeiten als Resultat der Vermischung.

Abend, die Kälte der Hochebene und die Kälte des Winters fügen sich zur Kälte der Plaza Mayor, hoch, granitfarben, ein Platz wie ein Königssaal. Nur an den Ausgängen ist Leben, wer darauf zusteuert, geht unter den Arkaden des Platzes durch, niemand überquert ihn, als wäre es in seiner Mitte zu leer und gefährlich. Im Schaufenster des Restaurants La Toja liegen Flundern, Krebse, die noch müde blinzeln, Neunaugen mit ihren gräßlichen Mäulern, in denen die dreieckigen Zähnchen gemein aufblitzen. Aus einem Keller tönt falsche, antike Klaviermusik, ich gehe die Treppen hinunter, an Theken mit Schalentieren, Würsten, Schwarten und den einfältigen Gesichtern von Spanferkeln vorbei. Die Kellner tragen die Kniebundhosen und schiefen Samthütchen-mit-Bommel der andalusischen *bandoleros*, aber sie sehen nicht verkleidet aus, dafür sind ihre Gesichter zu breit und zu ländlich, ihre Stimmen zu hart, ihre Blicke auf die eintretenden Frauen zu flink. Das Klavier wird mit einer Kurbel betrieben, und der Mann, der an der Kurbel dreht, kennt die Launen des Instruments, denn das will einen Paso doble spielen, aber nur, wenn der Mann in dem grauen Tweedjackett, mit dem roten Schal und der karierten Apachenmütze exakt im Rhythmus mitkurbelt, in den Pausen eine Extraumdrehung macht und durch Beschleunigung und Verzögerung dafür sorgt, daß das Ganze ein wenig falsch klingt, aber doch so, daß man dazu tanzen könnte. Er hat das Gesicht von Manolete, dem 1946 von einem Stier getöteten Stierkämpfer, ein Gesicht wie ein bleicher Heiliger mit wachsamen Augen, die ein einziges Mal nicht aufgepaßt haben.

Die alte Nelkenverkäuferin in der Bodega neben dem elektronischen Spielautomaten mit seinem verzerrten Beethovengedudel, die bettelnden Zigeunerkinder, die alten schwarzgekleideten Frauen, die in der Eiseskälte einer Madrider Nacht auf der Straße sitzen, um stückweise Zigaretten oder Zigarren zu verkaufen, mit diesen Bildern schlafe ich ein. Am nächsten Morgen werde ich von den Tierschreien des Losverkäufers wach, die bis

Madrid. Retiro-Park

in die fünfte Etage meines Hotels zu mir hochwehen, *tira para hoy*, Ziehung heute, das *tie-ie-ie* langgedehnt, das *hoy* wie ein Peitschenhieb, und während ich noch im Bett liege, denke ich an diese Passage bei Proust, wo er, in *seinem* Bett liegend, all diese nunmehr für immer verschwundenen Geräusche der Straßenverkäufer (Artischocken, erinnere ich mich, Makrelen, Käse, jeweils mit anderen Reimen und Rufen) beschreibt. Manchmal kommt es einem so vor, als wolle Spanien für Europa noch etwas bewahren, Geräusche, Gerüche, Tätigkeiten, die anderswo bereits verschwunden sind und doch einst so zum täglichen Leben gehörten, daß es schien, als seien sie ein Teil der Natur, langgezogene Menschenstimmen, anpreisende Rufe, die zwischen Häuserwänden hallen, Früchte und Fische und Blumen in Karren und Eselkörben, inzwischen verjagt von der sozialen Gerechtigkeit, der Technik und dem Kommerz, die die Welt reicher und ärmer zugleich zurückließen.

An dem Tag, an dem ich nach Gomera aufbrechen will, ist es auf der Straße sehr kalt, es kommt einem vor, als wären die Gehwege härter als im Sommer. Als ich ins Freie trete, ist es ungefähr zehn, doch das Sonnenlicht ist so wie am frühen Morgen, über den Straßen hängt ein feiner, ausgedünnter Nebel, in dem das glänzend geputzte Kupfer, der ärmere Bruder des Goldes, wie eine Gegensonne leuchtet. Ich kann nichts dafür, ich bin eine Elster, mich zieht alles an, was glänzt, und in Spanien wird das Kupfer, wie hier am Eingangstor einer großen Bank neben der Alcalá, nachts noch von Heinzelmännchen poliert. Natürlich ist in diesem Morgenlicht viel mehr zu sehen, aber ich sehe das Kupfer als erstes, durch den Frühnebel suggeriert es ungebührlichen Reichtum, es will sagen, daß unten, in den Kellerräumen der Bank, ein arabischer Goldschatz liegt, der, je länger der Tag fortschreitet, erstrahlen wird wie die Sonne selbst. Was wird wohl mit dem Kupfer passieren? Wird es aussterben, weil es keine Menschen mehr gibt, die es putzen wollen? In der modernen Architektur des Nordens begegnet man ihm nicht mehr, vielleicht fahren die Leute später eigens nach Spanien, um es zu sehen, kupferne Türklopfer und Treppengeländer, geronnenes Sonnenlicht, das das eigene Gesicht in einem närrischen Zerrspiegel goldglänzend reflektiert und das, bliebe man den ganzen Tag stehen, abends von tausend Fingerabdrükken modelliert wäre.

Manchmal kann man anderen Leuten am Gesicht ablesen, ob man eine Zeitung kaufen muß oder nicht, man hat kein Radio gehört, nicht ferngesehen, man ist aus dem Hotel in einen makellosen Tag getreten, man geht über den breiten Gehweg zum Zeitungskiosk. Es gibt zweierlei Arten, auf einen Zeitungskiosk zuzugehen. Zum einen: die der Unschuld. Man weiß noch nicht, welcher Art die Nachrichten sind. Zum anderen: die belastete. Etwas ist passiert, man hat davon gehört, und jetzt will man es lesen. Die Zeitung ist längst nicht mehr immer gleichbedeutend mit Neuigkeit, aber sie ist doch die einzige wirkliche Bestätigung der Neuigkeit – jetzt steht sie schwarz auf weiß da. Am Gesicht der mir entgegenkommenden Frau sehe ich, daß etwas los ist. Was es ist, kann ich nicht sehen. Sie geht in einer Aura des Insichgekehrtseins den Gehweg entlang, die Zeitung halb aufgeschlagen, am Format erkenne ich, daß es *El País* ist. Sie ist erst etwa fünfzig Meter vom Kiosk entfernt, aber schon mitten in der Zeitung, sie liest im Gehen, schaut nicht auf und ist offensichtlich einer intimen Form von Trauer ausgeliefert. An Lesenden ist ohnehin stets etwas Intimes, und das verstärkt sich, wenn sie in der Öffentlichkeit lesen und in ihre Lektüre versunken sind.

Ich trete an den Kiosk, kaufe die Zeitung und sehe, daß Julio Cortázar tot ist. Jetzt entferne auch ich mich von dem Kiosk, setze mich auf eine Bank und schlage die Innenseiten auf, auf denen des Schriftstellers gedacht wird. Dabei denke ich an die Bücher, die ich von ihm gelesen habe, betrachte die Fotos mit dem für einen Siebzigjährigen merkwürdig jungen Gesicht, denke wieder an das Buch, das ich vor ein paar Tagen von ihm gekauft habe, den Bericht über die letzte Reise, die er mit seiner Freundin machte, bevor sie an Leukämie starb. Jetzt ist er an derselben Krankheit gestorben, kaum ein Jahr nach ihr. Ich habe es noch nicht richtig gelesen, nur die Bilder betrachtet, Fotos von einem Mann und einer Frau in oder neben einem VW-Bus an der Autobahn, denn dies war die Reise von Paris nach Südfrankreich, ohne die Autobahn zu verlassen. Ein seltsamer Abschied, eine Geschichte über ihn selbst, eine von einem Schriftsteller inszenierte Geschichte. Es gehört zu ihm, wie das Gesicht dieser Frau, die er nie gesehen hat und die jetzt mit ihrer Zeitung irgendwo in der Menge verschwunden ist.

An den folgenden Tagen erlebe ich, wie die romanische Maschine auf Touren kommt. Ich sage das vielleicht mit etwas zuviel Nostalgie, oder Neid, aber hier kommt es einem tatsächlich so vor, als gehöre ein Schriftsteller allen – Mario Benedetti, Gabriel García Márquez, andere, weniger bekannte Namen, aus allen Winkeln der spanischen Sprache kommen die Erinnerungen, kommen Trauer und Gram. In solchen Augenblicken wird man sich der unglaublichen Ausdehnung dieses Sprachgebietes wieder einmal bewußt, von Feuerland bis nach Texas, und darin, auch heute noch, der zentralen Funktion Spaniens und seiner Hauptstadt Madrid.

Jetzt werde ich mich aus dem Winter der Hochebene heben lassen und nach Teneriffa fliegen, wie ein Stein in den Ozean gelegt für den Fall, daß der Riese den Schritt nach Südamerika wagen will. Die spanische Sprache beginnt dort bereits anders zu singen, die Vegetation tendiert ins Tropische, es ist ein Abschied von Europa. Mein Reiseziel ist die Insel Gomera, aber bis dorthin werde ich es an diesem Tag nicht schaffen. Man kann Gomera nur mit dem Schiff erreichen, und das ist, wenn das Flugzeug aus Madrid ankommt, bereits weg. Die Hotels in der Nähe des Flugplatzes und des zwanzig Kilometer entfernten Hafens sind voll, ein Taxichauffeur findet noch einen Schlafplatz für mich in einer Filmkulisse, einem weißen, schemenhaften kleinen Gebäude, das nicht erhellt im nächtlichen Halbdunkel steht. Ich höre den Ozean, der Wind treibt den Sand durch die verlassene Straße. Als ich laut an die Tür klopfe, kommt ein Mann, der wortlos meinen Koffer nimmt und ihn drinnen in einem verlassenen steinernen Raum abstellt. Über diesem Raum ist eine Balustrade, an der mehrere kleine Zimmer ohne Waschbecken und Toilette liegen. Dies ist das Spanien, wie ich es früher gekannt habe. Wofür ist bloß dieser steinerne Raum unten gedacht? Ich werde es nie wissen. Da steht kein Mobiliar, da steht eigentlich gar nichts, und dann wird es wieder umgekehrt, der leere Raum wird gefüllt, aber mit nichts. Das ist nicht nur eine Wortklauberei. Ein Raum, der so ostentativ leer ist, wird davon erfüllt, man wird gezwungen, über diese Leere nachzudenken, was man nicht getan hätte, wenn ein oder zwei Stühle dagestanden hätten. Es erinnert mich an die Augenblicke, in denen der Geist *blank* ist, wie die Engländer sagen, wenn man etwas denken will, aber es kommt nichts, außer diesem einen Gedanken, der bereits da war: daß man etwas denken will. Ich gehe die Treppe hinauf, inspiziere mein Zimmer, zähle die beiden kleinen schmalen Eisenbetten, zähle die eine kleine Reproduktion einer nicht existierenden Kirche in einer nicht existierenden Landschaft. Draußen zähle ich 1 Nacht und 1 Sturm, und lange Zeit schaue ich hinauf zu diesem hinreißendsten aller nächtlichen Phänomene, dem Mond, der wie ein besessener Reiter auf schwerfällige stehende Wolken zustürmt.

Ich bin schon öfter auf Gomera gewesen, diese Reise ist ein Wiedersehen. Die Insel ist schroff und arm. Die Tatsache, daß man dort nur auf eine Weise, mit dem Schiff, hingelangt, verstärkt den rituellen Aspekt der Reise. Immer dasselbe Schiff, die *Benchijijua*, weiß und ziemlich groß, immer die gleichen kanarischen Gesichter, die so ganz anders sind als die spanischen, die Reise selbst, die knapp zwei Stunden dauert, wobei man Teneriffa und die gräßlichen Touristenburgen, die die ausgedörrte Südküste der Insel verschandelt haben, langsam entschwinden sieht, bis nur noch der weiße Gipfel des Vulkans Teide wie das Segel eines Geisterschiffs in der Luft schwebt. An dieser Reise ist etwas Eigenartiges, und das hängt mit der Erinnerung zusammen. Man hat sie schon einmal gemacht, aber mehr noch, man hat dieses Schiff so oft anlegen und ablegen sehen, daß man sich vorstellen kann, wie der Teide über der Welt zu schweben und alles von dort zu beobachten. Eine Stunde nach der Ankunft stehe ich an der Balustrade des tropischen Gartens, der den Parador hoch über dem Hafen umschließt, und sehe das Schiff daliegen, geschrumpft, verzaubert. Um noch an Bord zu können, müßte ich so klein wie ein Daumen werden. Es liegt jetzt still, nichts bewegt sich in seinem Umkreis, aber in Kürze bricht es wieder auf, und dann kann ich ihm mit den Augen folgen. Ich tue das oft und ich weiß, worauf ich warte: den Augenblick des *in between*. Am schönsten ist das an Tagen, an denen alles klar ist, das Wasser den öligen Glanz von Satin hat. Der Ozean spiegelt das Licht der Sonne, das Schiff steuert auf die leere Fläche zu, ich werde es fast bis zur anderen Insel verfolgen können. Nach etwa fünfzig Minuten ist es an jenem metaphysischen Punkt angelangt, an dem es nicht mehr zu Gomera und noch nicht zu Teneriffa gehört, es liegt wie ein kleiner Gegenstand auf der großen glänzenden Fläche, und der Reisende erinnert sich an die Empfindung, auf beiden Seiten ein aus dem Meer aufragender Schatten. Was am Fuße dieser hohen Schemen liegt, ist jetzt nicht zu sehen, sichtbar sind nur diese beiden grauen Giganten, die einst, im Tertiär, durch einen Wutausbruch der Natur entstanden sind. Der Reisende, also ich, versucht, sich das Getöse vorzustellen, mit dem dies einherging, doch es gelingt ihm nicht. Der Ozean ist zu friedlich, der Vulkan über dieser anderen Insel benimmt sich wie ein Mönch, der die Gewalt seiner Vergangenheit vergessen will. Ich sehe es von oben und weiß, daß ich, wenn ich an Bord bin, mich in diesem Augenblick umdrehe, um auf Gomera zu schauen, um es näherkommen zu sehen, wie Kolumbus vor fünfhundert Jahren, aber was man sieht, ist nur noch diese Form, hochgeworfene Steine, erstarrtes Wüten, auf dem keine Menschen leben können. Doch im Augenblick befinde ich mich nicht an Bord, ich stehe hoch über der Stadt und der Welt zwischen Jacarandas und Bougainvilleen. Wie lange es her ist, seit ich zum letzten Mal hier war, weiß ich nicht mehr, aber es gibt einem ein falsches Gefühl von Unendlichkeit, daß ich die Bäume erkenne, als wären es Menschen, daß die Palmen die ganze Zeit ihr Gespräch mit den Wolken und dem Wind nicht unterbrochen haben. Nur ich bin davongeweht und wieder zurückgekehrt, und wenn das nicht wäre, würde alles unverändert sein. Reisen ist Flüchtigkeit, und das liebe ich, jeder Abschied ist eine natürliche Vorbereitung, man soll sich nicht binden, so ist es nicht vom Schicksal bestimmt. Ich will hierher zurückkehren, wie ich an andere Orte zurückkehre, meine eigene Flüchtigkeit an der Unveränderlichkeit der Umgebung messen, bis es eines Tages vorbei ist und an dieser Stelle ein anderer steht, der über die Stadt und das Meer blickt, ein anderer, der die Glocken der restaurierten Kirche hört, in der Kolumbus noch gebetet hat, und durch das bronzene Läuten das Geräusch einer Handsäge, als werde ein Stück des Nachmittags abgesägt und damit der Zeit.

Die kleine Stadt liegt in einer Halbsenke, die wie ein Schallraum wirkt, und es scheint, als kämen alle intimen Geräusche auf mich zu. Das ist ein verführerischer Gedanke – ich würde gern in eine Welt entsandt werden, in der noch nie jemand war, in der man noch nichts von der Erde gehört hat. Bilder hätte ich nicht bei mir, nur dieses eine Tonband, und mit seiner Hilfe würde ich das Leben auf der Erde erklären. Ob mir das gelänge? Das dumpfe Hacken einer Spitzhacke im Boden, Kinderlachen, ein altes Motorrad, das langsam den Berg hinauffährt, das Reden von Leuten am Kai, der traurige Elefantenschrei, mit dem das Schiff sein Kommen ankündigt. Ich frage mich, wie ich auf diesen Gedanken gekommen bin, und weiß die Antwort: Es ist, als repräsentierten all diese bescheidenen Geräusche die Essenz, das Parfum des Lebens auf der Erde. Wie lange bräuchte ich dafür? Lang, es würde ein Vortrag von einem Jahr oder so. Ich müßte erklären, was Spanisch ist, warum auf der Erde verschiedene Sprachen gesprochen werden, und gleichzeitig, weshalb an verschiedenen Orten der Erde dieselben Sprachen gesprochen werden. Weiß der Himmel, vielleicht müßte ich die gesamte Evolution, das Motorrad und die Spitzhacke erklären, nein, vielleicht sollten sie doch lieber einen anderen schicken und mich hier lassen, hoch über der Stadt, die daliegt wie ein Gedicht, das auf geheimnisvolle Weise, wie Gedichte es tun, etwas vom Leben der Menschen zusammenfaßt. Ich kann den schwarzen Kieselstrand sehen und die staubigen Palmen, die einen echten Boulevard darzustellen versuchen, den Holzkiosk von Francisco, der einen Falken und einen Papagei in einem Käfig hält, und wo man mittags für wenig Geld das Armeleutegericht der Insel bekommt, einen Teller mit einem Stück frischem Thunfisch mit Zwiebeln und mit Meersalz gekochten Pellkartoffeln in *mojo rojo* oder *mojo verde*, Soße aus rotem Pfeffer oder frischem *silantro*, oder einen Teller mit den Resten anderer Tage, allem möglichem, *ropa vieja*, alten Klamotten, wie sie das in Spanien nennen, von einer der drei hübschen Töchter Franciscos serviert, die nach den Kontinenten getauft sind, Africa, Asia, América.

Die Stadt ist so klein, ich kann sie von hier oben in meiner Hand halten, den »Turm des Grafen«, in dem einst Beatriz de Bobadilla Kolumbus empfing, der unterwegs war nach Amerika, das damals noch nicht so hieß, und hier haltmachte, um seinen letzten *aguada*, seinen letzten Frischwasservorrat, an Bord zu nehmen. Ich sehe die schmalen, ungepflegten Straßen und die Häuser mit den handgemachten kolonialen Fensterläden, den glänzend polierten Platz mit den Ulmen, so alt, daß man denkt, die Konquistadoren hätten noch unter ihnen gesessen. Da ist auch der Zeitungskiosk, an dem man nur *El Día* bekommt, den die *Benchijijua* aus Teneriffa mitbringt, keine ausländischen Zeitungen, nicht einmal Zeitungen vom spanischen Festland.

Die Sonne wird nun schnell hinter den Bergen verschwinden, zu dieser Stunde von aufgeblähten Wolken geschoben, wahren Wasserbüffeln. Ein Taubenschwarm kommt vorbei, sie fliegen *pizzicato*, die Flügel durchscheinend im Sonnenlicht. Als ich mein Gesicht vom Meer abwende, sehe ich die Straßen, jetzt noch von der Sonne beschienen, die in die Berge führen, eine bis hinauf zum Garajonay und von dort zu den anderen Küstenorten, und die andere, die in Hermigua im Nordosten der Insel enden wird. Doch bevor es soweit ist, muß ganz schön geklettert werden, die Küstenorte sind nicht direkt miteinander verbunden, dafür sind die Berge zu hoch, die Täler zu tief, auf einer Entfernung von nur dreißig Kilometern hat man das Gefühl, durch eine ganze Reihe verschiedener Landschaften und Klimazonen zu reisen, als wollte die Natur zeigen, was sie alles in ihrem Repertoire hat, um die Menschen herauszufordern. Nirgends zeigt sich das deutlicher als auf der offiziellen Karte des Instituto Geográfico Nacional. Darauf ähnelt die runde Insel, die nur 378 km^2 groß ist, noch am ehesten einem alt gewordenen und danach versteinerten Apfel, einer harten steinernen Frucht mit Kerben und Schrunden, etwas, woran man sich die Hände verletzen könnte.

La Gomera

Hunderte von Namen stehen auf der Karte der kleinen Insel, Roque del Herrerò, Crux de Cirilo, Casas de Contrera, Cabezo de Pajarito, Lomito del Loro, Playa del Inglès, Charco de los Machos, Cueva de las Palomas. Wie ein Klanggedicht kann man diese Namen vor sich hin singen, und in einigen klingt noch das Echo der ersten Inselbewohner mit, der Guanchen, der Überlieferung zufolge eine Rasse großer, blonder Menschen, die in den aufeinanderfolgenden Wellen spanischer Kolonisatoren und Zuwanderer, die nun schon seit über sechshundert Jahren diesen Archipel beherrschen, aufgegangen ist.

Auf dem offenen Patio des Parador, über dem der sich verdüsternde Himmel wie eine lebende Decke hängt, steht eine strenge, klösterliche Bank, an der man eine Ablage herunterklappen kann, um sein Buch daraufzulegen. Daneben ist dann gerade noch Platz für ein Sherryglas. Die Wolken malen jeden Augenblick ein anderes Dach über meinem Kopf, die Palmen auf diesem Hof schreiben in dem leichten Wind, der von außen hereindringt, immer neue kalligraphische Zeichen, der Papagei in seinem vergoldeten Käfig sagt einen englischen Satz, in dem Heimweh mitschwingt, und ich sitze, als gehörte es sich so, auf oder in diesem merkwürdigen Möbel, mein Buch ungelesen neben mir, einen Hauch von Tropen um mich, und denke an einen alten, vornehmen Mann, der längst tot ist und mir einst beibrachte, daß »Sherry wie ein rostiger Nagel schmecken« müsse. Ich denke an das weiße Haar des Toten, die Kavalleriekrawatte, die er trug, die etwas zu knalligen Farben der Rosette seines nicht benennbaren Ordens am Revers seines ach, so großen Blazers. Ich leere das Glas in seinem Gedenken, schmecke den Rost und gebe ihm recht und spaziere die Auffahrt zum Parador Richtung Friedhof hinunter. Von dort hat man einen Blick aufs Meer und auf den Teide in der Ferne, dort liegt es sich gut. Aber warum heißt jemand an diesem meerumwehten Fleck Walkiria? Und doch hieß sie so, Doña Walkiria Arteaga Herrera. Liebte ihr Vater Wagner? Keine Antwort. Warum hat Señorita Carmen O. Fernandez Padilla nie geheiratet, obwohl sie doch 56 geworden ist? Ihre Mutter und ihre Brüder werden sie nie vergessen. Nie? Und war Don Rafael Oliver Padilla, Sargento de la Guardia

Civil, ihr Vater? Er ist immerhin 78 geworden. Die emaillierten Fotos aus dem Totenreich geben keine Antwort. Einige Kreuze sind schief, zerbrochen, umgefallen. Auf den meisten kann ich die Namen nicht mehr lesen. Die Erde ist rot. Die Blumen sind aus Plastik. Der Ozean ist groß. Der Tod ist nichts, oder ganz wenig.

Die Sonne muß irgendwo hinter mir, und auch noch ohne meine Erlaubnis, untergegangen sein, doch der Mond hängt am selben Seil und wird nun, so voll wie eine Sonne und fast rot anzusehen, über den sanften Hang des Vulkans gegenüber gezogen. Da bleibt er für einen Augenblick liegen, als hätte er noch keine Lust. Was ich jetzt sehe, ist dies: den Weg zu meinen Füßen, dann eine Böschung, dann die Kaserne des 49. Infanterieregiments, dann den Ozean im Mondenschein, hinreißend, dann den Teide, und an seinem sanften Hang den Himmelskörper, der sich jetzt unziemlich schnell hochheben läßt und gleichzeitig versilbert wird und zu leuchten beginnt. Jemand, der es nicht kann, bläst auf einer Trompete, und das wirkt, zu dieser Stunde und an diesem Ort, sehr rührend. Sonnenuntergang, aufsteigender Mond, Fanfarenstoß unter dem Abendhimmel, militärische Schritte auf dem Asphalt, die Toten drehen sich in ihren Gräbern um, Kinderstimmen steigen aus dem *barranco* auf, die dunkel gewordenen Flanken des Berges hinter mir bewegen sich sanft, aber das sind Schafe. Friede! Friede und Grillen, die kodierte Berichte senden über Früher und Jetzt.

Es gibt auch menschliche Grillen auf der Insel, aber die zirpen nicht, sie pfeifen. Die Verständigung von einem tiefen Tal zum nächsten war so schwierig, daß die Gomerianer, falls man sie so nennen darf, eine eigene Pfeifsprache, das *silbo*, dafür entwickelt haben. Gelehrte haben sich bereits im vorigen Jahrhundert damit beschäftigt, jemand hat ein Buch darüber geschrieben (*El Silbo Gomero, análisis lingüístico*, von Ramón Trujillo), in dem neben ungewöhnlich schlechten – und daher so beeindruckenden – Fotos der erschreckenden Höhen, über die hinweg gepfiffen werden mußte, auch eine Art von Röntgenbildern der gepfiffenen Wörter stehen, Schallwellen, die phantastische abstrakte Zeichnungen ergeben, nur daß nichts Abstraktes an ihnen ist, denn diese seltsamen östlichen Schriftgebilde stehen für äußerst konkrete Worte wie Der Felsen, Der Tisch und Die Messe. Die bekanntesten *silbadores* sind heute noch Don Gilberto Mendoza Santos, Don Olivier Gonzalez Hernandez und Don Vicente Herrera Ramos, und auf entsprechende Bitte sind diese menschlichen Vögel bereit, ihre elementaren Botschaften in dieser Sprache vorzupfeifen, die nun wohl bald aussterben wird.

Was nicht aussterben wird, ist das geographische Problem Gomeras an sich. Schon gleich hinter San Sebastián gelangt man in eine hohe, steinige, abweisende Landschaft, in der nichts wachsen kann. Stein. Erst oben, im Nationalpark Garajonay, verändert sich die Landschaft, dann aber auch gründlich. Häufig herrscht dort tagsüber dichter Nebel, man fährt durch ein Nibelungenland, begleitet vom Gesang der Scheibenwischer, und dann durch die schärfsten Haarnadelkurven, die man in seinem Leben gemeistert hat, auf der anderen Seite der Insel wieder nach unten, und mit einemmal, fast explosionsartig, knallt einem eine grelle Sonne ins Gesicht, und man ist in den Tropen, in einer balinesischen Landschaft mit Palmen, einer Welt von zauberhafter Schönheit, die in ein Tal mit Bananenplantagen, Äckern, einem Fischereihafen und armen Leuten mündet, die sich ihr Brot aus dem Boden und dem Meer kratzen müssen, dabei beobachtet von einem Stamm deutscher Hippies, die, wie die japanischen Soldaten im Urwald von Borneo, noch immer nicht gehört haben, daß der Krieg vorbei ist, und hier in der Volendammer Tracht einer sinnentleerten Denkweise herumlungern.

Am letzten Tag meines Aufenthalts komme ich an eine verlassene Küste. Keine Menschen, nur ein Fußballplatz, auf dem lediglich zwei Tore wachsen, aber kein Hälmchen Gras. Sand, nichts als Sand. Ein eingestürztes Fort, sehr gruselig, Piranesi sur Mer. Und zwei in sich zusammengesackte Häuser. Links und rechts bleierne Berge, und an der Stelle, an der sich bei schweren Regenfällen ein Fluß ins Meer stürzt, ein paar gestorbene Autos, auf der Seite, die leblosen Mäuler weit aufgerissen. Ich empfinde angemessene Freude. Verfall muß schön sein, und hier ist ein Künstler am Werk gewesen, er hat nur vergessen, das Ganze zu signieren. Die Brandung nagt mit ihren Zähnen unsichtbare

Basaltsplitter vom Fort, die falschgrüne Tapete in einem der Häuser hängt wie eine abgestreifte Haut von der Wand, jedesmal, wenn die Brandung sich zurückzieht, um beim nächsten Mal noch höher zu springen, macht das zurückströmende Wasser zwischen den runden schwarzen Kieseln ein saugendes, schmatzendes Geräusch, die leeren Fenster schlagen einen unbestimmbaren Rhythmus dazu, das Ende der Zeiten ist nahe.

1985

Riten der Einkehr. Ich merke, daß ich diese lächerlich altmodischen Worte vor mich hinmurmele. Manchmal sind die Worte noch vor dem Gedanken da, oder zumindest scheint es so. Und natürlich, alles tut sich zusammen, um diesen Gedanken heraufzubeschwören, der Ort, an dem ich mich gerade befinde, die Landschaft tief unter mir, das verlassene Zisterzienserkloster, auf das ich schaue, der eiskalte Februarwind, der an meinen Kleidern zerrt, der jahrhundertealte Eisenbeschlag an dem Tor, durch das ich gleich eintreten werde. Katalonien, Monasterio Santes Creus, zum soundsovielten Mal habe ich mich durch einen Namen, ein Wort vom vorgenommenen Weg abbringen lassen. Ich hatte doch vorgehabt, zum Kloster Veruela zu fahren, wo ich einst, vor gut zehn Jahren, den ersten all dieser Umwege begann? Nach Santiago wollte ich fahren, aber die Wege teilten sich wie die Stränge eines reißenden Taus, ein Jahr kam zum anderen, ich entfernte mich immer weiter von meinem Ziel, ließ mich immer tiefer in ein Spanien hineinziehen, das sich veränderte, und in eine Landschaft, die sich nicht veränderte.

Einkehr – könnte das auch bedeuten, daß man sich immer weiter in etwas hineinbewegt, daß man, selbst wenn die Wege nach Süden oder Westen führen, das Gefühl hat, immer tiefer in die Seele eines Landes einzudringen, und daß sich dort etwas befindet, das man in keinem anderen Land, so viele man auch schon bereist hat, je antreffen konnte? Vierzig Jahre geht das nun schon so, es ist, neben dem Schreiben, die konstanteste Linie in meinem Leben. Und ein Jahr ohne die Leere dieses Landes, ohne die Farben der Erde und Felsen, ist ein verlorenes Jahr.

Vor zehn Jahren wollte ich nach Santiago fahren, und natürlich bin ich dort angelangt, nicht nur einmal, sondern mehrere Male, und gleichzeitig war ich nicht dort gewesen, weil ich nicht darüber geschrieben hatte. Immer hatte es etwas anderes gegeben, worüber geschrieben oder nachgedacht werden mußte, ein Schriftsteller oder ein Maler, eine Landschaft, ein Weg, ein Kloster, und doch schien es, als wiesen all diese Landschaften, all diese Geschichten von Mauren und Königen und Pilgern, oder alle eigenen Erinnerungen sowie die geschriebenen Erinnerungen anderer in *eine* Richtung, auf den Landstrich, wo Spanien und der ozeanische Westen einander berühren und die Stadt liegt, die bei all ihrer galicischen Abgeschiedenheit die eigentliche Hauptstadt Spaniens ist.

Noch ein Mal will ich diese Reise nun machen, und auch jetzt weiß ich, daß ich die direkte Linie nicht einhalten werde, daß Weg für mich nie etwas anderes bedeuten kann als Umweg, das ewige, selbstgeschaffene Labyrinth des Reisenden, der sich immer wieder von einem Seitenweg und von einem Seitenweg dieses Seitenwegs verleiten läßt, von dem Geheimnis des unbekannten Namens auf einem Wegweiser, von der Silhouette des Kastells in der Ferne, zu dem kaum ein Weg führt, von dem, was vielleicht hinter dem nächsten Hügel oder Bergrücken zu sehen sein wird.

Vielleicht ähnelt dies noch am ehesten einer Liebesgeschichte, samt all dem Unerfindlichen und Unerklärlichen, das dazu gehört. Und diese Geliebte verläßt einen nicht, das ist der Unterschied. Was tue ich, wenn ich hier bin? Ich suche dieselben Empfindungen wie vor dreißig und zehn Jahren und weiß, daß ich sie finden werde. Was sich verändert hat, sieht man zumeist an den Städten: Sie sind voller, moderner geworden, das Land leerer. Natürlich sieht man auch dort Zeichen der neuen Zeit, doch außerhalb der Dörfer liegen die Ebenen, die Tafelberge, die Täler unverändert. Jetzt bin ich noch in Katalonien, heute abend in Aragonien, und je weiter ich mich von der Küste entferne, um so weiter, offener wird sich die Landschaft ausdehnen, sie wird trockener, immer weniger auf sich ertragen, bis der Reisende ein einsamer Schwimmer in einem Meer von Erde wird, das sich bis an den Horizont erstreckt, und diese Erde wird die Farben von Gebeinen, Sand, zerbröckelten Muscheln, rostigem Eisen, vermodertem Holz haben, doch sogar über den dunkelsten Farben wird ein Licht liegen, das in der Ferne zu einem Schleier wird, als müsse das Auge vor so viel Weite und Licht geschützt werden. Und in der Ferne liegen Kirchen und Klöster, die der sichtbaren Unendlichkeit entsprechen, die etwas über ein undenkbares Früher erzählen wollen, das die heißen und kalten Lüfte eines extremen Klimas für denjenigen bewahrt hat, der es sucht. Irgendwann, als mir diese Dinge noch nicht bewußt waren, müssen diese Landschaften in mich eingedrungen sein, Antwort auf eine Sehnsucht nach Unendlichkeit, die außerhalb des Meeres oder der echten Wüste nirgends mehr zu finden ist. Ich weiß, daß diese Ausdrucksweise nicht mehr in diese Zeit gehört, aber das kümmert mich nicht, in diesem Punkt will ich gern falsch verstanden werden. Denn zu wem sollte man sonst von Erfüllung oder Erleuchtung sprechen? Pedro Laín Entralgo versucht in seinem Buch *A qué llamamos España* (Was nennen wir Spanien), Antwort auf die Frage zu geben, welche Auswirkung die Farbe der kastilischen Landschaft auf denjenigen hat, der sie andächtig betrachtet, und Ortega y Gasset (*Notas de andar y ver*, Notizen beim Reisen und Sehen) spricht von der Geometrie der Ebene, einer »sentimentalen Geometrie für die Menschen Kastiliens und Leóns«, in der die Pappel das vertikale Element ist und der Windhund des Jägers das horizontale, und sofort sieht man, ausgespart in der Leere, horizontale und vertikale Demarkationen, die dem Auge Halt bieten sollen, weil es sich sonst in dieser Unendlichkeit verlieren würde.

Ich komme nicht aus Kastilien und nicht aus León. Man sucht sich sein Geburtsland nicht aus, und ich weiß nicht, welcher Mensch ich geworden wäre, wenn ich hier geboren wäre. Auch das Land, aus dem ich komme, kennt an den Stellen, wo noch nicht diese Fülle herrscht, den geometrischen Absolutismus, die Fläche des Polders und darüber das Rechteck des Himmels, Mondriaan konnte nirgendwo sonst geboren sein. Keine Verlokkungen, keine Ablenkung, extreme Sichtbarkeit. Dies sind die Berührungsflächen des Calvinismus mit einigen Formen des spanischen Katholizismus. Doch die Niederlande haben ihren Raum verloren und damit, merkwürdigerweise, ihre Zeit; wenn ich jetzt dorthin komme, spüre ich eine Flüchtigkeit, eine neurotische Unbeständigkeit, als bemühte sich jeder und alles, sich möglichst schnell von der eigenen Geschichte zu befreien und so etwas anderes zu sein oder zu werden. Spanische Freunde empfinden das gleiche in bezug auf ihr eigenes Land seit Francos

Tod, sie sprechen von *transición* und *movida*, und ich wäre ein armseliger Reisender, wenn ich den Unterschied zu früher nicht sähe, manchmal ist er so kraß, daß ich fast vergessen könnte, hier auch schon in den Tagen des Franco-Regimes gelebt zu haben und gereist zu sein, der Zeit der Zensur und der Bigotterie, der Falange-Uniformen, der Todesurteile und Exekutionen, der Messen der Blauen Division, der verbannten Schriftsteller, der verbitterten Abkapselung jener, die auf der Verliererseite gekämpft hatten. Das alles ist weg, verschwunden, außer vielleicht aus den Köpfen jener, die darunter gelitten haben – manchmal hat es den Anschein, als habe dieses riesige Land alles aufgesaugt, in seiner Trockenheit verdunsten und verschwinden lassen, samt den Erinnerungen und dem Blut, ein paar Narben mehr in der gegerbten Stierhaut, Kratzer in einer Geschichte, die einfach nicht enden wollte, der Sage von Römern und Mauren und Juden und Goten, von fremden Invasionen und der langsamen Rückeroberung, von Entdeckung und Kolonisierung, Unterwerfung und Bürgerkrieg. Er wird wohl nicht haltbar sein, denke ich, der Bezug, den ich zwischen Raum und Zeit herstellen will, und dennoch scheint es, als habe sich in diesem immer noch leersten Land Europas auch eine andere Form von Zeit bewahrt, als habe alles Aktuelle, so laut es sich hier stets gebärdet, weniger Gültigkeit und gehe in einem unendlich langsameren Maß auf. Vielleicht sind es die Gegenden, die ich aufsuche, das wird es wohl sein. Denn das ist es, was ich will, Verlangsamung, und, gleich welches Gesetz hier regieren mag, ich finde, was ich suche. In einer Landschaft, in der ein einzelner Baum kilometerweit zu sehen ist, wird die Zeit anders gemessen. Und dieses Maß ist es, das mich nach Spanien lockt.

Nein, das alles habe ich mir nicht in dem schneidenden Wind draußen vor der Klosterpforte überlegt. Sonne im Klosterhof, Schutz, die Toten, die hier schon fast tausend Jahre liegen, wissen das besser als ich. Wenn ich stehenbleibe, ätzt das Licht meinen Schatten auf die Mauer zwischen die vielbogigen gotischen Bögen, wenn ich gehe, messen meine Schritte den Abstand zwischen Grab und Grab, zwischen Ramón d'Alemany und Guillem de Claramunt, beide während der Eroberung Mallorcas im Jahr

1230 gefallen. Durch die Stille höre ich eine spanische Frauenstimme, die von einem »englischen Bildhauer« erzählt, der sich hier niederließ, aber als die Hand, die zu dieser Stimme gehört, dann auf die Kapitelle im Kreuzgang zeigt, wird mir klar, daß sie nicht jetzt meint, sondern einst, damals, die Zeit des es war einmal, und aus dieser Zeit blicken die unversehrten Sandsteinfiguren uns an, der Löwe mit dem Sonnenkopf, die Bilder der Schöpfung, Eva aus Adams Rippe, der Sündenfall und die Vertreibung aus dem Paradies, Ungeheuer und Spötter und Kain, der Ackersmann, und Abel, der Hirte, das ewige Panoptikum, für das unsere Unwissenheit uns allmählich blind macht, die immer schnelleren Mutationen des Fortschritts haben den Gedanken hinter diesen Bildern entkräftet, bis nichts mehr davon übrigblieb als eine Fabel, die man kennt oder nicht kennt. Er ist nicht neu, dieser Gedanke, und doch muß er auf dieser Reise immer wieder von neuem gedacht werden. Das soll nicht als Pflichtübung in Heimweh verstanden werden, aber bei diesen Konfrontationen passiert nun einmal etwas, zwei Dinge prallen aufeinander, das endgültig Vergangene ist noch in Stein gegenwärtig, es hat allein schon durch sein Alter ein Übergewicht. Doch was ist etwas, wenn es seine Bedeutung verloren hat, wenn es nicht mehr bedeutet, was es bedeutet hat? Nur noch Kunst, zugänglich und unzugänglich zugleich? Oder gerade das, die Konfrontation, der Augenblick, in dem man den Gedanken seiner eigenen Spezies nicht mehr erkennt, was es als sicher erscheinen läßt, daß auch der eigene Gedanke eines Tages nicht mehr erkannt werden wird? Aber was habe ich dann auf all diesen Reisen gesucht? Vielleicht dies: den Schauer, der zu diesen Überlegungen gehört, den Teppich, der unter einem weggezogen wird, die verzweifelte Zweizeitigkeit von Menschen, die sich weiter in die Vergangenheit hineinwagen, als gut für sie ist, nicht, weil sie sie zurückhaben und eine ewige Gegenwart daraus machen wollen wie die Traditionalisten, nein, das gerade nicht, sondern weil sie, wie Ortega y Gasset sagt, »die Vergangenheit als Vergangenheit lieben, das, was abgeschlossen ist und doch nie abgeschlossen sein kann, weil es bis ins Heute hinein fortwirkt«.

Romanischer Bogen über gotischem Tor, so betrete ich die

Kirche. »Bei Landschaften ist es genauso wie bei der Natur«, schrieb Unamuno, »Nacktheit ist das letzte, das man lieben lernt.« Leer ist es da drinnen, karg, hell, hohe schmucklose Mauern, die Art von Raum, in dem man selbst zum mathematischen Punkt wird, als würden in einem fort Linien aus der eigenen, sich bewegenden Anwesenheit zu den Flächen, Rechtecken, Lichtquellen ringsum gezogen. Erst im zwanzigsten Jahrhundert, bei Architekten wie Loos, kehrt diese funktionale Kargheit des Zisterzienserstils wieder, und auch wenn die Funktionen andere geworden sind, das Ideal ist das gleiche geblieben: Abkehr vom Nichtwesentlichen. Es läuft sich gut in dieser Kargheit, vor allem, weil niemand sonst zugegen ist. Aragonesische Könige liegen hier, Peter der Große (Pere el Gran) und Jakob der Gerechte (Jaume el Just) mit seiner Gemahlin Blanche (Blanca) von Anjou, der große König aus dem dreizehnten Jahrhundert in seinem nie geschändeten Porphyrgrab, Eroberer Siziliens, vom Papst exkommuniziert, weil dieser lieber einen Valois in Sizilien gesehen hätte. Still ruhen sie hier, der Tanz der Dynastien ausgetanzt, Sizilien, Korsika, Sardinien, Mallorca gewonnen, verloren und wieder gewonnen, Könige über ein Reich von achthunderttausend Menschen. Die Klosterkirche ist die Fortsetzung ihrer Grabmale, die Paladine schlafen neben ihnen im Boden, Namen und Titel in den Quaderstein gemeißelt, und daneben die orientalischen Marmorlöwen, die den Königssarg tragen. Wenn sie die Steindeckel ihrer Schlafstätte beiseite schieben, erkennen sie alles wieder, mit Ausnahme von mir.

Draußen Orangenbäume, ein bemooster Springbrunnen in einem steinernen Brunnenhäuschen, Wassergeflüster, die leeren Weinkeller mit den großen Fässern, die verlassene Bibliothek, die Gräber der Äbte im Boden des Kapitelsaals, Namen und Jahre. 1830 war es vorbei, da wurden die Klöster von der liberalen Regierung enteignet, die Mönche zogen davon, der Verfall, der jetzt, äußerst langsam, wieder ungeschehen gemacht wird, konnte einsetzen. Von hier oben blicke ich auf die Landschaft, die Straße, die nach Norden schwenkt, nach Huésca, und die verschneiten Pyrenäengipfel dahinter.

Aber noch einmal. Kirchen, Landschaften, Nostalgie, Ruinensucht. Ich wurde einmal gefragt, weshalb ich die Landschaft der Meseta so schön fände. Weil mir so schnell keine Antwort einfiel, sagte ich, »weil ich glaube, daß es in mir ebenso aussieht«, und das ist genau die Art von subjektivem Ästhetizismus, dessentwegen Goytisolo Unamuno angreift, aber auch Goytisolo wird hin und her gerissen, da er selbst sieht, daß Industrialisierung und Tourismus die Seele dieser Landschaft anfressen. Er findet keinen Ausweg aus diesem Dilemma. Einerseits sagt er, daß Unamuno und in geringerem Maße Azorín an die verlassene Landschaft die Kriterien der ästhetisch-religiösen Militärkaste Kastiliens anlegten (nicht umsonst träumt Ortega in seinen *Tierras de Castilla* davon, daß der Cid einst zu Pferd durch dieselben Landschaften gezogen ist, durch die er selbst jetzt mit seinem Esel dahinzuckelt), andererseits aber ist ihm deutlich, daß die Einöde des Landes, sobald man jener anderen, geistigen Einöde der verdorbenen Küste entflohen ist, ihre eigene Majestät besitzt. Einst gab es Wälder in Spanien, genügend Bilder und Geschichten beweisen dies. Doch das Land wurde kahlgeschlagen, kahlgerodet, eine zweite, negative Schöpfung: ohne Bäume kein Regen, ohne Regen keine Bäume. Ich müßte darüber trauern, aber kann es nicht. Im übervollen Europa ist dies der letzte Zufluchtsort. Und tot ist dieses Land nicht. Ich sehe Herden in der Farbe des Bodens, den Raubvogel, der seine langsamen Buchstaben schreibt, bis er sich herabfallen läßt und mit einer Schlange in den Fängen abschwenkt, nur die Menschen sind verschwunden und haben ihre Häuser zurückgelassen. Rätselhaft ist das, als hätte hier ein Krieg gewütet. Zuerst glaubt man es nicht, es kann doch nicht sein, daß alle fort sind? Doch wenn man näher kommt, weiß man es, man tritt vorsichtiger auf, denkt, daß in einem dieser Häuser vielleicht noch ein Toter liegt. Dies ist im Norden, an der Straße von Boltaño nach Broto, 1957 bin ich hier gefahren, vielleicht lebte dieses Dorf damals noch. Ich gehe über einen matschigen Weg bis zu den ersten Häusern, der Wind zerrt an den lose hängenden Läden, wie Jaulen hört es sich an. *Prohibido el paso*, steht da, *pueblo en ruina*, und das stimmt, das ganze Dorf ist eine einzige Ruine, Balkons aus verrostetem Eisen, Fenster ohne Scheiben, Fassungen ohne Lampen, alles abmontiert, leergeräumt, dürres Brombeergestrüpp wuchert über Fensterbänke, von denen die Farbe abgeblättert ist, Steineichen wachsen schief in Häuser hinein, ich klettere über rutschende Steine. Traurig ist das, diese der Menschen ledige Welt, die unsinnigen, vom Zahn der Zeit zerstörten Gegenstände, Dinge, die sie nicht mehr mitnehmen wollten oder konnten. Gingen alle zusammen fort? Waren Kinder darunter oder nur noch alte Leute? Keine Stimmen, keine Schritte, lediglich das unhörbare Geräusch von etwas, das unendlich langsam in sich zerfällt, verrutscht, zerbröselt, wenn ich in hundert Jahren wieder herkomme, hat es nie existiert.

Meine Pfeile können nicht geradeaus fliegen, immer ist da etwas – die Verlockung einer Karte, eines Satzes, den ich gelesen habe, eines Fotos, eines Bildes, des Klangs eines Namens –, das mich vom Kurs abbringt, der später doch wie *eine* lange Reise aussehen wird, der Umweg als Weg. Diesmal war es alles zugleich, ein Buch (*Elegía*), das ich über Antonio Saura gelesen hatte, mit den Abbildungen der Deckenmalereien, die er in der *Diputación* (dem Haus des Provinzlandtags) von Huesca geschaffen hat. Ich muß also nach Huesca, aber auch nach Roda de Isábena, weil dort die frühen Wandmalereien zu finden sein sollen, die Saura inspiriert haben. Zwei Maler, acht Jahrhunderte, aragonesische Kontinuität. Ich suche Roda auf der Landkarte. Es liegt im Pyrenäenvorland, nur weiße Straßen führen dorthin, und es ist weit, der Weg geht quer durch die Sierra del Castillo de Lugares. Dieser Kirche wegen ist das Dorf vielleicht noch nicht verlassen, es ist dort still wie in einer Gruft. Ein alter Mann sitzt schlafend in der Sonne, zu seinen Füßen liegt ein Hund, sonst ist niemand zu sehen, die Kirche ist verschlossen. Aber wie immer an solchen Orten haben unsichtbare Augen mich belauert, die Nachricht von dem Fremden hat sich herumgeflüstert, plötzlich ist eine Frau da und läßt mich ein. Aus dem Jahr 1018 ist die Kirche, sagt sie, als hätte sie den Bau selbst miterlebt, und erzählt von Grafen und Bischöfen und Stiftern, als lebten sie noch; sie weist mich auf die Inschriften hin, die wie ein wellenförmiger Nekrolog über die Kapitelle und Mauern des Klosterhofs laufen, klare Buchstaben aus dem zwölften Jahrhundert, derjenige, der sie gemeißelt hat, ist erst gestern mit seiner Arbeit fertig geworden. Der Sarkophag von Raymundus, der hier Prior war und später heiliggesprochen wurde, ein Engel mit dem Kopf eines anderen Engels auf dem Arm, die Geschichte ohne Worte an den Seiten des steinernen Sarges, Verkündigung, Heimsuchung, Geburt, Flucht nach Ägypten, schattenhafte Wandbilder in zerfressenen Farben, die Frauenstimme, die das, was ich sehe, beschreiben will und gleichzeitig erzählt, daß das Dorf verwaist, daß es die Jugend hier nicht mehr hält. Solchen Stunden ist eine gewisse Transparenz eigen, die Inschriften, die Bilder, sie fügen sich in die lange Reihe anderer ein, der Umweg hat mich einen halben Tag gekostet, ich hätte auch wegbleiben können, die Details werde ich vergessen, verwechseln, nicht aber die Essenz, die immer mehr mit Stille zu tun hat, auch wenn ich noch nicht weiß, wo sie mich hinführt.

Es ist gegen Abend, als ich in Huesca ankomme, ein bleierner Himmel hängt über einem Park mit gequälten, bizarren Platanen, im Winter die seltsamsten Bäume, die es gibt. Überall sieht man sie, in Burgos, Logroño, San Sebastián, nackte, starre Heere, in langen Schlachtordnungen aufgestellt, nachts marschieren sie durch deine Träume. Es gibt ein Konzert in der *Diputación*, ich will nicht hin und frage, ob ich die Wandgemälde von Saura sehen darf, und ich darf, jemand knipst die Lichter für mich an, drei Lederliegen stehen wahrhaftig da, um die Deckengemälde betrachten zu können, und so sehe ich es, im Liegen, ein wildes planetarisches Kreisen, ein großes Schweben farbiger Körper, die ihren eigenen Konturen entschlüpft sind, in einer fernen Ecke die krakelige Signatur des Malers. Ich versuche, an ein fernes Jahrhundert, 800 Jahre später, zu denken, und jemanden, der – wie ich an diesem Nachmittag 800 Jahre zurückgeschaut habe – hier liegt und zu dieser Decke hochstarrt, aber es gelingt mir nicht, soviel Permanenz gehört nicht mehr zu uns, genausowenig wie gemeißelte Sarkophage. Wir haben es zu eilig, um so lange tot zu sein.

Torla. 1957 gab es hier nur eine einzige Unterkunft. Ich war mit dem Bus gekommen, einem uralten Bus mit Pappkartons auf dem Dach und Holzkäfigen mit Hühnern. Bauern, die Ideales rauchten, ein satter, schwerer Geruch. Forellen und Ziegenfleisch und riesige Brotlaibe. Noch *ein* Mal würde ich mir hier gern über den Weg laufen, aber ich würde mich selbst nicht wiedererkennen, wie ich jetzt auch das Dorf nicht wiedererkenne, Hotels, Pensionen, den Eingang zum Nationalpark Ordesa. Ich fahre bis dorthin, wo der Schnee zu hoch wird, und sehe den hohen Gipfel des Monte Perdido, des verlorenen Berges. Auf der Karte sind große Hirsche eingezeichnet, in den fünfziger Jahren gab es hier noch Bären, und mit einemmal fällt mir wieder ein, daß ich damals dachte, ich würde eines Tages einen Bären sehen, und wer weiß, vielleicht denke ich das noch immer. Ich habe den Motor abgestellt, um die Stille zu hören, und sitze auf einem Stein in der verschneiten Wiese. Ein paar Vögel sind mitten in ihrer achten Sinfonie, und als ich gut hinhöre, kann ich mit meinen früheren Ohren die Bären hören, die die Bässe spielen.

Zwei Flüsse umschließen das Hochplateau, auf dem Jaca liegt, der Gállego und der Aragón. Die von Norden kommenden Pilger konnten von hier aus entweder nach Jaca oder Pamplona, Aragonien beziehungsweise Navarra weiterziehen. Entschied man sich für Navarra, so kam man durch die mythischen Gefilde, in denen einst Roland von den Basken besiegt worden war, durch den Wald der blühenden Lanzen, wo 53066 bewaffnete Mädchen für die gefallenen Soldaten Karls des Großen in die Bresche sprangen. Aber ich komme nicht aus dem Norden, die Berge, durch die die Pilger von einst unter Lebensgefahr zogen, liegen weiß und leuchtend zu meiner Rechten, ich steuere auf die niedrige, breite Form der Kathedrale von Jaca zu wie ein Seemann auf seinen Hafen, dies ist meine x-te Heimkehr. Das gibt es, Liebe zu Gebäuden, mag es auch noch so schwer sein, darüber zu sprechen, weil ich dann erklären müßte, weshalb dieses Bauwerk für den Fall, daß ich nie mehr reisen dürfte, dasjenige wäre, das ich als letztes noch einmal sehen wollte. Es war die erste romanische Kathedrale, die in Spanien erbaut wurde (1063), aber es ist nicht nur das Alter. Das ist da, aber man empfindet es nicht. Das Gebäude lebt, man zieht es an wie ein Kleidungsstück, wenn ich hineingehe, lege ich es um, als wäre es nicht aus Stein, sondern aus einem anderen, unbenennbaren Material, das sich aus Stein,

Licht, Proportion, Glanz, Intimität zusammensetzt. Und auch wenn ich jahrelang nicht dort gewesen bin, ist es sofort da, das Glücksgefühl. Der Boden ist aus Holz, der Stein, aus dem Säulen und Kapitelle gemeißelt sind, stammt aus der Nähe (Castiello) und ist grau, schieferfarben. Das ist nicht meine Farbe, doch hier ist etwas damit geschehen, dic Säulen scheinen zurückzuweichen, tun das aber auf eine Weise, als könnten sie diese Bewegung rückgängig machen, als könnten sie sich wieder vorbewegen, und dadurch hat man den Eindruck, als atmeten, lebten sie. Draußen gleicht die Farbe eher der von rotem Sand, die Kirche hat die Stadt wie eine natürliche Umgebung um sich drapiert. Geschäfte, ein kleiner Platz, eine Frau, die Obst und Gemüse verkauft, die dreimal wiederholte Wölbung der Apsis, die Dromedare, Löwen, Basilisken der Kranzgesimse, ferne Fabeltiere. Im Südportal wird Abraham mit dem Messer den nackten Isaak opfern und spielt David mit seinen Musikanten, der König hält sein Saiteninstrument senkrecht auf dem Knie, seine langen, schmalen Füße ruhen auf dem Wulst am Fuß der Säule, die Männer um ihn spielen auf Hörnern und Harfen und Instrumenten, deren Namen ich nicht weiß. An dem Holztor ist ein Sterbefall angeschlagen, alle paar Minuten kommt jemand vorbei, der stehenbleibt und es liest.

Der Haupteingang befindet sich auf der Westseite, ein Vorhof, ein Atrium, um dort zu stehen und zu schwätzen oder Schutz vor dem Schnee zu suchen. Über den Türen ein halbrundes Tympanon mit zwei Löwen wie aus einer mozarabischen Handschrift, unter dem einen liegen ein Mann und eine Schlange, unter dem anderen, der mit seiner rechten Pranke einen Bären in Schach hält, steht ein Basilisk. Sie flankieren ein Rad mit dem Christogramm, dem Christuszeichen, sind aber auch selbst Christus in seiner apokalyptischen Löwengestalt. Tiergeschichten! Götter als Tiere, Söhne von Göttern, Bezwinger von Monstren, wenn ich nicht aufpasse, verwandle ich mich unter diesem Steinrelief langsam in einen Babylonier, jemanden, der die zweifache katzenähnliche Gestalt als göttliches Wesen erkennt, dann aber natürlich das warnende Latein nicht lesen kann, das unter den Löwenpranken steht:

Vivere si qveris mortis lege teneris
Hvc svplicando veni renvens fomenta veneni.
Cor viciis mvnda, pereas ne morte secvnda.

»Wenn du leben willst, der du den Gesetzen des Todes unterworfen bist, komme hierher und flehe, verweigere die vergiftete Nahrung der Welt, läutere dein Herz von Ungerechtigkeit, damit du nicht noch einen zweiten Tod zu sterben brauchst.«

Drinnen befindet sich der Durchgang zum Diözesanmuseum, der von einem blassen Priester bewacht wird. Er hat sich fröstelnd in einen von seiner uralten Mutter gestrickten schwarzen Schal gewickelt und zeigt das weiße, leidende Gesicht des künftigen Heiligen. Woher ich komme, will er wissen. Ah! Aus den Niederlanden! Achtzigjähriger Krieg! Und dann will er mir tatsächlich noch einmal erklären, daß die Niederländer die Spanier immer falsch verstanden hätten und daß wir deshalb noch immer böse auf sie seien, und ich sage ihm, daß ich schon lange nicht mehr böse bin, schon ein paar Jahrhunderte nicht mehr, daß ich nun aber hineinwill, zu den romanischen Fresken. Brummelnd bleibt er zurück, ganz allein mit Luther und Calvin und Alba und Egmont und Hoorne und Philipp, wohingegen ich soviel weiter weg sein will, weg von ihm und weg von seinem sechzehnten Jahrhundert, bei den blassen, zerfledderten Resten von Wandbildern – Fragmente, Hände, halb verschwundene Gesichter. Die Zeit selbst ist hier zum Künstler geworden, und zwar einem, der weiß, daß die meisten Dinge erst durch Weglassen schön werden, sie hat gekratzt, gewischt, das eine bewahrt, das andere verworfen, und so sehe ich es, eine versengte Frau, nur die Konturen noch erkennbar, eine negative Kreuzigung, Dinge, die man an dem erkennt, was hätte dasein müssen; durch das Fehlen von Schultern, Köpfen, Haltungen sind die Darstellungen abstrakt geworden, Rätsel, Suggestionen, leere Flächen zwischen einem Volk von Heiligen, jeder mit seinem eigenen goldenen Nimbus, so daß der Eindruck entsteht, es habe einst einen Menschenschlag gegeben, der mit dieser goldenen strahlenden Scheibe am Hinterkopf geboren wurde.

Es ist Freitagabend in Jaca, und hier spielt sich ab, was ich später auch in Logroño, Burgos, Santiago sehe, eine ungestüme jugendliche Menge zieht durch die Straßen, man könnte meinen, es gäbe Hunderte von Kneipen, und alle quellen sie über. Es ist kalt und doch ist keiner daheim geblieben, ein schwindelndes Gewimmel von Spermatozoiden, die da durcheinanderwuseln. Discomusik knallt an die alten Mauern, der Kontrast zu tagsüber könnte nicht größer sein. Was suchen sie? So etwas sieht man in diesem Ausmaß in Berlin oder Amsterdam nicht, es gleicht noch am ehesten einer lachenden Verzweiflung oder einer tierischen Langeweile, sie strömen in alle Richtungen, ziehen in Kneipen und kommen wieder heraus, haken ihre Blicke ineinander, suchen, werben, trinken, schreien, formieren sich zu Ketten, die wieder auseinanderfallen, bilden Knäuel, wirken betäubt vom Lärm ihrer eigenen hohen Stimmen. Wer daheim bleibt, muß verrückt sein, wer jetzt irgendwo ein Buch liest, wird verbannt oder ausgestoßen, hier muß man jetzt sein, zwischen den ekstatischen Gesichtern mit den glänzenden Augen, der dröhnenden Musik, dem elektronischen Gejaule der Spielautomaten, dem überall wiederkehrenden blauen Schein der Fernsehschirme, zu denen jetzt niemand mehr schaut. Über all diesen Köpfen hängt ein Hauch unerfüllter oder unerfüllbarer Sehnsüchte und gleichzeitig die Ahnung einer Rechnung, die irgendwann, in nicht allzu ferner Zukunft, präsentiert werden wird. Ich erinnere mich an eine andere Ekstase, die der Menschenmenge in Madrid, als die Sozialisten einen überdeutlichen Sieg errungen hatten und die Frauen sangen: »*Felipe, capulla, queremos un hijo tuyo.*« (Felipe, Rosenknöpfchen, wir wollen einen Sohn von dir.) Jetzt sollte es soweit sein, Spanien, das so lange innerhalb der eigenen Wände gelebt hatte, würde sich Europa zuwenden, die Schatten der Vergangenheit vertreiben. Alles war nachzuholen, und das ist dann auch geschehen, mit einer Leidenschaft, die das Land atemlos zurückgelassen hat, die gleiche Atemlosigkeit, mit der es auf die großen Feste dieses Jahres zustürmt, ein Rausch, in dem alles in Kauf genommen wird, steigende Preise, ostentativer Materialismus, das Verschwinden von allem, wonach man später unter Mühen wird suchen müssen. Und hinter dieser Erinnerung an den Tag der Wahl sehe ich jene andere, an ein viel älteres Spanien, gefangen in anderen Widersprüchen, Paraden von Männern mit deutschen Helmen, den gleichen, die ich erst zehn Jahre davor in einem ganz anderen Kontext gesehen hatte und die für mein Gefühl so schlecht zu den spanischen Knabengesichtern paßten, aber auch eine andere Art von Menge, anders als diese hier und auch wieder anders als die vom Tag der Wahl oder die der marschierenden Soldaten: eine intime, in sich kreisende Menge, deren Anblick ich nie vergessen habe. Es war in Salamanca. Ich hatte eine Pension an der Plaza Mayor, ein Platz wie ein steinernes Wohnzimmer. 1954. Vom Balkon aus blickte ich auf das vollkommene Geviert des Platzes mit den Arkaden. Keine Gehwege, keine Ablenkung – und in dieser geometrischen Form bewegte sich eine andere Menge im Kreis, bestehend aus Studenten und Lehrern, ein Kreis vor- und zurückgehender Menschen, die miteinander sprachen. So etwas hatte ich noch nie gesehen, und ich war wieder genauso bewegt wie damals, als ich zum ersten Mal, im selben Jahr, Exil-Katalanen in Perpignan die *sardana* hatte tanzen sehen, Gemeinsamkeit, die noch eine Form hatte, die des Tanzes, die des Gesprächs, das sich ebenfalls in einem sich bewegenden Kreis abspielte und für mich da oben, wo ich die einzelnen Wörter nicht unterscheiden konnte, wie ein gedehntes, unverständliches Gedicht klang. Die *sardana* ist ein gemäßigter Tanz, der nur dann und wann heftig auflodert und doch immer, ganz wörtlich, im Griff gehalten wird, und so war es auch mit diesem peripatetischen Gespräch unten auf dem Platz, alle Hast war ihm fremd, und ich saß da mit meinem nördlichen, autistischen Selbst auf dem Balkon und war neidisch. Ist dieses Spanien verschwunden? Ich weiß es nicht, so schnell lassen sich die Konstanten der Geschichte nun auch wieder nicht verjagen. Vielleicht hält es sich nur verborgen, bis die plötzlichen Stürme falsch verstandener Modernität sich wieder gelegt haben. Vielleicht aber bin ich auch nur hoffnungslos altmodisch und habe Heimweh nach den falschen Dingen.

Durch leichten Schnee gehe ich zu meinem Hotel, die Flocken liegen wie gewichtslose Blüten auf meinem Mantel, ein geschmückter Pilger. In meinem Zimmer schaue ich mir noch einmal eine der Reproduktionen an, die ich an diesem Nachmittag dem blassen Priester abgekauft habe: Adam und Eva, ein Fresko aus dem dreizehnten Jahrhundert, das natürlich in der Kirche hätte bleiben müssen, aus der man es entfernt hat, der Kirche von Urries. Anstatt des einheitlichen Goldes, das einst den Hintergrund bildete, tanzen oder stehen die beiden rosa Figuren jetzt auf einer lädierten, verkratzten Wand, wodurch die an sich schon unbeabsichtigt düstere Darstellung eine verstärkte Modernität erhält und einen unmittelbar berührt. Schräg stehen unsere Ureltern mit ihren rosa länglich-nackten Körpern da. Evas Brüste zeigen nach unten, sind von einer anderen Farbe als der Rest ihrer Haut, weiße Linien zeigen bei beiden die Rippen an, die Bäuche sind ulkig gewölbt, die Geschlechtsteile langgereckt. Sie ist im Begriff, ihm diesen elenden Apfel zu füttern und uns damit der Ewigkeit zu berauben, und ihr Lachen ist so tückisch wie das einer Zauberhexe.

Der nächste Morgen hat all diese Bilder vertrieben. Ich fahre in die Berge, zum Kloster San Juan de la Peña. Der Weg führt durch die Sierra de la Peña, Kurven, weite Ausblicke, Steineichen, in der Ferne Berge. Zwischen dem Kloster und Jaca gibt es keine Herberge, ich frage mich, wie die Pilger hier entlanggezogen sind. Das letzte Mal war ich mit einem Team des niederländischen Fernsehens hier; ich sollte durch die Sendung führen, deren Thema die Pilgerreise nach Santiago war, und war dafür eigens aus Kalifornien gekommen, wo ich damals für eine Zeitlang lebte. Doch beim Abflug auf der anderen Seite des Globus war etwas schiefgegangen; als wir in der Luft waren, konnte der Pilot das Fahrwerk nicht mehr einziehen. Wir mußten zurück, doch dafür mußten erst 140000 Liter Kerosin aus den Tanks gepumpt werden, und so flogen wir da mit vier beängstigenden weißen Schaumfontänen herum; für einen Moment der Gedanke an den Tod, der um das Flugzeug schwebte, die Ohnmacht von Tieren, die selbst nicht fliegen können. Bei der Landung Verwirrung, ich wußte, daß das Team in Pamplona auf mich wartete, mein Koffer war verschwunden, es war Dezember und ich hatte keine Winterkleidung, und so stand ich, für mein Gefühl ohne Übergang, plötzlich in diesem verlassenen Kloster, und alles, was in den vierundzwanzig Stunden davor passiert war, von der zu natürlichen Natürlichkeit, mit der der Pilot das Unheil bekanntgegeben hatte, bis zu diesen verbissenen gipsfarbenen Wasserströmen vor meinem Fenster und den Japanern, die sich mit ihren Fotoapparaten vor mich hängten, weil man von meinem Platz aus am besten sehen konnte, das gehetzte Umsteigen und die Reise über Miami und Madrid, und dann die plötzliche Stille dieses Nests in den Bergen, die blinden Kugelaugen der Figuren an den Kapitellen im Kreuzgang, die Gräber der Könige von Aragonien, die Felswand, die bis in den Himmel zu reichen schien, das alles verlieh dem Augenblick, in dem ich da stand, eine idiotische Unwirklichkeit, als wäre ich durchscheinend geworden und als wären die Worte, die ich sprach (über das himmlische Jerusalem, das Thema eines der Kapitelle), nur Luft und könnten unmöglich von einem Mikrophon eingefangen werden. Aber auch diesmal ist etwas nicht, wie es sein soll, diese Klöster lassen sich nicht so einfach erobern. Je weiter ich komme, desto vereister ist die Straße, durch den Wechsel von Sonne und Schatten ist der Schnee mal geschmolzen, mal überfroren, das Auto gerät ins Schlittern, quergestellt rutsche ich die Steigungen hinunter, mein Instinkt sagt mir, daß ich zurückfahren sollte, aber mein Dickkopf sagt nein, und als ich endlich vor dem Kloster stehe, ist es »für den Winter« geschlossen; von unten starre ich auf dieselbe Felswand, auf ein paar Kapitelle, die ich von dort sehen kann. Rings um mich ein Wald von Kiefern, ihr Rauschen lacht mich aus, aber als ich zurückzufahren versuche, bleibe ich schon in der ersten Kurve im Schnee stecken und rutsche dann langsam rückwärts, die Steilstrecke hinunter, bis ich quer zur Straße zum Stehen komme. Jetzt bleibt mir nichts anderes übrig als zu warten, in der Stille muß ich das Nahen jedes Autos hören, und dann höre ich es, erst noch aus großer Entfernung, dann lauter und wieder ersterbend, das Geräusch eines anderen Autos, es sind die Kurven, die das Geräusch ersticken und wieder freigeben, bis es sein eigenes Echo zu werden scheint. Doch es ist anders, als ich dachte, denn es sind zwei Autos, die sich aus verschiedenen Richtungen nähern und auf den dummen Flachlandbewohner stoßen, der glaubte, hier ohne Schneeketten fahren zu können. Sie haben welche und sie retten den Fremden mit einer Höflichkeit, die nicht mehr zeitgemäß scheint. Sie kennen einander sowenig, wie sie mich kennen, sie kommen, nach ihren Nummernschildern zu urteilen, aus verschiedenen Gegenden, einer hat ein zusätzliches Paar Schneeketten dabei, gemeinsam legen sie sie um meine Reifen, ich fahre den Wagen aus der Gefahrenzone und gehe dann zurück, wo die anderen warten. Ein gesegneter Zufall will es, daß ich zwei Exemplare der spanischen Ausgabe meines Buches *In den niederländischen Bergen* bei mir habe, und ich sehe geradezu, wie sie denken, daß es in den Niederlanden doch keine Berge gibt, aber es ist zu kompliziert, das zu erklären, und außerdem, was kann man schon von einem Mann erwarten, der im Februar in den Bergen ohne Schneeketten fährt?

Ich weiß, daß ich weiter nach Westen, Richtung Navarra, fahren muß, auf Santiago zu, ich weiß, woran ich vorbeikommen werde und was ich, wenn ich dort je ankommen will, links (oder rechts) liegen lassen muß. Ich muß streng sein, ich bräuchte ein Jahr, um all das aufzusuchen, wo ich schon einmal war, ich sündige lediglich ab und an; ganz kurz, als wollte ich mich nur vergewissern, daß alles noch da ist, stehe ich in der geheimnisvollen niedrigen Krypta des Klosters Leyre zwischen den atavistischen klobigen, kalkfarbenen Säulen mit den westgotischen Motiven. Dummheit, das alles, hierfür muß man sich Zeit nehmen, genauso wie für den Zauber der Klosterkirche, die sich durch ein perspektivisches Spiel dreier aufeinanderfolgender hoher Bögen zur Apsis hin reckt und so mit sich selbst davonzufliegen scheint. Ein Parallelleben müßte ich haben, eine bestimmte Menge Zeit, um gleichzeitig zu dieser Reise jene früheren Reisen noch einmal machen zu können, nach Silos, nach León, nach Oviedo, jetzt muß ich diese Zeit aus meiner Erinnerung destillieren, doch sogar wenn sie die Bilder liefert, genügt es mir nicht, es kommt auf die Anwesenheit, die Berührung, die Hand an, die über den Stein streicht, das Unmögliche, denn was man dann will, ist nicht ein anderes Leben, sondern ein längeres, eines, in dem man sich fortwährend in denselben Kreisen von Abschied und Wiedersehen dreht, bis man eines Tages so gesättigt und müde ist, daß man sich in einer dieser Kirchen in eine Nische legt und in einen steinernen Traum fällt.

Doch so weit ist es noch nicht. Die parallele Zeit gehört nicht zu meiner Ausrüstung, ich habe nur einen sterblichen Körper, der nicht überall gleichzeitig sein kann und der mich jetzt wieder mit hinausnimmt und über den Embalse de Yesa blickt, einen großen, künstlich gestauten See, in dessen totenstillem, stahlblauem Wasser sich die dunklen Formen der Hügel ringsum spiegeln. Gefährlich war es früher in diesen Gegenden, Aymery Picaud, ein Mönch aus Poitiers und Mitverfasser des *Codex Calixtinus*, des ersten Pilgerführers, konnte nicht genug warnen vor den bestialischen Bewohnern Navarras. Im übrigen warnte er vor allem und jedem, außer vor den Bewohnern seiner eigenen Heimat. Er selbst hatte die Pilgerreise ebenfalls unternommen und wußte also, wovon er sprach, doch Liebe zu seinen Mitmenschen hatte sie ihm nicht vermittelt, die Tinte, in die er seine Feder tauchte, war in irgendeinem finsteren Winkel der Hölle aus Galle und Essig und Schwefel gebraut. »Für anderthalb Cent«, sagt er, »wird ein Navarrese einen Franzosen niederstechen. Sie sind durch und durch bösartig, von dunkler Farbe, häßlichem Äußerem, liederlich, pervers, verachtenswert, untreu, korrupt, geil, versoffen, erfahren in allen Formen von Gewalt, wüst, wild, unehrlich, unaufrichtig, ungläubig und unverschämt, grausam und streitsüchtig, außerstande, sich anständig aufzuführen, von Natur aus mit allen Untugenden versehen.« Mit einem Wort: nette Zeitgenossen, und die Pilger von damals, die von Hospiz zu Hospiz ziehen mußten, noch knapp tausend Kilometer Fußmarsch vor sich hatten und eine Ewigkeit von ihrer vertrauten Welt entfernt waren, wird das sicher sehr beruhigt haben. Picaud warnt vor »der barbarischen Sprache der Basken«, vor »Fährleuten, die einen zu ertränken versuchen«, vor Räubern und Betrügern, vor Wölfen und Eis und Schnee, von den anderen Gefahren, denen für die Seele, ganz zu schweigen. Auf kaum einem Tympanon fehlen die Verdammten, rückwärts fallen sie in die Unterwelt der Hölle wie zum Beispiel in Sangüesa, die Posaunen ertönen, Teufel mit großen, haifischzahnstarrenden Mäulern warten darauf, in dieses weiche, verderbte

Fleisch zu beißen, die Bösartigkeit der Bilder ist immer etwas überzeugender als der verzückte Glanz des ewigen Lohns.

Wer kommt schon nach Uncastillo? Es liegt so verloren im Nichts und weit von allem entfernt, es muß der leere Fleck auf der Karte gewesen sein, der mich einst dorthin trieb, oder der Name, ich weiß es nicht mehr. Ich war immer zur falschen Zeit für die Kirche und zur richtigen für den Metzger da. Vielleicht war die Kirche auch wirklich immer geschlossen, mir genügte bereits der kleine dreifache Bogen über dem Südeingang, die Tiere mit den Köpfen über und den Füßen unter dem Türrahmen, der Mann, der das Maul eines Monsters aufhält, der kleine Mann mit dem Krug, die beiden, die aus derselben Schüssel essen, steinerne Märchen, vor Jahren zum ersten Mal gesehen, die Sonne am höchsten Punkt des Himmels, Brand ohne Flammen. Ich hatte Hunger, bei jenem ersten Mal, und gerade als ich die Metzgerei betrat, kam der Metzger aus seiner Küche, eine dampfende Schale Blutwürste in beiden Händen. Río Riguel heißt der Fluß, der dort fließt, ich suchte mir einen Rastplatz und breitete meine Schätze aus – Käse, weiß und glänzend, Brot, wie man es auf den Stilleben von Meléndez sieht, die Blutwurst von einem Dunkelviolett, das schon ins Schwarze spielt. Sie wird mit Zimt und Reis zubereitet, die Körner glänzen wie weiche kleine Emailsplitter. An eine Herde auf der anderen Seite des fast ausgetrockneten Flusses erinnere ich mich noch, an säuselnde Pappeln, die Reglosigkeit des Hirten, den Hund, der weite, nervöse Kreise um die Herde zog. Hirte, Herde, Fluß, Brot, Jahre später fuhr ich zum zweiten Mal nach Uncastillo, nur, um das gleiche noch einmal zu erleben. Das muß eine Form von Hochmut sein, so als wollte man ein Stück der Ewigkeit in sein Leben weben, doch diesmal wurde er nicht bestraft: Als ich die Metzgerei betrat, kam der Metzger wie beim ersten Mal mit seiner dampfenden Schale voll Würsten in den Laden, und mit einemmal sah ich vor mir, wie er und ich dieses Ballett noch jahrhundertelang aufführen würden, er, der Metzger, und ich, der Kunde, und wie der Schatten der Kirche auf der gegenüberliegenden Seite die immer gleiche Zeichnung auf die kleinen, zu Quadraten gelegten Pflastersteine auf dem Platz werfen würde. Jetzt ist es das dritte Mal,

An der N 240 von Jaca nach Puente la Reina,
Embalse de Yesa

und Winter. Den Metzger gibt es noch, aber seine Würste sind kalt, genauso wie der Boden am Fluß. Die Herde und der Hirte sind nicht mehr da, aber der steinerne Mann hält noch immer das Maul des Monsters auf, und das ist die einzige Form von Ewigkeit, die es gibt. Ich erzähle dem Metzger meine Geschichte, der darüber lachen muß, aber vielleicht auch denkt, daß ich verrückt bin, und dann verfalle ich wieder der weiten Ebene.

Logroño, Navarrete. Rätsel, die zu diesem Weg gehören: Plötzlich habe ich etwas gesehen, ohne zu sehen, etwas in einer Mauer, Worte, Blume, etwas, das Aufmerksamkeit erheischt. Ich parke das Auto und gehe zurück. »Peregrino, reza una oración en memoria de Alice de Graener, que falecio el 3-7-1985 ...« – »Pilger, sprich ein Gebet zum Angedenken an Alice de Graener, die hier am 3. Juli 1985 auf der Pilgerreise nach Santiago de Compostela starb, und zur Erinnerung an alle Pilger, die auf dem Weg dorthin starben.« Der Text steht zweimal da, auf spanisch und auf niederländisch, und darunter wieder steht unbeholfen mit Kreide auf spanisch geschrieben: »Alice, viel Glück auf deinem neuen Weg.« Ich sehe, daß es die Mauer eines Friedhofes ist, aber dort kann ich ihr Grab nicht finden. Zwei kleine Reliefs sehe ich an der Mauer, das eine stellt einen jungen Mann mit Pilgerstab dar, unterwegs nach Santiago, das andere eine junge Frau, ein Mädchen noch, auf einer Steinbank sitzend, auch ihr grübelndes, rastloses Gesicht Richtung Santiago gewandt, die Füße auf die Jakobsmuschel gestützt. Hier und da vor der Mauer ein paar Plastikblumen, ein Gedanke, eine Erinnerung an jemanden, der unterwegs war, jemanden, der nicht ankommen sollte, der irgendwoanders hinging. Der Reisende setzt seinen Weg fort und rätselt, wer sie gewesen sein mag und was wohl geschehen ist.

Burgos, Castrojeriz, Frómista, Carrión de los Condes, Valencia de Don Juan, León, das Panteón de los Reyes, jeder Name ein Lockruf und eine Erinnerung, wie Sirenen liegen sie zu beiden Seiten des Weges und zerren an mir – doch ich habe mir nach dem Rezept des Odysseus die Ohren mit Wachs versiegelt, ich will sie nicht hören und werde sie nicht sehen, irgendwann verkaufe ich dem Teufel meine Seele um eines zusätzlichen Jahres für eine manichäische Pilgerreise willen, aber jetzt geht es nicht. Ein einziges Mal nur lasse ich mich vom Weg fortlocken, der Gesang aus der Ferne ist so alt und so orientalisch, daß ich ihm nicht widerstehen kann. Am Río Esla biege ich rechts ab, die Straße ist schmal, kurvenreich. Ochsen, Mistkarren, überall sind Leute bei der Arbeit, das Land ist fruchtbar in diesem Tal. Durch die winterliche Kleidung wirkt es nördlich, ein Mann hinter einem Pflug, eine Frau mit einem Bündel roter Erlenzweige auf dem Kopf, ein Jäger mit seinem Hund. Ich weiß, daß das, was ich gleich sehen werde, nicht in diese fast holländische Landschaft paßt, die Zier des Orients, in den Norden verirrt, aber das ist gleichzeitig der Grund, weshalb ich hierher zurückkehre, der Schock des Uneigentlichen. Nichts in dieser Landschaft bereitet das Auge darauf vor, auf die zwölf so klar gezeichneten Bögen des verlassenen Klosters San Miguel de Escalada, einst, im Jahr 913, von mozarabischen Mönchen aus Córdoba erbaut als eine der Kirchen, die wie ein Kranz um León lagen, die Königsstadt Alfons' III. Mit geschlossenen Augen weiß ich, wie das Kloster in dieser Landschaft auftauchen wird, immer wieder unerwartet, ich weiß es, und doch muß ich dorthin. Es ist Montag, die Kirche ist also zu, der einsame Bewacher hat seinen freien Tag, aber das macht nichts, es geht mir um den Portikus, den Vorhof, den Ort, die Lage am Hügel, den weiten Kreis der Stille ringsum. Und es ist, wie es sein muß, niemand ist da, und es kommt auch keiner, andere, dieselben Krähen führen ein tausendjähriges Gespräch in einem Kreis rund um den schweren quadratischen Turm, und ich sehe, was ich sehen wollte, die zwölf schlanken Säulen, die im plötzlichen Sonnenlicht wie aus Elfenbein wirken, die elfmal wiederholte hufeisenförmige Wölbung darüber, die ich, als ich auf den Hügel geklettert bin, durch das eine kleine, glaslose Doppelfenster (*alfiz*) noch einmal sehen kann, ein arabischer Wellenschlag, vor tausend Jahren versteinert, ein Echo der Moscheen von Córdoba und Kairuan, eine Form, die ihre Erschaffer aus einer Welt mitgebracht hatten, aus der man sie vertrieben hatte, dem Kalifat der Omaijaden. Drinnen weiß ich die Kapitelle und Reliefs mit den asturischen und westgotischen Erinnerungen, vor allem jedoch die stets wiederholten Blütenmotive, die tropischen Vögel mit den Hakenschnäbeln, die stilisierten Palmblätter, Traubenbüschel, Muscheln, moslemisches Geflüster in diesem kleinen christlichen Säulenwald, eine Oase, zu der der Hirsch trinken kommt, den niemand sieht.

Je näher man dem Ziel kommt, desto mehr Wegzeichen stehen da. Hohe, aus Stein, die alten Metallschilder, auf denen in Galicien die Ortsnamen durchgestrichen sind und auf Gallego neu geschrieben, die neuen, hohen Schilder der Europäischen Gemeinschaft mit ihrer stilisierten Muschel, die nicht wie die alte Muschel aussieht, die auf allen anderen Wegzeichen zu sehen ist, und schließlich die Schilder, die anzeigen, wo noch ein Stück des ursprünglichen Weges vorhanden ist, meist nicht mehr als ein Pfad. Und plötzlich passiert es, man will aus dem Auto heraus, will zu Fuß weiter, man hat es die ganze Zeit falsch gemacht, man will hinter den anderen, den echten Pilgern doch nicht zurückstehen, die die ganze Strecke zu Fuß zurückgelegt haben, den einzigen, die wirklich wissen, was das bedeutet. »Irgendwann mache ich es auch«, sagt man sich und hofft, daß es wahr wird, und um zu sehen, wie es ist, läßt man sein Auto für einen Tag stehen und marschiert los. Ohne Stab und ohne Gepäck, ohne Muschel, weil man kein Recht darauf hat, aber man geht, und weil man geht, ist man ein anderer geworden. Jetzt erst wird einem das Ausmaß des Unterfangens klar, plötzlich wird man auf ein Maß zurückgestutzt, das nur noch mit einem selbst zu tun hat, mit den eigenen Gedanken, mit denen man die Gedanken der anderen, der Pilger von einst, nachzuvollziehen versucht. Weil die Schilder nicht überall stehen, weiß man oft nicht mehr, wo man ist, man hat nur noch den Takt der eigenen Füße. Jetzt ist man es selbst, der die Stunden zählt, der die Trägheit der Landschaft ringsum sieht, während man über eine staubige Ebene läuft, nichts vor sich als die Form eines Hauses in der Ferne, oder später, an einem anderen Tag, bei einem anderen Mal, einem Fluß folgt oder durch einen Wald geht, wo das Land wieder wilder wird und sich zu wellen beginnt. Die Bilder all jener Kirchen haben sich längst zu einem wundersamen langen Band vermischt, das von Haarlem oder Paris oder Cluny aus dem Auf und Ab des Landes folgt, jetzt sind es andere Stimmen,

Kloster San Miguel de Escalada

die sprechen, Elstern und Eulen, andere Geräusche, die Schritte eines anderen, wildes Wasser an einer Brücke, unsichtbare abendliche Tiere, eine Stimme, die in einem Haus singt.

Man sieht, wie der Tag sich langsam verdunkelt, aber man hat selbst kein Licht, das man anzünden könnte, und so kann man darüber nachdenken, was sie einst, in jener anderen Zeit, gedacht und gefühlt haben, wenn sie zurückgefallen waren und allein durch die Dunkelheit liefen. Die galicische Landschaft ist eine Landschaft der Märchen und Fabeln, Hexen und Zauberer, unerwarteter Erscheinungen und verzauberter Wälder, herumirrender Geister und keltischer Nebel, selbst der, der nur ein paar Stunden bei Dämmerung und hereinbrechender Nacht hier entlangwandert, fühlt sich in einem Trugbild gefangen, der Weg ist kein Weg, die Büsche sind Pferde, die Stimme, die ich höre, kommt aus einer anderen Welt.

Kalt wird es auch, als ich oben auf dem Cebreiro angelangt bin, schneit es, ich stehe in einer jener prähistorischen Steinhütten, *pallozas*, niedrig, dunkel, der Boden aus Erde, Möbel, die noch fast Bäume sind, geschwärzte Kochtöpfe, die über einem Feuer in der Mitte der Hütte gehangen haben, noch immer der Geruch von Rauch, das Dach spitz und aus geflochtenem Schilf, wie die Hütten der Dogon in Mali. Vor zwanzig Jahren wohnten hier noch Menschen, neun dieser Hütten sind noch da, aber kein Mensch mehr, um ein Feuer zu entfachen, und doch kam hier einst ganz Europa vorbei, weil auf diesem Berg ein großes Wunder geschehen war: ein gläubiger Bauer, ein ungläubiger Mönch, echtes Fleisch, echtes Blut, den Kelch, der es einst faßte, gibt es noch, selbst die Katholischen Könige kamen, um ihn zu sehen.

Auch hier besaßen die Mönche von Cluny ein Hospiz, erst im vorigen Jahrhundert sind sie gegangen, still, wie jemand, der tausend Jahre irgendwo war und nun die letzte Seite eines sehr dikken Buches umblättert und es für immer schließt, vorbei die Geschichte von Macht und Einfluß, Frömmigkeit und Politik, die die Geschichte Europas jahrhundertelang beherrscht hat. Es steht noch, dieses Hospiz, es scheint, als hätte der Berg selbst es gebaut, ein Leuchten steckt in dem rohen, kalten Stein, die Kirche aus dem neunten Jahrhundert daneben ist ebenso abweisend, noch einmal mußte es hart und mühselig werden, bevor das Ziel in Sicht kam. Hier ist die Wasserscheide zwischen dem Atlantischen Ozean und dem Kantabrischen Meer, es ist der höchste Punkt des umringenden Gebirges, braun und düster weicht das Land nach Westen.

Der *Codex Calixtinus* schickt mich über Hasenfelder (Campus Leporarius), die jetzt Leboreiro heißen, die Brücke in dem mittelalterlichen Dorf ist nur zu Fuß zu passieren. Nichts kann sich hier verändert haben, die Sonne ist durchgekommen und strahlt in das eilige Wasser, die Wiesen sind beschneit mit kleinen weißen Blumen, eine alte Frau ruft etwas in einer Sprache, die ich nicht verstehe. Ein runder Vorratsschuppen, gefüllt mit Maiskolben, ist noch von Hand geflochten, in was für einer Welt befinde ich mich hier, neben der meine eigene so fahl und schattenhaft wirkt? Noch eine Fußbrücke, noch ein paar Häuser, aus Samt muß diese Wiese sein, ich will in ihr liegen und dem Vogel lauschen, der andere Vögel nachahmt, aber der Führer ist unerbittlich, »nach Kilometerstein 558 verlassen wir den Feldweg und gehen nach links und dann geradeaus weiter«.

Denkste! Du vielleicht, aber ich nicht, noch *ein* Mal werde ich einen Bogen schlagen, unsinnig, unüberlegt, ich will noch nicht, bin noch nicht bereit dafür, die Stadt ist zu nahe, ganz Galicien der dazugehörige Garten, ich komme, aber jetzt noch nicht, ich schlage einen weiten Kreis um die Stadt und weiß selbst nicht, ob es Ernst ist oder ein Kinderspiel, Instinkt oder eine Laune, erst will ich noch nach La Coruña, das wie ein Balkon am Ozean liegt, eine Stadt des Lichts und des Winds und der großen Fenster, die so ganz anders wirkt als der Rest von Spanien, als gehörte sie eher zum Meer als zu der großen, versteinerten Landmasse des Festlands. Schiffe und Märkte, schwungvolle Standbilder, aber auch hier darf ich nicht bleiben, das Land, das noch weiter im Westen liegt, ist wollüstig und irisch, doch die Küste, mit der es das Meer berührt, heißt La Costa de la Muerte, die Küste des Todes, und heute legt der Wind sich besonders ins Zeug, um zu erklären, warum: Als ich in Muxia angekommen bin, habe ich Mühe, mich auf den Beinen zu halten, die Fischerboote sind eingelaufen, und die Fischer hocken in den Kneipen am Kai beisammen. Vorn auf den Felsen steht eine Kirche, der Sturm läutet die Glocken, niemand braucht etwas zu tun, aber der Sturm kann kein Maß halten, ab und zu schreit er mit seinen bronzenen Stimmen, die Fischer schauen nicht auf. Küste des Todes, an den Felsen liegt ein Wrack fest, halb verrostet, weiße Peitschen schlagen darüber, Flocken wie Tausende von Hühnerfedern, das tosende Wasser leuchtet im Licht, es schmerzt in den Augen. Südlich davon liegt Finisterre, an diese Küsten trieb es den Leichnam des Apostels in seinem Boot, jemand sollte ihn finden, ein König sollte eine Kirche für ihn erbauen, er sollte als *matamoros* (Maurentöter) auf dem Schlachtfeld gegen die Mauren mitkämpfen, er sollte Wunder tun, und sein Name sollte auf allen Wegen nach Osten und Norden getragen werden und, mit noch größerem Glanz versehen, mit den Pilgern zurückkehren, die die Muschel aus diesem Meer auf ihren Kleidern tragen sollten, und dann sollte der Strom nicht mehr aufzuhalten sein, sogar in Schottland und Pommern sollten die Menschen ihre Häuser verlassen und hierher, ans »Ende der Erde«, pilgern, viele sollten zum erstenmal in ihrem Leben die gefährliche, leuchtende Unendlichkeit des Meeres erblicken, hier, am Kap Finisterre, *finis terrae*, und ihre permanente, in steter Bewegung befindliche Anwesenheit im Norden dessen, was heute Spanien ist, dem Grenzgebiet der letzten christlichen Königreiche Navarra, Aragonien, León und später Kastilien, sollte den Islam zurückdrängen bis hinter die Säulen des Herakles, nach Afrika, von wo die ersten Moslemheere einst wie eine Springflut nach Al-Andalus übergeschwappt waren.

Jetzt kann ich meinen Kreis schließen und die Stadt umzingeln, ich fahre an den Rias Bajas, den großen Buchten entlang, die so tief in das grüne Land schneiden, an der Insel La Toja (la Toxa) vorbei, wo Frauen bei Niedrigwasser im Schlamm stehen und Muscheln suchen, dann wende ich mich landeinwärts auf ansteigenden Straßen voll weißem und gelbem Ginster, die in einem Monat von Klatschmohn, Klee, Fingerhut gesäumt sein werden, bis ich mit einem weiten Schlenker nach Osten durch Eukalyptuswälder und Äcker- und Wiesenterrassen wieder auf den Pilgerweg stoße, dort, wo *inter duos fluvios, quorum unus vocatur Sar et alter Sarela, urbs Compostella sita est,* wo zwischen zwei Flüssen, deren einer Sar und der andere Sarela heißt, die Stadt Compostela liegt. Nun gilt es den Berg zu besteigen, von dem aus man bei gutem Wetter die Stadt sehen kann, Monxoi, Monte del Gozo, Mons Gaudii, Berg der Freude.

Ich stehe da und schaue, doch es sind nicht meine Augen, die schauen, es sind die der anderen, früheren. Es ist ihr Blick, und das, was sie sehen, ist mit Wandern verdient, mit Gefahren, mit Glauben, sie hatten ihr Leben gewagt und alles aufgegeben, um nur *ein* Mal dem Heiligen nahe zu sein, seinen Reliquien; jetzt sahen sie die Stadt, die Türme der Kathedrale, am selben Tag noch würden sie durch die Puerta Francígena in die Stadt einziehen, sie würden die Stufen zur Kathedrale hinaufgehen, ihre Hand an diese leere, handförmige Stelle an der mittleren Säule des Portico de la Gloria legen, von der sie soviel gehört hatten, sie sollten über dem Grab des Apostels beten und vollen Ablaß erhalten. Es waren andere Menschen, mit den gleichen Gehirnen dachten sie einen anderen Gedanken. Manche Orte haben das an sich, einen Zauber, wodurch man teilhat an den Gedanken anderer, Unbekannter, Menschen, die in einer Welt lebten, die nie mehr die eigene wird.

Niemand ist zu sehen auf dem hohen Hügel, nichts, ein ziemlich kahles Feld, eine geschlossene kleine Kirche, ein paar große Steine. Ich klettere auf einen von ihnen und spähe in die Ferne, und dann, langsam, als würde ein Schleier weggezogen, sehe ich es, unendlich fein gezeichnet, fast verborgen hinter einer Wölbung grüner Hügel und einem durchsichtigen Vorhang aus Bäumen, drei schlanke Türme, eine geträumte Vision, und ob ich es will oder nicht, durch einen Vorgang, den ich nicht deuten kann, werde ich von ihrer Freude durchströmt und stehe da, bis die Dämmerung den Hügel hinaufkriecht und die Autos unten im nebligen Tal die Scheinwerfer anmachen und in langen Lichterketten in die Stadt fahren. Jetzt bin ich da, jetzt kann ich hin.

In alten spanischen Städten wacht man von den Glocken auf. Santiago ist nicht groß, aber es hat vierzig Kirchen, und die haben alle von Zeit zu Zeit etwas zu fragen oder zu rufen, was zwischen den Steinmauern widerhallt. Alle Mauern sind aus

Stein, kann man hierauf entgegnen, und doch ist es, als wäre die Innenstadt hier steinerner als sonst irgendwo, man geht über große Granitquader, und aus Granit sind auch die Häuser und Kirchen, wenn es regnet, wie gestern, glänzt alles und lebt. Ich ging zwischen schwarzen Regenschirmen, und es schien, als wäre ein Volk von Fledermäusen unterwegs. Schmale Straßen, große, offene Plätze, wo der feine Regen eher einem Nebel glich, der die schweren Formen der Gebäude verschleierte, keine Autos, so daß das menschliche Maß das einzige ist, Stimmen und Schritte, und einmal, aus einer Gasse, traurige Klanggirlanden, eine Geschichte ohne Ende, die *gaita*, der galicische Dudelsack. Die Klänge drangen aus einem Gasthaus, ich hatte dort gegessen und blauroten Wein aus weißen Schalen getrunken, alles war, wie es sein sollte, ich wußte nun vom Ozean und dem Land ringsum, ich konnte mir die Gesichter und die Gesten anschauen und spürte, wie diese Stadt sie selbst war in ihrer Abgeschiedenheit vom Rest des Landes, in sich selbst geborgen, ihr Glanz an diesem Winterabend im nebligen Regen maskiert, der mich fröhlich machte und die Stadt wehmütig. Ich las *La Voz de Galicia*, die Lokalnachrichten, die mich nichts angingen und erst etwas angehen würden, wenn ich hier wohnte, ich las die Nachrichten aus dem fernen Spanien und dem noch ferneren Europa und hörte Gespräche in einer Sprache, die dem Portugiesischen glich und doch so anders war, und gab mich der Trägheit der Ankunft nach langer Reise hin, denn diese Reise war die Summe all meiner anderen Spanienreisen gewesen, was ich je noch über Spanien sagen würde, mußte etwas anderes werden, nie mehr würde mein unaufhörliches Staunen sich so aufschreiben lassen. Ich war ein Fremder und würde es immer bleiben, und das war auch gut so, doch ich war ein Fremder geworden, der kam, um wiederzuerkennen, was er schon kannte, und das war eine andere Geschichte.

Julien Gracq hat (in *La Forme d'une ville*) gesagt, daß derjenige, der in seiner Erinnerung eine Stadt wiedersieht, sich an ein paar Bildern von Gebäuden festhält wie ein Seemann, der Baken sucht, die ihn in den Hafen geleiten sollen. Gestern jedoch war die Stadt selbst meine Seemannserinnerung geworden, Erinnerung und Wirklichkeit zugleich, und ich hatte mich steuerlos an den Baken vorbeitreiben lassen. Vielleicht ist dies die tiefste Melancholie des Reisenden, daß sich in die Freude der Rückkehr stets etwas mischt, das sich schwerer beschreiben läßt: daß das, was man so vermißt hat, auch ohne einen weiterexistiert hat, daß man, um es wirklich bei sich zu haben, für immer dort bleiben müßte, wo es sich befindet. Doch dadurch müßte man jemand werden, der man nicht sein kann, einer, der daheim bleibt. Der wahre Reisende lebt von seiner Zerrissenheit, von der Spannung zwischen dem Wieder-Finden und Wieder-Loslassen, und gleichzeitig ist diese Zerrissenheit die Essenz seines Lebens, er gehört nirgendwohin, dem Überall, wo er sich ständig aufhält, wird stets etwas fehlen, er ist der ewige Pilger des Fehlenden, des Verlustes,und ebenso wie die echten Pilger in dieser Stadt ist er auf der Suche nach etwas, was doch wieder weiter entfernt lag als das Grab eines Apostels oder die Küste von Finisterre, etwas, was winkt und unsichtbar ist, das Unmögliche. In dem fahlen Licht hatte ich die Figuren am Südportal betrachtet. Noch immer schuf Gott Adam mit seiner gesetzten Miene, noch immer hielt König David den Bogen an die Saiten seiner lautenartigen Harfe. Nicht eine der Falten seines Königsgewands hatte sich verschoben, vom Hals bis zu den Knöcheln fielen sie in unerbittlicher Folge auf seine schmalen gekreuzten Füße herab. Christus mit seiner mittelalterlichen Königskrone und den blinden Augen eines griechischen Gottes, die Ehebrecherin mit dem zu großen Gesicht und dem Gorgonenhaar, mit den kleinen runden Brüsten und dem Widerspruch des Totenkopfs auf dem Schoß, alle waren zum Stelldichein da, und alle, auch ich, warteten, bis der König zu spielen beginnen würde, in einem anderen Leben, einem anderen Jahrtausend, später, dereinst, wenn die Welt noch immer nicht untergegangen ist und du wieder zurückkehrst als einer, den du selbst nicht mehr erkennen würdest.

Die riesigen Gitter am Fuße der Treppen zur Kathedrale waren geschlossen, aber ich wußte, was dort oben, hinter diesen gleichfalls geschlossenen Türen und den himmelwärts fliegenden Barockfassaden, zu sehen war, ich wußte, wie man dort hineinging durch eine Grotte voller Skulpturen, und daß zwischen all diesen Figuren aus rosa Granit eine stand, die ich als erstes sehen würde, nachdem ich die Hand in die nicht vorhandene Hand gelegt hatte, und das war der lächelnde Daniel, weil es scheint, als breche in diesem fast idiotischen Lachen eine andere Zeit an. Aus dem zwölften Jahrhundert stammt diese Skulptur des Meisters Mateo, aber sie hat sich abgewandt von der geschlossenen archaischen Erhabenheit der Figuren in Silos oder Moissac, hier geht es um etwas anderes, dieser Blick, dieses Lachen, dieses verwunderte Staunen, die Ironie, die kennen wir, es ist der Übergang von der mythischen Welt zur psychologischen, er ist schon fast einer von uns. Das Volk, das sich etwas dazu denken mußte, sagt, daß er so lacht, weil er Esther anschaut, die ihm gegenüber steht, und das ist es, für dieses Lächeln mußte es eine Erklärung geben, die in den Bereich des Erkennbaren gehörte, weil diese Figur sich selbst darstellte und nicht mehr das Sinnbild von etwas anderem war. Hier hatte jemand vor achthundert Jahren zu lachen begonnen, und er lachte noch immer, und zwar so, daß man immerzu hinschauen mußte.

Und jetzt? Jetzt läuteten alle Glocken, ich war am Ziel meiner Wünsche angelangt und ging doch noch nicht hin. Erst Luft, erst Alameda, wo die Bäume wohnen, der große Park Susannas, der beim Hotel lag, hoch über der ihn umgebenden Landschaft, die darunter wegzufließen scheint. Ich ging über den Paseo de las Letras Gallegas, am Standbild von Rosalía de Castro vorbei, Sonnenschein, Eichen, Zypressen, Palmen, Eukalyptusse bis hoch zum Himmel, die Dichterin Galiciens saß, den Kopf in die Hand gestützt, da und lauschte, wie die anderen Dichter zwischen den Rosensträuchern, Amseln, Tauben, Drosseln, das Lied pfiffen, das Eugenio d'Ors für sie geschrieben hatte:

En la Ría
un astro
se ponía:
Rosalía
de Castro
de Murguía.

(Im Wasser der Ria plötzlich ein Stern: Rosalía de Castro, der

Santiago de Compostela,
Puerta de la Gloria, Daniel

Nam' nah und fern.) Dies war ein Park, in dem man uralt werden könnte, ich aber würde hier nicht bleiben, man müßte die achtunddreißig Bände der gesammelten Werke eines vergessenen isländischen Meisters lesen, ich aber würde in die Stadt gehen, man müßte ein Gedicht von vier Zeilen schreiben und dafür ein Leben lang Zeit haben, ich aber würde mich auf die Steinstufen der Plaza de los Literarios setzen und zuschauen, wie die Leute diese große, freie Fläche überquerten und an der Plaza de las Platerías um die Ecke verschwanden. Irgendwo da oben mußte der dunkle Raum sein, in dem ich einst den Priester aufgesucht hatte, der das große Buch der Pilger in seiner Obhut hatte. Wer zu Fuß oder mit dem Fahrrad die Reise vollbracht hatte, konnte sich auf Wunsch bei ihm einen Stempel holen und wurde dann in das große Buch eingetragen. »Oft brechen die Leute dann hier in Tränen aus«, hatte er erzählt und auf einen leeren Fleck irgendwo vor seinem Schreibtisch gezeigt. Das Buch hatte ich mir auch noch ansehen dürfen, eine Art Hauptbuch, mit der Hand geschrieben. Er hatte kurz gesucht und dann einen Niederländer gefunden, einen Chemielehrer, »nicht gläubig«, Motiv: »Denken«. Das habe ihm gefallen, sagte der Priester, die verrücktesten Dinge würden als Motivation angegeben, aber »Denken« sei noch nicht oft darunter gewesen. Drei Monate würde es doch mindestens dauern, wenn einer aus den Niederlanden zu Fuß hierher komme, er selbst glaube nicht, daß er das durchhielte. Wer es geschafft habe, erhalte eine Art Diplom, damit könne man drei Tage umsonst im Hostal de los Reyes Católicos wohnen, zwar nicht gerade in den schönsten Zimmern, aber immerhin. Wer dort absteigt, hat das Gefühl, er müsse ganz allein ein Königsdrama aufführen oder zumindest eine adlige Miene aufsetzen, wenn er aus dem plateresken Portal ins Freie tritt; Gotik, Renaissance, Barock, alles fließt in diesem Gebäude zusammen, die meisten Touristen sind nicht entsprechend gekleidet und kaufen sich mit zu großen Trinkgeldern beim livrierten Portier von ihren Komplexen frei, aber wenn sie diese Klippe umschifft haben, stehen sie auf einem der schönsten Plätze der Welt. Im Rücken die verwirrende Schatzkammer ihrer befristeten Bleibe, rechts der klassisch-strenge Palacio de Rajoy, daneben die Kir-

Details eines Kapitells von Uncastillo

che San Fructuoso mit ihren schwungvollen Barockfiguren am Dachrand, links der Palacio de Gelmírez und die Himmelfahrt der Kathedrale und jenseits der leeren Steinfläche das niedrige, archaische Colegio de San Jerónimo. Weit fühlt er sich an, dieser Platz, eine Granitfläche zwischen Granitjuwelen, infolge seiner hohen Lage sieht man nichts anderes als Ferne und Himmel. Und er ist *immer* schön. Schnee, Nacht, Hagel, Eis, Mond, Regen, Nebel, Sturm, Sonne – sie alle können mit der Plaza del Obradoiro tun, was sie wollen, sie verändern die Gestik, die Haltung und den Gang der Menschen durch den Biß ihrer Kälte oder Hitze, ihre Peitschenhiebe oder Verschleierung, ihr Licht oder Dunkel, sie machen den Platz leerer oder voller, eine sich fortwährend verändernde Zeichnung, zu der man gehört, sobald man dieses Geviert betritt, genauso wie die tanzenden Bilder am westlichen Himmel, bewegliches Element in einem Kunstwerk, dessen Entwurf von einem anderen stammt.

Und dann gehe ich noch *ein* Mal in das Buch hinein, das ich nie ausbekomme, weil ich es nicht ausbekommen will. Es ist auch nicht möglich: Je mehr man darin liest, desto dicker wird es. Hinter dem Triumph der emporschwebenden Treppen und der aus dem achtzehnten Jahrhundert stammenden Fassaden mit ihren Pilastern und Pfeileraufsätzen wartet der soviel ältere Portikus mit seinen Figuren und der Säule mit der Hand und der Wurzel Jesse und dem Apostel darüber, und ich stehe da und schaue auf all diese Gesichter und auf dieses eine Gesicht mit dem Lächeln und die kleine hockende Figur, die der Bildhauer von sich selbst geschaffen hat, und sehe, wie Mütter die Köpfe ihrer Kinder sanft an den Kopf von Meister Mateo drücken in der Hoffnung, daß der Funke überspringt, und dann gehe ich weiter, in diese andere Kirche, *seine* Kirche hinein, still und romanisch, ein Raum, den man nach der so weltzugewandten Demonstration des Barocks draußen nicht mehr erwartet hätte. Dieses Gebäude ist sein eigener Anachronismus, und es macht nichts. »Es sind nicht die Kirchen zu verehren, sondern das Unsichtbare, das in ihnen lebt«, hat Ernst Jünger gesagt. Das Unsichtbare, das, worüber man nicht sprechen kann, vielleicht weil die Sprache es nicht zuläßt, vielleicht weil man es nicht will, weil es so gut ist.

Unbekümmert gleitet man von einer Zeit in die andere, geht durch Lichtbahnen an Seitenkapellen vorbei, in denen Ritter auf der Seite liegen, hört das Gemurmel spanischer Gebete, sieht die Gesichter der anderen, die einen nicht beachten, und denkt, wie wunderlich die zweifache Gesellschaft sich bewegender Menschen und unbeweglicher Skulpturen doch ist, steht hinter dem erstarrten Rücken der Apostelfigur, die aus dem goldenen Wahnsinn der Capilla Mayor heraus in die Kirche starrt, ein Götzenbild, in spätere Zeiten verirrt. Dreimal sehe ich seine Muschel, einmal aus Gold hinter seinem Kopf wie der Strahlenkranz eines neuen Poseidon, zweimal auf dem goldglänzenden Rükken, den ich anfassen darf, und weil gerade niemand sonst da ist, der das will, kann ich über seine mächtigen Schultern hinweg in die Kirche schauen, die jetzt aussieht wie eine Lichtung in einem nebligen Wald, und dann wieder an den gedrehten Säulen des Hauptaltars empor, roter Marmor, goldüberzogenes Holz, die Farben eines Herbstes ohne späteren Winter. Die Putti, die dort hängen, sind viele Male größer als man selbst, Ungetüme sind es, an ihren riesigen Knöcheln sind die Ketten der Öllampen befestigt, und an dem Blödsinn dieser Stelle erkennt man, wie sich die spanische Sakralkunst in späteren Jahrhunderten in Triumphalismus und Sentimentalität erschöpft hat, und weiß gleichzeitig, daß dieses Gebäude damit fertig wird, daß es diesen vergoldeten Überfluß leicht erträgt, weil es von einem anderen Maß regiert wird, in dem ein Prophet wie ein Verliebter lachen kann und zwischen den schlafenden Königen von damals und einst ein Heer immer derselben, immer anderer Lebender hin und her zieht wie Ebbe und Flut.

Der Tag geht vorbei, Museen, Straßen, Geschäfte, Zeitungen, es wird ein Abend mit Mond und jagenden Wolken, man weiß nicht, wer wen jagt. Und wieder schlagen Glocken, erst dreimal, kurz, das Geräusch von Metall auf Metall, trocken, ohne Gesang, danach zwölf dröhnende Schläge, die die Stunden auf die Straße schmettern und die Nacht in zwei Teile brechen, Geisterstunde. Der Platz hüllt sich abwechselnd in Licht und Dunkel, und dadurch scheint er sich zu bewegen, er wird ein Meer und die Kirche ein Schleppboot, unterwegs nach Westen, ein Boot, das ein Land hinter sich herschleppt, ein Land wie ein Schiff, das so groß ist wie ein Land. Einst hatte Antonio Machado den Duero gefragt (Dichter fragt Fluß): ob Kastilien nicht wie der Duero stets dem Meer zuströme, das heißt dem Tode und was danach kommt, und wenn das stimmt, wird es zu dieser Stunde sichtbar, bei Puigcerdá, bei Somport, bei Irún ist nicht nur Kastilien, sondern ganz Spanien noch einmal von Europa abgebrochen, Santiago ist der Kapitän auf seinem Schleppboot, die schwarze Form der Kathedrale zieht das Schiff von Aragonien und Kastilien und allen spanischen Ländern auf den Ozean hinaus, und an der Reling steht, betend und trinkend und winkend, das Große Theater Spaniens, Alfons der Weise und Philipp II., Teresa von Ávila und Johannes vom Kreuz, El Cid und Sancho Pansa, Averroes und Seneca, der Hadschib von Córdoba und Abraham Benveniste, Gárgoris und Habidis, Calderón de la Barca, die vertriebenen Juden und Morisken, die Scheiterhaufen der Inquisition und die ausgegrabenen Nonnen aus dem Bürgerkrieg, Velázquez und der Herzog von Alba, Francisco de Zurbarán, Pizarro und Jovellanos, Gaudí und Baroja, die Dichter von 1927, die Marionetten von Valle-Inclán und das Hündchen von Goya, Anarchisten und mitratragende Bischöfe, der kleine Diktator und die nymphomane Königin, das Kastell Penãfiel auf seinem schwefelfarbenen Hügel, die rosa Alhambra und das Tal der Toten, Freunde und Feinde, Lebende und Tote. Wo einst die Meseta lag, tobt jetzt ein Meer, das Getöse ist ohrenbetäubend, und dann, auf einmal, als stünde die Zeit still, ist es vorbei, der Reisende hört seine Schritte auf den großen Steinplatten, er sieht das Mondlicht auf den Türmen und den strengen Palästen und weiß, daß hinter diesen Verschanzungen der Vergangenheit ein anderes Spanien liegen muß, das das seine vielleicht nicht mehr kennen will oder nicht mehr erkennen kann. Sein Umweg ist hier zu Ende. Seine Spanienreise ist vorbei.

1992

Santiago de Compostela

ORTSREGISTER

Die kursiv gesetzten Orte sind auf der Karte (S. 408/409) verzeichnet.

KARTE

SANTANDER
OVIEDO
Asturien
Kantabri
LA CORUÑA
SANTIAGO
LUGO
Galicien
PONTEVEDRA
ORENSE
LEON
Kastilien-León
BURG
PALENCIA
ZAMORA
VALLADOLID
SEGOVIA
SALAMANCA
AVILA
Madr
PORTUGAL
TOLEDO
CACERES
Estremadura
CIUDAD
BADAJOZ
CORDOBA
Andalusien
HUELVA
SEVILLA
GRA
MALAGA
CADIZ

FRANKREICH
GUIPUZCOA
San Sebastián
Pamplona
Navarra
HUESCA
GERONA
Katalonien
LERIDA
ZARAGOZA
Aragón
BARCELONA
TARRAGONA
JARA
TERUEL
CASTELLON
BALEARES
Palma de Mallorca
UENCA
ancha
VALENCIA
Valencia
ALBACETE
ALICANTE
Murcia
ERIA
CANARIAS
OCCIDENTALES
Santa Cruz
de Tenerife
GOMERA
Las Palmas
CANARIAS
ORIENTALES

PERSONENREGISTER

INHALT